本书为全国教育科学"十四五"规划2021年度教育部重点课题"大学生毕业实习意外伤害法律保障研究"（DIA210358）的研究成果

为浙江树人学院学术专著丛书之一、浙江树人学院科研成果奖培育项目，由浙江树人学院专著出版基金资助出版

In the Name of the Law

Graduation Practice Right of College Students Under the Vision of Education Code

以法之名

教育法典视野下的大学生毕业实习权

刘 斌 金劲彪 著

ZHEJIANG UNIVERSITY PRESS

浙江大学出版社

·杭州·

图书在版编目(CIP)数据

以法之名：教育法典视野下的大学生毕业实习权/
刘斌,金劲彪著. —杭州:浙江大学出版社,2022.5
ISBN 978-7-308-23140-4

Ⅰ.①以… Ⅱ.①刘… ②金… Ⅲ.①大学生－毕业
－实习－教育法－研究－中国 Ⅳ.①D922.164

中国版本图书馆 CIP 数据核字(2022)第 189371 号

以法之名:教育法典视野下的大学生毕业实习权

刘　斌　金劲彪　著

责任编辑	蔡圆圆	
责任校对	许艺涛	
封面设计	程　晨	
出版发行	浙江大学出版社	
	(杭州市天目山路 148 号　邮政编码 310007)	
	(网址:http://www.zjupress.com)	
排　　版	杭州星云光电图文制作有限公司	
印　　刷	杭州宏雅印刷有限公司	
开　　本	710mm×1000mm　1/16	
印　　张	20.5	
字　　数	346 千	
版 印 次	2022 年 5 月第 1 版　2022 年 5 月第 1 次印刷	
书　　号	ISBN 978-7-308-23140-4	
定　　价	68.00 元	

前　言

在我国高等教育大众化向普及化迈进的当下,每年都有众多大学生需要走出校园,进入企事业单位实习。然而,由于理论与现实的多重原因,目前我国大学生实习权保障制度尚不完善,导致大学生实习权利保护面临巨大困境。本书基于教育法典的立场,聚焦大学生实习权的法律保障问题,综合应用法学、教育学、社会学、管理学、新制度经济学、哲学等相关理论,立足《教育法》《劳动法》等相关法律,通过对现有司法判例的整理、归纳,在理论上进一步廓清毕业实习大学生权益保护问题的内在机理,推动政府、高校、企业、学生的自我调适和重新定位,力求构建一套完善的大学生毕业实习权益保障机制,进而在理论方面助力于丰富教育法学与劳动法学相关的理论体系;在实践层面,则推动校企合作、产教融合更为顺畅地开展,促进高校应用型人才培养,并为教育、人力资源与社会保障等政府行政部门指导大学生毕业实习工作实践提供理论支持和政策指导。

作为全国教育科学"十四五"规划 2021 年度教育部重点课题"大学生毕业实习意外伤害法律保障研究"(DIA210358)的主要研究成果,全书共分七章,主要内容包括大学生实习权利研究的现状述评,大学生实习权的理论研究,实习期间大学生的法律身份研究,大学生实习权保障现状调研,大学生毕业实习纠纷的司法判例研究、发达国家大学生实习权利保障借鉴分析,构建我国大学生实习权利保障机制的建议等。

同以往研究注重从文献梳理、理论分析等视角展开不同,本书尤为注重从司法判例这一"实务"层面的视角开展系统化的研究。虽然是从一种学术角度开展的探讨,但引发这种学术反思的动因恰恰是实践层面的困惑或问题;由实践所促发的反思及其研究成果应当回到实践之中并指导具体实践的过程。本书的研究能为我国大学生实习权利保障机制构建的教育实践提供理论资源,指导这一实践进程走上良性发展的轨道。同时,本书研究成果对于我国应用型人才培养模式改革,校企合作的深度融合,高等教育法治实践的深入拓展,法治社会的构建以及人才强国战略的实现等都有积极的意义。

本书可以作为教师、企业管理人员、大学生以及相关理论工作者的参考用书,也可以供教育、人力资源与社会保障等政府行政部门管理人员参阅。

目　录

导　言

第一节　研究背景与意义

一、问题的提出

青年是祖国的希望,民族的未来,是国家未来的建设者;大学生则是青年中最重要最核心的部分。随着我国高等教育从大众化向普及化转变,高等学校创新型与应用型人才培养模式日益明晰,高校需要通过大学生实习提升培养质量;而大学生出于理论联系实际、了解目标行业企业、提升自我素养、增强就业竞争力等因素考虑,越来越多在毕业之前就进入企业实习;许多用人单位出于降低劳动成本、提升企业知名度、提前锁定优秀人才等因素考虑,也广泛采取顶岗实习、就业实习等形式招募大学生实习。显然,实习已经成为一种非常普遍的社会现象。

据统计,2019 年我国约有 4000 万(2019 年教育部统计公报)在校大学生,每年有上千万大学生需要走上实习岗位。然而,在实习过程中,大学生实习权益纠纷问题频发,其中尤以意外伤害纠纷最难处理(据教育部 2013 年的一项调查显示:每 10 万名实习生中有 78.65 人发生一般性的意外伤害,造成死亡的有 4.69 人,是工矿企业伤亡率的 3 倍[①]),也最为用人单位、学校、实习学生所苦恼,进而导致部分用人单位不敢大规模招纳实习学生。实习安全重于泰山,实习权益保障问题的长期存在,严重阻碍了我国大学生实习工作的深化与拓展,严重阻碍了我国大学生的成长成才,严重影响了我国产教融合、人才强国战略的实现。因此,广泛而深入地开展大学生实习权

[①]　全国职业院校学生实习责任保险统保示范项目联合工作小组所作《全国职业院校学生实习责任保险工作 2013 年度报告》,转引自:晋浩天.职校生实习伤亡率逐年递增 学业未成身先死?〔N〕.光明日报,2014-12-04.

益保障问题的研究,显然具有非常重要的意义。

为此,教育部在 2019 年专门出台了《关于加强和规范普通本科高校实习管理工作的意见》,该文件明确要求,"把实习摆在更加重要的位置,健全实习教学体系、规范实习安排、加强条件保障和组织管理";2020 年《职业教育法(修订草案)》则更加明确了职业学校学生的实习实训相关规定,突出了对学生实习相关权利的保护。但是,"冰冻三尺非一日之寒",由于长期以来缺乏大学生实习权益保障的长效制度,当下很多高校大学生实习安全风险管理机制薄弱,很多学校甚至没有制定具体的实习安全事故应急预案;此外,由于实习生不受《劳动合同法》《工伤保险条例》等法律法规的保护,很多企业对管控实习生的安全风险不够重视。"实习"作为既是学校教学,又是企业工作的一项具有特殊性的"交叉"培养环节,学生实习理应实行学校和企业"双主体"的协同管理,但实际上这种管理恰恰是处于"单主体"或者"无主体"的状态。显然,这种情况与我国当下日益强调"依法治国""办好人民满意的教育"的要求是不相符的。

2021 年 4 月 21 日,全国人大常委会在 2021 年度立法计划中明确表示,要研究启动"环境法典、教育法典"等条件成熟领域的法典编纂工作[①],教育法典已经被国家最高立法机构作为年度任务予以安排了。在此背景下,本书拟以教育法典为背景,以教育法、劳动法基本理论为依据,以现有司法判例为视角,聚焦大学生实习中的意外权益保障问题,从理论上厘清政府、高校、企业和学生四者之间各自的权利义务,在制度层面探讨构建大学生毕业实习权益保障机制。因此本书的研究成果将有助于我国教育法学的理论完善,同时也能为教育部、人社部等实务部门提供实践指导,进而具有理论与现实的双重意义。

二、研究的意义

(一)学术意义

首先,本书能进一步丰富教育法典视野下的大学生实习权的相关法律制度与理论。本书基于教育法典的立场,聚焦于大学生实习权的法律保障问题,综合应用法学基本理论以及教育法、劳动法等相关法律,通过对现有司法判例的整理、归纳,在理论上进一步廓清毕业实习大学生权益保障问题的内在机理,推动政府、高校、企业、学生的自我调适和重新定位,力求构建

---

① 参见《全国人大常委会 2021 年度立法工作计划》。

一套完善的大学生毕业实习权益保障机制,进而有助于丰富教育法学与劳动法学相关的理论体系。

其次,进一步明晰大学生毕业实习期间意外伤害问题相关方的权利与义务。大学生实习期间的主要权利包括订立实习协议、劳动报酬与休息权利、意外伤害保障、实习评价等问题,其中的意外伤害保障乃是风险最大、责任最重的环节,是实习权保障的焦点问题。本书通过搜集相关司法判例,深入剖析"大学生实习权保护问题"中政府、高校、企业、学生等利益相关方的法律关系,界定各自的责、权、利的边界,明晰各自权利与义务,在理论上划定各自的"法律责任田"与"行动路线图"。

(二)实践意义

首先,能为破解校企合作的"瓶颈"问题提供科学方法,助力高质量应用型人才培养。大学生实习权益保障机制的缺失是目前制约产教深度融合、校企深化合作的"瓶颈"问题,法律责任的"不确定性"导致实习工作的踌躇不前。本书将力求为此设计一系列较为科学的解决路径,使校企合作、产教融合更为顺畅,推动企业轻装上阵,促进高校应用型人才培养模式改革的顺利推进。

其次,有助于大学生实习权益保障,为教育、人力资源与社会保障等行政部门依法行政提供政策指导。"救济不力导致权利不彰",实习是每个大学生必经的、重要的成长过程,实习中的意外伤害问题是风险最大的环节,此风险的解除将大大有助于大学生实习权益的有效保障,增强大学生的获得感。同时,本书还将为教育、人力资源与社会保障等政府行政部门指导大学生毕业实习、工作实践提供理论支持和政策指导。

第二节　研究现状述评

一、相关概念界定

(一)实　习

关于实习的含义,目前仍没有一致的界定。如《现代汉语词典》(第7版)将实习定义为:"把学到的理论知识拿到实际工作中去应用和检验。"①而

---

① 现代汉语词典[Z].7版.北京:商务印书馆,2016.

《辞海》则将实习的释义等同于生产实习："生产实习，是指高等学校自然科学、生产技术型专业和中等、专科技术学校的教学环节之一。学生在学习过程中，运用所学的知识和技能，在生产单位或场所，以工作者身份直接参与生产过程，提高解决实际问题的能力。"①显然，两者的含义虽然不完全一致，但都含有把"理论知识应用到实践""学以致用"的意思。

一般而言，实习主要分为认识性实习和生产性实习。其中，认识性实习是指学生一般不参与实际工作，以参观、了解、观摩为主；而生产性实习则是学生参与到实习单位的实际工作，为单位创造价值，包括顶岗（跟岗）实习、带薪实习等。学术界一般认为，前者只有教育管理法律关系，而后者则可能成立劳动关系或准劳动关系。由于实习形式多种多样，如"勤工俭学""兼职""带薪实习""顶岗实习"等，因此其发生意外伤害的情况处理各不相同。为精准讨论问题，在本书中，仅限定于探讨毕业前的生产性实习，即高校即将毕业的应届大学生（身份），在毕业前夕进入用人单位（时间），以就业或就业准备为目标（目的）而进行的实习期间发生的实习权益保障问题，且只讨论用人单位为企业的情况。

（二）毕业实习

一般而言，毕业实习是指大学生在毕业之前，即在学完全部课程之后到实习现场参与一定实际工作，通过综合运用全部专业知识及有关基础知识解决专业技术问题，获取独立工作能力，在思想上、业务上得到全面锻炼，并进一步掌握专业技术的实践教学形式。② 它往往是与毕业设计（或毕业论文）相联系的一个准备性教学环节，是各高校在培养计划中就明确规定的在毕业阶段的一个必备环节。由此可见，毕业实习对大学生而言是一项具有较强"刚性需求"的实践活动，没有哪个学生可以不参加实习环节。

然而，出乎意料的是，在其含义界定方面，笔者发现普通高校与高职院校关于实习的定义不尽一致。普通高校一般对毕业实习的定义较为宏观，而高职院校对毕业实习的定义则更为细化。如西南科技大学《材料专业毕业实习教学大纲》对毕业实习解释道："毕业实习是毕业设计的重要环节之一，是学生进行毕业设计（论文）的重要基础。其目的是使学生在掌握一定基础理论知识和专业知识的前提下，进一步系统巩固所学到的理论知识，并

---

① 参见《辞海》"实习"词条：https://www.cihai.com.cn/search/words? q＝％E5％AE％9E％E4％B9％A0，访问日期 2020 年 10 月 2 日。

② 参见浙江树人大学《现代服务业学院毕业实习教学大纲》。

把理论与生产实践结合起来，综合运用所学知识分析和解决工程、科研中的实际问题。"①浙江树人大学《本科毕业环节工作手册(2021)》解释道："毕业实习是学生接触社会、将理论付诸实践的教学过程，是培养学生综合运用学校所学理论知识解决实际问题的重要环节。"②

而高职院校对于实习的分类更为细化。如辽宁石化职业技术学院在其《实习指导大纲》中将实习分为"认识实习和生产实习"，其将生产实习等同于"顶岗实习"，并表述为"通过生产实习让学生运用所学知识，深入生产现场，学习操作技能，验证探讨生产实际问题，巩固和丰富专业知识，收集设计数据，进行毕业设计或课题开发训练，使学生的生产实践能力进一步得到强化，培养学生实践的综合能力，提高学生运用专业知识和解决实际问题的能力"③。浙江机电职业技术学院在其《机械工程学院毕业综合实践要求》中也将毕业实习与顶岗实习联系在一起，其表述为"毕业实习是毕业班学生在学完所有理论教学课程及相关实习实训环节后，走向工作岗位之前，学校根据专业培养目标与毕业生业务规格，要求学生进行专业岗位训练、顶岗实习的实践性教学环节。通过毕业实习，使学生较全面地获得本专业实际工作中最常用的技术知识、管理知识和职业技术能力，为毕业后走向工作岗位打下扎实的基础。时间为5～12周"。

由此可见，毕业实习的概念较为宽泛，各类高校对其定义的内涵与外延不尽一致，普通高校的相关定义一般只是强调"理论联系实际、理论与实践相结合"等内容；而高职院校的实习大纲中的毕业实习定义中，普遍都较为强调岗位训练、生产实习、顶岗实习等含义。这些概念的界定不同，就为后续可能出现的大学生实习权益保障问题提供了源头。

（三）实习权

关于实习权目前尚无准确的定义。有学者指出，"实习权在法学上并不是个确切的概念，我国的现行法律法规中没有实习权的概念，不像劳动权、教育权那样在宪法上得到确定，即便在高关联度的教育法、劳动法研究领域，也没有对其给予明确的界定"④。当然，也有学者尝试予以界定，如黄芳

① 参见西南科技大学《材料专业毕业实习教学大纲》。
② 参见浙江树人大学《现代服务业学院毕业实习教学大纲》。
③ 参见辽宁石化职业技术学院《实习指导大纲》。
④ 徐银香，张兄武."责任共担"视角下大学生实习权及其权益保障研究[M].南京：南京大学出版社，2020：55.

指出，"实习权是指未毕业的大学生为就业而获取真实性工作劳动机会的权利"[①]。李文康认为，实习权是指学生遵循认识规律、进行实践学习的权利，是学生受教育权在实习阶段的表现形式。[②] 韦嘉燕、乐永兴则认为，实习权是在实习活动中实习主体所享有的权利之和的总称[③]，等等。据此，笔者也尝试推导出实习权的基本内容：实习权是指处于行将毕业时候的大学生，在为就业做准备而参加的实践活动中，所应享有的各种权利的总和。鉴于实习的复杂情况，笔者认为它既是一项受教育权，也是一项劳动就业权（尤其在顶岗实习时），它是公民受教育权与公民劳动权的交集，是两项权利的交集衍生出的一项新的权利。大学生实习权来源于两个方面，一方面是公民的受教育权，另一方面是公民的劳动就业权。因为公民的受教育权和劳动就业权均受到我国宪法、劳动法、教育法、高等教育法、职业教育法以及就业促进法等法律的严格保护，因此，我们认为实习权亦应受到上述法律的相应保护。

二、国内外研究现状

关于大学生实习权益保障的研究，以不同的关键词进行检索会有不同的结果。笔者在中国知网（www.cnki.net）以篇名中含有"实习"和"权"两词为关键词检索条件，发现了 60 条文献记录；如果以"实习"和"伤害"为关键词进行检索，则可以发现 125 条记录，最早的文献都是始于 2005 年。由此可见，关于学生意外伤害问题的研究要明显多于关于实习权的研究，但起始时间上高度重合；从论文内容看，关于实习学生意外伤害的问题研究基本上都会关涉或延伸到实习生权利的研究。显然，探讨实习生的意外伤害问题实际上也是在以特定视角、特定现象入手探讨实习生的权利保护问题。因此，笔者认为实习意外伤害与实习权的相关研究其实是属于交叉、归属的关系，实习意外伤害问题研究是实习权研究的重要内容之一。有鉴于此，本书的主题虽然是探讨大学生的实习权问题，但实习意外伤害问题显然是本研究的重要内容，要予以充分的关注。

关于实习权方面的研究，通过中国知网查阅，发现最早可追溯到洪芳芳

---

① 黄芳.论大学生的实习权[J].高教探索，2011(3)：38-42.

② 李文康.高等学校学生实习权探析与立法研究[J].西南农业大学学报（社会科学版），2011(12)：59-63.

③ 韦嘉燕，乐永兴.实习权的权利价值与保护[J].合肥学院学报，2018(4)：9-13.

的《实习过程意外伤害谁买单?》①,该文首次从实习意外伤害的视角,探讨大学生的实习权益保障问题。此外,曹培东、李文亚②两位学者也比较早地开展相关研究,随后更多研究者参与进来。目前,国内学术界的研究主要集中在以下几个方面。

（一）关于大学生实习法律身份的研究

高校大学生实习法律保障的争议点也是大学生毕业实习劳动权益保障的法理争议点。高校大学生实习制度的争议点主要在于高校实习生的身份界定,他们到底属于学生还是劳动者? 学术界主要有"兼容说"和"不兼容说"两种观点。根据王丽娟③、陈红梅④等学者的梳理,"身份不兼容说"的基本观点认为高校实习生应属于学生而非劳动者身份,故高校实习生之权益受侵害不应简单纳入劳动法律制度的保护,而应寻求新的、多元化保障机制。其理由包括:(1)劳动法意义上的劳动者是一个狭义的概念,不能将社会学意义上的"劳动者"简单引入劳动法范畴。(2)劳动法强调的是因就业形成的劳动关系。(3)劳动法是一系列制度,如果将全日制大学生也作为劳动法意义上的劳动者,势必牵涉到最低工资、最高工时、社会保险缴纳等一系列问题,目前将大学生纳入并不合时宜。而与之对应的是"身份兼容说",持该学说的学者们从宪法及劳动法律法规的角度,分析认为高校实习生应属于"劳动者"身份。其主要观点是:(1)大学生实习期间劳动权益受劳动法保护不应存在障碍,高校实习生作为宪法意义上的劳动者身份与其他劳动者是一样的,只是由于其在校生的身份在劳动法律的具体适用上存在特殊性。(2)我国全日制在校大学生包括在高等学校就读的本科生和研究生,其明显具有完全的民事权利能力和民事行为能力,满足最低就业年龄16周岁的要求;从完成用人单位安排的工作任务来看,也具备了相应的劳动能力。(3)我国现行劳动法并没有把学生排除在该法的保护范围之外。(4)从事实劳动关系的法律构成要件分析,高校实习生为用人单位提供的劳动服务,符合"从属性"劳动法律关系的特点,已经具备了事实劳动关系的构成要素。也有

---

① 洪芳芳.实习过程意外伤害谁买单? [J].就业与保障,2005(6):37-38.

② 曹培东,李文亚.论大学生法律关系的多重性——以大学生实习期间受到意外伤害展开[J].煤炭高等教育,2006(6):93-96.

③ 王丽娟,王莹.高校实习生劳动权益保护的二元法律构造[J].学海,2014(6):152-156.

④ 陈红梅.对高校实习生法律身份的新认识——兼谈实习生劳动权益的保护[J].江淮论坛,2010(2):111-116.

观点可划分为"学生说""劳动者说""折中说"3种,如范围[①]、赵桂生[②]等。"折中说"的观点认为,实习期间的学生属于"准劳动者",因为实习学生与实习学校和实习单位都有多重关系,既是学校管理的对象,也是实习单位的劳动者。[③]

(二)关于大学生毕业实习权法律保障的具体内容研究

大学生毕业实习期间,权利受到侵害主要包括故意伤害和意外伤害。对故意伤害可以直接按照民事或刑事法律追究责任,在此不予赘述。比较难应对的是意外伤害问题。

关于意外伤害,一般包括工伤伤害和其他意外伤害两大类。关于工伤问题,我国《劳动法》《工伤保险条例》中已经有相对明确的规定,大部分学者倾向于将大学生意外伤害排除在工伤之外,如黎建飞[④]、董保华[⑤]。黎建飞指出:"在校生参加实习是为了积累实践经验,不是以实习劳动作为自己谋生的基本手段。而对于用人单位而言,实习生与单位的正式员工有着本质的区别,实习生不可能在实习单位受到和正式员工一样的待遇,用人单位只是为大学生提供一个参加实践的机会,没有为实习生付出的劳动支付劳动报酬的意思。在校实习生在实习期间虽然得服从实习单位的实习管理,但是对实习单位并不具有依附性,反倒在身份归属上仍然依附于供其完成学业的学校。因此在校生在实习期间与用人单位建立的不是劳动关系,在身份上也不能认定为劳动者。"[⑥]

但也有部分学者认为大学生意外伤害可以归属工伤的范畴,并就大学生适用工伤的内涵与外延、工伤的认定和工伤的处理程序等开展相关研究,如葛建义[⑦]、邹欢艳[⑧]等学者。他们结合我国现有的法律、法规,就大学生实

---

① 范围.论顶岗实习学生的法律身份及其权益保障[J].探求,2013(3):78-84.

② 赵桂生.以毕业实习大学生为视角看我国实习生法律制度的确立和完善[J].中国劳动,2015(3):34.

③ 于静.论实习学生劳动保障的责任人及相关责任[J].中国劳动关系学院学报,2009(2):98-101.

④ 黎建飞.高校毕业生就业中的法律问题[J].河南政法管理干部学院学报,2007(2):23-28.

⑤ 董保华,陆胤.企业雇用在校大学生相关法律问题探讨[J].中国劳动,2007(6):24-26.

⑥ 黎建飞.高校毕业生就业中的法律问题[J].河南政法管理干部学院学报,2007(2):23-28.

⑦ 葛建义.大学生实习事故伤害的工伤救济[J].职教通讯,2015(35):67-69.

⑧ 邹欢艳."准劳动关系"的法律修补——基于现代学徒制模式下学生权益保护研究[J].广东技术师范学院学报(社会科学),2016(7):94-100.

习过程中的人身权、劳动权提出了新的观点，其主要理由是：相当一部分大学生毕业实习属于顶岗实习，在毕业实习过程中，大学生与实习单位职工一样在实际岗位上从事实习单位安排的工作，接受实习单位的管理；在事故伤害方面，大学生实习事故的发生同样源于实习单位的工作原因；根据"同样情形同样对待"的法治原则，法律应当给予实习学生与在职职工同样的平等保护。

（三）关于大学生毕业实习意外伤害法律保障路径的研究

对于大学生毕业实习意外伤害法律保障路径问题，学术界观点不尽一致，主要分成两派。一派认为应当适用民法途径，按照民事侵权行为进行相应的赔偿，相关学者包括林嘉[①]、黎建飞[②]、董保华[③]等；其代表性的观点主要是，判断一个法律关系的性质不是通过合同的形式，而是要看法律关系实质的内容。劳动关系和劳务关系或民事雇佣关系是有根本区别的。从法律角度来说，在校大学生应该纳入民事雇佣关系，而民事雇佣关系并没有全部纳入劳动法调整。纳入劳动法调整的法律关系必须要"双适格"，即劳动者要适格，用人单位也要适格。对于本职是学习的学生来说，他们尚未进入就业领域，其劳动关系的主体资格是不合格的，因此学生不能适用劳动法的规定。对于这些在校大学生，除劳动法之外，还存在民法的保护，以及教育法、未成年人保护法的调整等，这些都是可以保障大学生的合法权益的，并不存在法律的空缺。

而另一派则主张走劳动法途径，认为毕业实习期间的大学生属于准劳动关系，应当适用《工伤保险条例》，相关学者包括尹晓敏[④]、徐银香[⑤]、金劲彪[⑥]等。如金劲彪、徐银香等就基于大学生是准劳动者的观点指出，首先，实

① 林嘉.在《劳动合同法》中设定一般权利义务条款之思考[J].当代法学,2006(6):34-38.
② 黎建飞.高校毕业生就业中的法律问题[J].河南政法管理干部学院学报,2007(2):23-28.
③ 董保华,陆胤.企业雇佣在校大学生相关法律问题探讨[J].中国劳动,2007(6):24-26.
④ 尹晓敏.权利救济如何穿越实习之门——实习伤害事故中大学生权利救济的法律思考[J].高教探索,2009(3):128-132.
⑤ 徐银香."责任共担"视野下大学生实习权益法律保障体系的构建[J].高等工程教育研究,2016(1):91-97.
⑥ 金劲彪,郭人菡.毕业实习大学生劳动权益保护的法理反思:基于各层次利益衡量的视角[J].教育发展研究,2020(3):67-75.

习期间法律关系是一种多边法律关系，大学生实习主要涉及实习学生、实习单位与学校三方，实习期间三者之间分别构成实习学生与学校、学校与实习单位，以及实习学生与实习单位之间的法律关系。其次，大学生实习期间的关系也是复合性的法律关系，它既可能是一种平等主体之间的法律关系，也可能是一种隶属的法律关系；既可能是一种源自合法行为的原生法律关系，也可能是因原生法律关系受损而产生的派生法律关系。最后，不同的实习类型，实习单位与实习生之间的法律关系性质是不同的，认识性实习类型中，学生的身份应定性为"在校学生"，实习单位与实习学生之间的关系比较简单，主要是教育管理关系；而生产性实习类型中，应赋予学生"准劳动者"身份，即兼有学生和劳动者双重身份，实习学生与实习单位之间既有教育管理关系，又有一定的劳动关系，实习学生与实习单位之间存在着一种"准劳动关系"，是劳动关系的一种，但又区别于一般的劳动关系。鉴于毕业实习属于生产实习的特点，因此可修改《社会保险法》《工伤保险条例》，将毕业实习大学生纳入工伤保险体制，通过专设实习责任保险制度，为毕业实习劳动风险保护提供法律依据。

（四）关于发达国家大学生实习意外伤害法律保障的国际借鉴研究

学者们梳理了美、法、德、日等发达国家大学生实习政策法规及措施，发现相关法律完备，政府、企业、高校、大学生职责分工明确，经费与风险分摊机制完善等是其鲜明特征，如劳凯声①、张勇②、陈雪培③、陈蕊花④等。

国外学术界同样对大学生实习问题高度关注，发达国家非常注重对大学生实习进行立法保护和理论研究。据世界银行发布的《2020年营商环境报告》，美国、欧盟、日本等发达国家商业生态环境处于领先地位，尤其在劳工法律环境、商业文化和社会规范等方面明显高于其他国家。发达国家一般都有较为成熟的法律规范，如美国的《公平劳动标准法案》（1936）、德国的《实习条例》（1970）、法国的《新实习生法案》（2014）等，都强调签订实习合

---

① 劳凯声.变革社会中的教育权与受教育权：教育法学基本问题研究[M].北京：教育科学出版社，2003.

② 张勇.大学生的实习权益保障及制度构建[J].教育评论，2017(6)：55-58.

③ 陈雪培.大学生实习权的法律救济[D].南宁：广西大学，2015.

④ 陈蕊花，霍丽娟.发达国家专业实习对我国高职院校顶岗实习的启示[J].职教论坛，2018(7)：172-176.

同,注重对大学生实习意外伤害进行法律保障。美国学者 Timmons[①] 强调,"对法律风险的控制和掌握是商业成功的关键之一";Odlin 等[②] 提炼了大学生实习中法律风险管理的框架;Cameron[③] 介绍了西方国家高校普遍建立的"大学律师"制度(University lawyer),对大学生实习、就业中的法律风险,包括劳动、知识产权、数据保护、合同保障等事项开展处置;Aframe 等[④] 则研究了大学生实习中常见的法律风险类型,等等。

(五)相关专著点评

据中国知网搜索,目前关于大学生实习方面的博士论文还没有看到,硕士论文倒是有几篇,如陈雪培的《大学生实习权的法律救济》。相关专著有两部,包括张勇的《大学生实习及其权益保障的法律与政策》(2012)和徐银香、张兄武合著的《"责任共担"视野下大学生实习权及其权益保障研究》(2020)。应该说,这两部著作对于大学生实习及其权益保障都做了较为系统的探索。张勇的《大学生实习及其权益保障的法律与政策》主要从大学生实习的内涵和法律关系出发,通过问卷调查的方式,对大学生"就业难"问题展开调查,并对实习侵权行为进行分析,进而通过借鉴欧美国家的实习制度,提出了我国大学生实习立法和权益保障的制度设计。徐银香、张兄武合著的《"责任共担"视野下大学生实习权及其权益保障研究》则在前者的基础上有所推进,该书在梳理实习的概念与类型的基础上,分析了实习期间的法律关系;与张勇不同的是,他们明确了实习生权益是以"实习权"为基础的概念,同时也通过问卷调查了解大学生实习现状,并借鉴美、法、德、英、澳等国的实习情况,最后基于利益相关者的理论框架,提出了大学生实习权益保障体系的对策和建议。两部著作为本书的写作提供了有益的参考,使得本书能站在前人的肩膀上对大学生实习权益问题研究更推进一步。

---

① Timmons J A. Characteristics and role demands of entrepreneurship[J]. American Journal of Small Business,1978,3(1):5-17.

② Odlin D, Benson-Rea M, Sullivan-Taylor B. Student internships and work placements: approaches to risk management in higher education[J]. Springer Netherlands,2021 (8):1-21.

③ Cameron C, Freudenberg B, Giddings J, Klopper Ch. The program risks of work-integrated learning: a study of Australian university lawyers[J]. Journal of Higher Education Policy & Management,2018,40(1):67-80.

④ Aframe K, Butterfield N. The risks and rewards of internships[J]. New Hampshire Business Review,2013,35(21):37-37.

三、现有研究述评

通过对现有文献的梳理，可以发现关于大学生实习问题的研究与我国高等教育发展的进程紧密相连。我国高等教育大规模"扩招"始自 1999 年①，2003 年第一批扩招生源开始毕业；随后大学生实习的问题也就逐步浮出水面，进而在 2005 年、2006 年出现相关的研究文献。众多学者对大学生实习问题的研究取得了诸多进展，为本书研究开展提供了坚实的基础。当然，在笔者看来，目前学术界仍有以下问题需要进一步研究。

(1)教育法典视角下的理论分歧问题仍有待深入研究。必须承认，由于缺乏教育法典的统合视角，目前学术界对实习生的"身份"问题仍争论不休，对大学生实习权益的救济仍存在不确定性，劳动法与教育法的理论分歧仍有待弥合，这是本书需要进一步深入研究的重要方面。

(2)实践中的司法判例有待深入总结与反思。大学生意外伤害的案件不在少数，相关司法判例反映了司法实务界的基本判案思路，然而现有学术界多数学者主要注重理论探讨，往往是对现状介绍、问卷调查、经验分析或"应然状态"的研究，对现有司法判例关注明显不足。本书将利用统计分析等信息化手段，进行检索、分析，在研究方法、视角方面进一步拓展。

(3)法律与政策层面亟需针对性较强的对策建议。每年上千万大学生需要实习，而大学生实习权益保障的法律、政策文件仍极不完善，影响了教育、人社等行政部门精准指导高校、企业、学生开展实习活动，也影响了我国产教深度融合的历史进程。

有鉴于此，本书拟从以下几个方面尝试予以突破，具体包括以下方面。

(1)研究视角创新：本书注重从教育法典的统合视角开展研究。大学生在实习法律关系中处于弱势地位，当前的教育法、高等教育法、职业教育法等相关规定较为零散，也难以与劳动法等充分对接，导致对学生权利的保护处于不利状态。而教育法典作为教育法体系的集大成者，有利于与劳动法等对接，并为大学生的实习权益的充分保障提供契机。本书将从教育法学、劳动法学、新制度经济学、法经济学等理论中汲取营养，为研究开展奠定扎实的理论基础。

(2)研究方法创新：注重从现有司法判例的视角开展大学生实习意外伤

---

① 按当年统计，全国普通高校招生 160 万人，比 1998 年增加了 52 万人，增幅高达 48%。

害的法律保障研究。与以往的研究注重从文献梳理、理论分析、问卷调查等视角不同,本书主要从司法判例这一"实务"层面的视角开展系统化的研究,有助于为立法、司法提供借鉴;同时注重借助数字化手段进行司法判例检索、研究,为课题研究的开展提供数智化支撑。

(3)研究观点创新:提出完善大学生实习权法律保障的系列观点。与当下主流观点认为大学生实习时不属于劳动者的观点相区别的是,笔者认为应当根据实习类型进行划分,认识性实习应当从民法渠道进行保障,而生产性实习则应当从"工伤"渠道进行法律保障,同时提出制定《实习法》,进而提出劳动法、工伤保险条例等方面进行修订的建议等。

(4)制度设计创新:提出了以三方协议为核心的"一核四维"法律保障机制体系。针对大学生实习意外伤害的风险,从政府、高校、企业、大学生4个利益相关者角度出发,设计了一个以"实习三方协议"为核心的"一核四维"大学生意外伤害法律保障机制,构建起具有中国特色的大学生实习权法律保障机制。

第三节　研究思路与方法

一、研究思路

本书的研究基于教育法典这一宏大视角,以应用法学基本理论为基础,以教育法、劳动法、劳动合同法、工伤保险条例等相关法律为依据,以司法判例为线索,聚焦于大学生实习权益的法律保障,结合前人的研究,主要按照以下步骤展开。

第一步,法理梳理。从法理上明晰"实习""实习权"等基本概念和内涵,同时分析大学生毕业实习期间的"劳动法律关系",并按照认识性实习、生产性实习(包括顶岗实习、就业实习)等予以相应的区分,在法理上进行深入系统的辨析。

第二步,判例分析。与前述学者们注重从理论层面、问卷调研不同,本书注重从司法判例的视角来分析大学生实习权保障问题,廓清目前司法实务界关于大学生毕业实习意外伤害判例的基本类型,并分析其主要影响因素,并尽可能予以类型化。

第三步,比较研究。以德国、法国、美国、日本等为代表的西方发达国家毕竟在市场经济、高等教育领域有先发优势，其对大学生权益保障的做法值得借鉴，总结其成功经验，可以为我国大学生权益保障提供参考。

第四步，优化对策。通过前述研究，本书提出相关的对策和建议，包括以完善《实习三方协议》为核心，提出制（修）订相关法律法规的具体政策建议，提出出台《实习法》，从政府、高校、企业、学生等四方视角出发，构建大学生毕业实习意外伤害的法律保障优化机制等。

二、研究方法

根据研究主旨和内容需要，本书主要采取以下方法进行研究。

（1）文献研究法。关于大学生实习权以及相关权利保障的法律问题，不少学者已经开展了相关研究，通过文献搜集、查阅相关资料、梳理前人的研究成果，使本书的研究站在坚实的基础上。

（2）判例分析法。近年来大学生毕业实习权益保障领域也出现了很多的司法判例，既有维权成功的，也有维权失败的，通过对不同类型正反面案例进行分析解剖，可以了解我国大学生毕业实习权保护的整体情况。

（3）比较研究法。大学生毕业实习在全世界都有共通之处。通过研究美国、日本、以色列等先进国家在关于大学生进入企业实习的相关法律经验，分析美国、以色列、日本、德国以及法国等国家的成败得失经验，比较发达国家的立法保护模式，有助于启发我国大学生毕业实习权利保护的深入开展。

（4）访谈研究法。对大学生、企业管理者、政府相关部门人员、高校教师等主体进行深度访谈。借鉴扎根理论，通过对访谈资料进行搜集、整理、归类，并从中引申出相关概念，对资料和概念进行理论化研究，进而分析当前的实习权益法律政策对大学生、企业管理者、高校等的影响，并分析上述主体对政策优化的诉求。

（5）统计分析法。课题组通过问卷调查、案例分析、个人访谈等多渠道搜集第一手资料，对浙江省 20 余所各类型高校和 50 个大学生实习企业、政府相关主管部门进行问卷调查和个别访谈，调查与访谈内容包括大学生创业企业资金情况、股权融资、融资协议、法律风险防控机制等方面。问卷采用 SPSS19 软件进行分析，通过描述统计、卡方检验和回归分析等统计方法对问卷进行统计分析和深入挖掘。

第四节　研究的主要内容

本书以导言引入,主体分别从实习权理论、实习生法律身份、实习权益保障现状、司法判例分析、发达国家经验借鉴、实习权益优化机制予以展开,最后得出结论。

导言部分:本部分主要介绍研究的背景和意义,对核心概念和研究现状予以述评,明确研究的思路和方法,并确定研究的主要内容。

第一章:教育法典视野下大学生毕业实习权的理论研究。本章主要从教育法典的视角出发,提出在教育法典中应当明确大学生的实习权,是其受教育权的重要组成部分;并结合教育法与劳动法相关理论,对实习权的概念、特征、内容等进行分析。

第二章:大学生毕业实习期间的法律身份研究。主要通过对学术界相关观点的梳理,界定"劳动者"的法律概念,并明确在一定条件下大学生的"准劳动者"身份,进而对大学生与劳动者的身份争执的原因进行分析,探讨大学生毕业实习期间的不同身份可能面临的不同权利境遇,并对实习期间大学生与高校、用人单位等主体之间的法律关系进行分析。

第三章:大学生毕业实习权利保障的现状分析。本章主要通过问卷调查、深度访谈的方式,深入了解当前大学生毕业实习的现状,进而了解大学生实习权利保障的现状,发现存在的问题并进行原因分析,初步提出完善实习权保障的建议。

第四章:大学生毕业实习纠纷的司法判例及其研究。本章的主要内容包括对现有大学生毕业实习纠纷的司法判例进行深入分析,分类型予以归纳总结,发现当前司法实务界对涉大学生实习纠纷判例的基本脉络,进而探析大学生实习权益司法保障不足的主要原因。

第五章:发达国家大学生实习权益法律保障的经验借鉴。本章主要通过对美、德、法、英、日等主要发达国家的大学生实习权益保障相关法律制度的深入分析,探寻大陆法系与英美法系中的主要代表性国家对大学生实习权益保障的主要经验,并得出对我国的相关启示。

第六章:构建我国大学生实习权法律保障机制的建议。本章首先提出了构建我国大学生实习权益保障机制的基本原则,并结合民商法、劳动法、工伤保险理论,通过深入探讨各主体的责权利等内容,构建新时期"一核四维"（即以实习协议为核心，以政府、高校、用人单位、学生为四维）大学生毕业实习意外伤害法律保障优化机制。

第七章：结论部分，主要是系统梳理全书的研究观点，提出研究结论，分析研究的创新点与不足之处，以及后续进一步开展研究的设想。

本书以国家人才强国战略需求与大学生毕业实习权益保障制度供给的矛盾凸显为背景，以大学生毕业实习法律身份为研究嵌入点，通过问卷调查与深度访谈，结合我国相关司法判例，分析大学生实习权益保障的现状与不足，从制度供给与现实需求两方面，探讨大学生毕业实习意外伤害现有法律保障不足的深层原因，并通过对发达国家立法的经验借鉴，最终提出我国大学生意外伤害法律保障的优化机制。希望本书的研究可以为理论界的同仁们提供新的研究视角和研究方法，进一步充实教育法学理论；为教育行政部门、人力资源和社会保障部门和企业、高校的管理者们提供解决现实问题的具体方法和可行建议，共同推动我国"依法治教""依法治国"的历史进程。

第一章

教育法典视野下大学生毕业实习权的理论研究

教育法典的编纂已经提上日程,该法典既是教育工作的全面规范,也应是师生权利保护的宣言书,尤其是对学生权利的保护,更应当放在非常重要的位置。在大学生各项权利当中,对实习权的内容以往重视不够,在目前强调"校企合作、产教融合"的大背景下,实习权理应成为教育法典的重要内容,予以明确规定。笔者认为,大学生实习权至少应当包括实践教育权、平等实习权、自由选择权、劳动报酬权、劳动安全权、休息权、人格权及停止实习权等,同时,还应当对涉及大学生实习权的相关主体,主要是政府、高校及其教师、用人单位(主要指企业)、中介单位等相关内容予以规范。

第一节　教育法典中应明确大学生实习权

2020 年 5 月 28 日,全国人大十三届三次会议通过了《中华人民共和国民法典》,标志着我国进入"法典化时代";民法典的出台,极大鼓舞了学术界的信心,推动了其他部门法的法典化进程。2021 年 4 月 21 日,全国人大常委会在 2021 年度立法计划中明确表示,要研究启动"环境法典、教育法典、行政基本法典"等条件成熟领域的法典编纂工作。① 伟大的时代呼唤伟大的法典。"法典"与"法"虽一字之差,意义却有天壤之别。法典化是对某一领域法律体系进行辩证统一的系统构建,其以顶层设计之整体视野,将该领域各分散法律规范进行体系化与科学化,目的在于立法上的统合、协调、完备和创新,实现从"量变"到"质变"的巨大飞跃。

我国是成文法国家,自古以来就有编纂法典的传统,中华法系曾经长时间地辉煌于世界。教育事关民族兴旺、人民福祉、国家未来,是立国之基、强国之

---

① 全国人大常委会 2021 年度立法工作计划[EB/OL]. [2020-12-03]. http://www. npc. gov. cn/npc/c30834/202104/1968af4c85c246069ef3e8ab36f58d0c. shtml.

本;编纂教育法典,也是完善中国特色社会主义法律体系,提升国家治理体系和治理能力的必经之路和题中应有之义。和民法典一样,教育法典同样应当彰显"人民至上"的立法精神,全面体现以人民为中心的立法原则,围绕人民权利进行书写,每一款条文都应体现以人为本的理念,是人民权利的法律宝典。

在高等教育法律关系中,主要存在政府、学校、学生、教师、用人单位、家长、其他利益相关者等,其中学生群体人数最多,但在法律关系中却处于最弱势的地位。因此,有必要在教育法典中充分保障学生的合法权利,围绕学生的权利进行书写,彰显"立德树人""以学生为本"的理念。为此,本书所探讨的实习权显然也应当纳入未来编纂的教育法典中来,进行具体而微的规定,以保障大学生的实习权利。

一、实习权应当是大学生的重要权利之一

近年来,高校扩招速度较快,由此导致大学生数量的急剧增长,大学生群体目前已经成为年轻一代的主要组成部分。在大学生人数快速增长而法治建设却相对缓慢推进的宏观历史背景下,我国大学生各项权利经常受到来自多方面的侵害,严重影响了大学生群体身心的健康发展。因此,当前深入研究并制定大学生权利法律保障机制具有一定的紧迫性和必要性。

（一）逻辑起点：大学生权利的基本构成

权利源于拉丁文"JUS",其本意是公平、正义和法。在古希腊哲学中,权利基本上被归结为正义,即道德意义上的权利。作为法定的权利,最早发端于罗马法,即梅因所说的"概括的权利"①。这种权利一开始只是出现在与财产的私人占有关系紧密相连的法律中,通常用来表达 4 种意义:(1)受到法律支持的习惯或道德权威,例如家长的权威;(2)权利,即一种受到法律支持的习惯或道德权威,例如所有人出卖其所有物的权利;(3)自由权,即一种受到法律承认的正当自由;(4)法律地位,即人在法律秩序中的地位。② 与众多西方法学流派不同,在马克思主义看来,应该从经济和历史的范畴来理解权利。马克思主义认为,人的权利无论是作为一种要求、一种政治主张,还是作为法定权利,它的产生、实现和发展,都必须以一定社会的经济条件为基础,"权利永远不能超出社会的经济结构以及由经济结构所制约的社会的文

---

① [英]梅因.古代法[M].沈景一,译.北京:商务印书馆,1996:67.

② [美]罗斯科·庞德.通过法律的社会控制[M].沈宗灵,等译.北京:商务印书馆,1984:44-45.

化发展"①,而且人的权利也是一个历史范畴,"人权不是天赋的,而是历史地产生的"②。因此,在本书中,笔者认为大学生所享有的权利也只能是目前我国经济社会条件下的相关的权利。

根据不同的法学分类,权利可以分为不同的种类,主要包括:(1)基本权利和普通权利。基本权利是指宪法以及宪法性法律规定的权利,如选举权和被选举权、宗教信仰自由、人身自由、受教育权等;普通权利是指宪法以及宪法性法律以外的其他法律所规定的权利,如民法规定的物权、债权、知识产权,婚姻法规定的婚姻自由权等。(2)政治权利、人身权利、财产权利、社会经济权利、文化权利。政治权利包括选举权与被选举权等。人身权利包括人身自由权、生命权和人格尊严权等。财产权利包括财产所有权、继承权等。社会经济权利包括劳动权、休息权等。文化权利包括从事教育、科学研究、文学艺术创作和其他文化活动的权利。(3)一般主体享有的权利和特定主体享有的权利。一般主体享有的权利是指全体公民普遍享有的权利;特定主体享有的权利是指妇女、儿童、老人、残疾人、军人等特定人群专门享有的权利。(4)实体性和程序性权利。实体性权利是指实体法所确认的权利,如经济法中的经营权、商事法中的股权等;程序性权利是指程序法所确认的权利,如诉讼法规定的起诉权、上诉权和辩护权、代理权等。

限于本书主旨,笔者不想过多讨论大学生的基本权利、政治权利等内容,而主要集中探讨与其学习、生活密切相关的权利。笔者认为,大学生群体作为既具有大学生的身份属性,又属于普通公民的重要组成部分的特殊群体,其权利的主要内容包括:受教育的权利、作为普通公民拥有的民事权利以及受到侵犯时获得救济的权利。

1. 受教育权

受教育权是大学生拥有的核心权利,其来源为《中华人民共和国宪法》第四十六条的规定,任何公民均"依法享有平等的受教育的机会"。另外,教育法③、高等教育法以及教育部的《普通高校学生管理规定》(以下简称《规

---

① 参见《马克思恩格斯选集》第3卷第12页。
② 参见《马克思恩格斯选集》第2卷第146页。
③ 根据我国《教育法》第四十三条:"受教育者享有下列权利:(一)参加教育教学计划安排的各种活动,使用教育教学设施、设备、图书资料;(二)按照国家有关规定获得奖学金、贷学金、助学金;(三)在学业成绩和品行上获得公正评价,完成规定的学业后获得相应的学业证书、学位证书;(四)对学校给予的处分不服向有关部门提出申诉,对学校、教师侵犯其人身权、财产权等合法权益,提出申诉或者依法提起诉讼;(五)法律、法规规定的其他权利。"

定》》等均对大学生的受教育权利作了具体规定。按照这些法律的具体条款，大学生拥有的受教育权主要包括：

第一，参加教学活动并使用相应资源的权利。这是大学生受教育权的核心权利，《教育法》第四十二条以及《规定》第五条均对这一权利进行了相应的规定。

第二，获得资助权。这是学生受教育权中的经济权利，主要是指学生有权按照国家有关规定，获得奖学金、贷学金、助学金等的权利。

第三，公正教育评价权。大学生接受教育的过程中，教师、学校必须对其学习成绩进行公正评价，并在其达到法律规定的标准后取得相应的学业、学位证书的权利。获得公正的教育评价直接关系着大学生学习乃至工作期间的切身利益，同样是其受教育权的重要组成部分。《规定》第三十一条及第三十四条均对其进行了详细规定。

第四，知情权。指大学生对涉及其切身利益的学校相关规章制度及对其具体奖惩情况等拥有获知具体情况的权利。只有在对自身权利义务以及具体学习情况有着明确了解的情况下，大学生才能更好地自我约束和自我管理，这是保证受教育权充分发挥作用的重要权利。《教育法》第二十九条对这一权利进行了相应的规定。

第五，其他权利。除此之外，法律规定的大学生受教育权还包括参加社会活动和结社权、自主选择权、获得奖励和资助权以及就业指导和服务权等。

2.普通民事权利

作为公民的重要组成部分，大学生同样享有作为公民所相应享有的财产和人身等民事权利。主要包括：

第一，财产性权利。财产性权利是指大学生对其合法拥有的各种实物和虚拟财产享有占有、使用、收益和处分等权利，如对其在校期间的各种生活资料以及学习资料等拥有的所有权，对其获得的奖学金、助学金以及贷学金等拥有的自主支配权等。学校应当保证大学生在遵守教育管理规定的情况下，自由处置上述财物的权利。

第二，人身性权利。人身性权利主要包括人格权和身份权，是体现民事主体自身特征的不可分离的权利。根据《宪法》第三十七条至第四十条和《民法典》第一编第五章"民事权利"和第四编"人格权"以及其他继承、婚姻家庭等的相关规定，人身权利包括生命权、身体权、健康权、姓名权、肖像权、名誉权、荣誉权、隐私权和个人信息保护权等。对于大学生来说，这些权利都属于需要重点保护的内容。

3. 接受救济的权利

法谚云：无救济则无权利。当大学生在上述权利受到侵害时，有要求相关部门采取措施，对其被侵犯的权利提供救济的权利。根据教育法、普通高校学生管理规定以及民事诉讼法、行政诉讼法等的相关规定，大学生在其受教育权及财产、民事权利受到侵犯时，可以向学校及教育行政部门提起申诉或者向法院提起诉讼。申诉权和起诉权是大学生维护自己合法权利的强有力的法律工具。

(二)权利集合：大学生权利的主要特点

显然，大学生权利并不是单一的某项权利，而是一个"权利束"，是多种权利的"集合"，其呈现出明显的"复合性"，具体表现为内容多样性、多层次性和涉及主体的多维性。

首先，内容多样性。大学生权利包含各类基本权利，既包括受教育权等精神性权利、获得资助等物质性权利，也包括获得权利救济等程序性权利。因此大学生权利是一个权利的复合体，它源于大学生主体的特殊性和生存状态的多维性。

其次，多层次性。年满 18 周岁的大学生具备完全的权利与责任能力，理应享有一般公民可以享有的一切权利，但大学生是一个受教育者，还未参加市场竞争、独立谋生，其权利能力在名义上的成熟下还有很多薄弱的地方。因此大学生各项权利享有的程度不一，具有丰富的层次，比如在基本权利层面大学生必须遵循学校的管理规定，人身自由受到一定限制；学生做出退学等各类对其个人权利影响较大的申请时需家长出具意见，个人不能单独决定；大学生在校发生较大的安全事故或民事、刑事纠纷时，个人不能独立解决，家长和学校必须作为第三方参与解决；等等。

最后，涉及主体的多维性。大学生不是生活在"象牙塔"中，而是现实世界活生生的人，因此，其相关权利实现会涉及众多的主体。如在涉及大学生人身、财产、安全等权利事件时，高校、地方政府、公安局等部门具有较大优势，因此承担的责任也应更多；在涉及大学生的受教育权上，越来越多的学校借助社会资源，对学生进行培养，实践、实习类教育活动的开展也离不开社会的支持，需要企业、社区等为大学生搭建平台。因此，大学生权利保护涉及政府、高校、企业、社会组织、家庭等各类单位，是一个复杂的网络。

（三）权利演进：从受教育权到实习权

用历史和发展的眼光看，权利和任何事物一样，都有一个逐渐发展的过程，必然随着时代的发展而慢慢充实起来；受教育权也一样，其内容也必然随着时间的前行而逐步丰富起来。如果说 21 世纪以前的我国大学生受教育权更注重校园内部层面的话，那么进入 21 世纪以来，校园外部的大学生受教育权逐渐凸显出来。大学生的实习权保护问题在 20 世纪并不突出，但是，随着我国社会经济和时代的快速发展，高等教育从精英化迅速跨入大众化乃至普及化阶段，产教融合、校企合作不断推进，应用型人才培养模式改革日益深化，越发彰显实习权独立设置的重要价值。

近年来，社会用工趋势的不断变化，用人单位对大学生的实习经历越来越重视；为满足社会需求，每年各高校都会安排数百万大学生走上实习岗位，开展实践学习。但是，由于校外实习与在校理论学习存在着学习形式、劳动报酬、安全保障、意外风险等多种区别，因此如何保障他们在实习期间的相关权益值得关注。事实上，目前这方面存在的问题是较多的，各类大学生实习伤害事件、意外事故，乃至性骚扰事件经常见诸报端。虽然我国教育部也出台了《职业学校学生实习管理规定》等文件①，各高校也有零星的实习相关管理制度，但是毋庸讳言，目前我国尚缺乏系统性、整体性的实习相关法律法规，关于实习相关的制度建设十分薄弱。在此背景下，大学生实习权的制度设计已经是迫在眉睫了。

因此，在我国教育法典即将编纂的当下，认真研究实习权并将其纳入教育法典中，显然具有非常重要的意义。

二、教育法典应当重视学生权利保护

2019 年，党的十九大明确指出，我国已经进入社会主义建设的新时代，我国社会的主要矛盾已经转化为人民日益增长的美好生活需要和不平衡不充分的发展之间的矛盾。一方面，人民的美好生活需要包括民主、法治、公平、正义、安全、环境等方面的要求。满足这些要求，都直接或间接取决于法治及其涵盖的自由民主、公平正义等的发展状况，这些问题基本上都是广义的法治实践需要解决的重大问题；另一方面，"落后的社会生产"已经转化为"不平衡不充分的发展"，其中也包括法治发展的不平衡不充分，要求我们继

---

① 据笔者查阅，我国职业教育法、劳动法、劳动合同法都没有涉及大学生实习的问题，没有相关的明确规定。

续深化依法治国实践。新时代,全面推进依法治国,解决社会主要矛盾,要求中国特色社会主义法治理论必须与时俱进、创新发展。2021 年 4 月 21 日,全国人大常委会在 2021 年度立法计划中明确表示,要研究启动"环境法典、教育法典"等条件成熟领域的法典编纂工作。① 教育法典事关民族兴旺、人民福祉;编纂教育法典,是完善中国特色社会主义法律体系,提升国家治理体系和治理能力的重要途径。在教育法典即将编纂之时,有必要对我国多年来的教育立法进行系统梳理,对其成败得失进行反思,进而编纂出不负时代的好法典。在新时代的教育法典中,应当更加重视学生权利保护,其主要原因在于我国早先制定的相关教育法律体系仍较为缺乏保护学生权利的立法理念。

（一）原有的管控型立法理念不能适应新时代的要求

经过 40 多年的不懈努力,我国教育法律体系已经初步成型,形成了以《宪法》教育条款为核心,以《教育法》为母法,以《学位条例》《义务教育法》《职业教育法》《高等教育法》《民办教育促进法》《家庭教育促进法》《教师法》《国家通用语言文字法》等 9 部法律为基干,以《中外合作办学条例》《残疾人教育条例》等为代表的 16 部行政法规,以《学生伤害事故处理办法》《普通高等学校学生管理规定》等为代表的 79 部部门规章和 200 多部地方性法规,共同构成我国教育法律体系的基本框架,这些教育领域的立法成就为教育法典的制定奠定了较好的基础。② 40 多年的持续立法,在教育领域初步形成有法可依的局面,为依法治教提供了基本的法律保障和制度条件。但是,必须看到,目前的现有立法,仍属于管控型的价值理念占主导,较为偏重管理效率,突出表现在不少法律规范具有浓厚的功利主义色彩。"教育法制的价值取向是强调行政权的权威、社会公益与社会秩序,而将公民的权利置于行政权的权威之下,不太强调公民个体基本权利的保障。"③

此外,由于管控型的立法理念,顶层设计时缺乏权利保护的立法理念,导致目前各相关教育立法仍有不少问题,诸如部分条文语义含糊不清,可操

---

① 全国人大常委会 2021 年度立法工作计划[EB/OL].[2020-12-04]. http://www.npc.gov.cn/npc/c30834/202104/1968af4c85c246069ef3e8ab36f58d0c.shtml.
② 申素平,等.从法制到法治——教育法治建设之路[M].上海:华东师范大学出版社,2018:2-3.
③ 余雅风.法律变迁与教育的公共性实现[J].教育学报,2005(2):51-55.

作性较差，法条之间协调不够，配套性规范缺乏，乃至部分立法仍有空白等。① 显然，这些问题的存在导致我国教育法治体系与建设"教育强国"、实现教育现代化、"办好人民满意的教育"的美好愿景相比，仍存在着不小的差距。

（二）教育法治亟待从权力本位走向权利本位

现有的教育法律规范中，通行的仍是"权力本位"，具体表现在约束教育行政部门权力（注：包括校内外行政部门，以下同）的规范极少，绝大多数规范都是针对学校教师、学生等教育主体的，对校内外教育行政机关行使公权力行为的规定往往是概括性的，这就在客观上为教育行政部门滥用权力打开了方便之门。因此，在推进教育法治的进程中，亟须确立约束教育行政部门权力的理念，明确各级教育行政部门的职责和权限，强化对教育行政部门权力的监督与约束，防止教育行政权力对教育活动的过度干预，引导和约束教育行政部门真正做到依法行政。

在权利意识日益勃兴的今天，教育法治显然需要从"权力本位"走向"权利本位"。其在面对学生群体时，要以尊重和保护学生权利为切入点。教育行政部门制定的管理规则要尊重权利、体现公平，将以学生为本的原则纳入制度规则与管理实践。在学校管理中，特别是在惩戒、处分学生的时候，应重视程序正义，依据程序，做到公平公正，给予学生或未成年学生监护人陈述与申诉的机会。对于违反学校纪律的学生，应积极教育挽救，坚持惩戒的合法性与合理性的统一。在制度设计上，不仅关注学生在教育法上的权利，而且同样尊重学生作为普通公民所应享有的基本权利，杜绝体罚或者变相体罚，全面保障和落实学生的主体地位和在校的各种权利。

（三）教育法典为保护学生权利提供良好契机

当前，我国教育法典仍在讨论当中，离真正制定还有很大的差距，各方面的研究尚处于开局状态，覆盖面颇为有限，对法典中很多应予以深入研究的问题尚未涉及，这就为全面、系统、规范地保护学生权利提供了良好的契机。

有学者指出，部门法典的起草需要具备 3 个基本条件，包括系统健全的

---

① 申素平，等.从法制到法治——教育法治建设之路[M].上海：华东师范大学出版社，2018.

部门立法、较为丰硕的理论成果和相对明确的编纂方向。① 显然，民法典的制定为我们提供了参考和借鉴。笔者以"民法典"为关键词在中国知网中检索，时间从 2014 年至 2021 年，发现相关文献高达 8000 余篇，涉及 20 多个学科，其研究之广泛、深入令人惊叹。以此观之，当前教育法法典化建设仍有相当大的差距，除了需要进一步加强对教育法典的立法模式、基本框架和逻辑结构的充分论证外，更亟须对教育法典中的一些具体问题进行深入探讨。笔者认为，在我国未来的教育法典当中，学生的权利保护问题乃是教育法典的核心所在，唯有对学生权利保护进行全面系统的规范与保障，教育法典才能真正成为推动我国教育事业不断前进的基石。

目前，我国学术界对于教育法典的研究刚刚起步。笔者在中国知网以篇名中包含"教育法典"进行搜索（截止日期为 2021 年 11 月 10 日），发现真正相关的论文仅 7 篇，研究主要就教育法典制定的必要性和可行性、法典化的路径、法典的内部结构、主要内容等进行了初步的探讨。2020 年，马雷军率先提出教育法典化的命题，并认为我国教育法的法典化应采用统一的立法模式、总分结构的基本框架、分步推进的立法策略。② 任海涛则认为，应当先推进教育法的体系化，以体系化逐步推动法典化实现。③ 童云峰等认为，可以借鉴民法典和刑法典的经验，采纳"三层递进"模式，即教育法体系化—制定教育法典总则—依次编纂分则各编并最终合成教育法典。④ 孙霄兵则提出，编纂教育法典需要加强关于立法原则、法典设计价值、法典编纂技术、法典体例编排、法典与其他法律和国际规范衔接的理论研究。⑤ 周洪宇等认为，习近平法治思想是实现教育法典体系化、科学化、民主化编纂的根本保障，是回答何为教育法典和教育法法典化、为何编纂教育法典、编纂何种教育法典以及如何编纂教育法典这 4 个基本问题的总指导。⑥ 刘旭东则提醒，要借鉴西方民法典"解法典化"与"再法典化"循环往复的立法实践，我国教

---

① 马雷军.论我国教育法的法典化[J].教育研究,2020(6):145-152.

② 马雷军.论我国教育法的法典化[J].教育研究,2020(6):145-152.

③ 任海涛.论教育法体系化是法典化的前提基础[J].湖南师范大学教育科学学报, 2020(6):15-24.

④ 童云峰,欧阳本祺.我国教育法典化之提倡[J].国家教育行政学院学报,2021(3): 26-34.

⑤ 孙霄兵,刘兰兰.《民法典》背景下我国教育法的法典化[J].复旦教育论坛,2021(1): 31-37.

⑥ 周洪宇,方垕.学习习近平法治思想 加快编纂教育法典[J].国家教育行政学院学报,2021(3):16-25.

育法典应通过在总则中设置一般条款来维系法典的稳定性等。①

可以说,上述学者的研究为我国教育法典的编纂提供了有益的探索,具有开创性意义。关于学生权利保护的研究正是大有可为的阶段,需要各方学者献策献计,通过多角度、多视野、多学科的深入系统研究,为教育法典的制定提供参考。

第二节　大学生实习权的主要内容

关于大学生实习权,目前还没有权威、确定的概念,笔者在"导言"中,曾就实习以及实习权等含义进行了简要梳理。为精准讨论问题,在本节中,笔者将对实习进行进一步的探讨,将实习与其他实践进行区分,并明确实习权的特征、主要内容等。

一、实习权的概念

(一)实习的含义

与实习权有关的第一个概念是实习。科学界定实习的概念内涵十分重要,是研究的逻辑起点,对后续研究具有重要意义。实习,顾名思义,是在实践中学习。在经过一段时间的学习之后,或者说当学习告一段落的时候,我们需要了解自己的所学需要或应当如何应用在实践中。因为任何知识都源于实践、归于实践,所以要付诸实践来检验所学。《现代汉语词典》(第7版)将实习定义为:"把学到的理论知识拿到实际工作中去应用和检验。"②据相关学者归纳③,关于大学生实习的概念,主要有3种:第一种观点认为,实习是一种教学活动或教学环节。如王志雄认为,实习是指高等学校按照专业培养目标和教学计划,组织学生到国家机关、企事业单位等进行与专业相关的实践性教学活动。④ 第二种观点认为,实习是一种实践活动。如申素平、

---

① 刘旭东.教育法法典化:规范意涵、时代诉求及编纂路径[J].湖南师范大学教育科学学报,2020(6):21-29.

② 现代汉语词典[Z].7版.北京:商务印书馆,2016:1186.

③ 徐银香,张兄武."责任共担"视角下大学生实习权及其权益保障研究[M].南京:南京大学出版社,2020:21.

④ 王志雄.高校学生实习的身份界定与法律适用[J].教育与职业,2013(11):25-29.

贾楠认为,实习是指学生在实习教师的指导下,通过一定的劳动和实践取得经验,达到提高工作能力的目的。① 第三种观点则认为,实习是一种工作劳动。如李培智认为,实习是指学生在实习期间,到实习单位的岗位上参与实践的过程,通过实践取得工作经验。② 显然,上述学者的观点都从某个侧面、某个视角揭示、反映了实习的部分特征。笔者认为,将上述 3 种观点综合在一起,才是实习的真正内涵,即实习与理论教学不同,它是一种具有实践性质的教学活动,同时在一定条件下,还具有某种工作劳动的性质。

一般认为,实习有广义和狭义之分。狭义的实习是指以实践为主的教学方式,它是学校一种教学环节或教学活动,是教学场所延伸到学校之外的一种教学活动。广义的实习,则是指除了理论学习之外的一切具有实践性的学习方式,包括教学实习、勤工助学、课外打工、社会实践、就业见习、毕业实习等在内的社会实践活动。实习作为一种具有悠久历史传统的教学方法,一直都存在着,但在我国,则是随着我国高等教育从"精英教育"阶段向"大众化教育"阶段发展,从"学术型人才"到"应用型人才"培养模式的转变,而日益彰显其重要意义。显然,就本书的研究主旨而言,只有探讨研究广义的实习,才能真正有助于提升实习权利保护,才能提升本书的研究价值。

(二)实习相关概念辨析

由于广义的实习,包括教学实习、勤工助学、课外打工、就业见习、社会实践等概念,在日常运用中,其各自的内容经常混淆,因此有必要予以明确辨析。

1. 教学实习

教学实习是指高等学校工、理、农、医等科和中等专业学校工、农科在生产实习之前,结合专业课程教学的一种实践性教学形式。③ 通常从低年级开始,在校内实习工场或农场进行,使学生获得生产的感性知识,初步掌握一些生产操作技能,并接受劳动纪律、安全防护、文明生产等教育。区别于综合性的生产实习,内容仅局限于课程要求,实习时间较短。重点是基本功训练,及巩固和加深对所学课程理论的认识,不强调完成生产任务,不宜过早、过多地把学生安排在某一工种的固定操作位置上劳动,以免导致其不能全

---

① 申素平,贾楠.实习生权益保障研究[J].教育学术月刊,2017(6):67-72.

② 李培智.大学生实习劳动关系认定探微[J].法学杂志,2012(6):122-125.

③ 顾明远.教育大辞典[Z].上海:上海教育出版社,1998:820.

面掌握所需知识和技能。

2. 勤工助学

也称勤工俭学,根据 2007 年 7 月教育部、财政部颁布的《高等学校学生勤工助学管理办法》,是指学生在学校的组织下利用课余时间,通过劳动取得合法报酬,用于改善学习和生活条件的社会实践活动。勤工助学是学校学生资助工作的重要组成部分,是提高学生综合素质和资助家庭经济困难学生的有效途径。《高等学校学生勤工助学管理办法》明确规定:"勤工助学活动必须坚持'立足校园、服务社会'的宗旨,按照学有余力、自愿申请、信息公开、扶困优先、竞争上岗、遵纪守法的原则,由学校在不影响正常教学秩序和学生正常学习的前提下有组织地开展。""勤工助学活动由学校统一组织和管理。任何单位或个人未经学校学生资助管理机构同意,不得聘用在校学生打工。学生私自在校外打工的行为,不在本办法规定之列。""学校学生资助工作领导小组全面领导勤工助学工作,负责协调学校的财务、人事、学工、教务、科研、后勤、团委等部门,配合学生资助管理机构开展相关工作。充分发挥学生会等学生社团组织在勤工助学工作中的作用,共同做好勤工助学工作。""学校学生资助管理机构下设专门的学生勤工助学管理服务组织,具体负责勤工助学的日常管理工作。"2018 年 9 月,教育部、财政部公布《高等学校勤工助学管理办法(2018 年修订)》,明确规定将大学生参加校内勤工助学临时岗位的时薪,从 2007 年的不低于 8 元/时提高到不低于 12 元/时。笔者在很多高校学校的行政办公室、图书馆、食堂、操场等场所,经常看到勤工俭学的学生利用课余时间,帮助老师整理文件资料、搬运材料或从事清洁工作等,这些学生由学生处或团委专门组织,一般都是家庭比较贫寒的学生,通过按月给付一定的生活补贴,给予这些学生一些经济帮助。

3. 课外打工

也称课外兼职,主要是指大学生利用课外时间,到社会上的用人单位通过劳动获得合法报酬。[①] 有学者指出,大学生课外打工,与实习较容易混淆,但其与实习还是有着本质的区别:大学生课外打工一般是个人行为,没有经过学校统一组织和管理(当然,一般学校都公开允许或默许大学生在不影响学业的情况下,通过合法的打工途径赚钱,这在一定程度上也是学生的自由

---

① 徐银香,张兄武."责任共担"视角下大学生实习权及其权益保障研究[M].南京:南京大学出版社,2020:24-25.

和权利),是个人向雇主或用人单位提供劳务或劳动,以取得劳动报酬为目的。[①] 当然,有些打工与专业有相关性,但大部分则没有,譬如在肯德基、麦当劳等餐厅当服务生等,就是纯粹的打工赚钱或积累社会经验。这与实习是以完成学业为目标,作为课程教学计划的一部分,由学校统一组织或管理,不以获得报酬为主要目的有本质不同。

4. 就业见习

所谓就业见习,是指由各级人力资源和社会保障部门根据离校未就业高校毕业生本人意愿,组织其到经政府认定的就业见习单位进行见习锻炼、积累工作经验、提升就业能力的一项就业促进措施。[②] 2009 年起,人力资源和社会保障部会同教育部、工业和信息化部、国资委、工商总局、全国工商联和共青团中央联合下发《关于印发三年百万高校毕业生就业见习计划的通知》(人社部发〔2009〕38 号),决定自 2009 年至 2011 年,拓展和规范一批用人单位作为高校毕业生见习基地,用 3 年时间组织 100 万离校未就业高校毕业生参加就业见习。未就业高校毕业生如参加就业见习可向当地人力资源和社会保障部门及当地团组织咨询,当地人力资源和社会保障部门是就业见习的组织实施单位。由此可见,就业见习针对的对象是已经离校但未就业的毕业生,而不是本书主要讨论的实习期的大学生。

5. 社会实践

社会实践是一个含义非常宽泛的词语。一般而言,广义的社会实践是指人类认识世界、改造世界的各种活动的总和,即全人类或大多数人从事的各种活动,包括认识世界、利用世界、享受世界和改造世界等等。狭义的社会实践一般是指大学生利用假期参加社会活动或是在校外实习等事务,其对于在校大学生具有加深对本专业的了解、确认适合的职业、为向职场过渡做准备、增强就业竞争优势等多方面意义。[③] 也有些学生希望趁暑假打份零工,积攒零花钱。在一定程度上,社会实践既包括勤工俭学、家教、零工等侧重经济利益的行为,也包括做义工、支教、支农等侧重于锻炼能力、奉献爱心

---

① 徐银香,张兄武."责任共担"视角下大学生实习权及其权益保障研究[M].南京:南京大学出版社,2020:24-25.

② 什么是就业见习[DB/OL].[2020-12-05].http://www.gov.cn/banshi/2012-11/29/content_2278416.htm.

③ 王怀芳.马克思主义大众化视阈下大学生社会实践发展路径探析[J].淮海工学院学报(人文社会科学版),2013(6):116-118.

的行为。当然,不少大学生则倾向于选择和专业相关的单位实习(包括有偿和无偿),在中小学或实践基地或军训基地的活动,也属于广义的社会实践之列。

6.毕业实习

关于毕业实习的含义,众说纷纭。有些高校的毕业实习教学大纲上是这样定义:毕业实习是学生接触社会,将理论付诸实践的教学过程,是培养学生综合运用学校所学理论知识解决实际问题的重要环节,是学生在校期间最重要的实践环节。[①] 笔者认为,一般而言,毕业实习是指学生在毕业之前,即在学完全部或大部分课程之后到实习现场参与一定实际工作,通过综合运用全部专业知识及有关基础知识解决专业技术问题,获取独立工作能力,在思想上、业务上得到全面锻炼,并进一步掌握专业技术的实践教学形式。它往往是与毕业设计(或毕业论文)相联系的一个准备性教学环节。显然,毕业实习对于处在毕业年级的学生来说,是一项具有较强"刚性需求"的实践活动。

为精准讨论问题,在本书中讨论的实习主要就是指毕业实习,是指毕业前的生产性实习,即高校即将毕业的应届大学生(身份),在毕业前夕进入用人单位(时间),以就业或就业准备为目标(目的)而进行的实习,且只讨论用人单位为企业的情况。显然,毕业实习一般就包括顶岗实习、带薪/不带薪实习、跟岗实习等实习类别,这些相关词语将在后续具体的案例中予以阐明。

(三)实习的类型

鉴于实习的复杂多样性,进行适当的分类也非常有必要。不少学者已经做了相应的探索。笔者总结前人的相关成果,依据不同的分类标准,可以得到不同的分类方法。

1.按照实习地点的不同

按照实习地点的不同,可以分为校内实习和校外实习。

校内实习:顾名思义,主要是指实习地点在校内的实习,包括校内的实验室、校内工作场所等。

校外实习:是指实习地点在校外的实习。校外单位包括一切位于校外的企事业单位、政府部门或社会组织等。显然,相对于校内,校外离学校有

---

① 参见《浙江树人学院现代服务业学院毕业实习教学大纲》。

一定的路程距离,有一定的安全风险。

2. 按组织程度的不同

按照学校组织程度的不同,可以分为分散实习和集中实习。

分散实习:一般是指学生自行联系实习单位,自行实习,对此类实习,学校介入较少,只负责一般的指导和监督。

集中实习:一般是指由学校联系并组织学生前往定点实习单位进行的实习。学校一般会介入较多,专门安排实习指导老师带队,全程监控,确保实习质量。

3. 根据是否获得劳动报酬

根据是否获得劳动报酬,可以分为无薪实习和带薪实习。

无薪实习:一般是指实习单位对实习学生不支付劳动报酬的实习。这是一种无偿的实习方式,学生的目的可能在于获得宝贵的实习经验和难得的实习机会,一般存在于极为热门的行业。客观而言,这样的实习一般比较少。

带薪实习:是指实习单位会给予实习学生支付一定的费用作为报酬的实习方式。这种有偿的实习方式较为普遍。

4. 根据学习内容划分

根据实习的内容,一般可以分为教学实习和生产实习。

教学实习:主要是指以学习为主的实习,不参与到实习单位的实际工作中,包括参观实习、认识实习、观摩实习等。

生产实习:是指学生亲身参与到实习单位的实际工作中,为实习单位创造价值的实习。其一般包括顶岗实习、跟岗实习等。

可以说,上述主要是学术理论界的划分,但是,在司法实务界,其划分情况显著不同,笔者在一些司法判例中发现,其一般将大学生实习分为就业型实习、勤工俭学型实习和培训型实习 3 种情况。①

就业型实习:是指那些已经达到法定劳动年龄并以最终就业为目标的大学生进行的实习。对于该类在校生而言,现阶段的实习是为以后签约留在用人单位所做的锻炼。在此种情况下,用人单位为实习者提供必要的工作、生活条件,实习期间或期满后被实习单位正式录用的,单位应及时与学

---

① 参见:唐山市丰南区世嘉筛网厂与马宝山确认劳动关系纠纷二审民事判决书,原载于中国裁判文书网,访问日期 2021 年 2 月 4 日。

生签订劳动合同,缴纳社会保险,实习时间可作为工龄计算。

勤工俭学型实习:是在校生个人利用业余时间进行的勤工俭学活动,此种实习活动,大学生与其服务的单位之间没有劳动关系。

培训型实习作为学校教学计划的一部分,由学校统一安排到实践部门进行的实习。该种实习应被视为教学的一部分,这样的实习不能视为就业,单位一般也不会给实习生支付报酬。原劳动部《关于贯彻执行〈中华人民共和国劳动法〉若干问题的意见》第十二条规定,在校学生利用业余时间勤工助学,不视为就业,未建立劳动关系,可以不签订劳动合同。该条规定仅限于勤工助学行为,而除《劳动法》第十五条规定禁止用人单位招用未满 16 周岁的未成年人外,我国法律没有对在校生成为劳动关系主体进行禁止性规定。

当然,按照不同的标准还有不同的划分,不同的学者也有不同的观点。上述划分只是笔者在统筹不同学者的分类后进行的大致划分。显然,不同的实习类型,其实习生与学校、实习单位的法律关系也存在显著不同,在实践中则要具体问题具体分析。在本书中,实习主要指大学生生产性实习,也就是指高校为使学生掌握某专业技能,熟悉专业课本内知识,验证专业理论而在机关、企事业等单位进行真实性的工作劳动。总而言之,实习虽然也有观察学习,但侧重于真实工作、真实劳动。实习是一项对大学生、高校、用人单位均有利的双向人力资源安排:一方面,学生要完成其实习工作需要通过企事业单位的接纳方可实现;另一方面,企事业单位通过接纳学生实习,可以发现、选择、培养单位所需人才,实现其人力资源开发与管理的战略目标。

(四)实习权的概念

1.实习权

在梳理完实习的概念后,梳理实习权的概念就有了坚实的基础。当然,正如笔者在导言部分所阐明的,关于实习权目前尚无准确的定义,有学者指出:"实习权在法学上并不是个确切的概念,我国的现行法律法规中没有实习权的概念,不像劳动权、教育权那样在宪法上得到确定,即便在高关联度的教育法、劳动法研究领域,也没有对其给予明确的界定。"[①]因此,许多学者的定义也只是一家之言。

---

① 徐银香,张兄武."责任共担"视角下大学生实习权及其权益保障研究[M].南京:南京大学出版社,2020:55.

有学者认为实习权是一种劳动的权益,如黄芳指出"实习权是指未毕业的大学生为就业而获取真实性工作劳动机会的权利"①。

有学者认为实习权是实习阶段的学习权利,如李文康认为,实习权是指学生遵循认识规律、进行实践学习的权利,是学生受教育权在实习阶段的表现形式。②

也有学者认为实习权是实习阶段各种权利的总和,如韦嘉燕、乐永兴认为,实习权是在实习活动中实习主体所享有的权利之和的总称。③

据此,笔者也尝试推导出实习权的基本内涵,即实习权是指处于行将毕业时候的大学生,在为就业做准备而参加的实践活动中,所应享有的各种权利之和。鉴于实习的复杂情况,笔者认为它既是一项受教育权也是一项劳动就业权(尤其在顶岗实习时),它是公民受教育权与公民劳动权的交集,是两项权利的交集衍生出的一项新的权利。大学生实习权来源于两个方面,一方面是公民的受教育权,另一方面是公民的劳动就业权。这两项权利受到我国宪法、劳动法、教育法、高等教育法、职业教育法以及就业促进法等法律的严格保护,所以笔者认为实习权亦应受到上述法律的保护。此外,还要注意实习权与实习权益的区别。

2. 实习权与实习生权益

实习权与实习生权益是一对非常近似的概念,以至于许多人将两者混同使用。当然,也有学者④认为实习权与实习生权益有着明显的不同,更有学者⑤提出将实习权明确规定为一种新型的权利。如黄芳首次提出大学生实习权的概念并对其属性进行系统分析,她指出,实习权既是一项受教育权也是一项劳动就业权,是两项权利的交集衍生出来的一种新型权利;它有教育经济学、教育法学、劳动法学等多重特征,对大学生具有生存与发展的价值功能;实习权包括教育实践权、自由实习选择权、劳动报酬权、安全权、休息权、人格权、停止实习权等权利内容;确立实习权的属性特征对政府、学校、企业、司法机关具有现实意义。徐银香、张兄武两位学者在其专著《责任

① 黄芳.论大学生的实习权[J].高教探索,2011(3):38-42.
② 李文康.高等学校学生实习权探析与立法研究[J].西南农业大学学报(社会科学版),2011(12):59-63.
③ 韦嘉燕,乐永兴.实习权的权利价值与保护[J].合肥学院学报,2018(4):9-13.
④ 徐银香,张兄武."责任共担"视角下大学生实习权及其权益保障研究[M].南京:南京大学出版社,2020:55.
⑤ 黄芳.论大学生的实习权[J].高教探索,2011(3):38-42.

共担视角下大学生实习权及其权益保障研究》中明确区分了实习权和实习权益。其指出，实习权是指大学生在校学习期间，根据专业人才培养目标需要和教学计划安排，享有到企事业等实习单位通过参加与专业对应或相关的实际工作进行实践性学习的权利。实习生权益是指大学生在实习期间依法享有的所有权利和利益的总和。两者在概念上存在不同，但是其也承认实习权与实习生权益联系紧密，认为实习生权益是"基于实习权"的一种权利束。也有学者[1]认为，实习权与实习生权益在内涵上是一致的，没有必要加以区分。其理由在于两者的内涵与外延基本相同，都是权利的集合体，且我国尚无专门的大学生实习专门立法，对实习各方的权利义务并未作出明确规定等等。

笔者认为，将实习权从实习生权益中独立出来，似乎的确有助于强调该权利的特殊性；但是，考虑到目前实习权与实习生权益的内涵与外延基本一致、使用场景几乎重合，关于实习权的研究也基本上就是关于实习生权益的研究，因此，没有必要将实习权与实习生权益予以区别，也难以区别。

此外，目前学术界绝大部分学者对实习权与实习生权益也基本上不做区分，关于实习权或实习权益的相关理论研究仍不够成熟、不够定型。首先，关于大学生实习权益的内涵与外延不够清晰，对实习学生的法律身份没有权威的认定。如林安民提到仅实习类型就分为 6 种之多，每一种的法律身份也不相同。[2] 其次，关于大学生实习权益的具体内容也众说纷纭。如陆碧霞[3]、刘君[4]等就实习过程中的人身权、财产权及劳动权益进行了不同视角的探讨。最后，关于大学生实习权益的保障路径也莫衷一是。如王景枝[5]等就借鉴了美国、德国、法国等发达国家相关大学生实习权益保障方面的经验，结合中国国情提出改进我国大学生实习权益保障的对策建议。徐银香[6]则认为需要建立政府宏观管理、高校有效组织、学生主动参与、企业积极配合、中介组织支持的实习生权益保障体系。可以说，关于实习权益保障研究仍处于起步阶段，尚未形成系统成型的理论。

---

① 张勇.大学生实习及其权益保障的法律与政策[M].上海:上海人民出版社,2012:78.

② 林安民.在校学生"实习"权益保护的法律思考[J].青少年犯罪问题,2013(6):78-83.

③ 陆碧霞.大学生实习期间身份的法律分析[J].中国青年研究,2012(11):97-100.

④ 刘君.高校大学生实习权益保护的法律探讨[J].政法学刊,2014(6):36-39.

⑤ 王景枝.大学生实习制度的国际比较及启示[J].黑龙江高教研究,2011(2):2-4.

⑥ 徐银香."责任共担"视野下大学生实习权益法律保障体系的构建[J].高等工程教育研究,2016(2):92-96.

总而言之,实习生权益就是以实习权为核心的各项权利的总和,离开了实习权,实习生权益也就没有存在的价值。因此,本书认为,实习权与实习生权益在内涵与外延上基本一致,实习权的主要内容就是实习生权益的主要内容,二者没有区分的必要;本书在行文时也不做区分,主要根据语境予以灵活处理。

二、实习权的特征

关于实习权的特征,有学者进行过较为深入的探讨。[①] 如黄芳就在相关论文中,分析了实习权具有教育与劳动就业两个方面的价值特征,是两者的"交集"。笔者认为,可以借鉴受教育权和劳动权的特征来归纳实习权的特征。根据杨颖秀《教育法学》[②]的定义,受教育权是指依照法律规定,公民在受教育方面可以作为或不作为,或要求他人保障其受教育权而作为或不作为的能力或资格。受教育权的特征包括:(1)受教育权是法律所确认和保障的权利人所享有的接受教育的利益。(2)是法律所赋予的一种接受教育的资格。(3)这种接受教育的利益或资格是有法律保障的,它表现为在权利受到侵犯时,具有请求有权国家机关予以保护的可能性。而依据王全兴的《劳动法》[③]的定义,劳动权是宪法赋予公民的获得有酬职业劳动的权利。其特点在于:(1)是宪法赋予的法定权利;(2)是有酬劳动机会保障权,其内容包括就业权和择业权;(3)是公民有以劳动谋生,获得并要求国家和社会为其提供劳动机会的权利。实习权与受教育权和劳动权的关系可以用图 1.1 表述。

图 1.1　实习权与受教育权、劳动权的"交集"关系

由此,可以推演出实习权在教育法方面的基本特征。

第一,实习权是法律所确认和保障的大学生所享有的接受实习的利益和权利。把实习权作为教育法中的一项权利,可以保证足够的经费投入来

①　黄芳.论大学生的实习权[J].高教探索,2011(11):38-42.

②　杨颖秀.教育法学[M].2 版.北京:中国人民大学出版社,2012:27-28.

③　王全兴.劳动法[M].4 版.北京:法律出版社,2017:89-90.

促使实现学生的实习权利，促使教育资源在实习工作中得到合理的配置与使用。从教育经济学的角度看，实习权作为教育权的内含部分，可以保护教育发展所必需的实习经费。从学生受教育权角度看，实习权是实现学生受教育权的一个表现。实习作为教学的一个环节，是大学生从"学生到员工"的职业化角色的转化，其职业化的转化可以在我国教育法中找到实习权存在的依据。教育法规定了受教育者享有受教育权，实习权是受教育权的一个具体内容表现。学生实习权作为受教育权的基本权利来源于以下 5 个方面的推演：参加教学活动并使用实习教育资源的权利；享有国家给予的实习方面的物质帮助的权利；享有实习人身权；享有公正评价与获得实习资格证书的权利；享有实习申诉权等。从教育功能上看，实习权是实现教育价值的支柱和保障。

第二，实习权是法律所赋予的一种接受实习利益的资格。也就是说，大学生有资格、有权利要求学校为其提供实习机会。显然，实习是一种推动学生成长的，促使其理论运用到实践能力提升的重要途径。联合国教科文组织认可的教育原则中的四大支柱认为，教会学生学会认知与学会做事密不可分，只有通过实习实践才能教会学生实践他所学的知识，真实学会"求知"，并且只有通过工作实习"求知"才得以实现，才能做到"学会做事""学会与人相处""学会生存"。[①] 虽然实习资格是一种短期的、非稳定性的资格，但在高等教育较为发达的今天，大学生有要求参加实习，承担具体的工作任务，并进而参加具有劳动性质工作的机会。它是大学生就业的初期阶段。实习权对大学生来说也体现其发展的功能和价值。实习是一种职业的正式探索，能为将来的工作积累经验并在其中寻找发展机会，所以实习权的确定对大学生的发展显得更加重要。他们要在实习工作中体现其沟通能力、创新能力、胜任能力，体现其综合素质、品德与责任心，这都是大学生职业发展的核心所在。作为实习管理主体的高校、用人单位应帮助大学生发展其真实的潜力、兴趣与职业胜任能力，奠定良好的专业发展基础，为大学生实现人的价值与实现自我发展个性提供一个真实有效的价值平台。

此外，实习权还有显著的劳动法上的特征，包括：

第一，实习权是劳动权的一种特殊表现形式，也是宪法赋予的基本权利。促进实习也就是促进就业，实习权是公民劳动就业权的外延表现，具有劳动权的某些基本特质。劳动权由劳动原权利、救济权与保护权 3 个部分

---

① 联合国教科文组织.教育——财富蕴藏其中[M].北京:教育科学出版社,2004:87.

构成,劳动权的本质是作为人的属性享有、不可剥夺的基本人权。① 我们所称的就业权、劳动权、工作权在许多外国学者的视线中为同名互解的权利。根据挪威学者克里斯托弗·德泽维奇的观点,劳动权就是工作权与工作中的权利;这种被视为就业权的劳动权包括 4 个层面的权利:与就业有关的权利、由就业派生出来的权利、平等待遇和非歧视权利、辅助性权利。② 笔者认为实习是就业的一个组成部分,也是工作的一个组成部分,在高等教育不发达时期,学徒工作(可与实习相比)是就业工作的一个组成部分。实习工作是劳动,我们不能否定实习的工作特征、劳动性质与就业性质。我们不能用实习的"教学"特性来否定实习的劳动性质,就好像不能否定学徒工是劳动者一样。我们认为以就业为圆心的一切与工作直接有关的权利都应被视为劳动权,实习权应划入劳动权的保障范畴,只有如此,才能使实习者的权益保障不产生断节与空白。

第二,实习权作为劳动权的组成部分,具有有酬职业劳动的特性。必须承认,大学生实习是在从事一项工作,是从事一项劳动,实习过程也是大学生谋求生存开始的过程,这时他们进入工作开始状态。对于大学生来说,必须有最低限度的报酬,这种报酬是使他们得以维持下去的东西,也可以说是其劳动再生产所需的最低限度的金额。③ 实习劳动报酬不仅要体现生存的目的,而且要体现生存权的手段,这种认识对于实习期超过一个月的大学生很有价值。但是,目前我国不少高职类学生都处于所谓的"2+1"培养模式中,他们的实习期长达一年甚至更长,他们的劳动力正在以实习的名义被剥夺。因为在劳动力供大于求的需求状况下,劳动力密集型企业对剥削高职类学生的劳动充满"热情",而许多高校、专业教师为了完成所谓的"2+1"模式,以文凭要挟的方式而源源不断地把年轻力壮的学生送去工厂、酒店等地,"被实习"往往成为许多高职类院校学生无奈的选择。针对这一现状,认识到实习的生存手段价值,即要取得最低限度的报酬以维持生存的基本需求,对保证实习者的生活延续和保护其身体健康的生存意义显得十分重要。

第三,实习权遭受侵害时,具有请求有权国家机关予以保护的可能性。实习权既是一种受教育权又是一种就业劳动权的认识论,对高校与学生具有很高的现实价值,它可以改变高校对学生实习工作敷衍不主动,将实习工

---

① 李炳安.劳动权论[M].北京:人民法院出版社,2000:89.
② 李炳安.劳动权论[M].北京:人民法院出版社,2000:89.
③ 黄芳.论大学生的实习权[J].高教探索,2011(3):38-42.

作推给学生与家长，或将实习生长时间廉价（或免费）送给一些劳动密集型企业或血汗代工厂的管理方式。实习对于高校来说是一种教育管理责任，教育管理者对实习生的工作环境、工作时间、工作任务、工作报酬应承担管理责任。学生遇到实习侵权时不再是无法可依，他们可以从教育侵权或劳动侵权或劳动协议违约中行使选择权起诉学校、企业、政府，从一般民事侵权诉讼或劳动仲裁诉讼寻求法律救济保护。同时，实习权的确立，表明受教育权与劳动就业权的属性特征对政府、企业、司法机关具有现实意义。政府应当认识到和谐实习对维持社会秩序与创立和谐就业社会，保障大学生某一阶段的生存及促进今后人类的发展具有重要价值，应改变目前政府对大学生实习不管不理的现状；对于用人单位尤其是企业来说，将改变企业拒绝接受实习生、免费或廉价剥削使用实习生的现状；对于司法机关来说，可以明确大学生实习的法律性质，便于更好地处理实习过程中出现的纠纷。①

三、实习权的内容

关于大学生实习权的内容，有不少学者进行过相关理论探讨。笔者认为，从理论方面进行探讨固然重要，但从实证层面进行分析可能更为有益。笔者曾经在拙作《大学生实习实践权益保护的困境与实现路径——基于浙江省 60 所高校章程的实证分析》②中，以大学章程为视角（注：之所以选择以大学章程为视角，盖因大学章程是高校内部治理的纲领性文件，是高校依法治教的"宪法"，是规范高校运行的组织法，是保障师生权利的宣言书），研究了浙江省 60 所高校的章程中关于大学生实习权的相关内容。浙江是我国经济发达地区，高等教育发展迅速，大学生实习也非常普遍，在教育实习方面可以代表我国东部发达地区的情况。截至 2018 年，浙江省共有普通高等学校 108 所（含独立学院），其中大学 17 所、学院 21 所、独立学院 21 所、高等专科学校 1 所、高等职业学校 48 所。③ 鉴于资料搜集和研究的方便，拙文从108 所高校中选取了 60 所高校的章程重点分析，囊括重点大学（5 所）、一般大学（20）、独立学院（10）、民办高校（5）、高职院校（20）等全部类别，确保研究样本具有广泛的代表性和科学性。统计显示，几乎所有的高校章程中都

---

① 黄芳.论大学生的实习权[J].高教探索，2011(3)：38-42.
② 金劲彪，刘斌.大学生实习实践权益保护的困境与实现路径——基于浙江省 60 所高校章程的实证分析[J].江苏高教，2020(1)：60-63.
③ 参见《2019 年浙江省教育事业发展统计公报》。

有"学生"一章或一节,专门规定学生的权利和义务以及相关措施等。拙文通过对浙江省 60 所高校章程中关于学生权益的规定情况的统计分析,发现相关内容主要包括实体权利和程序权利两大类。其中的实体权利包括参与社会实践与社会服务权、勤工助(俭)学权、获得就业指导与生涯指导权、参加校外实习权、参与管理权;程序权利则包括知情权、监督权、复议权、申诉权、诉讼权等。[①] 具体详见表 1.1。

表 1.1　浙江 60 所高校关于实习权方面制度内容

序号	权利性质	权利内容
1	实体权利	参加社会实践与社会服务权
2		勤工助(俭)学权
3		获得就业指导与生涯指导权
4		参加校外实习权
5		参与管理权
6	程序权利	知情权
7		建议与监督权
8		复议权
9		申诉与诉讼权

从表 1.1 可知,我国相关高校关于实习生权利的规定极为残缺。我国大学章程受大陆法系成文法传统以及国内法律环境的影响,其结构框架较为近似,几乎所有章程中都有"学生"相关章节。但是,与章程中有关组织管理体制的规定条文数丰富繁多相比,规定学生权利的条文数往往屈指可数。[②] 章程中规定的大学生权利主要包括:接受教育、公平评价、参加社会实践及勤工助学、获得学位学历、获得奖助学金等方面,规定较为概括和抽象。关于本书所聚焦的实习权方面,则没有明确的"实习权"字眼,往往以"实践""社会服务""就业指导"等替代,占据条文不过短短一两行,也无具体的解释与可行性的延伸。[③]

---

① 金劲彪,刘斌.大学生实习实践权益保护的困境与实现路径——基于浙江省 60 所高校章程的实证分析[J].江苏高教,2020(1):60-63.

② 冯韩美皓.论大学章程对学生权利的保障——基于我国 84 部大学章程的文本分析[J].现代法治研究,2017(3):35-40.

③ 都基辉,孙丹妮.关于中国"大学章程"拟定存在的问题——高校学生权利的若干思考[J].北京科技大学学报(社会科学版),2014,30(6):109-114.

统计显示，60 所样本高校章程中关于学生实习权利规定很不齐备。在实体权利方面，如关于"参加社会实践与志愿服务权"，两项权利都规定的仅占 31.67%，仅规定"参加社会实践"的占 58.33%；规定了"勤工俭学"的只有农林大学等 33 所，占比 55%；规定"获得就业指导与职业生涯规划指导"的仅占 8.33%，规定获得就业指导权的为 50%；明确有"参加校外实习权"的仅有 3.33%。关于程序权利方面，如明确有"知情权"的只有 80%，明确"建议权"的仅占 63.33%，明确"复议权"的占 6.67%，明确"申诉与诉讼权"的仅占 43.33%。可以说，没有一所高校章程对学生实习权利有全面、明确、具体的规定。具体详见表 1.2。

表 1.2　浙江 60 所高校关于实习权的规定情况统计

权利类型	有明确规定的学校		占比/%	有细化规定的学校	占比/%
参加社会实践与志愿服务权	规定享有参加社会实践与志愿服务权	杭州**大学等 19 所	31.67	无	0
	仅规定享有参加社会实践权	**大学等 35 所	58.33	无	0
勤工俭学权	浙江**大学等 33 所		55	无	0
获得就业指导与职业生涯规划权	规定享有获得就业指导与职业生涯规划	浙江**大学等 5 所	8.33	无	0
	仅规定享有获得就业指导权	浙江**大学等 30 所	50	无	0
参加校外实习权	浙江**科技职业技术学院等 2 所		3.33	无	0
参与管理权	浙江**大学等 60 所		100	无	0
知情权	浙江**大学等 48 所		80	无	0
建议与监督权	规定享有建议监督权	浙江**大学等 3 所	5	无	0
	仅规定享有建议权	浙江**大学等 38 所	63.33	无	0
复议权	浙江**大学等 4 所		6.67	无	0
申诉与诉讼权	规定享有申诉诉讼权	杭州**大学等 26 所	43.33	无	0
	仅规定享有申诉权	浙江**大学等 25 所	41.67	无	0

显然,当前高校章程所列的几项学生实习权利内容的规定均过于笼统,应当按照法律的精神,结合高校实际情况和权利行使过程中的具体工作,对权利内容进行细化。

关于大学生实习权的内容,目前我国相关法律和政府文件并没有专门规定,各高校关于实习生的权利方面的规定情况也不一致。该问题反映在学术界的表现就是相关意见分歧。如有学者从教育权的角度提出,大学生实习时享有的权利有:平等获得实习的机会;接受学校的相关安排,获得实习指导,使用相关的教学资源完成实习任务的权利;作为教学任务,实习过程获得公正评价的权利;当实习过程中权益受到侵犯时获得救济、提出申诉或依法提起诉讼的权利等。① 也有学者从劳动权的视角,提出实习大学生的劳动权包括以下几个方面:获得平等实习机会;自由选择权;获得相应劳动报酬和保障的权利以及获得其他相应的社会保障的权利;提请劳动争议处理的权利等等。② 也有学者将其归纳为:职业选择自由权;获得劳动报酬权;劳动安全卫生权;休息权;提请劳动争议处理权等。③

笔者认为,大学生实习权益应该是个权利束,是以受教育权和劳动权两者权利交集衍生的一种复合型权利,因此,应该从受教育权和劳动权两个方面,从实体权利和程序权利两个层次进行考量(当然,也有学者认为应该从受教育权、劳动权、职业伤害保障权3个方面进行梳理④;笔者认为,职业伤害保障权应该可以纳入劳动权中,所以,不需要单独另行区分)。

(一)基于受教育权的实习生权益

基于受教育权的学生实习权益,如果细致划分,还可以分解成更多的"小权利",限于篇幅,本书主要介绍实习信息知情权、平等实习权、实习自由权、获得实习指导权、实习公正评价权等。

1. 实习信息知情权

实习信息知情权主要是指实习学生有权获得准确、全面的实习信息,以便对用人单位有全面的了解,从而做出符合自身要求的选择。

---

① 彭海.大学生实习权益及其保障问题研究[J].法制与社会,2014(1):223-224.
② 张勇.大学生实习及其权益保障的法律与政策[M].上海:上海人民出版社,2012:78.
③ 文贝贝.大学生实习中的权利保护[J].法制博览,2021(4):164-165.
④ 徐银香,张兄武."责任共担"视角下大学生实习权及其权益保障研究[M].南京:南京大学出版社,2020:55.

2.平等实习权

平等实习权是指除了能力与技术的限制外，不得因性别、种族、信仰、区域等不同而限制大学生的实习，危害他们平等实习的机会。明确平等实习权，有助于消除因实习工作或职业方面的机会平等或者待遇平等而产生的任何差别、排斥或优待的实习平等政策与行为。

3.实习自由权

实习自由权并不是指大学生可以拒绝参加实习，而是指大学生可以根据自身所学专业的特长、个人才能及关系、企业供求状况，自主选择实习单位、实习职业与岗位，不受他人的干涉与控制。这一权利是大学生作为劳动者个体的人格独立与意志自由的体现，这样可以避免教育行政主管部门下令全省某类大学生全部到某企业实习，高校强制学生集中参与某企业实习的现象发生。这一点同样为劳动法、就业促进法等认可。

4.获得实习指导权

获得实习指导权是指学生应该获得学校的实习指导。学校应成立大学生实习与就业保障的部门，安排专业人员对毕业生的实习问题进行指导，包括：向实习生宣传国家的相关实习法律、方针、政策，宣传实习生实习的有关原则、规定和程序等。

5.实习公正评价权

实习作为学生学业成绩的一部分，其成绩评价对学生的健康成长和升级升学以及就业，具有重要的作用。用人单位、学校和教师应当本着认真负责的精神，科学、合理、公平、公正地对学生的实习成绩进行评价。学生对评价中的失实、失真和不公正问题，有权通过正当途径，依法要求实习单位、学校和教育主管部门予以改正。

（二）基于劳动权的实习权益

实习生的实习，在客观上表现为劳动，许多学者都认为实习生就是"准劳动者"，笔者也赞同该观点。作为准劳动者，当然可以享有劳动者的相关权利，主要包括获得劳动报酬权、劳动安全卫生权、休息权、劳动伤害保障权、劳动争议申诉起诉权等。

1.获得劳动报酬权

获得劳动报酬权是指依法参加劳动过程并创造了一定劳动成果的实习生，按照相关法律规定，由签订合同的实习单位或公司，依据按劳分配原则以及在工作中所创造的价值,依法发放对等报酬的权利。大学生可以利用获取的劳动报酬用以支撑实习期间的衣食住行,但实际情况是大学生实习期间工资被拖欠、克扣的情况时有发生。以前,在上海开展的百日执法大检查中,上海市劳动监察总队就查处了欠薪案719起,拖欠工资2700万元,涉及劳动者5万人。[①]

2.劳动安全卫生权

劳动安全卫生权,是指实习生在进行劳动的过程中身体安全和卫生等应当得到保障的权利。公司企业和实习生应当遵循相关法律规定,硬性要求必须要达标,最不能忽略的是要对实习生进行安全意识的培养,劳动设施符合国家标准,用人单位需要向实习生提供定期健康检查并为从事高危职业的实习生购买保险。大学生在实践时由于实践经验不足而出现危险的事件屡屡曝光,可见该问题之严重。[②]

3.休息权

休息权是劳动者在工作中所享有的根本的权利之一。实习生作为准劳动者,在完成工作之后可以享有固定时间的休养生息的权利;身体是革命的本钱,只有健康的身体才能够为用人单位创造出更高的价值。

4.劳动伤害保障权

实习生在参与劳动的过程中,难免会碰到突发性的安全生产事故和工作环境造成的健康损害,因此,为了救济劳动中的风险,有必要确立劳动伤害保障权,包括购买实习意外伤害保险、保障实习伤害医疗费用,赔偿经济与精神损失等。

5.劳动争议申诉起诉权

劳动争议申诉起诉权,是指劳动者在工作中遇到不公平或者不公正的遭遇的时候,为了获取合理合法的报酬,可以向行政部门、劳动争议处理部门和司法部门申请处理这种不公现象的一项权利。

① 邱宝华.建立欠薪保障法律制度促进就业[J].政治与法律,2006(1):24.
② 肖蔚云,姜明安.北京大学法学百科全书[M].北京:北京大学出版社,1992:627.

第二章
大学生毕业实习期间的法律身份研究

大学生在毕业实习期间，法律身份如何也是学术界关注的焦点之一。只有厘清毕业实习期间的法律身份，才能厘清法律关系，进而确定相应各方的权利和义务。本章将首先梳理学术界关于实习学生的法律身份的研究，其次对其学术界较为认可的"准劳动者"身份予以分析，并结合司法实务对学生与劳动者身份之间的争执点进行深入探讨，最后分析实习生、高校、实习单位三者之间的法律关系。

第一节　大学生毕业实习期间的法律身份辨析

一、学术界关于大学生毕业实习期间法律身份的观点

高校大学生实习制度的争议点也是大学生毕业实习劳动权益保障的法理争议点。高校大学生实习制度的争议点在于高校实习生的身份界定，他们到底是属于学生还是劳动者？学术界有"兼容说"和"不兼容说"两种观点。[1] 也有观点划分为学生说、劳动者说、折中说 3 种。[2] 还有的观点基于实习生的实际工作内容，将高校实习生身份归属分类为"劳动者"和毕业实习大学生等。[3] 综上所述，学术界的观点主要有以下几种。

（一）学生说

这部分学者主要持"学生与劳动者不兼容说"。他们认为，首先，实习从

---

① 王丽娟,王莹.高校实习生劳动权益保护的二元法律构造[J].学海,2014(6):152-156.

② 赵桂生.以"准劳动者"为视角看我国实习生法律制度的确立与完善[J].中国劳动科学,2015(3):34.

③ 王丽娟,王莹.高校实习生劳动权益保护的二元法律构造[J].学海,2014(6):152-156.

44

性质上看,仍然属于教育教学的组成部分,是大学教学的另一种形式。其次,高校实习生所有的人事档案、户籍关系都在学校,其组织管理归学校,其行为自由受到限制,很难获得真正的劳动者身份;从形式上看,实习学生与用人单位订立的是实习协议而不是劳动合同,而且用人单位一般和实习生都是短期的劳务关系。① 因此,该观点认为大学生在毕业实习期间仍属于学生,不能成为劳动法律关系的主体,不是法律上的劳动者。

（二）劳动者说

这部分学者主要坚持"学生与劳动者身份兼容说",他们从宪法及劳动法律法规的角度,认为根据人权平等原则以及劳动法规未明确排除其劳动者身份的规定,而且大学生也完全符合我国劳动法关于劳动者行为能力、年龄等强制性要求,不能因为大学生的学生身份而将其排除在劳动者之外,因此应认定高校实习生属于劳动者身份。②

（三）准劳动者说,也称为双重身份说

这种观点认为,大学生在实习期间虽然具有学生的身份,但其学生身份与其劳动者身份并不冲突。只要大学生在实习单位的具体岗位上提供劳动,同时与实习单位形成相对紧密的管理与被管理的关系,就形成了劳动关系。因此,实习学生可以被赋予准劳动者身份。③

总体而言,第三种观点即准劳动者说赞成的学者比较多,笔者也赞成准劳动者说。下面就"劳动者"的概念和大学生准劳动者身份予以分析。

二、关于"劳动者"的法律界定

必须明确,劳动者概念是一个富有争议、至今尚无定论的概念。不同的学科对于劳动者概念具有不同的界定,不同的国家对于劳动者概念的理解也各不相同。理论上,对劳动者的理解有字面定义、哲学定义和法律界定等。从字面上看,劳动者是一个偏正结构词,意即从事劳动的人,其内涵和外延都较为宽泛。理论上,凡是具有劳动能力,以从事劳动获取合法收入作

---

① 陈红梅.对高校实习生法律身份的新认识——兼谈实习生劳动权益的保护[J].江淮论坛,2010(2):111-116.

② 黄璜.应当建立实习劳动关系制度——宪法视野下的高校实习生权益保护[J].广西政法管理干部学院学报,2009(1):115-118.

③ 于静.论实习学生劳动保障的责任人及相关责任[J].中国劳动关系学院学报,2009(2):34-37.

为生活资料来源的公民都可称为劳动者。根据这种定义，农民、家庭主妇等均可被归为劳动者。从哲学定义看，劳动者是指参加劳动并以自己的劳动收入为生活资料主要来源的人，包括体力劳动者和脑力劳动者，区别于不劳而获者（食利者）、资本家以及由国家或他人扶助生活的人。下面，将从法律界定方面予以详细论述。

（一）国外关于劳动者的立法界定

国外立法对劳动者概念的界定则有积极主义立法体例和消极主义立法体例两类。① 积极主义立法体例就是立法直接对劳动者的内涵进行定义；消极主义立法体例就是立法不直接对劳动者的内涵进行界定，而是通过规定外延来界定劳动者。② 此外，立法对劳动者概念的界定也可划分为大陆法系和英美法系两种。大陆法系对劳动者的界定深受德国劳动法理论的影响。"人格从属说"为德国的通说。大陆法系对于劳动者的认定向来是依人格从属性及由此导出的具体标准。德国法确立了自营作业者（Selbstaendiger）、毕业实习大学生（Arbeinehmeraehnlicher）及劳动者的三分法，介于自营作业者与劳动者之间的毕业实习大学生可以获得一些劳工法令的保护。德国对于劳动者的定义采取了消极主义法即排除法，从而增加了认定难度。而日本则采用积极主义法，其《劳动基准法》第九条规定："本法所称之劳动者，指不同职业种类，受前条之事业或事物所使用，而获工资之给付者而言。"英美法系对劳动者概念则主要依据人身控制理论，称劳动者为雇员（Employee）。这主要源自主人与仆人（master and servant）的旧法理。英国1996年《劳动权利法》第二百三十节第一条把雇员定义为"已缔结服务合同或根据服务合同工作的个人"。美国法律关于雇员的定义，见诸1947年的《塔夫脱—哈特莱法案》第二（三）条的规定："包括任何雇员，但不包括，任何独立承包人身份的个人。"英美国家最重要的还是判例界定。由于社会经济条件的改变，主人和仆人的"控制说"越来越难以维系，两国都根据时代发展对"控制说"理论在实践中的应用通过判例做了修正和更改。近年来，两大法系对劳动者的定义有融合趋势。③

---

① 吕琳."劳动者"主体界定之标准[J].法商研究,2005(3):31.

② 王志雄.高校顶岗实习生劳动者主体资格之法理探析[J].中国劳动关系学院学报,2012(2):29-30.

③ 侯玲玲,王全兴.劳动法上劳动者概念之研究[J].云南大学学报(法学版),2006(1):67-74.

(二)我国关于"劳动者"的界定

我国属于成文法立法体例,但宪法、法律都没有对劳动者进行定义。根据王全兴的观点,劳动者作为一个法律概念和一种法律主体,多见诸宪法、劳动法、社会保险法等法律,在不同法律部门中的内涵和外延不尽相同。[①]

1.宪法上的劳动者

我国《宪法》(2004年修正)的有关规定中,在以下4种含义上使用劳动者概念:(1)劳动者是与剥削者相对的群体,如"序言"中规定的"社会主义劳动者",此即政治意义上的劳动者,范围极广,只要不是剥削者,都属于劳动者。(2)劳动者是集体所有制经济的主体,如第八条中作为农村和城镇"社会主义劳动群众集体所有制经济"之主体的劳动群众,其中包括不具有劳动能力的农村和城镇居民。(3)劳动者是具有劳动能力的公民,如第四十二条中对国家"有劳动的权利和义务"的公民,包括农村劳动者和城镇劳动者、就业前劳动者和就业中劳动者。(4)劳动者仅限于劳动关系中的劳动者,如第四十三条关于"劳动者有休息的权利"的规定等。

2.劳动法上的劳动者

在劳动法体系内的不同制度中,劳动者的内涵和外延不尽相同。一般在两种意义上使用:(1)劳动市场上的劳动者,包括就业劳动者和未就业劳动者、正规就业劳动者和灵活就业劳动者、城镇劳动者和农村劳动者,如就业促进、职业培训、人力资源市场管理制度中的劳动者。(2)劳动关系中的劳动者,通常称为职工、雇员或劳工,如劳动合同、集体合同、劳动争议处理制度中的劳动者。值得说明的是,劳动安全卫生制度中的劳动者,其外延还超出劳动法的领域范围。

3.社会保险法上的劳动者

我国社会保险法正处在社会保险制度作为劳动法体系组成部分转向作为社会保障法组成部分的过渡阶段,依据其规定,作为职工基本养老保险、职工基本医疗保险之被保险人的"职工"不仅包括正规就业者,还包括个体工商户、非全日制从业人员以及其他灵活就业人员,这里的"职工"突破了劳动关系的界限,包括自营劳动者和自由职业者。而失业保险、工伤保险、生育保险中,作为被保险人的"职工",则以劳动关系为界限。就基本社会保险

---

① 王全兴.劳动法[M].4版.北京:法律出版社,2017:89-90.

待遇受领而言,这里的职工不仅包括正处在劳动关系中的劳动者,而且包括劳动关系终止后的劳动者。

综上可见,劳动者作为一个法律概念,有广狭义之分,其广义指具有劳动权利能力和劳动行为能力,但并不一定已参加劳动关系的公民;狭义的仅指具有劳动能力和劳动行为能力且与用人单位建立劳动关系的自然人。可以说,立法对劳动者的内涵与外延界定,在不同的法律语境下不尽相同。因此,对实习人员身份就不能简单做统一的界定,也要根据具体的法律情境予以综合判断。

(三)我国法律对劳动者资格的规定

大学生能否成为劳动者,还要看是否具备劳动者资格。公民成为劳动者必须具备法定的前提条件,这在法学上统称为劳动者资格(或称主体法律资格)。它所包括的劳动权利能力和劳动行为能力共同决定着公民参与劳动法律关系的范围和享有并行使劳动权利、承担并履行劳动义务的范围。

作为劳动关系的主体,必须具备两个条件:劳动权利能力和劳动行为能力。① 其中,劳动权利能力,是指公民能够享有劳动权利和承担劳动义务的资格。它表明公民依法可以成为哪些劳动权利的享有者和哪些劳动义务的承担者。劳动行为能力,是指公民能够以自己的行为依法行使劳动权利和履行劳动义务的能力;也指依法享有劳动权利和承担劳动义务的资格和能力。

在我国,劳动者的主体资格合法,指劳动者必须是年满 16 周岁、具备劳动权利能力和劳动行为能力的公民。② 未满 16 周岁的未成年人不能作为主体与用人单位签订劳动合同(文体部门招收 16 周岁以下的未成年人须经劳动人事部门特批)。

通过对劳动者、劳动者资格的阐述和分析,这就为大学生毕业实习期间的法律身份探究做好了准备。

三、大学生毕业实习期间"准劳动者"身份确定依据

实习是一个宽泛的概念。从实习主体所处的学习阶段看,既包括大学生(含本科、高职)的实习,也包括中职生的实习等;从实习目的看,包括以就业为目的高校毕业生的实习、以"勤工俭学"为目的的实习,以及以体验生活

① 王全兴.劳动法[M].4 版.北京:法律出版社,2017:89-91.
② 王全兴.劳动法[M].4 版.北京:法律出版社,2017:89-91.

为目的的体验式见习等;在管理体制上既有全日制实习,也有身份不断切换的兼职实习;从待遇上看既包括有报酬实习也包括无报酬实习。因此,不能一概而论,而需要进行类别分析。在校学生在用人单位内从事劳动,传统上有"实习""勤工助学""兼职"等多种称谓。为精准讨论此问题,本书主题限定于探讨高校大学生在毕业之前进入用人单位以就业为目的进行实习的问题,且只讨论用人单位为企业单位的情况(注:若实习单位为政府、事业单位时,则一般都是学校与政府、事业单位签订相关合作协议后再派出,这类情况可以视为实习中的特例,在此不做详细讨论)。为行文简练,本书将这类以为就业做准备为目的、在毕业前在用人单位进行实习的高校大学生简称为"毕业实习大学生"。

其在实习期间具有以下特征:

其一,毕业实习大学生具有高校毕业生与实习人员两种身份资格。这使得其区别于一般"学徒"和"试用期员工"。"学徒"是社会化"师徒制"培训范畴,"试用期员工"是面临考察的专职员工范畴,二者都不具备高校毕业生身份,而处于实习期间的实习生是在校学生。

其二,毕业实习大学生实习的目的是为就业做准备。这使得其区别于"勤工俭学"大学生。"勤工俭学"大学生实习的目的是以工助学,实习的目的不是为了就业做准备,而是为了从劳动中获取报酬,用以完成学业。毕业实习虽然在很多情况下也会有劳动报酬,但主要还是以就业准备为目的。

其三,毕业实习大学生在实习中具备顶岗作用。虽然不具备熟练工的技能,但具有胜任一般工作的能力或需要胜任一般工作的要求,尤其在出勤方面。这使得其区别于"兼职"工作者等。但毕业实习大学生与顶岗实习大学生并不完全是同一的,顶岗实习大学生(尤其高职院校顶岗实习大学生)进行实习的时间有的早于"毕业季",甚至他们在大二就开始进厂顶岗实习了。

其四,相比正式员工,毕业实习大学生在用人单位的权利和义务均不完整。试用期的用人单位和新入职劳动者之间存在劳动关系,前者对后者承担无过错责任,二者共同承担缴纳社会保险费用的义务,前者向后者支付的工资报酬不得低于当地最低工资标准。而实习单位对于其实习学生并不承担无过错责任,无须执行最低工资标准。部分企业甚至会向实习生收取实习费。

其五,毕业实习大学生与用人单位之间存在一定的从属关系。毕业实习大学生有可能是高校派出,也可能是自主选择。在很多情况下,毕业实习大学生与接收实习的用人单位之间，可以签订劳动合同，也可能存在事实劳动关系。这点与自由职业的农民和家庭保姆（不含家政企业雇员）等完全不同（注：没有用人单位受雇于自己）。毕业实习大学生存在用人单位，存在一定的从属关系。由上述可见，一般情况下毕业实习大学生首先符合我国宪法意义上的劳动者定义，也符合我国劳动法上的"广义劳动者"的界定，不符合社会保险法上的"职工"的界定；但在特殊情况下，如果毕业实习大学生与实习单位构成劳动关系，则其可能符合"狭义上的劳动者"的界定，也可能符合社会保险法上的"职工"的界定。此外，劳动者资格的两个条件——劳动权利能力和劳动行为能力，毕业实习大学生显然具备，因此其在资格方面也可以成为劳动关系的主体。因此，本书认为，毕业实习期间的大学生在一般意义上至少是"准劳动者"身份；在特定情况下，可以认定为"劳动者"。

第二节　大学生毕业实习法律身份争执点与关系分析

大学生实习期间的身份，直接与高校、用人单位的切身利益有着密切的关系。因为，是否赋予实习大学生"劳动者"身份，可能会对用人单位、学校造成不同的利益影响，这才是目前理论界与司法实务界发生争执的主要原因。因此，有必要结合宪法、民法、劳动法、教育法、职业教育法等法律法规和国家相关政策文件，分析大学生实习劳动法律关系的争执点。

一、大学生与劳动者身份的区别

显然，大学生与劳动者两者之间存在显著差异，其在身份方面的区别主要体现在法律权利与法律义务的不同。

（一）劳动者的权利与义务

劳动者的权利和义务主要规定在劳动法当中。根据《中华人民共和国劳动法》相关规定，和国家机关、事业组织、社会团体建立劳动合同关系的劳动者，"享有平等就业和选择职业的权利、取得劳动报酬的权利、休息休假的权利、获得劳动安全卫生保护的权利、接受职业技能培训的权利、享受社会保险和福利的权利、提请劳动争议处理的权利以及法律规定的其他劳动权利"（第三条），"劳动者有权依法参加和组织工会"（第七条），"劳动者依照法律规定，通过职工大会、职工代表大会或者其他形式，参与民主管理或者就保护劳动者合法权益与用人单位进行平等协商"(第八条),"劳动者就业,不因民族、种族、性别、宗教信仰不同而受歧视"(第十二条),"建立劳动关系应当订立劳动合同"(第十六条)等等。

劳动者的义务主要包括:"劳动者应当完成劳动任务,提高职业技能,执行劳动安全卫生规程,遵守劳动纪律和职业道德。"(第三条)依据劳动合同,"当事人必须履行劳动合同规定的义务"(第十七条)等。

(二)学生的权利与义务

根据《中华人民共和国教育法》《中华人民共和国高等教育法》《中华人民共和国职业教育法》等相关法律,学生作为受教育者,其权利义务与劳动者的权利义务大相径庭。根据《教育法》第四十三条的规定,学生的权利主要包括:"(一)参加教育教学计划安排的各种活动,使用教育教学设施、设备、图书资料;(二)按照国家有关规定获得奖学金、贷学金、助学金;(三)在学业成绩和品行上获得公正评价,完成规定的学业后获得相应的学业证书、学位证书;(四)对学校给予的处分不服向有关部门提出申诉,对学校、教师侵犯其人身权、财产权等合法权益,提出申诉或者依法提起诉讼;(五)法律、法规规定的其他权利。"

学生的义务,根据《教育法》第四十四条的规定,受教育者主要有这些义务:"(一)遵守法律、法规;(二)遵守学生行为规范,尊敬师长,养成良好的思想品德和行为习惯;(三)努力学习,完成规定的学习任务;(四)遵守所在学校或者其他教育机构的管理制度"等等。

从上述劳动者与学生的权利与义务的规定中,可以看到劳动者与学生的身份区别较大,主要表现在以下方面。

1.各自身份所享有的权利性质不同

劳动者身份的权利其实质上是经济上的权利,包括平等选择职业、获得报酬、休息、培训、社保福利等方面,无不与经济利益息息相关;而学生身份的权利其实质上都是教育方面的权利,如参加学习、获得奖学金、公正评价、申诉等。

2.各自身份所承担的义务性质不同

劳动者身份所承担的义务主要是依据劳动合同,必须完成其工作任务,这种义务是一种刚性的要求。而学生身份承担的义务,则主要是遵守国家、学校各项规章制度,努力学习,这种义务显然不是一种刚性的要求,"努力"与否,全凭学生自觉,只能是柔性的宣示性义务。

3.各自身份所附属的经济利益不同

劳动者身份附属了较多的经济利益，而学生身份则较少经济利益，主要是教育利益。教育类权利与经济类权利显然不同，对于大学实习生来说，如果赋予其"劳动者"地位，意味着其将获得很多的经济利益，这对用人单位是一种经济负担；如果不给予其"劳动者"地位，也就意味着用人单位不用承担那么多的经济利益，这可以减轻用人单位的很多经济压力。这个经济利益差异的不同点，正是学生身份与劳动者身份分歧产生争执的根本原因。而大学实习生是否具有"劳动者"身份，当前我国法律没有明确规定，正是因为这个法律规定的漏洞，才导致目前大学生实习的各类纠纷难以妥善处理，在理论界与实务界造成混乱。

二、司法实务中涉及学生与劳动者争执的几个关系

在大学生实习案例纠纷当中，笔者发现劳动关系与劳务关系、劳动法律关系与事实劳动关系、实习报酬与工资、意外伤害保险与工伤保险等几个法律关系经常会出现，而且相关法律关系的区别对于实习生来说非常重要，往往就决定着案件的关键走向。因此，有必要予以细致地区分。当然，上述概念的内涵与外延在学术界尚无一致的定义，但依据法理和学术界的观点予以综合评判，还是可以找出基本的区别。

(一)劳动关系与劳务关系

一般而言，劳动关系是指机关、企事业单位、社会团体和个体经济组织(统称用人单位)与劳动者个人之间，依法签订劳动合同，劳动者接受用人单位的管理，从事用人单位安排的工作，成为用人单位的成员，从用人单位领取报酬和受劳动保护所产生的法律关系。只是在实践中有的用人单位不跟劳动者签订劳动合同，但是只要双方履行的是劳动关系中的权利义务，同样属于劳动关系。劳务关系则是劳动者与用工者根据口头或书面约定，由劳动者向用工者提供一次性的或者是特定的劳动服务，用工者依约向劳动者支付劳务报酬的一种有偿服务的法律关系。

两者的联系在于，都是一方提供劳动，而另一方提供报酬，具有一定的相似性；但两者存在诸多区别，包括以下几点。

1.两者产生的依据不同

劳动关系是基于用人单位与劳动者之间生产要素的结合而产生的关系；劳务关系产生的依据是双方的约定。

2.适用的法律不同

劳务关系主要由民法、合同法、经济法调整,而劳动关系则由劳动法和劳动合同法规范调整。

3.主体资格不同

劳动关系的主体只能一方是法人或组织,即用人单位,另一方则必须是劳动者个人,劳动关系的主体不能同时都是自然人,也不能同时都是法人或组织;劳务关系的主体双方当事人可以同时都是法人、组织、公民,也可以是公民与法人、组织。

4.主体性质及其关系不同

劳动关系的双方主体间不仅存在着财产关系即经济关系,还存在着人身关系,即行政隶属关系。但劳务关系的双方主体之间只存在财产关系,即经济关系,彼此之间无从属性,不存在行政隶属关系,没有管理与被管理、支配与被支配的权利和义务,劳动者提供劳务服务,用人单位支付劳务报酬,各自独立、地位平等。

5.以谁的名义实施工作以及由谁承担责任不同

劳动关系中的劳动者以用人单位的名义进行工作,劳动者属于用人单位的职员,其提供劳动的行为属于职务行为,构成用人单位整体行为的一部分,由用人单位承担法律责任,与劳动者本人没有关系;劳务关系是提供劳务的一方以本人的名义从事劳务活动,独立承担法律责任。如果在提供劳务过程中纯粹是由于自身的过错给第三人的人身或财产造成损害的,该损害与雇主无关。

6.合同内容受国家干预程度不同

劳动合同的条款及内容,国家常以强制性法律规范来规定。劳务合同受国家干预程度低,在合同内容的约定上主要取决于双方当事人的意思自治,除违反国家法律、法规的强制性规定外,由双方当事人自由协商确定。

7.内部规章制度的约束力不同

在劳动关系中,劳动者受到用人单位内部规章制度的约束,劳动合同是一种特殊的雇佣契约或者说从属的雇佣契约。而劳务关系中,提供劳务方不受另一方的内部制度约束,如果双方发生争议,只有劳务合同本身可以作为解决争议的依据,任何一方的内部规章制度都不能成为双方权利义务的依据。

8.劳动力的支配权不同

在劳动关系中,劳动力的支配权,归掌握生产资料的用人单位行使,双方形成管理者与被管理者的隶属关系;在劳务关系中,则由劳务提供方自行组织和指挥劳动过程。

9.参与经营管理的权利不同

作为劳动关系中的职工,有权通过工会、职工大会、职工代表大会、监事会等途径参与企业的民主管理,就高级管理人员的任免、经营决策、职工奖惩、工资制度、生活福利、劳动保护和保险等事项行使批准、提议或发表意见等权利。但是,作为劳务合同关系中的劳务提供者,则不是企业的内部员工,不享有上述权利,无权干涉或者过问企业的生产经营。

(二)劳动法律关系与事实劳动关系

劳动法律关系,是劳动者与用人单位之间依据劳动法律规范所形成的实现劳动过程的权利和义务关系;或者说,是劳动法调整劳动关系所形成的权利和义务关系。① 而事实劳动关系,是在我国实现劳动合同制后产生的劳动争议处理实践且与劳动法律关系相对应的一个法律概念。在劳动法调整范围内的劳动关系,符合法定模式也即完全具备法定要件的,称为劳动法律关系;不符合法定模式亦即缺少法定要件的(包括主体不合格、内容违法、意思表示不真实、未签订书面合同等),称为事实劳动关系。劳动法中之所以要确立事实劳动关系的概念,是为了强调在事实劳动关系存续期间劳动者的合法权益仍然受到劳动法的保护。这是因为,在事实劳动关系中,劳动力支出后已不可返还,且劳动力支出所产生的使用价值已构成用人单位既得利益的组成部分,而与用人单位利益不可分割,用人单位就当然负有与此相应的向劳动者提供劳动力再生产条件的义务。值得注意的是,在《劳动合同法》实施前后,事实劳动关系的法律含义有所变化。

劳动合同法实施前,根据当时的法律依据,事实劳动关系仅限于劳动法调整的没有书面劳动合同作依据的劳动关系。其中包括下述要点:(1)事实劳动关系是没有书面合同作依据而事实上存在的劳动关系;(2)由于书面形式是劳动合同的有效要件之一,事实劳动关系是无效劳动合同所引起的劳动关系;(3)事实劳动关系可以通过补办劳动合同或续订手续而转化为劳动法律关系,未补办劳动合同签订或续订手续的应予终止;(4)用人单位故意

---

① 王全兴.劳动法[M].4版.北京:法律出版社,2017:75-77.

拖延不订立劳动合同而形成事实劳动关系的,应当承担法律责任;(5)事实劳动关系中,劳动者的合法权益受劳动法保护,劳动仲裁机构和法院对事实劳动关系的争议应当受理。①

由于劳动合同法对劳动合同书面形式做出了不同于劳动法的规定,即虽然要求合同应当采用书面形式,但不再把书面形式作为劳动合同的有效要件。依此规定,原有法律含义上的事实劳动关系就不复存在。但是,事实劳动关系作为与劳动法律关系相对应的一个概念,仍有保留的必要,并且应当回归到其法理含义,即劳动法调整范围内缺少法定要件的劳动关系。这是因为,虽然书面形式不再被作为劳动合同的有效要件,但因缺少有效要件而无效的劳动合同仍然存在。而劳动关系一旦缔结,即使劳动合同被确认无效而不能作为劳动关系的依据,在劳动关系终止前劳动力给付和使用的事实已经存在。所以,在无效劳动合同所指向的劳动关系中,劳动者的利益仍然要受劳动法的保护。对于这种不具有法律关系属性的关系,仍然应当以"事实劳动关系"这一概念来表示。

可见,事实劳动关系与劳动法律关系的共性在于,都在劳动法调整范围之内,劳动者都受到劳动法的保护,二者的区别主要在于:

(1)劳动法律关系是符合法定模式的劳动关系,事实劳动关系则不符合法定模式,尤其是缺少劳动法律关系赖以确立的法律行为(主要是合同)的有效要件。

(2)劳动法律关系的内容即劳动权利义务,是双方当事人所预期和设定的;事实劳动关系的双方当事人之间虽然存在一定的劳动权利义务,但这一般不是双方当事人所预期的,更不是由双方当事人所设定的。

(3)劳动法律关系由法律保障其存续;事实劳动关系如果不能依法转化为劳动法律关系,就应当强制其终止。

(三)实习报酬与工资

在实践中,区分实习报酬与工资也非常重要。工资(wages,salary)是指雇主或者法定用人单位依据法律规定,或行业规定,或根据与员工之间的约定,以货币形式对员工的劳动所支付的报酬。② 实习报酬(实践中也指实习补贴、实习津贴),在笔者看来,则是指用人单位给付给实习学生的作为代价而付给的钱物。从法律关系和财税关系上看,这属于完全不同的两类支出,

① 王全兴.劳动法[M].4版.北京:法律出版社,2017:75-77.
② 王全兴.劳动法[M].4版.北京:法律出版社,2017:335-336.

伴随的也是两类完全不同的法律关系类型，区别具体如下：

（1）在法律关系上，工资是用人单位发给员工的劳动报酬，其以劳动法律和从属关系为前提；实习报酬则属于实习学生的劳动报酬，没有法律上的劳动关系和从属关系。

（2）在合同类型上，工资以劳动用工合同为前提，而实习报酬则不以正式的劳动合同或事实劳动关系为前提。

（3）在是否接受公司管理上，获得公司工资的员工肯定要接受公司的劳动管理和内部规章制度；而实习学生则具有"临时工"性质，不一定接受公司的劳动管理和内部规章制度。

（4）从财税方面看，工资属于综合所得，按照工资薪金的 3%～40% 预扣率预扣；而实习报酬则按照工资薪金的 20%～40% 预扣率预扣。

由上可知，实习报酬与工资之间的确存在较大的差异。

（四）工伤保险与意外伤害保险

工伤保险，是指劳动者在工作中或在规定的特殊情况下，遭受意外伤害或患职业病导致暂时或永久丧失劳动能力以及死亡时，劳动者或其遗属从国家和社会获得物质帮助的一种社会保险制度。[1] 人身意外伤害保险是指被保险人在保险有效期内，因遭受非本意的、外来的、突然发生的意外事故，致使身体蒙受伤害而残废或死亡时，保险公司按照保险合同的规定给付保险金的保险。[2]

要认识工伤保险与意外伤害险的不同，首先要明白，工伤保险是通过国家立法建立的强制性社会保险，而意外伤害险则是一种由企业或个人自愿参加的商业保险。有些企业必须强制性给员工购买工伤保险，如建筑企业不给员工参加工伤保险，是一种违法行为。按照《社会保险法》的规定，"职工应当参加工伤保险，由用人单位缴纳工伤保险费，职工不缴纳工伤保险费"，"用人单位不办理社会保险登记的，由社会保险行政部门责令限期改正；逾期不改正，对用人单位处应缴社会保险费数额 1 倍以上 3 倍以下的罚款，对其直接负责的主管人员和其他直接责任人员处 500 元以上 3000 元以下的罚款"。需要特别说明的是，虽然社会保险与商业保险都有化解风险的作用，但又有着许多不同，两者主要区别如下：

（1）性质不同。人身意外伤害保险给劳动者带来一定的保障，商业性比较强，是以利润为经营目标的保险。工伤保险是社会保险，是指在劳动者因

---

① 胡彩霄.劳动法精要[M].北京:中国政法大学出版社,2007:162.
② 高程德.经济法[M].16 版.上海:上海人民出版社,2010:240.

工伤残丧失劳动能力之后给予基本生活的保障,不以营利为目的的保险。社会保险是由国家立法强制实施的,属于政府行为;商业保险则是一种商业行为,保险方与被保险方之间完全是一种自愿的契约关系。

(2)关系范畴不同。人身意外伤害保险的被保险人与保险公司之间是一种等价交换关系,任何人只要符合保险合同规定即可投保,双方根据保险合同产生权利和义务。工伤保险是被保险人与用人单位之间的关系,属于一种劳动关系,被保险的对象是在一定范围内,属于劳动保障范畴。

(3)是否强制性。人身意外保险是在双方自愿的基础上产生的,投保人或被投保人纯属自愿投保,并可中途变更保险公司,遵循契约自由原则。工伤保险是强制性保险,不管本人是否同意,只要在实施范围内的人都必须参加,并由政府授权社会保险管理机构强制实行。

(4)两种保险的基金来源不同。人身意外伤害保险一般要根据保险合同的规定,由投保人承担,国家并不给予任何补贴。工伤保险则贯彻劳动者个人不缴费原则,保险费全部由企业单位承担。

(5)目的不同。商业保险是通过顺应人们规避风险的要求而获取利润的一种经营行为。社会保险不以营利为目的,出发点是为了确保劳动者的基本生活,维护社会稳定,促进经济发展。

(6)责任不同。社会保险是公民享有的一项基本权利,政府对社会保险承担最终的兜底责任;商业保险则受市场竞争机制的制约,政府对其主要是依法监管。

(7)保险金额不一样。对于工伤保险,只要符合工伤保险法规规定范围的工伤保险待遇费用均可获得补偿,并没有设置补偿限额,可以确保工伤(亡)职工获得医疗救助和(工伤职工和工伤/亡职工遗属)经济补偿,避免因不幸工伤而陷入生活困境。意外伤害险属于限额责任保险,保险责任事故发生时,保险公司按照保险合同中约定的保险金额给付死亡保险金或残废保险金,一般保障水平较为有限。

据笔者查阅,工伤保险理赔额度远超意外伤害保险。① 职工因工致残被鉴定为伤残的,保留劳动关系,退出工作岗位,享受以下待遇②:

---

① 五险中工伤保险理赔额度是多少?[EB/OL].[2021-05-04].http://www.64365.com/zs/1367775.aspx.

② 工伤保险具体实施细则,工伤保险你了解多少[EB/OL].[2021-09-15].http://www.cpic.com.cn/c/2021-03-12/162055.shtml.

(1)治(医)疗费。治疗工伤所需费用必须符合工伤保险诊疗项目目录、工伤保险药品目录、工伤保险住院服务标准。

(2)住院伙食补助费。职工住院治疗工伤的，由所在单位按照本单位因公出差伙食补助标准的 70％发给住院伙食补助费。

(3)外地就医交通费、食宿费。经医疗机构出具证明，报经办机构同意，工伤职工到统筹地区以外就医的，所需交通、食宿费用由所在单位按照本单位职工因公出差标准报销。

(4)康复治疗费。工伤职工到签订服务协议的医疗机构进行康复性治疗的费用，符合工伤保险诊疗项目目录、工伤保险药品目录、工伤保险住院服务标准的，从工伤保险基金支付。

(5)辅助器具费。工伤职工因日常生活或者就业需要，经劳动能力鉴定委员会确认，可以安装假肢、矫形器、假眼、假牙和配置轮椅等辅助器具，所需费用按照国家规定的标准从工伤保险基金支付。

(6)停工留薪期工资。职工因工作遭受事故伤害或者患职业病需要暂停工作接受工伤医疗的，在停工留薪期内，原工资福利待遇不变，由所在单位按月支付。

(7)生活护理费。生活不能自理的工伤职工在停工留薪期需要护理的，由所在单位负责。工伤职工已经评定伤残等级并经劳动能力鉴定委员会确认需要生活护理的，从工伤保险基金按月支付生活护理费。生活护理费按照生活完全不能自理、生活大部分不能自理或者生活部分不能自理 3 个不同等级支付，其标准分别为统筹地区上年度职工月平均工资的 50％、40％或者 30％。

(8)一次性伤残补助金。一次性伤残补助金赔偿标准是根据工伤职员伤残等级确定，不同等级，赔偿标准不同。具体如下：一级伤残为 24 个月的本人工资，二级伤残为 22 个月的本人工资，三级伤残为 20 个月的本人工资，四级伤残为 18 个月的本人工资，五级伤残为 16 个月的本人工资，六级伤残为 14 个月的本人工资，七级伤残为 12 个月的本人工资，八级伤残为 10 个月的本人工资，九级伤残为 8 个月的本人工资，十级伤残为 6 个月的本人工资。

(9)伤残津贴按月支付。职工因工致残被鉴定为一级至四级伤残的，一级伤残为本人工资的 90％，二级伤残为本人工资的 85％，三级伤残为本人工资的 80％，四级伤残为本人工资的 75％。伤残津贴实际金额低于当地最低工资标准的，由工伤保险基金补足差额。职工因工致残被鉴定为五级、六级伤残的,保留与用人单位的劳动关系,由用人单位安排适当工作。难以安排工作的,由用人单位按月发给伤残津贴,标准为:五级伤残为本人工资的70%,六级伤残为本人工资的60%。

(10)一次性伤残就业补助金和一次性工伤医疗补助金。职工因工致残被鉴定为五级、六级伤残的,经工伤职工本人提出,该职工可以与用人单位解除或者终止劳动关系,由用人单位支付一次性工伤医疗补助金和伤残就业补助金;职工因工致残被鉴定为七级至十级伤残的,劳动合同期满终止,或者职工本人提出解除劳动合同的,由用人单位支付一次性工伤医疗补助金和伤残就业补助金。具体标准由省、自治区、直辖市人民政府规定。

(11)丧葬补助金。职工因工死亡丧葬补助金为 6 个月的统筹地区上年度职工月平均工资。

(12)供养亲属抚恤金。职工因工死亡供养亲属抚恤金按照职工本人工资的一定比例发给由因工死亡职工生前提供主要生活来源、无劳动能力的亲属。标准为:配偶每月 40%,其他亲属每人每月 30%,孤寡老人或者孤儿每人每月在上述标准的基础上增加 10%。核定的各供养亲属的抚恤金之和不应高于因工死亡职工生前的工资。供养亲属的具体范围由国务院劳动保障行政部门规定。

(13)一次性工亡补助金。一次性工亡补助金标准为 48~60 个月的统筹地区上年度职工月平均工资。具体标准由统筹地区的人民政府根据当地经济、社会发展状况规定,报省、自治区、直辖市人民政府备案。

此外,工伤职工达到退休年龄并办理退休手续后,停发伤残津贴,享受基本养老保险待遇。基本养老保险待遇低于伤残津贴的,由工伤保险基金补足差额。职工因工致残被鉴定为一级至四级伤残的,由用人单位和职工个人以伤残津贴为基数,缴纳基本医疗保险费。

学生的意外伤害保险,一般高校都是安排学生购买"学平险"①,又叫"学生幼儿平安保险",是一项专为学生处理各种意外死亡、伤残、医疗和疾病住院医疗的险种。它缴费低、保障高、保障责任广泛,为学生的健康成长、解除学校和家长的后顾之忧、维护学校正常的教学秩序起到了保驾护航的作用,受到学校和家长的欢迎。

该保险按份投保,每人每学年交保费人民币 60 元起,在投保时按学制

---

① 平安学平险报销比例[EB/OL].[2022-02-07]. https://www.csai.cn/baoxian/1244502.html.

一次性交清。不同的"学平险"条款是不一样的，具体的保额和赔付比例也是不一样的，要看住院情况，一般报销比例在 20%～80%。

一般来说以下情况可以报销：

（1）如果是意外伤害等住院的话，报销比例高达 80%；

（2）如果是疾病住院的话，报销比例就缩水了，有些最高限额是 3 万元；

（3）如果是残疾或烧伤住院的话，报销比例是最低的，一般最高限额是 2 万元。

最后，要注意的是，一般像牙科、整形、眼科等都是不能报销的。

案例：假如某员工月薪 1 万元，在用人单位发生工伤，一级伤残，那么其除了能获得医疗费、伙食补助费、外地就医交通食宿费、辅助器具费、停薪留职工资、生活护理费等之外，还将在退出劳动岗位，保留劳动关系的同时，获得如下补偿：

（1）一次性伤残补助金，24 个月工资 24 万元；

（2）按月支付伤残津贴：每个月 9 千元，每年能获得 10.8 万元工资。

（3）工伤职工达到退休年龄并办理退休手续后，停发伤残津贴，享受基本养老保险待遇。

假如该员工为实习学生，没有签订劳动合同，没有事实上的劳动关系，其在实习中发生意外伤害，则只能通过"学平险"（注：如果其家庭没有购买人身意外伤害保险，只是按照学校的推荐购买了"学平险"）获得一次性的补偿，一般就是 3 万元。

工伤保险和学生的意外伤害保险的差距很大，其原因在于工伤保险与人身意外伤害保险具有很大的不同。工伤保险由一般用人单位缴纳，职工个人是不缴费的，根据规定，按照职工工资总额作为缴费基数按月缴纳，由于各个行业的风险系数不一样，缴费费率也不相同，一般是个人工作总额的 0.5%～2.0%（如月工资 1 万元，则每个月最高缴费 200 元，每年缴费 2400 元），并且根据单位工伤频率和支付工伤保险费用多少，实行浮动费率，因此，不能确定每个单位的缴费金额是多少。而学生的意外伤害保险——"学平险"，每年缴费由学生自己交，缴费额度才 60 元/年左右，这与职工的工伤保险的确是天壤之别。

综上所述，劳动关系与劳务关系、劳动法律关系与事实劳动关系、实习报酬与工资、意外伤害保险与工伤保险等 4 对法律关系的确存在显著的差异，其在后续的案例探讨中经常会碰到，对这 4 对法律关系的辨析，非常有助于后续研究的深入开展。

第三节　大学生实习期间各主体的法律关系

在大学生实习期间,直接涉及的主体主要包括高校、实习单位、大学生,这三者之间的法律关系与大学生的法律身份密切相关,很有探讨的必要。教师和实习单位工作人员其实都是附属于高校或实习单位,其行为主要体现为职务行为,不代表个人,因此,不做专门赘述。实习学生与高校、实习学生与实习单位、高校与实习单位的三大关系是这三个主体之间最主要的法律关系。

一、实习学生与高校之间的法律关系

目前,学术界关于大学生与高校之间的法律关系,众说纷纭。但总体而言,高校与大学生两者之间的法律关系,主要有以下四种观点,即行政法律关系说、民事法律关系说、特别权力关系说和复杂关系说。这四种观点各有其理由,具体如下。

(一)行政法律关系说

该观点认为,在特殊情况下法律法规可以授权行政机关以外的具有管理公共事务职能的组织行使一定的行政管理权,高校虽然不是行政机关,但是在法律法规授权的范围内,它的性质就发生了一定的改变,其便具有行政主体资格,是法律法规授权行使行政权力的组织,它在一定范围内对学生实施的管理活动受行政法的调整。① 根据教育法、高等教育法以及学位条例的规定,高校被授予的行政权力主要表现在高校可以授予学生学位证书,对学生学籍进行管理等等。当然,由于我国目前的法律法规的规定并不是很全面,高等学校所进行的行为哪些可以被定性为行政行为,哪些可以被定性为自主性行为还没有一个明确的界定。也有学者建议,看待该问题应当援引行政法学上的一条规则,即"法无明文规定不得为之",只有当法律法规明确授权时,学校的行为才能认定为行政行为。② 《行政诉讼法》第二十五条第 4款规定:"由法律法规授权的组织所作的具体行政行为,该组织是被告。"可

---

① 黄东东,任敏杰.高等教育与法律规制——论高等学校与大学生之法律关系[J].重庆三峡学院学报,2005(5):104-106.

② 徐秀迪.论高校与大学生的法律关系[J].菏泽学院学报,2007(6):143-147.

见,高校在一定情况下,可以成为行政诉讼的被告,具备行政主体的被告资格。所以该观点认为,当年"刘燕文诉北京大学学位评定委员会不批准授予博士学位案"之所以能够被人民法院受理并判决,就是基于这一基本认识。

(二)民事法律关系说

该观点认为,当高校以单纯的教育教学组织的角色出现时,它是以组织实施教育教学活动为基本功能的独立的民事主体;大学生因教育教学活动与高校发生法律关系时,这种法律关系只能是民事法律关系。① 因为在大学生入学之前,作为事业法人的高校与大学生之间是毫不相干的,他们不存在任何的法律关系,学生选择哪所学校求学纯属学生个人的问题。在招生期间高校就是一个确定的要约人,大学生参加国内统一高考并按照自己的分数和意愿选择一所或者几所学校,当大学生上了高校的提档线被高校录取后二者之间便正式地建立了一种带有教育服务性质的合同关系(也许这种说法会被一些人认为是抹杀了公立高校的公益性和社会性,但该观点认为当下中国高校已经不再是纯粹的公益主体,它的收费制度、管理理念经过"契约"思想的洗礼后,更加凸显了服务性和商品性。比如说,大学生可以选择住宿条件,很多高校都将自己的公寓分为不同的档次,环境好人数少的房间价位高,人数多的房间价位低,学生们可以自主选择;再比如高校设立了一些勤工助学岗位,虽然目的是帮助家境贫困的学生,但不可否认,大学生为学校提供劳务,高校按月发给大学生工资,在这种情况下二者之间还是存在着合同关系的)。显然高校是一个有偿教育服务机构,校生双方关系的建立过程也是完全符合民法上平等自愿原则的。虽然它们之间的合同关系更加带有"格式合同"的性质,学生在一定程度上处于被动接受高校规定的状态,但这并不能否认高校与大学生之间所存在的平等的民事关系。因此,总结起来,在平权型法律关系的框架下高校与大学生之间的法律关系具有以下几个特点:(1)主体身份平等,即双方具有同等的法律地位。(2)权利义务平等,高校与大学生均享有各自的民事权利,履行各自的民事义务。(3)意志自由。不存在一方强制另一方作为或者不作为某些行为的情形,即民事权利义务关系的形成是自主自愿的结果并非受人所迫。

(三)特别权力关系说

该观点认为,当高校充当集体法人时,它代表集体的利益,有维护集体

---

① 黄东东,任敏杰.高等教育与法律规制——论高等学校与大学生之法律关系[J].重庆三峡学院学报,2005(5):104-105.

公共秩序管理内部事务的职责。① 我国《高等教育法》明确规定了高校有"依法自主办学"和"按章程自主管理"的权力,这种自主管理权实际上是法律赋予学校为保证其机构目的的实现而对其内部事务处理的"自由裁量权"。如高校有对大学生的概括性的命令权,大学生应该服从学校的管理。当学生不服从学校命令时,为了维护集体内部秩序,学校有权对学生做出警告、记过等处分,而高校对大学生做出的这种处分行为属于集体内部的管理行为。所以当高校以集体法人的角色与大学生缔结法律关系时这种关系就是德国公法上所讲的特别权力关系。② 对此我国现行的法律法规都是给予支持和认同的,如《教育法》第四十三条第 4 款规定受教育者应当遵守所在学校或其他教育机构的管理制度。第四十二条第 4 款规定受教育者享有"对学校给予的处分不服向有关部门申诉"的权利以及《高等教育法》第五十三条规定:"高等学校的学生应当遵从法律、法规,遵守学生行为规范和学校的各项管理制度……"这些法律条文都明确地表明了我国高校与大学生之间存在着一种特别权力关系。

实际上,特别权力关系理论与我国内部行政法律关系有异曲同工之妙,两者并无实质差别。但是作为严格的法律术语,内部行政法律关系本身存在着严重的缺陷。从法律层面上来讲,纳入法治管辖的各种关系即转化为法律关系,无论是内部关系还是外部关系,一旦转化为法律关系就毫无疑问地受到司法管辖。我国的内部行政行为是否具有可诉性一直是个争议颇多并且未体现于法律明文规定的问题。正是在这种意义上,我国行政法理论界的内部行政法律关系本身存在着逻辑缺陷。因此特别权力关系的表述有一定的合理性。

(四)复杂关系说

该观点认为,高校与大学生之间的法律关系并不是简单的某一种法律关系,而是具有多重法律关系的复合型法律关系。③ 持此观点的学者较多,如湛中乐、徐银香、陈利敏、邓慧等,该观点其实是将前述的行政法律关系

---

① 徐秀迪.论高校与大学生的法律关系[J].菏泽学院学报,2007(6):143-147.

② 申素平,等.从法制到法治——教育法治建设之路[M].上海:华东师范大学出版社,2018:66-68.

③ 湛中乐.大学法治与权益保护[M].北京.中国法制出版社,2011:42-45;陈利敏,邓慧.浅谈大学生实习中的各方法律关系[J].贵州工业大学学报(社会科学版),2008(6):80-84.

说、民事法律关系说和特别权力关系说三种法律关系糅成一体。

笔者也赞成复杂关系说。因为高校与实习大学生之间，无论是认识性实习还是生产性实习的情形下，都不是单一的某种法律关系，而一直都是行政法律关系、民事法律关系或特别权力关系的复合体。其根源就在于大学生的双重身份——既是国家的普通公民，理应享有普通公民的权利和义务；也是高校中的学生，依法享有受教育权等权利和义务。[①] 因此，这种"叠合式的结构"决定了大学生与高校之间不是一种单一的法律关系。

二、实习学生与实习单位之间的法律关系

对于实习学生与实习单位之间的法律关系，目前学术界争议较大，主要有三种观点，包括非劳动关系说、劳动关系说和准劳动关系说（其他还有教育管理关系说、事实劳动关系说、附带劳动关系说、劳务关系说等较为小众的观点[②]）。

（一）非劳动关系说

非劳动关系学说认为实习生与实习单位之间不成立劳动关系，实习生到实习单位实习只是其学校教学活动的延续。[③] 该观点为目前学术界的主流观点，主要基于以下几个理由：其一，实习生不是劳动者。我国法律规定劳动者应具有劳动行为能力，主要包括年龄、智力、健康和行为自由四个方面，此种观点认为实习生与学校之间始终存在教育管理关系，实习生不具有完全的行为自由，因此不符合劳动者的构成要素。其二，实习生对实习单位从属性不强。实习生在实习期间虽然服从实习单位的管理安排，但是这种管理安排与一般员工不同，实习生与实习单位之间并不构成依附关系，实习生一般没有工资，即使有些实习单位会向实习生发放一些工资，但是数额很小，更倾向于补偿性质，只是为了保障实习生的基本生活需要，而不是其所付出劳动力的对价[④]，而且实习生到实习单位工作的目的并不是以获取劳动报酬为唯一目的，更重要的是为了增加工作经验，促使理论知识与实践操作

① 湛中乐.大学法治与权益保护[M].北京.中国法制出版社,2011:42-45.
② 徐银香,张兄武."责任共担"视角下大学生实习权及其权益保障研究[M].南京:南京大学出版社,2020:45-47.
③ 李培智.大学生实习劳动关系认定探微[J].法学杂志,2012(6):123.
④ 卫艳霞.实习生因工作受伤可参照工伤标准赔偿[J].人民司法·案例,2009(10):57.

相结合。① 综上可以看出,实习生对于实习单位不具有从属性,他们到实习单位实习只是为了完成学校所安排的任务,对学校具有更强的依附性。其三,实习单位无须为实习生购买社会保险。《社会保险法》规定用人单位需要为本单位职工购买社会保险,因此用人单位是否为劳动者购买社会保险也成为间接认定劳动关系的方式。在大学生实习中,几乎没有实习单位会为实习生购买社会保险,一般情况下由学生自己或者学校为大学生购买商业保险。②

(二)劳动关系说

持此种观点的学者认为实习生在实习期间应为劳动者,实习生与实习单位之间形成了事实劳动关系,即使实习生并没有直接与实习单位签订劳动合同,但是根据《劳动合同法》的规定,实习生与实习单位之间自用工之日起形成了事实劳动关系。③ 赞成实习生与实习单位本质上是劳动关系,主要理由有三:其一,实习生属于劳动者范畴。持此种观点的学者认为实习生在实习期间,档案虽然仍属于学校,但是实习时间一般较长,在实习期间实习生完成了学校安排的所有学习任务后,不需要每天回学校报到,可以安排自己的行为和时间,而且劳动法律并没有明确将大学生剔除出劳动者的范围。其二,大学生实习期间对实习单位具有从属性。实习生实习期间必须服从实习单位对其工作的安排、管理和监督,遵从所在实习单位的规章制度,工作内容属于实习单位业务的组成部分,收入通常也依赖于实习单位针对其工作完成情况给予的报酬,虽然有一些实习是无偿的,但是除了工作报酬之外,其他方面与一般员工无异,这也正体现出大学生对实习单位具有从属性。其三,符合劳动法的立法目的。劳动法的立法目的在于维护处于弱势地位的劳动者的合法权益。虽然实习生的身份与一般劳动者相比具有一定的特殊性,但是在实习期间,他们与一般员工一样,都是在向用人单位让渡自己劳动力的使用权,都要接受用人单位的管理,但是当实习生的劳动权益遭到侵害时却无法像一般员工一样获得救济,未免存在不平等之处。④ 因

---

① 张之.实习生法律地位探究及其权益保护机制的构建[J].中国职业技术教育,2013(21):51.

② 王明月.大学生实习期间权益保护的问题与解决方式[J].法制博览,2017(1):36.

③ 葛建义.大学生实习事故伤害的工伤救济[J].职教通讯,2015(35):67-69.

④ 王志雄.高校顶岗实习生劳动者主体资格之法理探析[J].中国劳动关系学院学报,2012(2):31.

此,为了更好地保障大学生在实习期间的合法权益,体现劳动法的立法目的,也应该将大学生纳入劳动者范围内,认定实习生与实习单位之间形成事实劳动关系。

(三)准劳动关系说

由于学术界中对于实习生与实习单位形成的法律关系众说纷纭,难以形成统一的意见,于是有学者提出各退一步,认为实习生虽然不是劳动者,但由于大学生实习具有一定特殊性,应当赋予实习生"准劳动者"的身份,实习生与实习单位形成了一种"准劳动关系"。[①] 持这种观点的学者认为:一方面,实习生在实习期间仍需接受学校管理。实习生与学校之间存在教育管理关系,这种关系是教育法直接规定的,从学生入读开始,直至从学校毕业一直都存在,学生必须遵守学校的相关规章制度,学校理应对实习生负责。实习是学校教学环节的一部分,是校内教学的延伸,实习仍然属于大学生通过学校学习知识的一种方法,很多学校还规定了实习生在实习期间向实习单位请假的同时也需要向学校递交请假申请,这也说明实习生在实习期间仍需接受学校的管理与监督;另一方面,实习生需要服从实习单位的管理和安排。实习期间,实习生要服从实习单位的管理,遵守单位的规章制度,按单位的要求完成工作任务。同时,实习生在劳动基准如工时、劳动保护等方面与正式员工几乎没有差别,他们在实习单位更多地展现出了一种"准员工"的身份。该观点认为,实习生由于其学生的身份享有教育法上规定的相关权利,同时由于其公民的身份享有宪法规定的劳动权利。虽然由于大学生的特殊性使其享有的劳动权利与一般劳动者相比有些区别,但为了维护大学生的实习权益,将大学生认定为"准劳动者"是可行的。

对此,笔者认为,上述三种观点都存在"以偏概全"的问题,对大学生实习类型的复杂性和多样性缺乏考虑。为此,可以借鉴2021年7月16日人力资源和社会保障部、最高人民法院等8部门联合出台的《关于维护新就业形态劳动者劳动保障权益的指导意见》(人社部发〔2021〕56号)的相关规定,该规定将平台企业与新就业形态劳动者之间的用工关系规定了三种情形:一是符合确立劳动关系情形的;二是民事法律关系情形的;三是不完全符合确立劳动关系情形的。新业态劳动者与平台之间的关系,完全看具体情况,没有统一的答案。

---

① 张勇.大学生的实习权益保障及制度构建[J].教育评论,2017(6):55-58.

显然,实习学生与高校的关系和实习学生与实习单位的关系具有很大的不同,前者法律关系的类型基本相同,而后者则千差万别。因此,笔者认为,大学生与实习单位之间没有固定的法律关系,而是要具体问题具体分析,如果构成劳动法律关系,就认定为劳动法律关系;如果不构成,就认定为非劳动关系或不完全劳动关系。因此,笔者的观点可以命名为"非固定关系说"。

三、实习单位与高校之间的关系

对实习单位与高校之间的关系,主要有两种观点。

(一)委托关系说

委托关系说认为,在集中实习的过程中,学校通过与用人单位签订实习协议或者建立实习基地达成合作意向,组织学生去用人单位实习时,用人单位与学校之间的关系可以认定为委托关系。[1] 当学生的合法权益受到损害时,用人单位与学校可以依据签订的协议的内容来确定责任承担。

(二)无关系说

无关系说则认为,在分散实习的情况下,学生自行联系用人单位、自行实习时,学校与用人单位不存在直接的法律关系。[2]

也有学者认为,在分散实习的情况下,学校与实习单位构成隐性委托关系。[3] 其理由是大学生在实习时,会告知目的,说明身份,并要求实习单位盖章、评价等,因此学生相当于学校的代理人,同时实习单位接收学生实习,相当于接受了高校的委托。

认为学校与实习单位构成"隐性委托关系"的观点存在两个问题:第一,实习单位并未与学校发生法律关系。譬如在学生自己寻找实习单位的情况下,学生发生意外伤害事故,实习单位是向学生负责,而不是向学校负责。第二,学生是不是学校的代理人? 学生是代表学校与实习单位发生关系吗? 笔者认为,答案是否定的,学生实习虽然是完成学校的任务,但主要还是其

---

[1] 赖地长生,赖晓琴,王建新.实习生权益保护现状调查与分析[J].职业技术教育,2011(14):35-38.

[2] 何小勇,黄劲松.在校学生实习或兼职人身伤害赔偿适用法律探讨[J].内蒙古师范大学学报(教育科学版),2011(1):26-31.

[3] 徐银香,张兄武."责任共担"视角下大学生实习权及其权益保障研究[M].南京:南京大学出版社,2020:28-29.

个人行为,学生是代表自己与实习单位发生实习关系。从司法实践看,很多分散实习的大学生与实习单位发生法律纠纷时,往往是学生自己与实习单位直接对簿公堂,没有学校参与其中,这也说明上述观点是值得商榷的。

因此,笔者认为,实习单位与高校之间的关系,主要还是看两者之间有无委托合作关系,如果有合作协议,则构成委托关系;如果没有合作关系,纯属学生"自主寻找"的实习单位,那实习单位和学校就没有委托法律关系。

四、相关法律关系认定的深层逻辑分析

实习期间的大学生劳动保护比正式员工更弱,其深层的原因和逻辑是什么,值得反思。为此,笔者摘录本人于 2020 年发表的《毕业实习大学生劳动权益保护的法理反思:基于各层次利益衡量的视角》的部分内容,针对现实问题,从新制度经济学、法理学视角,剖析毕业实习生劳动保护的法律根源、依据,强调实习生劳动者权利保护的法律底线。① 在新制度经济学看来,制度其实是"博弈规则"②,从短期看,制度是对人们的行为进行制约的人类自身设计的规则;但从长期看,制度又是社会博弈参与人之间的策略互动从而最终自我实施的均衡结果。笔者认为,毕业实习大学生制度规范,涉及大学生利益、高校利益、用人单位利益和社会制度利益等四种不同层次的利益构成。前三类利益之间是并列关系,制度利益与前三类利益之间则是递进关系。这种利益构成要求立法者层层深入,有步骤地分析、比对不同利益,按照一定甄别规则,经过综合性的利益衡量,确定妥当的利益抉择,进而完善相关设计,最终确保立法的成功。其中,制度利益直接联结当事人利益、群体利益与社会公共利益,它是利益衡量的中心所在。③

(一)毕业实习关涉的个体利益

在毕业实习大学生制度规范中,个体利益就是指实习关系三方当事人,即高校实习生、高校和用人单位,后者包括企业、机关、事业单位等,其中企业吸收了绝大多数实习生。高校毕业生到企业实习的目的是为就业做准备,主要涉及多项利益:(1)熟悉社会环境,为自己从"象牙塔人"向"社会人"

---

① 金劲彪,郭人菡.毕业实习大学生劳动权益保护的法理反思:基于各层次利益衡量的视角[J].教育发展研究,2020(3):67-75.

② [美]道格拉斯·C.诺斯.制度、制度变迁与经济绩效[M].杭行,译.上海:格致出版社、上海三联书店、上海人民出版社,2008:3.

③ 杨德才.新制度经济学[M].北京:中国人民大学出版社,2015:7.

转变做过渡。(2)熟悉职场氛围,培育基本职业技能,获得较强的就业竞争力,为走上职业岗位做准备。(3)实习单位与就业意向单位重叠时,也是为迎接就业单位考察、展现自身的综合实力。(4)获得部分报酬,提前减轻自身经济压力。对于单个高校来说,其主要的利益或代价有:(1)提高毕业生的应用能力与就业率,获得相较于其他高校的教育竞争力。(2)承担一定的管理风险。(3)承担一定的派遣成本。对于单个企业来说,接收实习生主要包括以下利益:(1)实习单位与就业意向单位重叠时,也是为了吸引人才,提前考察或锁定新员工。(2)减轻用工成本,增加用工收益。(3)一些企业向实习派出单位收取一定的实习费,作为一种企业收入来源。(4)暂时缓解"用工荒",维持企业正常生产经营。

总体而言,从个体利益看,一方面,实习关系三方当事人利益存在互补关系;另一方面,实习关系三方当事人利益也存在对立关系。从毕业实习大学生与用人单位的关系看,第一种情况是毕业实习大学生创造价值少于接收企业支出成本;第二种情况是毕业实习大学生因失误、事故等给企业带来的损失大于企业因接收毕业实习大学生可获得的收益;第三种情况是企业拒绝向毕业实习大学生支付对价,包括必要的实习机会或特定培训。个体利益通常会被群体利益所吸收,一般不能单独构成立法的依据,除非个案具有特殊的时代价值,由此个案背后的个体利益才能成为推动立法的力量。

(二)毕业实习关涉的群体利益

毕业实习大学生问题涉及三大群体利益:一是实习生群体利益;二是派出高校群体利益;三是接收企业群体利益。实习生作为一个整体呈现的群体利益包括但不限于:(1)组织权益。正式员工都有工会,学生实习前都有班级,实习开始后班级就基本"名存实亡",学校也认为他们是"准社会人",关注相对较少,此时,其作为整体的利益,在自身层面的组织保护被"淡化"。(2)受侵害救济权。正式员工受侵害可以向劳动仲裁机构申请仲裁,但实习生整体都不被视为劳动合同关系,也不认为有事实劳动关系,因此,出现纠纷仲裁机构也不受理此类案件。(3)正常劳动环境、劳动强度和合理劳动报酬权益。高校整体呈现的群体利益主要包括:(1)高等教育服务于社会实践,有助于推动社会生产力发展,改善和优化教育发展环境。(2)反向引导高校不断提高应用服务水平。接收毕业实习的企业整体呈现的群体利益主要有:(1)管理难度增加,企业很难像对待正式员工一样安排实习生工作。(2)救济较难,实习生不遵守实习约定,比如有的学生在项目中途离职甚至不辞而别，有的携带企业机密出走并从中获益，这些情况难以获得及时的救济。群体内相互合作也存在对立性和博弈；群体利益与个体利益之间也存在冲突可能。当个体利益大幅偏离群体利益均值线时，或者说个体利益偏离群体利益有效实现的振幅范围时，基于群体利益的立法价值会构成对个体利益诉求的削弱乃至否定。在立法机制下，整体利益的强度影响群体推动立法的积极性和有效性。相较于学生群体和企业群体，高校整体利益强度则较弱，削弱了高校推动相关立法的积极性和有效性。

（三）毕业实习关涉的制度利益

制度利益是各种利益博弈的中心。涉及学生实习的现行制度主要包括：(1)劳动合同制度。现行劳动合同并没有将毕业实习大学生纳入调整对象，主要基于对毕业实习大学生身份的不认可。其中一个考虑就是担心助长实习劳动替代职业劳动的现象普遍化、提前化。(2)工伤保险制度。现行工伤保险制度属于"五险"之一，与养老保险、医疗保险、失业保险和生育保险捆绑在一起。根据这种"捆绑式"制度，毕业实习大学生难以获得工伤事故认定。(3)侵权责任法制度。由于毕业实习大学生的身份没有法律界定，权利义务也缺少法律系统规定，因此，毕业实习大学生权益被侵犯后认定是比较困难的，哪怕被认定了，因侵权责任制度在毕业实习大学生保护上的缺陷，也难以获得公平合理、及时有效的救济。(4)高校管理制度。它既包括涉及高校外部、教育行政管理部门出台的相关制度(含部门规章)，也包括高校内部的大学章程、教育教学管理制度等。现行高校管理制度在保障大学生的学生身份权益方面相对较为完善，不足之处主要是现行高校多数制度还是从"高校本体中心"思维出发的，较少考虑学生出校后学生权益保障中的学校责任问题，即以非学生身份活动时的高校责任问题。

（四）毕业实习关涉的社会公共利益

社会公共利益是一个"权益束"，也是一个动态复合的系统，学生实习涉及以下社会公共利益的矛盾处理。

1.学生实习基本权益与经济发展之间的矛盾

保障学生实习的基本权益，虽然从长期来看有助于经济健康发展，但从短期来看，二者在特定条件下存在此消彼长的关系。维护毕业实习大学生的平等获得报酬和不受经济歧视的权利，有助于建立公平合理的市场秩序，最终促进市场经济更健康地向前发展。但法治完善都是有成本的，这种成本在一定程度和短期内会加大企业压力，尤其是在经济整体下行阶段，容易成为政策法规为企业"减负"的对象。

2. 政府管制与市场规律之间的矛盾

一是"政府之手"如果"该出手时不出手",就有"厚此薄彼"的可能,导致应该得到政府保护的利益失去了保护;二是"政府之手"如果"不该出手时出手",就会搅乱市场对资源的有效配置,导致各方利益都受损。

3. 创新创业与就业促进的矛盾

从公共利益角度来看,就业目标与促进创新创业目标都是优先考虑的对象。但是,正如善与恶之间具有不可公度性,善与善之间也存在不可公度性。当学生就业目标与促进企业创新创业目标发生冲突时,如何抉择往往是两难选择,选择不当会导致零和博弈结果。公共利益应当具备地域性、整体性、受益多数性和直接相关性。要对"少数人"利益、弱势群体利益、环境利益、商业利益、政府利益是否属于公共利益进行小心甄别,在地方立法利益衡量过程中要优先选择公共利益,这是地方立法应有的利益衡量观。除公共利益优先原则外,还要注意比例原则和补偿原则的运用。同时,公共利益优先还有例外情况,个体的基本生存利益要优于公共利益。[①] 这也可以理解为法益位阶的动态性,当低位阶利益与高位阶利益绑定时,前者就直接升位为优先考虑次序。[②]

破解利益衡量难题,需要在事实与规范之间寻求最佳平衡点。因为,利益平衡是一个过程,对于错综复杂的实习制度来说,有一个尊重立法规律基础上的在不断试错中凝聚共识、渐进实现最优选择的时间过程。

笔者认为,总体而言,实习关系的三方当事人即高校实习生、高校和用人单位中,实习生是最弱势的群体,其个人、群体利益总体上处于劣势地位,为此,秉持"倾斜保护"原则,必须优先保护学生利益,才能真正确保实习制度的公平和正义;只有在此基础上对立法进行重构,明确实习单位和所在学校的责任,才能真正建立一种适应时代发展的毕业实习大学生权益保障新型机制。

---

① 王丽.地方立法利益衡量中的"公共利益"[J].理论月刊,2015(4):107-111.
② 徐成.防卫限度判断中的利益衡量[J].法学研究,2019(3):148-160.

近些年来,大学生在毕业实习期间的合法权益遭受侵害的事件屡屡发生,实习生权益保障问题也引起了社会的广泛关注。通过对实习生实习现状的问卷调查和深度访谈,可以发现大学生在实习权益方面的确存在不少问题:一方面,在实践层面,高校、实习单位、大学生、政府等相关主体各有其薄弱环节,实习协议的签订情况也不容乐观;另一方面,在法律制度层面,大学生实习权益保障仍面临巨大的制度性障碍。只有深入细致地掌握实习学生的权利保护现状,找到问题的根源所在,才能对症下药,提出有针对性的建议和对策。

第一节　大学生毕业实习现状

一、大学生毕业实习现状——基于问卷调查的统计

迄今为止,有不少学者对大学生实习现状进行了调研,其中我国人社部中国劳动保障科学研究院高亚春博士做过一个非常深入的调研①,很有代表性。本书借助于问卷调查的方式,结合其他相关学者的研究成果,对大学生实习的情况进行了深入的研究,共在浙江、江苏、重庆、湖南等 4 个省份的相关高校发放问卷 800 份,回收 688 份,回收率 86%。由于问卷中的每个问题都有未回答或错误填写的情况,通过梳理全部问卷的填写情况发现,如果将未回答或错误填写的问卷都做无效问卷处理的话,信息量损失将会很大。鉴于此,为了保存最大的信息量,笔者针对每个问题的有效样本都进行了分

---

① 本部分关于大学生实习现状的介绍主要参考:高亚春,付韶军.我国职业教育学生实习政策演变及现状调查研究[J].中国职业技术教育,2016(7):53-61.

析。虽然这种处理方式会导致问卷中各个问题的有效样本总数不一致,但根据每个问题的最大信息量来分析问卷,更有利于全面反映实习学生的真实情况。

(一)调查对象的区域情况

通过对问卷进行分析发现,实习学生在选择实习单位时有一定的流动性,除毗邻城市之间的流动外,也存在少量的省际流动。根据以上分析可以得知,绝大多数实习学生选择在学校所在省份开展实习或兼职工作,剔除无效问卷后,浙江、重庆、湖南、江苏四省被调查实习学生在本地实习的比例分别为:94.52%、86.61%、87.34%和78.13%;四省数据分别为浙江215份,重庆204份,湖南170份,江苏99份,合计688份。

(二)调查对象的性别、年龄与学历情况

通过对实习学生的性别构成和年龄结构进行分析,可以对本次问卷调查对象的基本特征有初步了解。首先,由表3.1中的数据可以发现,此次调查中实习学生男性人数远远多于女性,约为女性人数的3倍;其次,不论男性还是女性,随着年龄增长,实习学生人数逐渐下降,18~20岁年龄段的人数最多,21~25岁次之,26岁以上的实习学生最少(这与硕博研究生在大学生中的比例相符合)。18岁以下的未成年实习学生仍占有一定的数量。

表3.1　实习学生的基本情况　　　　　　　　　　　　单位:人

性别	16~18 岁	18~20 岁	21~25 岁	26~28 岁	总计
男性	47	239	183	12	481
女性	15	81	80	0	176
总计	62	320	263	12	657

从表3.2中的数据可以发现,此次调查中实习学生生源地类别,即"农村"与"城市"的人数比例为2.6∶1。来自农村的学生可能因为家庭条件原因,更倾向于从事实习工作,获得一些报酬。来自农村的男性实习学生与城市男性实习学生的比值为2.8∶1,而女性则为2∶1,男性比例略高于女性。另外,从学历看,本次调查中拥有中专与大专学历的实习学生人数最多,占比分别为39.2%与41.5%。

表 3.2　实习学生性别与生源分布

学历	男性/人		女性/人		总计/人	占比/%
	城市	农村	城市	农村		
高中	1	13	1	1	16	0.025
中专	49	140	17	48	254	0.392
技校	5	26	2	3	36	0.056
高职	3	19	2	4	28	0.043
中技	0	1	0	0	1	0.002
大专	58	138	24	49	269	0.415
本科	8	11	11	10	40	0.062
研究生	1	1	0	2	4	0.006
总计	125	349	57	117	648	1.000

（三）实习期限及专业对口情况

本调查中界定的实习期限是指实习学生本次实习的持续时间。从分析结果可以看出（见表 3.3），参与实习的实习学生实习期限一般都集中在 4～6 个月和 7～9 个月之间。实习期限超过 10 个月的人数最少。

表 3.3　实习时长

实习时长/月	1～3	4～6	7～9	10～12	总计
总计/月	143	215	206	49	535

实习学生在实习期间的请假状况也在一定程度上反映了学生的权益情况。分析结果发现（见图 3.1），需要向企业请假的人数最多，其次是向企业与学校双方都请假。可见，实习期间，企业对实习学生的约束力更强。

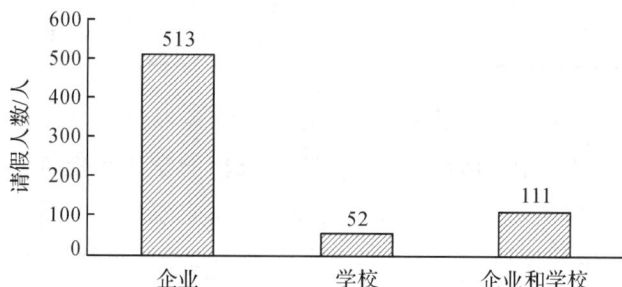

图 3.1　实习学生在实习期间请假的情况

调查结果显示(见图 3.2 和表 3.4),46.66% 的实习学生的实习岗位与所学专业不完全对口,但有关联。实习岗位与专业完全对口的学生人数仅占 19.02%,与专业不对口但有部分联系的人数占比相当。值得注意的是,实习岗位与所学专业完全不对口的比例为 15.3%,这一部分学生就无法将在学校期间学到的专业知识应用于实践当中。对不同学历学生的实习岗位与专业对口情况进行分析,可以看出,大专、本科生实习的专业对口程度比高中、中专、技校、高职要高一些,研究生对口程度最高。

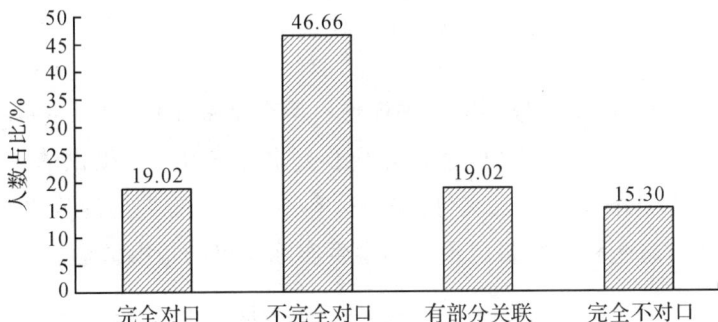

图 3.2 实习学生实习工作与专业的对口程度

表 3.4 不同学历专业实习对口程度人数占比 单位:%

对口程度	高中	中专	技校	高职	中技	大专	本科	研究生	汇总后合计
完全对口	25.00	14.40	5.56	23.08	0.00	25.43	12.20	0.00	19.02
对口但不完全一样	25.00	53.70	27.78	34.62	0.00	45.02	46.34	60.00	46.66
有部分关联	37.50	9.73	38.89	19.23	0.00	21.99	31.71	20.00	19.02
完全不对口	12.50	22.18	27.78	23.08	100.00	7.56	9.76	20.00	15.30
人数	16	257	36	26	1	291	41	5	673

对实习学生加班时间的统计具有重要意义,可用于评估实习对实习学生的健康和安全的影响,还可监督用工单位的工作时间安排是否符合劳动法对加班时间的规定。从不同工作岗位加班时间的分布看,普工每天工作在 11~12 小时工作时间段内的人数最多,远远超过了 8 小时的正常工作时间。这反映了普工的工作强度相对高于其他岗位。

加班工作时间指的是在正常工作时间以外被延长的工作时间。从图 3.3 可以发现,每月加班 80 小时以上的学生数占 43.3%,这说明实习学生的加班情况较为严峻,需要引起相关部门的高度重视。

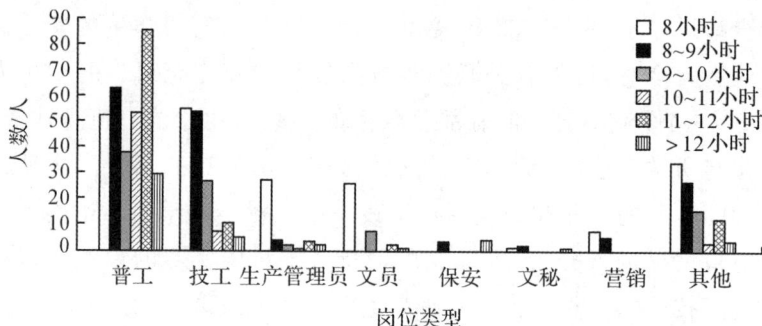

图 3.3　不同岗位类型每天工作时间

伙食费是实习学生报酬的一种体现。调查结果显示（见表 3.5）：60％以上学生的伙食费由企业支付，这其实属于企业为实习学生提供的一种补贴。但也有 23.21％的学生自己支付伙食费，有 11.97％的学生的伙食费从实习报酬中扣除，这两种情况将严重影响学生实际获得的报酬数额。

表 3.5　支付伙食费情况

谁支付伙食费	人数占比/％
企业	60.15
学校	4.67
自己	23.21
从实习报酬中扣除	11.97

问卷中"小时加班工资"一项是由被调查者直接填写的，因此是连续性数据，本书（见图 3.4）采用直方图的方法进行分析。其中，线条为该加班工资的密度曲线。从图 3.4 可以看出，大多数实习学生的小时加班工资集中在 20 元每小时以下，这说明实习学生通常被企业作为廉价劳动力来使用，加班工资通常更接近最低小时加班费的标准。

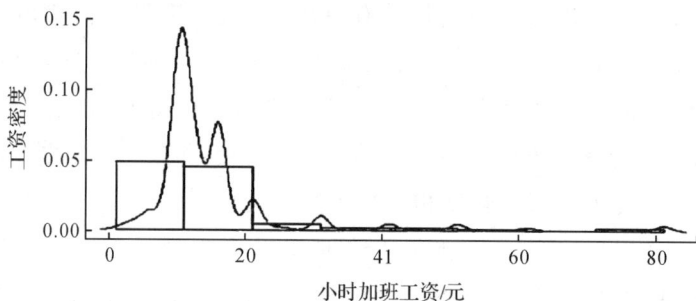

图 3.4　小时加班工资情况

实习报酬被拖欠或克扣是实习学生权益被侵害的一个重要方面,调查结果显示(见表 3.6):大多数实习学生工资未被拖欠或克扣,但仍有近 30% 的实习学生遭遇拖欠或克扣实习报酬的情况,这个问题需要引起相关部门的高度重视。

表 3.6　实习报酬的拖欠与克扣情况

具体情况	人数占比/%
从来没有拖欠或克扣过	69.88
偶尔被拖欠或克扣	24.78
经常被拖欠或克扣	3.41
每次都被拖欠或克扣	1.93
总计/人	100

(四)工作环境和劳动保护情况

实习学生的工作环境和安全防护情况对于其身体健康影响非常大,这也是反映实习学生权益的重要方面。下面从职业安全培训、工作环境、劳动保护等方面的情况对实习学生的权益保障问题进行讨论。实习学生在企业里的工作环境可能存在很多健康隐患,表 3.7 列举了实习学生所处的环境。

表 3.7　工作环境安全隐患情况

工作环境的安全隐患	人数占比/%
噪声大	23.59
接触有毒有害物质	11.20
高空作业	7.18
粉尘	8.12
接触易燃易爆物	4.27
接触刀具、冲床	7.69
高温作业	4.36
其他	15.90
没有工作伤害风险	17.69

调查结果显示,没有工作伤害风险的比例仅有 17.69%,说明实习学生的工作环境大多处于有一定安全隐患的状态。其中,有 23.59% 的学生在噪声大的环境中工作,有 11.2% 的学生在工作中接触有毒有害物质,7.18% 的

学生从事高空作业,8.12％的学生在有粉尘的环境中工作,4.27％的学生接触易燃易爆物,7.69％的学生接触刀具、冲床,4.36％的学生从事高温作业,上述这些工作环境会严重影响学生的身体健康。甚至,有的实习学生面临的工作环境中存在以上8项工伤隐患中的多项,表3.8是基本情况。

表3.8　受各项安全隐患影响的人数

受影响项数	人数/人
1	333
2	95
3	19
4	41
5	11
6	7
7	14
8	6

调查结果显示,虽然大多数人只受其中一项影响,但是有6人在工作中会遭遇上述中的8项恶劣环境,有14人在工作中遭遇上述的7项恶劣环境,受其中3项以上恶劣环境困扰的人数高达98人,这说明实习学生的工作环境存在较大的安全隐患。

关于职业安全培训情况,调查结果显示(见图3.5),绝大多数实习学生接受了职业安全培训,但也有16.18％的学生没有接受过职业安全培训,这也是导致实习学生在实践工作中出现工伤的一个原因。

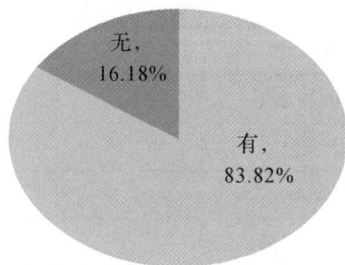

图3.5　接受职业安全培训情况

从劳动用品发放情况来看,有77.20％的实习学生表示收到过企业发放的劳动保护用品,主要以安全帽为主。有22.80％的学生表示没有收到过企业发放的劳动保护用品,如果一旦发生工伤,这些学生将得不到任何物品的保护(见图 3.6)。

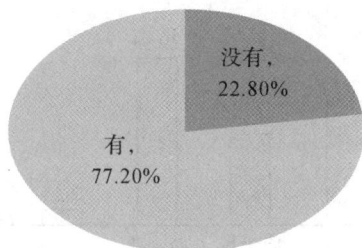

图 3.6　劳动保护用品发放情况

(五)对政策法规的了解情况

本次调查发现,许多实习学生不了解关于大学生实习的政策法规,只有66.07%的实习学生有基本的政策法规常识,但这一比例还有待提高,实习学生的政策法规常识应该得到普及(见表 3.9)。有 15.52%的实习学生表示身边发生过权益侵害的情况,还有 34.11%的实习学生表示不了解身边是否发生过权益侵害情况,甚至不知道何为权益受侵(见表 3.10)。

表 3.9　实习学生对政策法规的了解情况

政策法规的了解情况	人数占比/%
了解	66.07
不了解	33.93
总计/人	675

表 3.10　实习学生反映权益受侵害情况

权益受侵害情况	人数占比/%
有	15.52
没有	50.37
不了解	34.11
总计/人	683

当权益受到侵害时,实习学生如何维权,是选择法律渠道还是忍气吞声?针对这一问题的调查结果是:

有 4.11%的实习学生选择忍气吞声,有 22.14%的同学会选择告诉同学或老师,46.04%的实习学生会选择与学校或企业领导反映,只有 22.43%

的实习学生通过法律渠道维权,5.28％的学生则选择放弃或其他。这说明绝大部分实习学生的法律维权意识还是较为淡薄(见图3.7)。

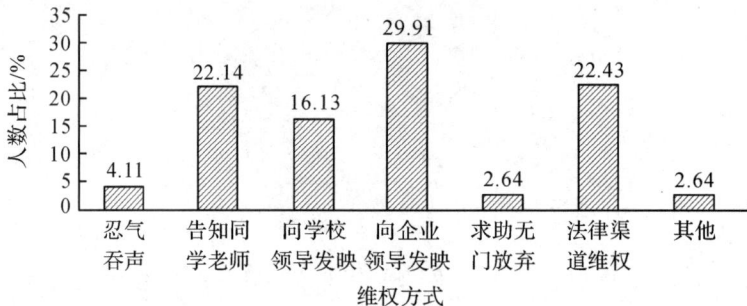

图 3.7　不同维权方式实习学生占比

（六）实习学生的满意度情况

从实习学生对其实习工作是否满意的回答情况来看,结果如下:非常满意、比较满意的人数占到50％以上,有10％左右的实习学生不满意当前的实习工作,34.9％的实习学生认为工作一般(见表3.11)。

表 3.11　实习学生对实习工作的满意度情况

主观评价	人数占比/％
非常满意	15.10
比较满意	38.12
一般	34.90
不满意	7.92
非常不满意	3.96
总计/人	682

（七）实习学生的困惑和诉求分析

实习学生在实习过程中会遇到各种困惑,从实习学生角度出发,对其可能遇到的问题进行归纳,有如下结果(见表3.12)。

表 3.12　实习学生的困惑情况

实习过程中存在的困惑	人数占比/%
太辛苦,工作压力大,休息时间少	28.63
人际关系紧张	15.81
难以适应岗位要求,感觉无法坚持	20.65
遇到纠纷,投诉无门	4.11
工作环境差,缺乏劳动保护措施	8.63
无法理解企业制度和文化	7.66
其他	14.52

从调查结果看,实习学生在"工作压力大,休息时间少"这一项上困惑占比最大,其次是"难以适应岗位要求""人际关系紧张",这些问题应当引起企业、学校及相关管理部门的重视。企业对于实习学生的管理应区别于正式工,学生年龄比正式工小,面对任务繁重的工作要有适应期,学校应当做好心理疏导,帮助他们完成从学校到企业的角色转换,及时掌握他们的心理状况。

二、实习学生的主要关注点

本次调查共有 400 份问卷填写了对学校、实习单位或政府部门的要求和期望,其中,实习学生的要求和期望主要集中在如下几个方面。

一是关于实习待遇问题。据调查显示,约有 47% 的实习学生希望实习工资上涨;有学生提出,实习单位应该给予基本生活保障和最低工资,最好能提供住宿,义务劳动不利于调动学生实习的积极性,也违反公平原则。

二是关于专业对口问题。有学生提出,学校应该尽量安排组织学生去专业对口单位进行实习,专业对口才能更好地培养学生的专业技术能力。

三是知识扩展和技能提升的问题。有学生提出,希望能在实习过程中学到新的知识,提高自己的动手实践能力和技能水平。

四是希望得到更多的关心。35.75% 的实习学生希望领导能够对实习生态度好一些。许多实习学生提出企业应当多关心员工的工作和生活,增加员工的归属感。也有学生提出希望学校对学生多加照顾与指导,学校应作为学生与企业之间沟通的桥梁。

此外,也有部分实习学生希望缩短工作时间,以及在住宿、饮食方面有所改善。可见,当前实习学生对企业实习工作优劣的判定更加全面化,更加以人为本。他们看重身体健康、身心愉悦,他们渴望被重视,有更多的精神需求,学校和企业应当充分重视这一群体,关心、关爱他们的成长。

第二节　大学生实习权益保障现状与问题分析

随着我国应用型高等教育、职业教育的不断发展,大学生实习、实训环节势必日益强化,越来越多的学生必然会进入工矿企业、事业单位等实习,其实习环节的相关情况颇为复杂多样,潜在风险不少,诸多问题悬而未决,面临制度性问题与困境。

一、大学生毕业实习的基本现状与特点

(一)实习学生基数庞大,年龄跨度大

首先,学生群体基数巨大。我国已经建成世界规模最大的职业教育体系。据 2020 年全国教育事业统计数据显示,我国目前共有中等职业学校9865 所,招生 627.56 万人,在校生 1628.14 万人;全国共有普通高校 2738所,其中,本科层次职业院校 21 所,高职(专科)院校 1468 所,占据半壁江山。如此众多的学生将来都需要进入实习环节,基数之巨大可见一斑。

其次,学生年龄跨度较大,学历层次多。从学生年龄看,从 15 岁直到 25岁都有;从学历看,包括中专、大专、本科乃至硕、博士层次都需要实习。由此可见,每年至少有数以千万计的中专、大学生(含研究生)需要走上实习岗位,实习可谓是庞大的"刚需"。

(二)实习形式多样,情况复杂

首先,实习形式多样。从实习目的看,既有毕业需要的实习,也有"勤工俭学"式实习,以及体验式见习等;在时间上既有全日制实习,也有身份经常变换的兼职实习;从待遇上看,则有无报酬实习和有报酬实习等等(注:限于文章主旨,本书只讨论作为教学环节的实习,不讨论学生私下的勤工俭学或打零工)。

其次,实习情况复杂。大学生实习的情况非常复杂,从事各种行业、各种岗位、各种工种的都有。如前文所述,大部分学生工作环境有待改善,如此庞大规模的学生群体从相对安全的学校环境进入到复杂多变的企业、事业单位环境,潜在的风险和矛盾不言而喻。

最后,实习权益保障不力。大学实习生出现被侵权的案件,屡屡见诸报端。如 2021 年 6 月,网上热传的《湖北十堰 17 岁中专少年之死》[①]的新闻引发社会舆论的广泛关注,报道显示湖北某学校为了自身利益,要求学生南下深圳,到厂里打工实习,专业完全不对口,表面上说是为了锻炼学生,但每天高强度的工作导致该学生非正常死亡,引发教育部调查组介入。该类事件并非个案,经常引发社会热议。国内一家人力资源网站对大学生实习问题进行了一项问卷调查,结果显示:90%以上的实习生遭遇过权益侵害问题,46%的学生反映实习期有上当的经历,27%学生实习没有签订实习协议;无故辞退、被迫加班和克扣工资,位居大学生实习中权益受损现象前三位;90%以上的大学生在明知权益受损情况下选择了"忍气吞声"。[②] 显然,被曝光的仅仅是冰山一角,在实践中大学生实习纠纷频发是不争的事实。

（三）实习环节涉及面广,风险点较多

首先,学生方面存在不少风险因素。相比于理论教学环节,实习环节更可能潜藏较多的风险,包括学生身体、心理素质不够成熟,实习态度存在个体差异,安全意识不强,业务技术薄弱,场地环境生疏,缺乏实际操作经验等,这些情况汇聚极易导致实习风险的发生。与深思熟虑、自愿入职、以工作为谋生手段的正式员工相比,实习学生毕竟是"临时""过渡""见习"性质,部分学生还可能是学校"强制"安排的,这就会导致其在工作中的"审慎度"方面与正式员工存在明显差距,容易出现忽视、轻视安全规范的情况,成为潜在的风险点。

其次,部分学校管理环节疏漏。必须指出,不少高职、普通院校实习风险管理制度不够完善,部门职责不清,师资力量不足,工作流程存在缺陷,对学生的实效指导不力,部分学校甚至存在"放羊"现象,这些也会导致学生实习过程中发生风险隐患。

最后,部分单位对实习管理薄弱。我国企业普遍生存竞争压力大,寿命偏短(注:调查数据显示,我国中小企业的平均寿命仅 2.5 年,集团企业的平均寿命仅 7～8 年)[③],管理制度薄弱,导致其对实习生的指导、培训等存在诸

① 湖北十堰 17 岁中专少年之死,揭开了学校难看的吃相[EB/OL]. [2021-10-18]. https://www.sohu.com/a/475704357_120554790.

② 程万琛.大学生实习期间的权益保障研究[EB/OL]. [2021-10-18]. http://www.chinacourt.org.

③ 高素清.浅析中小企业财务存在的问题与对策[J].中国乡镇企业会计,2013(9):44-48.

多不足,这些都会增加实习环节发生风险的概率。

二、大学生实习环节权益保障存在的问题分析

实习是一项巨大的系统工程,并不是实习学生的个体行为,需要政府、高校、实习单位、大学生,乃至实习中介等社会组织的共同努力、齐抓共管,才能日臻完善、逐显成效;但目前,政府、高校,实习单位、学生以及中介等社会组织在支持大学生实习方面作用发挥还不够,也尚未形成合力,各相关主体都存在不少问题值得反思。

（一）高校方面,对实习学生的指导管理存在薄弱环节

在实习活动的实际组织过程中,很多高校并未真正承担起教育、组织与管理的职责,具体表现在以下几个方面。

一是实习管理制度不完善。许多学校实习管理制度还不健全,大学生实习期间的组织管理较松散,学生进实习单位后的过程管理缺失,处于"放羊"状态,尤其是非学校安排的实习:部分高校法治意识淡薄,未与实习单位及学生签订三方协议;实习考核标准缺乏、考核机制不健全,从而造成相当一部分实习流于形式;高校、学生与实习单位之间缺少信息沟通机制,学生在实习单位的进程和表现没有及时与学校沟通。

二是实习安排不科学。部分学校的实习计划安排不科学、不合理,国内多数高校一般采用集中实习模式,时间安排在寒暑假或大四最后一年,寒暑假恰好是一些行业企业的淡季,成批量学生要到实习单位实习,对接收实习生的单位造成一定压力,也影响实习效果。

三是实习基地数量偏少、建设水平不高。实习基地建设数量整体偏少,不能满足学生到实习基地实习的需要,导致很多学生需要自主联系实习单位。据笔者所做的问卷调查显示,获得实习机会的途径中,通过学校分配的仅占17.24%,通过熟人介绍的占33.33%,自己寻找的占49.43%。同时,高校与实习基地间缺乏有效的联系和互动,校企长效合作机制尚未健全,实习基地在建设过程中多半是走过场,流于形式,往往就是签一份协议书,挂一块牌子了事,实习基地的运行效果并不尽如人意。学校与实习基地在大学生实习中的职责、经费投入、成果分享等方面还缺乏明确规定,容易出现损害学生权益的情况。

四是实习信息化建设滞后。高校在收集和发布实习岗位信息方面不够及时全面,另外,高校与实习单位之间,校内外指导教师与实习学生之间,校

内外指导教师之间尚未建立便捷的信息化沟通渠道。①

五是实习指导服务不到位。有的高校在实习前对学生的安全教育不到位，对实习期间可能遇到的安全、侵权方面的问题未尽到教育提醒义务；实习教师安排不到位，高校连续多年扩招导致师资紧张，生师比过大②，实习指导教师安排紧张，部分实习指导老师对实习指导投入不够，实习指导效果不理想。

（二）用人单位方面，对实习生的权益保障不力

以企业为主体的实习单位在接收、指导实习生实习方面的积极性还不高，保障实习生权益方面还存在诸多问题。

一是部分企业对接收学生实习认识不够。部分企业认为没有义务接收学生实习、教育培养大学生，对实习生缺乏必要的安全教育与业务指导，不给实习生提供锻炼机会；部分企业为了追求利益，非但不给实习学生安排专业的实习指导教师，还把实习生当作"廉价劳动力"使用，或为节约开支，不提供安全的工作环境，甚至克扣、拖欠、拒付实习生劳动报酬。

二是企业等社会组织积极性不高。市场经济环境使得企业重视经济效益，考虑到接收实习生需要付出相应的资源、培训及安全保障等方面的成本，企业等实习单位接收大学生实习积极性不高，甚至不愿接收大学生实习。一些实习单位认为接收学生实习是一种负担，有的企业担心学生实习会给企业增加额外负担，有的企业认为学生实习会影响正常生产经营，有的企业担心会泄露商业秘密，还有的企业认为实习学生的安全责任很难界定，一旦出现问题，企业的责任重大。

三是没有建立实习生制度。国内大部分企业没有形成规范的实习生制度，既没有稳定的接收大学生实习的计划，也没有建立人才招聘与大学生实习对接的人力资源储备机制，接收大学实习生未能有效针对其未来

---

① 徐银香，张兄武."责任共担"视角下大学生实习权及其权益保障研究［M］.南京：南京大学出版社，2020：109.

② 根据教育部印发的《普通高等学校基本办学条件指标(试行)》，师生比的合格标准为1：18，但是《2021年中国高等职业教育质量年度报告》显示，部分高职院校教师队伍仍面临教师数量不足问题，一些地方职业院校师生比超过1：20，有些地方甚至超过1：25，高师生比让专任教师们承担更多的教学任务，显然过高和过低都不是良性发展。很多普通高校统一面临师生比问题。引自：高职缺什么样的教师？2021职校生师比、双师比100强榜单出炉［EB/OL］.［2022-02-01］. https://baijiahao.baidu.com/s? id＝16976136566685229089&wfr＝spider&for＝pc.

招聘人才的岗位需求，导致接收大学生实习成本和招聘人才的培训成本重复，使得其接收实习生的成本损失无法在后期人力资源招聘中得到有效补偿。①

(三)学生方面，大学生实习环节权益保障存在不少问题

堪称巨量的大学生进入实习场所，出现大量的冲突与矛盾是难以避免的，在诸多制度缺失的背景下，不断爆出学生合法权益受侵害的现实难题也就是必然结果。这里，学生自身的原因显然也是重要的方面，其原因在于：

一是对实习存在认识偏差。一些学生对实习的本来目的认识不清，对实习的理解产生偏差，把找实习单位当成找工作和兼职的机会，带有很强的功利色彩。在寻找实习单位和实习岗位时，考虑的不是实习岗位是否与专业相关，是否符合实习内容要求，而是考虑实习单位是否是大公司、大企业，实习工资、实习条件如何，是否留人，待遇如何。有一些学生把单纯追求赚钱作为自己的实习目标，更注重薪酬，不管与专业是否相关，也不管是否有利于未来的职业发展。在某种程度上，这些做法导致企业对实习生产生不良印象。此外，急切的求职心理也成为一些实习单位无偿或廉价使用实习生的直接原因。

二是实习动力不足。有些实习生对实习的态度不正确，存在走过场、走形式状况。他们以为实习不过是学校安排的一项教学任务，实习的目的是获得学分，不认真对待；简单应付，还有学生编造实习经历，抄袭他人实习报告等不良行为，甚至有部分学生为了获得实习经历开虚假证明，或花钱买实习证明，如有资料显示某淘宝网店"代开实习证明"业务的月销量超过700单，在淘宝网提供相关业务的网店有70多家。② 实习动力不足既影响了实习教育效果，也影响了实习单位接受学生实习的积极性。

三是维权意识不强。由于缺乏社会经验，加之高校对学生缺乏相关的法律教育，相当多的大学生缺乏相关法律知识，契约意识不强，不重视实习协议的签订和法律效力。一些学生因急于寻找到实习单位，以致忽视对自己合法权益的保护。有些学生认为实习机会来之不易，即使权益被侵犯，也选择忍受；许多学生不了解自身实习期间的权利、义务，也不知道自己

---

① 李世辉，龙思远.五体联动视角下的大学生实习机制研究[J].现代大学教育，2017(5)：44-45.

② 顾雪存.网售"实习证明"单店月入超7万 每单100元起步[EB/OL].[2021-12-18].https://3g.163.com/news/article/A19AS5UJ00014AED.html.

的权益遭到侵害,更想不到依靠法律的武器来维权。高校实习生自我保护意识和维权能力的缺乏也纵容了部分实习单位对学生合法权益的漠视。

(四)政府与政策方面,关于学生劳动权益保障问题存在分歧

1. 政府方面

政府相关部门对大学生实习的重视程度还不够,尚未建立有效的监管制度,相关政策支持也不到位,具体包括:

一是监管职责不清。政府对高校学生实习基本处于监管缺位状态。教育行政主管部门、人力资源和社会保障部门作为行政法意义上的义务主体,应该各司其职,分工协作,制定相应的落实措施,并做好大学生实习的相关协调、监督和管理工作,但目前教育行政主管部门、人力资源和社会保障部门在大学生实习的监管中职责尚不明确。劳动监察部门一般不接受大学生在实习过程中发生的投诉和举报,而教育行政部门基于职责所限,根本无法对实习单位的违法行为进行监管和处罚。

二是监管不到位。当前,政府监管不全面,实习生权益监管处于游离状态。为保障劳动者的权益,劳动监察部门都会强制要求用人单位与劳动者签订劳动合同,并送至监管机构进行备案,同时对用人单位为劳动者缴纳的社会保险等情况进行监督。但是对于比普通劳动者还要弱势的在校实习生,劳动监管机构既没有对二者之间的实习协议进行备案,也没有对在校实习生的劳动权益保障进行监督。教育行政管理部门对高校组织、管理大学生实习工作情况的检查和监督也不到位。

三是其他社会保障缺失。当前,我国没有专门针对在校大学生的社会保险制度;政府在推动建立实习生社会保险方面的力度不够,承担一定比例的保险费用也还不普遍。

2. 政策支持方面

目前,关于大学生实习方面的政策支持严重不足,法律制度上也对学生实习环节的规定出现困境。政府应该制定出符合产业、高校、学生及政府自身利益的政策,并在政策实施过程中引导大学生实习机制良性发展。但目前国家和地方政府对企业接收学生实习的支持政策不健全,政府没有对接收大学生实习的企业提供成本补贴,也缺乏税收优惠政策。此外,由于学术界关于实习生身份理论上的争执,也直接导致制度层面的阙如。对于大学生实习权益保障的问题,涉及的主要包括教育法、劳动法等,但是,相关法律

都没有对该问题予以明确。

首先，教育法方面没有相关规定。我国教育法、高等教育法都没有涉及实习的问题；《职业教育法》（1996 版）也仅仅在第三十七条第二款中简单提及："企业、事业组织应当接纳职业学校和职业培训机构的学生和教师实习；对上岗实习的，应当给予适当的劳动报酬。"如此简单的规定由于缺乏可操作性，导致在实践中作用有限。直到 2019 年，教育部才出台《关于加强和规范普通本科高校实习管理工作的意见》，要求"把实习摆在更加重要的位置，健全实习教学体系、规范实习安排、加强条件保障和组织管理"，然而，该文件毕竟层级较低，在实践中的作用难以发挥。

其次，劳动法方面也缺乏相应规定。我国现行的劳动法、劳动合同法中都没有提及实习学生的情形，《工伤保险条例》中更是直接以"职工"为对象进行规定。值得关注的是，1996 年，我国劳动部曾颁发了《企业职工工伤保险试行办法》，其中第十章第六十一条对实习学生人身安全权益的保障问题做出了规定，即"到参加工伤保险的企业实习的大中专院校、技工学校、职业高中学生发生伤亡事故的，可以参照本办法的有关待遇标准，由当地工伤保险经办机构发给一次性待遇。工伤保险经办机构不向有关学校和企业收取保险费用"。这一条款为实习学生的权益保障提供了一个制度契机，但遗憾的是 2004 年颁布实施的《工伤保险条例》，却未对实习生意外事故认定及处理做出明确规定。由此，立法依据缺失导致的原发性缺陷传导到司法实践中，直接造成我国学生在企业参加实习、实践过程中所发生的纠纷目前没有适用的法律进行解决，合法权益得不到法律的充分保障。

（五）核心关键点的实习协议落实不好

实习三方协议是确定企业、学校、学生三方权利义务的基本文件，教育部明确要求实习必须签订《实习三方协议》，但在实践中《实习三方协议》质量不高、落实不好，原因值得深究。实习协议是替代劳动合同的现实选择。我国《劳动法》第十六条规定："劳动合同是劳动者与用人单位确立劳动关系、明确双方权利和义务的协议。"由于当前我国法律未明确赋予实习生劳动者资格，实习生通常不能与实习单位签订正式劳动合同，因此，签订实习协议就成为保障实习生合法权益的直接的重要途径，以便实习生维护合法权益时有据可查。目前，签订实习协议有三种模式：一是学校与实习单位签订实习协议，这种模式以学校与实习基地签约模式为多；二是实习学生与实习单位直接签订实习协议，这种模式以学生自己联系实习单位的为多；三是学校、实习学生、实习单位签订三方实习协议。但是，多项调查研究表明，实习协议的确存在一些问题：

一是相当多的实习没有签订实习协议，签订三方协议则更少。笔者做的一个小型调查问卷数据显示[①]，在问到"你在实习期间是否有与实习单位签订实习协议？"，有55.17％的同学反映签订了双方实习协议，44.83％的同学反映没有签订过实习协议；在问到"你认为实习单位是否应该与实习生签订实习协议？"时，有89.74％的同学认为应该签订实习协议，也有10.26％的学生认为没必要，这说明部分同学在思想方面还是存在偏差。

二是实习协议本身存在很多问题。包括签订实习协议的，很多也并不规范，实习协议内容空泛，概念性、原则性的条款居多，可操作性不强；实习目的不明确，各方权利和义务约定不清晰；有些实习单位提供的书面实习协议，里面充满了"霸王条款"且不允许更改，各种条款都过于强调自己的权利而忽视了对实习学生权利的保护；部分高校提供的实习协议，则往往注意保护学校的权利，对学生的权利保护则不够周到。因此，笔者认为，现阶段，要切实保障实习生的合法权益，除了完善国家相关法律法规之外，还必须注重实习协议制度的建立与完善。

第三节　大学生实习权益受损之原因分析

我国大学生人数规模庞大，实习权利保护亟待提升。据2020年全国教育事业发展统计公报数据显示，我国目前共有各级各类学校53.71万所，专任教师1792.97万人，各级各类在校生2.89亿人。[②]在实习相关的法律关系中，存在着政府、学校、用人单位、大学生、教师、家长等诸多主体，但诸主体间的地位并不平等，其中处于被管理地位、人数最多、最为弱势，同时也是权利最易受到侵害的群体是大学生。在新的历史条件下，大学生的合法权利保护仍然是一项值得关注的重大课题。笔者认为，大学生权利保护出现问题的原因是多重因素的综合结果，主要是以下几个方面。

---

① 笔者在2021年对浙江省杭州市2所本校毕业生实习权益问题做了一个小范围的问卷调查，发放问卷200份，回收176份，回收率88％，该问卷调查反映出一些情况。

② 2020年全国教育事业发展统计公报［EB/OL］.［2020-12-23］. moe.gov.cn.

一、大学生实习供需矛盾突出

（一）实习成为大学生的刚性需求

近 20 年来，随着高校在校大学生规模的不断扩大，以及国家职业教育改革、地方本科高校应用性转型发展、创新创业教育改革、卓越人才教育培养计划等一系列高等教育重要改革举措的深入推进和实施，对大学生实践能力的要求不断提升，这迫使参加实习的大学生数量不断增加。[①] 同时，高校大学生实习的时间安排相对集中，各个高校相同专业的实习安排几乎都是在同一时间段，毕业实习一般都安排在第七学期后半学期、寒假前后或第八学期进行。这两方面因素的叠加，更加剧了大学生对实习岗位的需求，而考虑到经营成本、防范商业秘密外泄以及安全生产事故等多种原因，部分企业接收学生实习的意愿不强、积极性不高，不太愿意提供实习岗位，或者只是提供少量的实习岗位。这种高校大学生对实习岗位需求量大，而企业等实习单位实习岗位供给有限的状况，造成实习岗位不能满足日益增长的大学生实习需求，导致实习岗位供求矛盾突出。

（二）实习机会非常难以获得

实习单位特别是对口的实习单位难找，是大学生实习遇到的普遍问题。主要表现为：其一，学校推荐的实习偏少。一般来说，学校推荐的实习单位大都规模较大、经营合法、管理规范、保障良好，理论上讲，学生都应到学校专业实习基地或学校推荐的其他实习单位实习。但是，学校的实习基地毕竟有限，大量的学生仍然需要自己寻找实习机会。从笔者的调查结果看，学校推荐的实习偏少，学生到学校推荐的实习基地或其他实习单位的只占17.24%，另有 33.33%是由亲戚朋友推荐联系的，49.43%是通过自己争取或其他途径获得的。其二，实习岗位竞争激烈。由于用人单位提供的实习岗位少，需要实习岗位的学生不断增加，导致实习岗位竞争激烈。据笔者调查，65%的受访者为获得实习机会在对实习单位并不了解的情况下就进入单位实习，这为实习权益受损埋下隐患，尤其是中介机构推荐的实习；82%的受访者对实习中学校、实习单位与本人的权利、义务等内容不清楚。调研中也发现，在学校推荐实习岗位不足和学生自主联系与专业相符的实习岗

---

① 徐银香，张兄武.“责任共担”视角下大学生实习权及其权益保障研究[M].南京：南京大学出版社，2020：109.

位比较难的情况下,有不少学生为完成学校布置的实习任务,就随意找个单位实习,甚至出现"虚假实习"情况,杜撰实习情况随便找个单位盖个章或在网上购买"实习证明"等现象时有发生。①

实习机会有限、实习岗位竞争激烈,必然导致实习单位与实习学生关系严重失衡,实习单位处于强势地位而实习学生处于弱势地位。在这种关系失衡的状况下,实习大学生在实习机会选择、实习协议签订、实习过程中没有自己的话语权,也因此造成实习侵权事件多发。如在实习活动的组织过程中,经常会有违背学生意愿的情形发生,一些教育行政部门或高校出于各自的目的,通过强制的方式集中组织学生参与实习活动;一些实习单位则利用大学生寻找实习岗位的迫切心理需求,向学生索要培训费、保证金,或不支付、拖欠、克扣实习生劳动报酬,以及强迫实习生超时工作等等。实习大学生因没有足够的经济实力、社会地位,不论对学校、实习单位来说,还是与其他劳动者比较,在实习期间往往处于弱势地位。在当前大学生实习供求关系矛盾异常突出的情况下,更加剧了实习生的弱势地位,凸显了大学生实习的"权利贫困"。大学生实习供求关系的突出矛盾导致的实习单位与实习学生关系严重失衡已成为造成实习生权益受侵害的重要客观原因。

二、理论上关于大学生的实习身份存在分歧

目前,学术界在大学生劳动权益保障问题上存在观点分歧,对学生实习法律身份争论不休,导致相关的立法面临理论上的诘难。

(一)对大学生实习期间的"劳动者身份"存在争议

如前文所述,大学生实习制度的争议点主要在于实习生的身份界定,他们到底是属于学生还是劳动者?国内学术界关于高校大学生实习法律身份的争议点,也是大学生实习劳动权益保障的法理争议的逻辑点。目前学术界有"兼容说"和"不兼容说"两种观点,也有观点划分为学生说、劳动者说、折中说3种。"兼容说"认为,实习期间的大学生身份与劳动者身份是相容的,大学生可以享有劳动者权益。而"不兼容说"则认为,大学生的身份是学生,不是劳动者,因此不能享有劳动者权利。根据另外的分类,"学生说"即相当于"不兼容说",认为学生的身份是学生,不是劳动者;"劳动者说"则相当于"兼容说",认为实习期间的大学生是劳动者;"折中说"则认为,学生既

① 徐银香,张兄武."责任共担"视角下大学生实习权及其权益保障研究[M].南京:南京大学出版社,2020:109.

是学生,也是准劳动者,学生的法律身份复杂。

（二）对于大学生毕业实习纠纷的法律保障途径上存在分歧

学术界也主要分成两派,一派认为不能纳入劳动法体系,只能适用民法途径,按照民事侵权行为进行相应的赔偿;另一派则主张走劳动法途径,认为毕业实习期间的大学生属于准劳动关系,可以适用《工伤保险条例》。正是因为理论上的冲突和观点的混乱,导致法律规范的不协调和阙如,从而导致相关制度难产。这也就导致一方面,相关的法律规定存在较大的差异,如劳动法领域的相关法律,如《劳动法》《劳动合同法》《工伤保险条例》《劳动合同法实施条例》等,都没有规定大学生实习的问题;另一方面,教育法领域的相关法律,如《职业教育法》《高等教育法》《职业学校学生实习管理规定》《学生伤害事故处理办法》等,也高低不一、纵横交错,亟需系统梳理。

三、法律制度上实习法律制度存在缺失

（一）教育法中缺乏实习相关规定

由于缺乏法典化思维的统筹兼顾、协调安排,"各管一段"式的立法模式必然导致漏洞出现。以中职、高职、大学生的实习权问题为例,在当下的教育法体系中就存在明显的空白,由于我国的教育法律都是"从学校到学校",没有考虑到"从学校到社会"的过渡环节,从而导致相关法律均未明确规定学生的实习权问题。我国《教育法》中并无学生实习权的规定,其第四十一条表述为:"从业人员有依法接受职业培训和继续教育的权利和义务。国家机关、企业事业组织和其他社会组织,应当为本单位职工的学习和培训提供条件和便利。"这个条文中,规定了"从业人员"和"本单位职工"的职业培训,但是,对于实习学生的实习权问题却没有做出明确的规定。此外,现行《职业教育法》仅 40 条,于 1996 年制定,其第二十条也只是规定:"企业应当根据本单位的实际,有计划地对本单位的职工和准备录用的人员实施职业教育。"该条文也限定了企业中实施职业教育的对象仅为"职工和准备录用的人员"。两部相关的法律,都避开实习学生的实习权问题,造成现实中的学生实习权利保障问题处于"无法可依"的状态。又比如涉及学生安全保护方面的立法,虽然有《未成年人保护法》和一些部门规章,但在涉及安全管理的方面仍然存在诸多规范不明确的地方,这也是困扰教育领域的又一难题。

在地方性法规中,个别省份颁布了一些关于大学生实习的规定,如广东省出台的《广东省高等学校学生实习与毕业生就业见习条例》《上海市普通高等学校学生校外实习暂行规定》《山东省教育厅关于进一步加强普通本科高等学校学生实习管理工作的通知》等，这些地方性法规，本着学校组织、政府扶持、社会参与的原则，突出了学校的组织责任和全社会保障学生实习的责任，且将企业接纳大学生实习由先前的社会责任上升为一种法律义务，并对实习学生权益做了较为详细的规定。但由于这些都只是地方性法规，层级较低，法律效力仅局限于地方，没有普及全国，覆盖面不够广泛。

（二）劳动法中也存在缺漏

我国现行的劳动法、劳动合同法是国家法律层面调整劳动者与用人单位之间的劳动关系，规范二者之间权利义务的典型代表。我国《劳动法》第二条规定："在中华人民共和国境内的企业、个体经济组织（以下统称用人单位）和与之形成劳动关系的劳动者，适用于本法。国家机关、事业组织、社会团体和与之建立劳动合同关系的劳动者，依照本法执行。"《劳动法》第十六条规定："劳动合同是劳动者与用人单位确立劳动关系、明确双方权利和义务的协议。建立劳动关系应当订立劳动合同。"《劳动合同法》第二条规定："中华人民共和国境内的企业、个体经济组织、民办非企业单位等组织（以下称用人单位）与劳动者建立劳动关系，订立、履行、变更、解除或者终止劳动合同，适用本法。"我国现行的劳动法、劳动合同法没有将大学生实习劳动关系纳入劳动法的调整范围。劳动法、劳动合同法规定要求建立劳动关系需要双方签订劳动合同，而在校生在实习期间到用人单位进行实习，没有签订正式的劳动合同，因此不受其保护。

四、学生实习权利保护救济性程序缺失

关于意外伤害的救济，主要有劳动法渠道与民法渠道两种。现有救济渠道主要以民事侵权责任为主流，导致实习生权益难以保证。法谚云："无救济则无权利。"实体法中所宣示的权利，只有切实配置各种救济程序，才能转化为现实权利[1]；否则，写在宪法中的受教育权无异于"画中之饼"[2]。相较于民法典之于社会生活的进步，我国教育法治化建设对应全面依法治教

---

[1] 劳凯声.变革社会中的教育权与受教育权:教育法学基本问题研究[M].北京:教育科学出版社,2003:50-51.

[2] ［日］永井宪一.宪法的教育基本权[M].东京:劲草书房,1985:81-82.

的需要则显得有些滞后。目前,我国教育纠纷解决机制很不健全,既缺乏完善的校内救济程序和行政救济程序,也缺乏相对稳定的校外司法救济程序。①

（一）校内救济程序不明确

以学生的申诉权为例,虽然《教育法》第四十二条第四款规定学生具有"对学校给予的处分不服向有关部门提出申诉,对学校、教师侵犯其人身权、财产权等合法权利,提出申诉或者依法提起诉讼"的权利,但就申诉制度而言,申诉主体、事由、范围、程序、受理机构设置（包括组成人员来源,学生、管理人员、教师、家长的比例等）等规定都不够明确,进而导致在实践层面难以操作。② 现实中,我国各学校的申诉机制存在很大问题,学生维权极为不易,申诉结果基本上都是以维持原判为主。

以开除学籍为例,学籍事关学生的受教育权之根本,对学生有着重大利益,"在一个创造力和知识发挥前所未有的作用的世界上,受教育权就是参与现代世界生活的权利"③。但是在实践中,学校往往单方面做出开除决定,"轻犯重罚"的案例屡见不鲜,救济十分艰难且程序混乱,有经过教育行政部门申诉后提起的诉讼,有经过申诉、行政复议后提起的诉讼,也有申诉未经受理而直接诉讼的。对此,有学者提出应该以行政复议作为教育类行政诉讼的前置条件。④ 由于校内申诉程序的缺失,行政复议的弊端⑤,以及与诉讼衔接的规定不明确,导致学生权利保护出现严重问题。

（二）校外救济程序不稳定

相比于其他领域,我国教育领域从 1978 年以来曾经长期是"无讼"的,直到 20 世纪 90 年代才零星出现一些教育诉讼。⑥ 显然,"无讼"的局面源于救济渠道的堵塞。目前,我国教育诉讼受案范围仍然非常狭窄,很多教育纠

---

① 申素平,等.从法制到法治——教育法治建设之路[M].上海:华东师范大学出版社,2018:109.

② 湛中乐.大学法治与权益保护[M].北京.中国法制出版社,2011:123.

③ 赵中建.全球教育发展的研究热点——90 年代来自联合国教科文组织的报告[M].北京:教育科学出版社,1999:122.

④ 李斯令,夏理森.行政复议前置——高等教育行政诉讼的制度选择[J].西南政法大学学报,2012(1):44-48.

⑤ 刘淑满.完善我国行政复议制度的思考[J].法制与社会,2011(24):45-48.

⑥ 申素平,等.从法制到法治——教育法治建设之路[M].上海:华东师范大学出版社,2018:37.

纷不被法院受理。以大学生权利保护为例,我国《高等教育法》第五十三条第 2 款虽然规定"高等学校学生的合法权利,受法律保护",但对于如何保护却只字未提,这就导致学生权利保护呈现"虚置"状态。目前的教育行政诉讼基本上都是个案推动的结果,比较典型的如高教诉讼第一案——1998 年"田永诉北京科技大学"案。虽然我国并不排斥个案对法治的推动,但作为成文法国家,个案的作用毕竟是有局限性的、不确定的。随着学生权利意识的勃兴,我国学校与学生争议数量在增加、范围在扩大,教育诉讼理应得到明确的规范;但是,令人遗憾的是,2015 年新修订的《行政诉讼法》,仍未将受教育权利保护明确纳入受案范围,这就势必造成学生权利保护出现困境,不利于学生权利的保障和行政诉讼体制的健全。

第四节　教育法典视野下完善实习权的若干建议

法典既是法治现代化水平的标志,也是法律文化高度发达的体现;教育法典的编纂是教育法律体系基本形成的标志,也可以为守法者、司法者适用法律提供极大的便利。从我国的实际情况来看,通过制定教育法典来实现教育法体系化,既有确保法律规范逻辑自洽、科学合理的系统化效用,又能充分满足学生依法维权、法官公正裁判教育案件的迫切需要。目前学生实习权利受损案件频发的现象充分表明,我国广大学生的生存、保护和发展的权利境况仍需进一步改善。因此,在未来的教育法典中,笔者认为,应当从以下几个方面予以保护完善。

一、在立法中明确实习学生"劳动者"身份

教育法典的立法宗旨和根本目的就是充分反映人民群众的意愿,"办好人民满意的教育",保障教育权,在建构具有中国特色社会主义教育秩序的同时,维护广大师生的合法权利。在未来的教育法典中,对于重复的内容应当删繁就简,避免不必要的竞合;对立法空白或缺失,则应当勇于创新,填补空白。如前述大学生的实习权,由于《劳动法》《未成年人保护法》等相关法律中均缺乏相应的规范,那么,教育法典中就应当大胆地把相关的空白、漏洞补上,对学生实习权及其保护予以明确规定,对于符合劳动者情况的实习,就赋予其劳动者身份。笔者建议,可以借鉴英国的劳动法做法,对是否

是劳动者可设计 5 条标准①：(1)按照合同或者安排进行工作或提供服务；(2)报酬是金钱或利益，例如未来工作的劳动合同；(3)拥有有限的权限将工作分包出去(以分包合同形式)；(4)无论何种情况都得为雇主工作；(5)雇主的有效期为合同期内或者确定的时间内。② 此外，立法还要力求精细化，包括明确实习生劳动者权利的内容、实习协议的主要条款、工伤保险、救济途径等。在此，笔者特别强调教育法典的制度创新，法典的编撰既要注重原有法律的汇编，更应当注重立法的创新，尤其是在涉及交叉法律部门的制度创新问题上，更应当抓住修法机遇，大胆创设所需制度，切忌犹犹豫豫，不敢越雷池一步，因为，修法不易，时机宝贵，不应错过。

二、增加实习协议的核心内容

实习协议是适格主体之间设立、变更、终止彼此法律关系的合同文本，依法成立的实习协议，受法律保护，对当事人具有法律约束力。一份清晰明确的书面实习协议可以为学校、企业、学生三方明确彼此的权利义务，因此，在立法中对其主要条款予以明确极有必要。笔者认为，可以借鉴德国《联邦职业教育法(2019)》的内容，明确规定实习协议应至少包含：职业教育的形式、内容和时间安排及职业教育目标；职业教育的开始时间和教育过程持续时间；实践教育机构外的教育措施；每天的常规教育时间；试用期限；报酬支付与金额；休假时长；解除职业教育合同的条件；损害赔偿及争议处理办法等。笔者认为，如果能推动实习协议的普遍制定，一定会非常有助于减少潜在矛盾和纠纷，因此，建议在未来的教育法典中予以明确规定。

三、明确人身意外伤害、疾病的赔偿措施

据笔者调研，一些高校在推动学生实习时，都会要求学生购买人身意外伤害保险。但是，从实践看，人身意外伤害保险并不足以补偿毕业实习大学生的人身伤害和疾病损失。职业伤害和疾病风险等劳动风险是从事劳动难以避免的社会性风险，以工伤保险方式化解实习生的劳动风险是美国、德国、法国等国家的通行做法。鉴于大学生实习的特点，笔者认为，一方面，要

---

① Service and information of departments and policy of Gov. UK. Employment rights and pay for interns[EB/OL]. (2016-11-23)[2016-12-05]. https://www. gov. uk/employment-status/worker.

② 张再平.英国劳动法及其体系[J].中国劳动科学,1996(1):34-37.

积极推动《劳动法》《社会保险法》《工伤保险条例》修改,将实习学生纳入工伤保险体制,通过专设实习责任保险制度,为毕业实习劳动风险保提供法律依据;另一方面,目前正在修订的《职业教育法》中也可以先行予以规定,笔者建议,可以在第四十五条第二款中,增加"到参加工伤保险的企业实习的大中专院校、技工学校、职业高中学生发生伤亡事故的,可以参照工伤保险的有关待遇标准,由当地工伤保险经办机构发给一次性待遇。工伤保险经办机构不向有关学校和企业收取保险费用"的表述,把目前的人身意外伤害、疾病赔偿的漏洞补上。我国是一元制的立法体系,"法出一门",行使国家立法权的主体是全国人民代表大会及其常务委员会,在《职业教育法》中现行明确工伤保险的相关内容,补上《劳动法》《社会保险法》《工伤保险条例》等的漏洞并无不妥。

四、进一步完善实习侵权救济制度

"无救济则无权利"是现代法治社会普遍认可的基本理念。我们应该承认实习生提供的也是一种劳动,基于目前现实,若等到全国人大修订《劳动合同法》《社会保险法》相关法律或出台相关司法解释,则时间上又是"久拖不决"。笔者认为,一方面,在《职业教育法》中应当通过实行协议明确规定实习内容与时间、利害关系人的权利与义务、劳动条件与报酬等内容;另一方面,也应当进一步明确劳动监察、劳动仲裁等救济制度,同时进一步完善行政诉讼制度,应将侵犯毕业实习生基本权利的具体行为纳入其中,加大执法力度。此外,还应当进一步完善民事诉讼制度,允许学生通过司法途径维护劳动权益等。

五、适当加强危害学生实习权益行为的惩罚力度

根据现代刑法学的基本原理,罪刑应当相适应,刑自罪生,罪重刑重,罪轻刑轻,罪刑均衡。违法行为社会危害性大的,处罚宜重;违法行为社会危害性小的,处罚宜轻,这也是公平正义的基本要求。显然,针对处于弱势地位的实习学生的违法行为,根据情节轻重给予相应的惩罚显然是必要的。因此,笔者认为,在未来的教育法典中,对针对实习学生的违法责任的惩罚力度应当适当加强。首先,对责任性质予以扩展。除了承担民事责任外,侵害学生权利情节严重的,也可以承担行政责任或刑事责任。其次,对于违规实施劳务派遣的,可以规定"没有违法所得的,可以按照其违法情节轻重,予以相应的罚款"。把罚款数额的自由裁量权交给法官,按照其违法行为的恶

劣程度予以处罚。

　　总之，实习权作为学生的重要权利之一，其保护应是教育法典的重要内容，也是教育立法的逻辑起点，需要高举习近平法治思想的旗帜，树立以人民为中心的理念，以系统整体性思维全面做好学生权利保障的顶层设计，同时完善条款查漏补缺，明确救济性程序，并注意提高立法技术和相关交叉法律部门的衔接，从而以"部分"之完善推动"整体"教育法典编纂的历史进程。

第四章

大学生毕业实习纠纷的司法判例及其研究

近年来，我国法学界对司法判例①的研究日益重视。司法判例，一般是指真实发生的且已经法院审判形成正式生效的判决书。② 司法判例既不同于媒体的报道，也不同于当事人的主观陈述，而是由法院这一具有司法权威的国家机关经过缜密的审理和判断，最终形成判决的案例，从而保证了案件的客观性、真实性和公信力。通过对司法裁判文书的分析，我们可以了解到法院最终认定的客观事实、审判的理由和最终的判决结果，从而归纳和总结出该类法律纠纷发生的事由及责任承担情况，进而可以为类似行为提出风险防范的建议。

在西方发达国家，英美法系强调司法判例的"先例拘束原则"（stare decisis），即类似的案件须做类似的判决，在法源上亦以判例法为主，制定法不过是为补充普通法（common law）的不足而制定而已，仍居于补充的地位，此种语境下的判例可称之为"狭义的判例"或"典型的判例"。而欧洲大陆法系国家，由于继受罗马法的结果，采取的是成文法模式，各国法院在处理案件时，需严格遵守法典中的有关规定，判例仅系重要的补充法源，此种类型的判例可称为"类判例制度"。自19世纪以来，判例法国家也以成文法对整个判例法体系进行完善，国会立法如与判例法冲突，则可用成文法修正甚至废止判例法；而在传统的成文法国家，原本来自英美法的"类判例制度"也日益受到重视，虽未取得法源上的确切地位，但仍多以一贯的见解、向来的判决见解或判决先例、最高裁判所判例集等形式，在事实上成为一种统一法律适

---

① 有学者指出，采用"判例"概念而非"案例"概念，是因为"判例"与"案例"相比，更为准确地体现了司法裁决的形成过程（"判"）与影响（"例"），亦更为贴近司法裁决的本质，即判例承载司法经验与理性，对后案具有示范、指引、启发等作用。参见：李振贤.我国成文法体制下判例嵌入司法场域的机理[J].法学，2022（1）：98-99.

② 方芳.学校治理变革研究——司法判例的视角[M].北京：中国社会科学出版社，2018：3.

用的重要手段。① 可以说，两大法系虽区别甚大，但对司法判例均非常重视。

在我国司法场域中，判例运用已呈广泛化、常态化趋势。② 截至 2021 年 11 月 11 日，最高人民法院已经连续发布了 30 批共计 171 个指导性案例，近几年，不仅指导性案例的发布速度明显加快，而且陆续建立了指导性案例废止机制、类案及关联案件强制检索制度和法律适用分歧解决机制等配套及衍生性制度。③ 与此相匹配，各省高级人民法院也相继构建并完善具有示范性和参考性的判例运用制度，并辅之以强制检索报告制度。更值得关注的是，法官、律师、检察官等主体自发运用判例参照比附待诉、待决案件的做法已呈常态化。最直观的表征和佐证是，截至 2022 年 3 月，中国裁判文书网④的裁判文书总量突破了 1.30 亿篇，访问总量超过 821 亿次。司法判例正在经由以法院和法官为核心的法律职业共同体的组织性运用与个体性运用的实践，全面且深刻地嵌入司法场域，对司法运行乃至法治进程的推动产生越来越重要的影响。

第一节　大学生实习纠纷之司法判例研析

　　每年上千万大学生的毕业实习，涉及其实习权益纠纷司法判例已有相

---

　　①　黄源盛，施奕.从判例要旨到指导案例——法秩序一致性视野下的判例制度演绎[J].法治现代化研究，2020(6)：71-72.

　　②　李振贤.我国成文法体制下判例嵌入司法场域的机理[J].法学，2022(1)：98-99.

　　③　直接相关的重要司法文件包括最高人民法院 2019 年 10 月 11 日发布的《最高人民法院关于建立法律适用分歧解决机制的实施办法》(法发〔2019〕23 号)、2020 年 7 月 27 日发布的《最高人民法院关于统一法律适用加强类案检索的指导意见(试行)》、2020 年 7 月 31 日印发的《关于深化司法责任制综合配套改革的实施意见》(法发〔2020〕26 号)(第 9 条)、2020 年 9 月 14 日发布的《最高人民法院关于完善统一法律适用标准工作机制的意见》(法发〔2020〕35 号)及 2020 年 12 月 29 日发布的《最高人民法院关于部分指导性案例不再参照的通知》(法发〔2020〕343 号)。

　　④　2013 年 7 月，《最高人民法院裁判文书上网公布暂行办法》正式实施。依据该办法，除法律规定的特殊情形外，最高法院发生法律效力的判决书、裁定书、决定书一般均应在互联网公布。2016 年 10 月 1 日，《最高人民法院关于人民法院在互联网公布裁判文书的规定》正式实施。该司法解释明确，最高法院在互联网设立中国裁判文书网，统一公布各级人民法院的生效裁判文书；中西部地区基层人民法院在互联网公布裁判文书的时间进度由高级人民法院决定，并报最高人民法院备案。参见：中国裁判文书网，https://wenshu.court.gov.cn/，访问日期 2022 年 3 月 10 日。

当数量,运用数据检索技术,将其进行分析,予以梳理总结,可以反映司法实务界的基本观点,进而反思其完善、改进之路。为此,笔者通过中国裁判文书网,并结合威科先行法律信息库①相关材料,截止时间是 2022 年 1 月,搜集到大学生实习的相关案例 45 个。具体检索方法是,在中国裁判文书网首页,设定检索条件为:高级检索—全文检索,并设定"大学生实习"为关键词,共检索到 81 例司法判例,然后逐条阅读筛选,删除案件实体内容与大学生实习无关的案件,最终筛选出 45 个司法判例作为研究的案例样本。

一、大学生实习纠纷司法判例的基本情况

在全部的 45 个有关大学生实习权益保障的司法判例中,时间跨度从 2011 年②到 2021 年,2013 年判例数为 0,2015 年相关司法判例最多,达到 8 个,具体分布如图 4.1 所示,便于研析,右图以柱状图显示,可以更直观反映数据。

序号	时间	判例数
1	2011	1
2	2012	1
3	2013	0
4	2014	5
5	2015	8
6	2016	6
7	2017	5
8	2018	5
9	2019	6
10	2020	7
11	2021	1
	合计	45

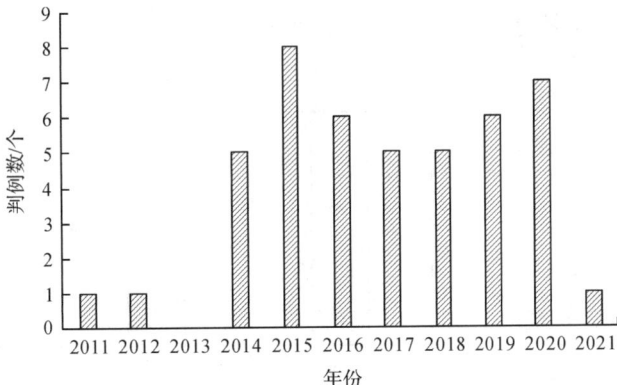

图 4.1　大学生实习司法判例的时间分布

① 威科集团依托 180 多年全球信息服务经验、卓越的技术实力及资深的本土专家团队,精心打造的双语法律信息整体解决方案。该数据库以智能检索为贯穿,集法规、案例、实务指南、法律速递、专业文章,实用模板、在线问答等功能于一体,为中国法律专业人士精准决策、高效工作提供坚实支持。其案例部分包括中国 31 个省区市的三级法院官方公布的裁判文书,覆盖整个审判流程及民事、刑事、行政全部案由,裁判文书的类型包括判决书、裁定书、决定书、调解书及其他文书;囊括最高人民法院、地方三级法院及专门法院公布的裁判文书;总量超过 9800 万;案例中提供相关法规全文链接。同时针对一些典型案例、精选案例等,提供法官、律师等专业人士的深度评析,帮助用户梳理案例思路,快速获取案例审判要旨,内容与裁判文书和法规等高效关联。

② 笔者估计,2011 年以前的相关司法判例可能没有进入中国裁判文书网,所以能查到的司法判例都是从 2011 年开始。

判例涉及的省份达到 18 个省区市，其中江苏、广东、山东、上海四地发生的案例比例最高，相对如广西、贵州等地案例较少，这说明实习判例与经济发展水平有一定的联系。实习判例的具体省份分布如图 4.2 所示。

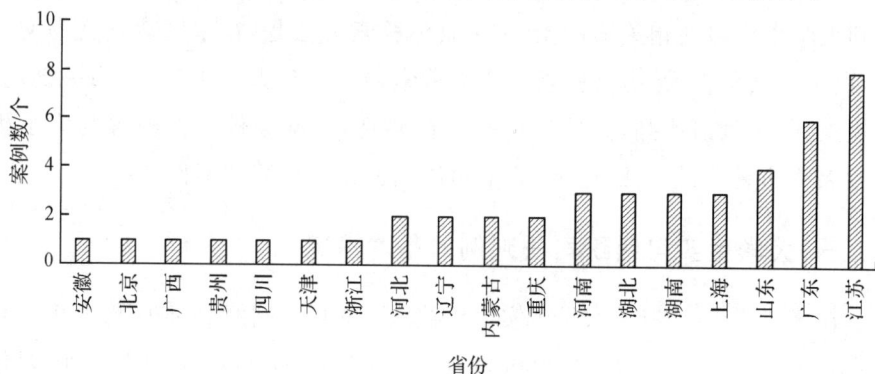

图 4.2　各省份实习判例分布

在 45 个大学生实习纠纷司法判例中，一审案件 25 个，二审案例 19 个，再审案例 1 个。具体详见图 4.3。

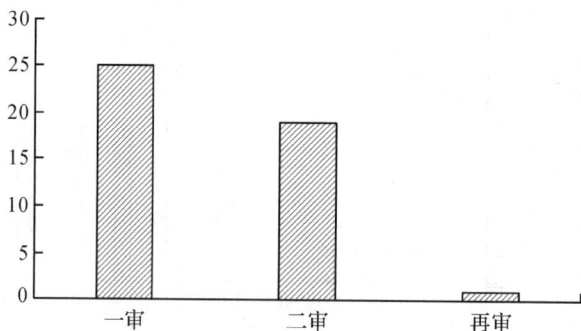

图 4.3　判例审级分布

通过分析案例内容，总结出目前大学生实习纠纷具有如下特点。

（一）劳动关系确认之诉为实习涉诉纠纷的主要类型

从判例所涉争议的类型看（见表 4.1），涉及大学生实习中劳动关系争议的纠纷稳居 11 类涉诉争议之首，数量达到 28 个（27＋1），达到整个纠纷数量的 60%，是排名第二的人身伤害赔偿问题（占比 13.33%）的 4 倍之多。由此可见，大学生实习判例中，劳动关系的确认非常突出。出现该问题的根源是因为目前现有法律对此存在分歧。其一，法律规范的空白。由于我国《高等教育法》《职业教育法》都对大学生实习权利未做相应规定，《劳动法》《劳动合同法》中也未就大学生实习问题进行规范，导致在立法上处于"无法可依"的状态。其二,理论上对大学生是否具有"劳动者"这一身份出现分歧。有些学者认为大学生实习期间,仍属于在校学生,因此不视为就业,不能成立劳动关系;有些学者则认为,现行劳动法律并没有将大学生排除在劳动者之外,故大学生也可以是适格的劳动者。由于这些问题的存在,导致大学生在实习过程中,很容易因为确认劳动关系而与用人单位产生分歧。

表 4.1　大学生实习纠纷涉诉争议类型

单位:例,%

序号	涉诉争议类型	案例数	所占比例/%
1	实习期间是否存在劳动关系	27	60.00
2	实习期间人身伤害如何赔偿	6	13.33
3	追索实习期间劳动报酬,不涉及劳动关系认定	3	6.66
4	实习期间,学生意外死亡,学校是否承担侵权责任	2	4.44
5	实习期间,工伤保险待遇如何给付	1	2.22
6	实习期间,学生意外死亡,同伴是否承担侵权责任	1	2.22
7	实习期间涉嫌泄露商业秘密	1	2.22
8	实习期间是否存在事实劳动关系	1	2.22
9	实习期间遭遇交通事故,寻求误工费补偿	1	2.22
10	实习期间遭遇交通事故,寻求误工费、精神损害等补偿	1	2.22
11	实习转正后,意外伤害寻求认定为工伤	1	2.22
总计		45	100

为更直观地显示,详见图 4.4。

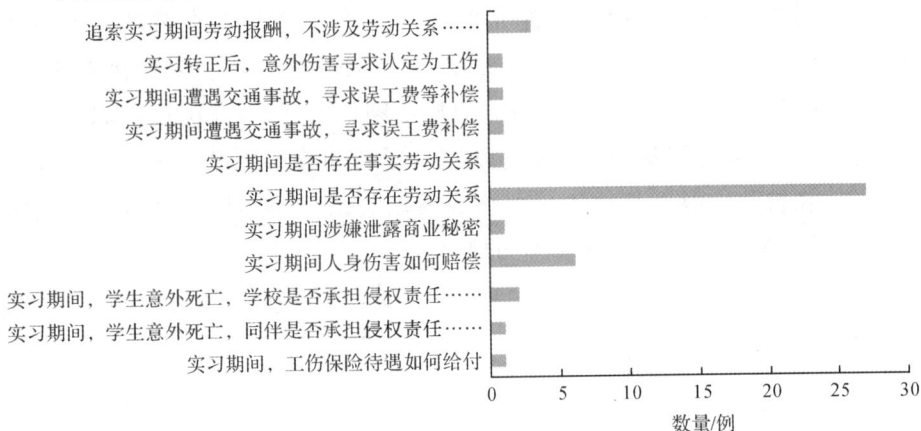

图 4.4　大学生实习纠纷涉诉争议类型对比

(二)涉诉权益保障类型呈现多元化和复杂化

从表4.1可见，在45个司法判例中，共涉及11种纠纷类型，包括"实习期间是否存在(事实)劳动关系""实习期间人身伤害如何赔偿""追索实习期间劳动报酬，不涉及劳动关系认定""实习期间，学生意外死亡，学校是否承担侵权责任""实习期间，工伤保险待遇如何给付""实习期间，学生意外死亡，同伴是否承担侵权责任""实习期间涉嫌泄露商业秘密""实习期间遭遇交通事故，寻求误工费补偿""实习转正后，意外伤害寻求认定为工伤"等。涉及的法律关系包括了劳动合同、侵权责任、工伤认定、工伤保险、意外死亡、商业秘密、交通事故赔偿等多个方面。涉诉权益保障类型的多样化，体现了大学生对实习参与的广度和深度，反映了大学生实习场域的变迁和发展。在大学生实习的这种社会交往中，高校、实习单位、大学生是这些法律关系的核心主体，但有些案件则涉及同伴、公司实习指导人员、保险公司等第三方主体的责任等，这就导致大学生在实习过程中相关法律关系的复杂化。

(三)判例审理结果各不相同

从45个判例的审判或裁定结果看，很多相同涉诉争议案件的判决结果大相径庭，不尽一致。如在关于劳动关系确认之诉中，判断、裁定认定构成劳动关系的相关判例数为18个(16+2)，占全部判例的比例为40%；占全部劳动关系确认之诉(确认构成劳动关系之诉判例27个，确认构成事实劳动关系之诉判例1个，合计共28个，详见表4.2)的64.28%。而直接判决实习期间不构成劳动关系的判例为6个，占全部确认劳动关系之诉(28个)的21.4%；另外，判决实习期间不构成劳动关系，但毕业后存在劳动关系的判例数为5个，占全部确认劳动关系之诉(28个)的17.86%。其原因在于，我国劳动法、教育法在大学生实习权方面规定阙如的现实：我国现行职业教育法、劳动法、劳动合同法等相关法律法规对于劳动者却始终没有一个明确定义，针对在校学生能否与用人单位构成劳动关系，没有明确的规定，故在实践中各地司法实务界也就存在不同理解。

表 4.2 判决结果的主要类型

单位:例,%

序号	判决结果	判例数量	所占比例/%
1	判决认定实习期间构成劳动关系	16	35.56
2	判决认定实习期间不构成劳动关系	6	13.33
3	判决认定实习期间不构成劳动关系,但毕业后存在劳动关系	5	11.11
4	判决认定应该及时给付实习报酬	3	6.67
5	裁定认定实习期间构成劳动关系	2	4.44
6	判决认定学校已按协议承担较小责任,无须额外承担责任	2	4.44
7	按工伤保险处理	1	2.22
8	民事侵权纠纷处理,按学校 10%、企业 90%、学生 0 比例分担	1	2.22
9	民事侵权纠纷处理,按学校 30%、企业 60%、学生 10%比例分担	1	2.22
10	按民事侵权纠纷处理,学校、企业、学生按比例分担	1	2.22
11	按民事侵权纠纷处理,由企业、学校连带负责分担	1	2.22
12	按民事侵权纠纷处理,由企业承担 90%、学生自己承担 10%	1	2.22
13	按民事侵权纠纷处理,由企业承担全部责任	1	2.22
14	不构成工伤	1	2.22
15	裁定移交上级法院	1	2.22
16	判决支持由保险公司赔偿	1	2.22
17	学生自己承担 90%的责任,同伴承担 10%的责任	1	2.22
总计		45	100

自古以来,不分中外,任何政权,基于国家社会整体秩序一致性的要求,在司法上无不致力追求"同案同判"的境界。[①] 但是,事实类同的案件出现法官适用法律的见解歧异却又经常发生,如何解决,需要从制度层面寻求解决方法。显然,在整体的法律秩序中,任何一个单独的个案,都只是一个法治的孤岛,或许,它都代表法官面对个案时的正义演绎。从这个角度看,判例不仅蕴含着法官对案件的事实认定和法律适用的司法经验与理性,而且也包含着法院和法官自由裁量权的把握、程序性措施的运用、证据的采用方式、裁判的论证推理方式、法律原则的具体化、司法理念与司法政策的实施、司法取向与趋势和裁判文书的结构、风格等方面的司法经验与理性。[②] 由于

---

① 黄源盛,施奕.从判例要旨到指导案例——法秩序一致性视野下的判例制度演绎[J].法治现代化研究,2020(6):71-72.

② 黄源盛,施奕.从判例要旨到指导案例——法秩序一致性视野下的判例制度演绎[J].法治现代化研究,2020(6):73-74.

我国幅员辽阔，在如此广大的法域秩序中，各地在地理、经济、社会、文化、法律观念等方面必然存在差异，类似纠纷解决所形成的判例在不同程度上具有地方性特点也肯定是客观存在的，因此，更有必要深入追问其出现差异的原因之所在。

为更直观地了解相关情况，详见图 4.5。

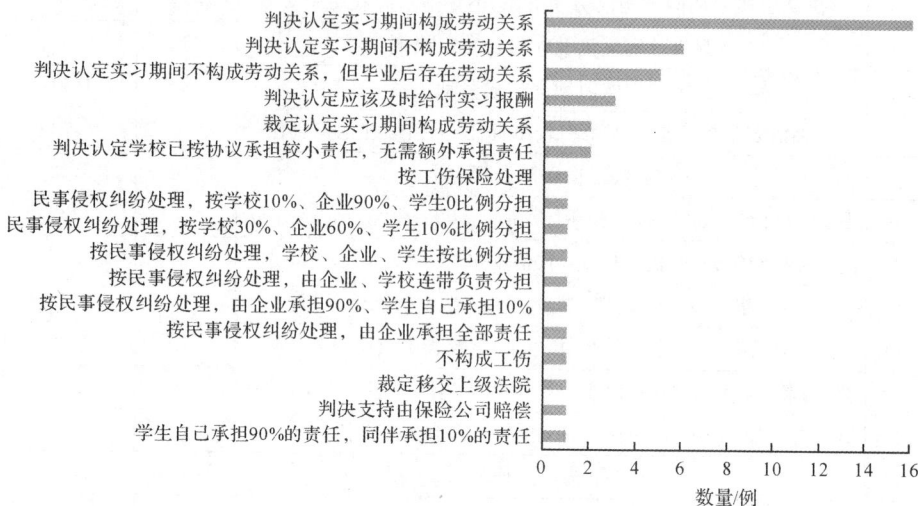

图 4.5　判决结果的主要类型对比

二、大学生实习纠纷涉诉案例典型判例分析

为了进一步分析大学生实习纠纷所折射的现实与理论问题，笔者从 45 个判例中选择了一些大学生涉诉的典型判例，试图通过分析案例本身，来挖掘隐藏在案例背后的深层次问题。

对于司法判例，有两种做法，一种是对司法判例进行适当裁剪，按照作者的需要，对判例内容进行相应的修剪、删减或补正，以便于使用；还有一种方式是不加工，保持"原生态"面貌，呈现全信息形态，保持司法判例的原汁原味。

笔者认为，保持"原生态"的后一种方式似乎更好。显然，判例不仅是司法案件的审理结果，而且在不同程度上反映了司法案件审理的整个过程，承载着个案的司法经验、理性与智慧。① 判例作为一种司法智识性信息载体，具有以下主要特征：第一，判例所承载的司法经验与理性是在解决特定社会纠纷与矛盾中产生的，具有实用主义秉性；第二，由于其是实用主义的，从而

---

① 李振贤.我国成文法体制下判例嵌入司法场域的机理[J].法学,2022(1):98-99.

天然具有非体系性,难以化约为原理、原则、规则所构成的规范体系①;第三,判例智识性信息是情境性规则,它的规则内核包裹着必需的司法案件的事实和细节,在剥离冗余事实和细节的同时又未出现太过抽象而架空规则情形的规则形态,基于情境的匹配程度的高低是判断特定判例影响范围的重要标准②;第四,在我国广大的法域中,基于各地地理、经济、社会、文化等方面的差异,纠纷解决所形成的判例在不同程度上具有地方性;第五,因判例中法律规范与事实之间的对应关系明确具体而具有适配性。因此,笔者认为,对司法判例不进行加工,保持"原汁原味",更有助于客观看待整个案件,也有助于其他研究者分析评判,无须再去查找完整内容,以免因为笔者的"删减"而造成"信息不完全"的误判。

(一)实习期间是否构成劳动关系典型判例③

判例1:杨竹与上海韵达货运有限公司劳动合同纠纷二审民事判决书

上海市第二中级人民法院

民 事 判 决 书

〔2015〕沪二中民三(民)终字第1517号

上诉人(原审原告):杨竹,＊,＊年＊月＊日出生,＊族,户籍所在地＊＊省＊＊市。

被上诉人(原审被告):上海韵达货运有限公司,住所地＊＊市＊＊区。

法定代表人:＊＊＊,董事长。

委托代理人:＊＊＊。

委托代理人:＊＊＊。

上诉人杨竹因劳动合同纠纷一案,不服上海市青浦区人民法院(2015)青民四(民)初字第1881号民事判决,向本院提起上诉。本院依法组成合议庭,公开开庭审理了本案。上诉人杨竹,被上诉人上海韵达货运有限公司的委托代理人＊＊＊、＊＊＊到庭参加诉讼。本案现已审理终结。

原审法院经审理查明,杨竹于2012年2月20日以在校学生身份进入上

---

① 叶必丰.最高人民法院关于无效行政行为的探索[J].法学研究,2013(6):44-60.

② [美]卡尔·N.卢埃林.普通法传统[M].陈绪纲,等译.北京:中国政法大学出版社,2002:142-147.

③ 本书判例均原文录用于中国裁判文书网(https://wenshu.court.gou.cn/)(已注明出处的判例除外),具体信息可登录该网站查阅。因保护相关人员隐私,录入本书时已对重要信息做隐藏处理。

107

海韵达货运有限公司实习，并签订了期限为 2012 年 2 月 20 日至 2012 年 7 月 1 日的《顶岗实习协议》，协议约定：顶岗实习是指高职院校学生在校内完成必需的理论知识和基本技能储备以后，到企业真实的工作环境中，以企业"员工"的身份顶替正式员工进行工作的一种实习方式，在这个过程中，学生要身兼"高职学生"和"企业准员工"双重身份；顶岗实习补助费按实习生薪酬体系执行。2012 年 7 月 1 日，杨竹毕业。之后杨竹继续在上海韵达货运有限公司工作，但双方没有签订书面的劳动合同。2013 年 9 月 1 日，上海韵达货运有限公司与杨竹签订期限为 2013 年 9 月 1 日至 2016 年 9 月 3 日的劳动合同。

2015 年 5 月 7 日上午，杨竹向上海韵达货运有限公司提交离职申请，注明离职日期为 2015 年 5 月 8 日，并在"离职原因"选项中勾选了"找到有更好发展的工作"及"其他原因"这两项，但杨竹未在"其他原因"下方的"原因及备注"栏内填写任何内容（该栏内为空白）。随后，杨竹所在的部门负责人和公司总部二级部门负责人于 5 月 7 日上午，以及公司一级部门负责人于 5 月 7 日下午对杨竹的离职申请均审批了"同意"。5 月 8 日，杨竹填写了《工作交接表》，与上海韵达货运有限公司办理各项离职的交接手续，而对于已经交接的情况则由上海韵达货运有限公司方人员在交接表上签字确认，离职交接工作一直持续到 5 月 14 日完成，随后该交接表交给了人力资源部门的指定人员。另，杨竹于 5 月 14 日在该交接表的右上角手写了"因公司违法不交、少交社保为由，2015—5—14 依法向公司要求解除劳动合同，以下为工作等交接，结清工资用。杨竹 2015.5.14"，并且将其在"离职日期"一栏内原先填写的日期 5 月 8 日更改为 5 月 14 日。

根据社保缴费信息显示，上海韵达货运有限公司仅为杨竹缴纳了 2013 年 11 月起的社会保险费，没有为杨竹缴纳该月份之前的社会保险费。

原审法院另查明，杨竹 2015 年 5 月实际出勤 10 天，分别为 5 月 4～8 日、10～14 日。2015 年 5 月 15 日，杨竹所在的部门负责人在杨竹 5 月份的考勤记录下面注明"5.8～5.14 日进行工作内容及资产和市场物料的整理与交接"。

上海韵达货运有限公司通过银行代为支付杨竹工资，本月工资于下月发放。上海韵达货运有限公司已经支付杨竹至 2015 年 5 月的工资。杨竹工资由岗位工资、岗位补贴/加班工资、工龄工资、学历工资、奖励款等构成，该奖励款即绩效奖金。绩效奖金从 2013 年 12 月开始实行，并且当月绩效奖金中的 80％部分在下月工资中发放，剩余的 20％部分作为年终奖池累积并于次年单独发放。上海韵达货运有限公司于 2015 年 2 月 13 日发放杨竹 2014 年的年终奖人民币（以下币种均为人民币）1491.83 元。另，上海韵达货运有限公司已在 2015 年 2、3、5 月份工资中分别向杨竹支付了 2015 年 1～4 月绩效奖金中的 80％部分，金额分别为 358.42 元、146.87 元、525 元（系 3、4 月的合计金额）。上海韵达货运有限公司以杨竹 2015 年 5 月出勤未满 13 天而核算杨竹当月无绩效奖金。

原审法院再查明，上海韵达货运有限公司于 2015 年 3 月 1 日起执行的《市场规划与推广部薪酬与绩效考核方案》第 7.2.5 条规定"员工本年度 12 月 31 日前离职不享受年终奖，奖金池部分由部门其他人享受"；第 7.6 条规定了三种"取消绩效奖金的情形"，其中第三种情形为"经理、主管以及员工出勤天数未超过 13 天的"。

原审法院又查明，杨竹于 2015 年 6 月 8 日申请仲裁，要求上海韵达货运有限公司支付：1.2012 年 7 月至 2013 年 8 月未签订劳动合同二倍工资 47750 元；2.解除劳动合同经济补偿 13000 元；3.2015 年 1～5 月绩效奖差额 625 元。在仲裁庭审中，杨竹对上海韵达货运有限公司《市场规划与推广部薪酬与绩效考核方案》予以认可，但认为是从 2015 年 3 月开始实行的。上海市青浦区劳动人事争议仲裁委员会经审理后裁决对杨竹所有请求均不予支持。杨竹诉诸法院，请求判令上海韵达货运有限公司支付杨竹：1.2012 年 7 月至 2013 年 8 月 31 日未签劳动合同二倍工资 47750 元；2.2012 年 7 月至 2013 年 10 月未购买社保为由离职的三个半月经济补偿金 13000 元；3.2015 年 1 月至 2015 年 5 月未完整足额发放绩效奖金差额 625 元。

以上查明的事实，由杨竹、上海韵达货运有限公司的陈述、顶岗实习协议、内部流程打印表、劳动合同、离职查看流程截图、工作交接表、参保个人城镇基本养老保险缴费情况、考核表、市场规划与推广部薪酬与绩效考核方案、奖金汇总表、工资明细、银行交易明细、青劳人仲(2015)办字第 1053 号裁决书、仲裁庭审笔录等证据予以佐证，上述证据并经庭审质证属实，原审法院予以确认。

在原审法院庭审中，1.杨竹主张：(1)2012 年 2 月 20 日杨竹是以学生身份、在还没有毕业的状态下进入上海韵达货运有限公司实习，但杨竹坚持认为双方于 2012 年 2 月 20 日建立劳动关系。(2)杨竹离职的原因勾了两项，一项是其他原因就是公司未缴社保，未签合同，另一项就是找到更好发展的工作机会，备注不是强制性的写明，且没有人告知杨竹一定要写，所以杨竹没有写，就勾了其他原因。交接时仍然是在职，流程走完包括工作交接完毕才能算离职，而不是直接领导审批就算离职，该流程最后一步的同意时间是 2015 年 5 月 15 日，打印时间也是 5 月 15 日，所以离职时间应是 5 月 15 日。工作交接表中的离职日期 2015 年 5 月 14 日是杨竹本人修改的，原来写的是

5月8日,因为杨竹5月14日正式以书面形式向公司提出离职,且交接审批要走流程,按照公司的要求要去表格中的部门一个一个去签字,5月14日找到最后一个部门王小伟签完字,所以杨竹就将离职时间改成了5月14日。在人力行政中心一栏内的人员签字时,杨竹已经在上面空白处手写了这段话,这些人是看着这些内容签字的。(3)杨竹主张2015年5月份的绩效奖为400元,2015年1~4月份的绩效奖20%部分未拿到。

杨竹为证明其主张,提供了一份日期为2015年5月14日的解除劳动合同通知书。杨竹称其知晓自己权利受到侵害后,以书面形式向公司提出解除劳动关系,故公司应支付杨竹解除劳动关系的经济补偿金,该份通知书是杨竹于2015年5月7日或5月8日写的,2015年5月14日杨竹去找管行政的王小伟时将这份通知书交给胡燕银了,公司有录像,可以调取查看监控录像,杨竹已经将通知书交给胡燕银。

上海韵达货运有限公司对解除劳动合同通知书的真实性不予认可,称从来没有收到过,且落款时间为5月14日,而杨竹说是5月8日左右写的,所以真实性、关联性均不认可。另,公司的监控录像保存时间为45天,当时的录像已经被覆盖了。

2.上海韵达货运有限公司主张:(1)杨竹于2012年7月1日毕业,双方劳动关系从2012年7月2日建立,之前杨竹是实习。(2)杨竹于2015年5月7日以找到更好发展的工作机会为由提出了离职申请,离职时间为2015年5月8日。杨竹的直接领导于5月7日已经同意杨竹离职,即杨竹的离职申请已经通过。杨竹离职的原因是勾了两项,离职原因栏下方可以备注具体的原因,但是杨竹没有备注,所以应视为杨竹是以找到更好发展的工作机会作为离职理由的。5月8日之后杨竹一直在工作交接,所以杨竹于5月8日已经实际离职。工作交接表审批完后要交给专门保管人员的,在表格上的人都签完字后,杨竹才在表格右上角空白处写了这段话,最后才交给公司专门的保管人员。(3)2015年1~5月绩效奖金的20%部分不应该发放给杨竹,因为这部分应作为年终奖发放,而且2014年也是这么操作的。根据公司绩效考核方案的第7.2.5条规定,杨竹2014年应享受的绩效奖金20%部分的年终奖共计1380.90元,加上当年杨竹所在部门离职员工进入奖金池分摊部分,扣除税费后,上海韵达货运有限公司于2015年2月13日单独汇入杨竹指定工资卡共计1491.83元年终奖。

原审法院认为,对于未订立书面劳动合同的二倍工资差额的争议,因杨竹是在校学生,从学校毕业之前不属于劳动法上的劳动者,故2012年7月之前杨竹在上海韵达货运有限公司工作仅是实习性质而不是劳动关系。杨竹毕业之后,双方均符合建立劳动关系的条件,并且杨竹也继续在上海韵达货运有限公司工作,因此原审法院认定双方于2012年7月建立劳动关系。根据法律规定,用人单位应当在一个月内与劳动者订立书面劳动合同,用人单位自用工之日起超过一个月不满一年未与劳动者订立书面劳动合同的,应当向劳动者每月支付二倍的工资。现杨竹、上海韵达货运有限公司于2013年9月1日才签订书面劳动合同,故杨竹要求上海韵达货运有限公司支付2012年7月及2013年7~8月期间未订立书面劳动合同的二倍工资,没有法律依据,不予支持。至于2012年8月至2013年6月期间,按照法律规定,应当由上海韵达货运有限公司向杨竹支付二倍的工资,但根据当月工资的发放时间来看,有关二倍工资差额的争议在当月工资于下月发放时即已经发生,故杨竹对各月份的二倍工资差额均应当在一年内申请仲裁,但杨竹直至2015年6月8日才申请仲裁,明显超过了仲裁时效,故对杨竹的此项主张也不予支持。因此,对杨竹要求上海韵达货运有限公司支付2012年7月至2013年8月期间未订立书面劳动合同的二倍工资的诉讼请求,不予支持。

对于解除劳动合同经济补偿金的争议。原审法院认为,当事人对于解除劳动合同的事由一经确定后即处于静止状态,不得事后补充理由或进行补充解释,故仅对杨竹2015年5月7日提出离职申请时的离职理由予以审查。因杨竹当日提出离职申请时勾选了"找到有更好发展的工作"及"其他原因"这两项,但没有在"其他原因"下方的"原因及备注"栏内填写任何内容,故无法证明该"其他原因"就是杨竹所称上海韵达货运有限公司未依法缴纳社会保险费这一事由。因此,结合上述情况,并根据上海韵达货运有限公司于5月7日即对杨竹的离职申请审批"同意",杨竹在离职申请中明确离职时间为5月8日,以及双方是从5月8日起办理离职交接手续的事实,原审法院认定双方之间是因杨竹向上海韵达货运有限公司提出解除劳动合同并与上海韵达货运有限公司协商一致而于5月8日解除了劳动合同,而非杨竹基于上海韵达货运有限公司未依法缴纳社会保险费这一事由于5月14日单方解除了劳动合同。因此,杨竹于5月7日因自身原因申请离职,不属于法律规定应当由用人单位向劳动者支付解除劳动合同的经济补偿金的情形。故杨竹要求上海韵达货运有限公司支付解除劳动合同的经济补偿金的诉讼请求,没有依据,不予支持。

对于绩效奖金差额的争议。原审法院认为,首先,杨竹2015年1~4月份绩效奖金中的80%部分,已经按照规定在2015年2~5月份工资中足额发放,不存在差额。其次,按照上海韵达货运有限公司的规定,杨竹 2015 年 1～4 月份绩效奖金中的剩余 20% 部分是作为年终奖池累积并于次年单独发放。而对于年终奖,用人单位有权自主决定是否发放及其发放的条件。现根据上海韵达货运有限公司有关"员工本年度 12 月 31 日前离职不享受年终奖"的规定,杨竹也不符合享受 2015 年年终奖的条件,即不符合取得 2015 年 1～4 月绩效奖金中剩余 20% 部分的条件。第三,因杨竹 2015 年 5 月出勤不足 13 天,属于被"取消绩效奖金"的情形,故上海韵达货运有限公司核算杨竹该月没有绩效奖金,并无不当。而杨竹要求上海韵达货运有限公司支付 2015 年 5 月绩效奖金的主张,没有依据,不予采信。因此,对杨竹要求上海韵达货运有限公司支付 2015 年 1～5 月绩效奖金差额的诉讼请求,也不予支持。据此,原审法院依照《中华人民共和国劳动合同法》第八十二条第一款、《中华人民共和国劳动争议调解仲裁法》第二十七条第一款之规定,作出判决:驳回杨竹的全部诉讼请求。

原审判决后,上诉人杨竹不服,向本院提起上诉。

上诉人杨竹上诉称,杨竹考勤记录到 2015 年 5 月 14 日,上海韵达货运有限公司发放工资也计算到该日。2015 年 5 月 7 日填好表后,需要走一周的流程,5 月 14 日是最后一天,故应当以 5 月 14 日为杨竹离职日期。此外,上海韵达货运有限公司 2013 年 9 月与杨竹签订劳动合同,2013 年 11 月为杨竹缴纳社会保险,而杨竹到 2015 年 5 月才知道自己的合法权益受到侵害,故杨竹主张的 2012 年 7 月至 2013 年 8 月 31 日期间的未签订书面劳动合同二倍工资差额未超过仲裁时效。请求二审法院依法支持杨竹原审时的全部诉讼请求。

被上诉人上海韵达货运有限公司辩称,2015 年 5 月 7 日,杨竹通过公司 SOA 系统填写了离职表,离职原因为"找到有更好发展的工作"及"其他原因",但其并未注明"其他原因"的具体内容,故杨竹的离职日期应为 2015 年 5 月 8 日。杨竹主张的未签订书面劳动合同二倍工资差额超过仲裁时效。杨竹 80% 的绩效奖金已足额发放,另 20% 的绩效奖金,根据公司规定杨竹的情况属于不予发放的范围。请求二审法院驳回杨竹的上诉,维持原判。

本院经审理查明,原审查明事实属实,本院予以确认。

本院另查明以下事实,原审庭审中,杨竹陈述:"绩效的确是从 2013 年开始发放的,但 2013 年 6 月份杨竹到这个部门的时候已经有年终奖了,但具体什么时候不知道。绩效奖金都是当月发放 80%,剩余的 20% 是作为年终奖在次年发放的,具体什么时候发不清楚。"

本院认为,用人单位应当在一个月内与劳动者订立书面劳动合同,用人单位自用工之日起超过一个月不满一年未与劳动者订立书面劳动合同的，应当向劳动者每月支付二倍的工资。本案中，杨竹于 2012 年 7 月毕业，故原审法院据此确认杨竹与上海韵达货运有限公司自该月起建立劳动关系无不当。上海韵达货运有限公司应当于 2012 年 8 月与杨竹签订书面劳动合同，否则应当支付未签订书面劳动合同的二倍工资差额。上海韵达货运有限公司的工资发放形式为本月工资下月发放，因此上海韵达货运有限公司应当自 2012 年 9 月发放杨竹 2012 年 8 月的未签订书面劳动合同二倍工资差额，之后逐月计算。至 2013 年 7 月，杨竹用工满一年，应当视为双方已经建立无固定期限劳动合同，上海韵达货运有限公司无须再支付杨竹自该月之后的未签订书面劳动合同二倍工资差额。如上所述，2012 年 9 月，上海韵达货运有限公司未支付杨竹未签订书面劳动合同二倍工资差额，双方争议即发生，就该月及之后各月二倍工资差额均应当在争议发生一年内申请仲裁，而杨竹直至 2015 年 6 月 8 日申请仲裁，超过了仲裁时效，原审法院对其该项主张不予支持正确，本院予以维持。用人单位可以根据企业自身经营状况和员工工作表现等自主决定是否发放年终奖及发放的标准。仲裁审理期间，杨竹对上海韵达货运有限公司提供的《市场规划与推广部薪酬与绩效考核方案》予以认可，因此该方案对于杨竹、上海韵达货运有限公司均有约束力。根据该方案规定，杨竹在 2015 年 12 月 31 日前离职，不符合发放年终奖的条件。同时，杨竹在 2015 年 5 月出勤未满 13 天，其亦不应当享受该月的绩效奖金。综上，杨竹要求上海韵达货运有限公司支付 2015 年 1 月至同年 5 月的绩效奖金差额无依据，本院不予支持。关于解除劳动合同经济补偿金的问题，原审法院对此已经作了详尽的阐述，理由正确，本院予以认同，不再赘述。原审法院对杨竹主张的经济补偿金不予支持无不当，本院予以维持。

综上所述，原审认定事实清楚，判决并无不当。据此，依照《中华人民共和国民事诉讼法》第一百七十条第一款第（一）项之规定，判决如下：

驳回上诉，维持原判。

二审案件受理费人民币 10 元，由上诉人杨竹负担。

本判决为终审判决。

审判长　＊　＊

审判员　＊＊＊

审判员　＊　＊

二〇一六年二月十五日

书记员　＊　＊

判例评析：

本判例的依据是实习期间不构成劳动关系，毕业后构成劳动关系。

本案中，杨竹于 2012 年 2 月 20 日以在校学生身份进入上海韵达货运公司实习，双方签订了《顶岗实习协议》；2012 年 7 月 1 日，杨竹毕业。之后杨竹继续在该货运公司工作，但双方直到 2013 年 9 月 1 日，才签订书面的劳动合同；该货运公司 2012 年 7 月 1 日到 2013 年 11 月没有给杨竹交社会保险费。杨竹于 2015 年 6 月 8 日申请仲裁，要求上海韵达货运公司支付：(1)2012 年 7 月至 2013 年 9 月未签订劳动合同期间二倍工资 47750 元；(2)支付解除劳动合同经济补偿 13000 元；(3)2015 年 1～5 月绩效奖差额 625 元。在本案中，由于错过了仲裁时效，导致其相关要求被驳回。另外，由于其主动提出离职，进而也造成解除劳动合同的补偿没有获得，绩效奖也因为公司规定而没有获得。

关于本判例与本书主旨相关的内容主要包括：第一，其劳动关系的确认时间。本案的判决结果是实习期间不构成劳动关系，但毕业后构成劳动关系。原审法院认为，因杨竹是在校学生，从学校毕业之前不属于劳动法上的劳动者，故 2012 年 7 月之前杨竹在上海韵达货运公司工作仅是实习性质而不是劳动关系。杨竹毕业之后，双方均符合建立劳动关系的条件，并且杨竹也继续在上海韵达货运公司工作，因此原审法院认定双方于 2012 年 7 月建立劳动关系。二审法院认为，本案中，杨竹于 2012 年 7 月毕业，故原审法院据此确认杨竹与上海韵达货运公司自该月起建立劳动关系无不当。第二，实习的判断标准。在本案中，杨竹以在校学生身份进入上海韵达货运有限公司实习，并签订了期限为 2012 年 2 月 20 日至 2012 年 7 月 1 日的《顶岗实习协议》，该协议约定：顶岗实习是指高职院校学生在校内完成必需的理论知识和基本技能储备以后，到企业真实的工作环境中，以企业"员工"的身份顶替正式员工进行工作的一种实习方式，在这个过程中，学生要身兼"高职学生"和"企业准员工"双重身份；顶岗实习补助费按实习生薪酬体系执行。可以说，《顶岗实习协议》的存在，明确了其实习期间属于实习生，不能建立劳动关系。

那么，确认实习期间构成劳动关系的案例情况如何，可以参见判例 2。

判例 2. 河南弗莱格电子科技有限公司、李宁劳动争议二审民事判决书

河南省郑州市中级人民法院

民 事 判 决 书

〔2020〕豫 01 民终 9444 号

上诉人（原审被告）：河南弗莱格电子科技有限公司，住所地＊＊自贸试验区＊＊片区(郑东)＊＊路＊路＊楼＊＊＊＊。

法定代表人：＊＊＊。

委托诉讼代理人：＊＊＊、＊＊(实习)，河南＊＊律师事务所律师。

被上诉人(原审原告)：李宁，＊，＊年＊月＊日出生，＊族。

委托诉讼代理人：＊＊＊，河南＊＊＊律师事务所律师。

上诉人河南弗莱格电子科技有限公司(以下简称弗莱格公司)因与被上诉人李宁劳动争议纠纷一案，不服河南省郑州高新技术产业开发区人民法院(2020)豫0191民初4885号民事判决，向本院提起上诉。本院于2020年7月28日立案后，依法进行了审理。本案现已审理终结。

弗莱格公司上诉请求：1.请求依法撤销一审判决，将案件发回重审，或者直接改判为"驳回被上诉人的全部诉讼请求"。2.本案一、二审的诉讼费用由被上诉人承担。

事实和理由：一、一审法院未查明事实且事实认定错误，未签订正式书面劳动合同的主要原因系一审原告。一审原告于2018年7月份应聘公司运营助理一职，当时一审原告是在职大学生，2019年6月份才大学毕业，出于对一审原告的同情，一审被告同意一审原告以大学生实习的名义在被告处上班。2018年9月1日，经一审原告申请，一审被告同意一审原告于2018年9月1日正式转正，岗位为运营助理，工资为3000元每月加提成。一审被告为一审原告建立了员工档案，其中《求职登记表》中一审原告学习经历起止时间为2016年9月—2019年6月；其中《职工入职登记表》中针对一审原告待遇做出了明确约定"9月1日正式转正，从8月14日开始所经营店铺开始算提成，转正后工资按照3000元/月执行＋提成"；其中《离职人员工作交接单》显示离职原因系主动离职。一审被告签订的《求职登记表》《职工入职登记表》对原告的工作岗位以及工资报酬已经作了明确的约定，可以视为不规范的劳动合同。同时在一审原告上班期间，一审被告多次要求原告提供大学毕业证书等相关材料，但直到一审原告申请离职，一审原告也从未提交相关毕业材料，故双方未签订规范的劳动合同，主要原因系一审原告不予配合提供相关材料。同时劳动部《关于贯彻执行〈中华人民共和国劳动法〉若干问题的意见》第12条：在校生利用业余时间勤工助学，不视为就业，未建立劳动关系，可以不签订劳动合同。依据一审原告所留档的学历经历及教育常识，大学毕业证印发时间一般应为2019年7月1日，原告于2018年7月9日入职，在此期间的一年之内应视为在校生利用业余时间勤工助学，不视为就业，未建立劳动关系，可以不签订劳动合同。

二、一审法院法律适用错误。一审原告于 2018 年 7 月 9 日就职，如果法院认定一审被告应当向一审原告支付二倍工资差，那么其二倍工资差应从 2018 年 8 月 8 日到 2019 年 3 月份（原告仲裁之日止）共计 8 个月左右的二倍工资差，在一审原告仲裁之日起就已经过了一年仲裁时效。故一审原告请求一审被告支付双倍工资差 43367 元也应当减去已经过一年仲裁时效部分的工资差。一审原告 2018 年 8 月份至 2019 年 7 月份的工资是 3000 元每月，一审法院按照一审原告离职前的工资标准计算双倍工资，属于法律适用错误。一审法院判令一审被告支付经济补偿金 8890.5 元依据有误。一审原告系主动辞职，并非《中华人民共和国劳动合同法》四十六条规定的用人单位应当向劳动者支付经济补偿金法定情形。原告工作期间，一审被告从未拖欠过一审原告的工资。2020 年因疫情原因，给公司造成巨大的损失，公司面临着资金断裂，亏损严重。公司的创办人属于残联部门的人员，因对社会中的弱者有很大的同情心，所以公司招聘的员工中有大量的失业以及退休人员。当疫情造成公司资金紧张时，公司无奈告知青年员工，公司为了摆脱困境，员工的基本工资在以后的一段时间内，可能要先减半发放。同时因疫情的原因，员工销售业绩大幅下滑，销售提成也会大幅缩水。之后一审原告主动申请离职，并主动办理离职交接手续。一审原告是主动离职，并非一审法院判决书第 4 页认定的"一审被告以业绩不佳为由辞退一审原告"，故一审被告不应向一审原告支付经济补偿。

李宁辩称，原审认定事实清楚，请求维持原审判决。

李宁向一审法院起诉请求：1.判决被告支付未与原告签订书面劳动合同期间的双倍工资差额 43367 元；2.判令被告支付原告经济补偿 8929 元；3.判令被告支付原告加班费 17245.2 元；4.本案案件受理费由被告承担。

一审法院认定事实：2018 年 7 月 9 日，原告入职被告处工作，担任电商运营助理一职。原告于 2020 年 3 月 10 日离职。

银行流水显示，原告 2019 年 3 月份至 2020 年 2 月份工资分别为 4496 元、4370 元、4359 元、4381 元、4510 元、4946 元、5301 元、5158 元、5549 元、4754 元、3312 元、2207 元。月平均工资为 4445.25 元。

2020 年 3 月 25 日，原告申请劳动仲裁，同日，郑州市郑东新区人事争议仲裁委员会以未能提供有效证据证明双方存在劳动关系为由，作出郑东劳人仲案字〔2020〕129 号不予受理通知书。原告遂至原审法院起诉。

以上案件事实由劳动争议申请书、不予受理通知书、送达回证、劳动合同、终止劳动合同通知书、银行流水及庭审笔录予以证明。

一审法院认为,当事人对于自己提出的诉讼请求所依据的事实或者反驳对方诉讼请求所依据的事实有责任提供证据加以证明。没有证据或者证据不足以证明当事人的事实主张的,由负有举证责任的当事人承担不利后果。

本案中,原告请求被告支付未签订书面劳动合同双倍工资差额 43367元,被告辩称原告入职时为在校大学生,无法签订劳动合同,且原告在仲裁之日起就已经经过了一年的仲裁时效。原审法院认为,我国法律法规并没有禁止在校大学生就业,只要大学生能够正常履行职责,完成工作任务,其大学生的身份与劳动者身份并不冲突,原告主张的双倍工资差额为 2018 年8月至 2019 年 6月,且原告于 2020 年 3 月份提起了仲裁申请,因此并未超过仲裁时效,故对原告上述辩称意见不予采纳。根据《中华人民共和国劳动合同法》第八十二条的规定"用人单位自用工之日起超过一个月不满一年未与劳动者订立书面劳动合同的,应当向劳动者每月支付二倍的工资。用人单位违反本法规定不与劳动者订立无固定期限劳动合同的,自应当订立无固定期限劳动合同之日起向劳动者每月支付二倍的工资",原告于 2018 年 7月 9 日进入被告公司工作,双方未签订劳动合同,被告应支付原告 2018 年 8月 9 日至 2019 年 7 月 9 日未签订书面劳动合同的双倍工资差额,原告诉请未超出合理受偿范围,予以支持。

对于原告诉请经济补偿金 8929 元,根据相应证据,被告以业绩不佳为由辞退原告,符合支付经济补偿金法定条件,原告李宁月工资为 4445.25元,在被告弗莱格公司工作时间已满一年半不满两年,故根据《中华人民共和国劳动合同法》第四十六条、第四十七条之规定,被告应支付原告经济补偿金 $4445.25 \times 2 = 8890.5$ 元。

原告要求被告支付加班费 17245.2 元,但并未提交有效证据证明其实际加班天数,且根据被告提交证据显示已经发放了加班费,故对原告该项诉请不予支持。

依照《中华人民共和国劳动合同法》第三十八条、第四十六条、第四十七条、第八十二条,《中华人民共和国民事诉讼法》第六十四条之规定,判决如下:一、被告河南弗莱格电子科技有限公司于判决生效后十日内向原告李宁支付双倍工资差额 43367 元和经济补偿金 8890.5 元,共计 52257.5 元;二、驳回原告李宁的其他诉讼请求。如果未按判决指定期间履行给付金钱义务,应当按照《中华人民共和国民事诉讼法》第二百五十三条之规定,加倍支付迟延履行期间的债务利息。案件受理费 10 元,减半收取 5 元,由被告河南弗莱格电子科技有限公司负担。

本院二审期间，当事人未提交新证据。本院对一审查明的相关事实予以确认。

本院认为，关于未签订书面劳动合同问题。弗莱格公司上诉称李宁于2019年6月才大学毕业，入职登记表明确其9月1日正式转正，且已明确工资报酬等，可视为不规范的劳动合同。未签订规范劳动合同的原因在于李宁未提交相关毕业材料，原因在李宁。根据原审查明的事实，2018年7月9日，李宁入职弗莱格公司，担任电商运营助理一职。李宁虽于2019年6月大学毕业，但弗莱格公司对李宁系在校大学生不能入职公司并未提出异议，且其对李宁求职登记表、员工档案等记载的内容亦未提出异议，故弗莱格公司对李宁的在校大学生身份知晓，其辩称未签订规范的劳动合同原因在于李宁并未提交相应证据予以证明，故弗莱格公司关于未与李宁签订规范劳动合同系李宁原因缺乏事实及法律依据，本院不予支持。因弗莱格公司未与李宁签订书面劳动合同，李宁请求其承担相应的责任合法有据，弗莱格公司关于原审法院适用法律错误的上诉请求不能成立。

综上所述，河南弗莱格电子科技有限公司的上诉请求不能成立，应予驳回；一审判决认定事实清楚，适用法律正确，应予维持。依照《中华人民共和国民事诉讼法》第一百七十条第一款第一项规定，判决如下：

驳回上诉，维持原判。

二审案件受理费10元，由河南弗莱格电子科技有限公司负担（已交纳）。

本判决为终审判决。

审判员：＊＊＊

二〇二〇年八月十二日

书记员：＊＊＊

判例评析：

本判例的审判结果是认定实习期间构成劳动关系，具有一定的典型性。

本案中，李宁作为一个处于毕业阶段的在校大学生，于2018年7月（其2019年6月毕业）到河南弗莱格电子科技有限公司工作，一直到2020年3月份提请劳动仲裁，在长达近2年时间内，该公司一直未与其订立书面劳动合同，而且在2020年3月以"业绩不佳"为由将其辞退，为此，李宁向法院提请诉讼要求：(1)判决被告支付未与原告签订书面劳动合同期间的双倍工资差额43367元；(2)判令被告支付原告经济补偿8929元；(3)判令被告支付原告加班费 17245.2 元；(4)本案案件受理费由被告承担。最后，一审和二审法院均支持了李宁的诉求(加班费除外)。

本案中，关键点所在，就是在校大学生能否签订劳动合同。弗莱格公司援引劳动部《关于贯彻执行〈中华人民共和国劳动法〉若干问题的意见》第 12 条"在校生利用业余时间勤工助学，不视为就业，未建立劳动关系，可以不签订劳动合同"为由，依据一审原告所留档的学历经历及教育常识，大学毕业证印发时间一般应为 2019 年 7 月 1 日，李宁于 2018 年 7 月 9 日入职，在此期间的一年之内应视为在校生利用业余时间勤工助学，不视为就业，未建立劳动关系，可以不签订劳动合同。但是，法院认为，我国法律法规并没有禁止在校大学生就业，只要大学生能够正常履行职责，完成工作任务，其大学生的身份与劳动者身份并不冲突。而且从银行流水显示，李宁在 2019 年 3 月至 2020 年 2 月月平均工资为 4445.25 元，这足以证明李宁承担的是全职劳动，是一份正式工作，不是一般意义上的勤工俭学，因此，在长达近 2 年的时间里，用人单位不和劳动者签订劳动合同，置劳动者于"朝不保夕"的不确定状态，损害了李宁的劳动权益，违反了《劳动合同法》的规定。

根据我国《劳动合同法》第十条规定："建立劳动关系，应当订立书面劳动合同。已建立劳动关系，未同时订立书面劳动合同的，应当自用工之日起一个月内订立书面劳动合同。用人单位与劳动者在用工前订立劳动合同的，劳动关系自用工之日起建立。"《劳动合同法》第八十二条规定："用人单位自用工之日起超过一个月不满一年未与劳动者订立书面劳动合同的，应当向劳动者每月支付二倍的工资。"这是我国劳动法的定位倾向于保护劳动者，因为：(1)在市场经济中劳动关系双方当事人之间，劳动者处于事实上的相对弱者地位。这是因为，虽然劳动力的形成具有长期性，但其储存具有短期性，闲置则意味着浪费，故劳动者为避免劳动力的浪费，都急于将其劳动力转让给用人单位使用。这就决定了劳动者在劳动力交易市场中相对用人单位处于劣势地位，这在劳动力供过于求的情况下更甚。(2)在具有人身性和隶属性的劳动关系中，用人单位所支配和使用的劳动力，是劳动者生命力的主要内容，承载着劳动者的生存权，劳动力的消耗过程实质上是劳动者生命的实现过程，在此过程中，对劳动力的任何损害，都直接危及劳动者生存。① 所以，在法律上，需特别强调对劳动者的保护。在劳动者是国家主人的我国，强调这一主旨更具有重要意义。

① 王全兴.劳动法[M].4 版.北京:法律出版社,2017:50-51.

下面再看一则判决实习期间不构成劳动关系的判例。

判例 3. 董璇、滦县滦影广告装饰有限公司劳动争议二审民事判决书

河北省唐山市中级人民法院

民 事 判 决 书

〔2020〕冀 02 民终 445 号

上诉人（原审原告）：董璇，＊，＊年＊月＊日出生，＊族，现住＊＊市。

委托诉讼代理人：＊＊＊，河北＊＊律师事务所律师。

委托诉讼代理人：＊＊，河北＊＊（唐山）律师事务所律师。

被上诉人（原审被告）：滦县滦影广告装饰有限公司，住所地：滦县＊＊农资大市场＊＊＊＊。

法定代表人：＊＊＊，该公司经理。

委托诉讼代理人：＊＊＊，河北＊＊新律师事务所律师。

上诉人董璇因与被上诉人滦县滦影广告装饰有限公司（以下简称滦影公司）劳动争议一案，不服河北省滦州市人民法院〔2019〕冀 0223 民初 2855 号民事判决，向本院提起上诉。本院于 2020 年 1 月 8 日立案后，依法组成合议庭进行了审理。本案现已审理终结。

董璇上诉请求：请求依法撤销滦州市人民法院〔2019〕冀 0223 民初 2855 号民事判决书，认定上诉人与被上诉人之间存在事实劳动关系，或发还重审。

事实理由：上诉人认为一审法院认定事实错误、适用法律错误，导致错误认定上诉人与被上诉人不存在事实劳动关系。一、一审法院认为原告在被告处实习工作及发生交通事故时，是尚未毕业的大学生，其在被告处工作实际上是在被告处实习。不仅原告，一般大学生都有实习任务，但大学生实习是以学习为目的，到机关、企业、事业单位甚至是农村参加社会实践，是为了巩固补充自己在学校的课堂知识，没有工资，或有一些报酬，即便实习单位向其支付一些报酬，也只是对实习生付出工作的一种补贴是错误的。上诉人所在学校唐山市对外经济贸易学校出具证明证实，上诉人 2013 年 9 月至 2015 年 7 月在校学习两年，第三年是自主择业期，学校不安排学生到校学习，属于准毕业大学生，在这期间上诉人不再受学校的管理。上诉人是 2015 年 9 月到被上诉人处上班，一直到 2016 年 3 月 26 日上诉人在上班途中发生交通事故，上诉人每月工资 2700 元，日工资 90 元，工种为平面设计，跟其他工人一样接受被上诉人的支配管理，与单位其他工人同工同酬，上诉

人是以就业为目的为被上诉人提供劳动,是以取得劳动报酬为目的的,不是以学习为目的,为补充课堂知识、参与社会实践而进行的没有工资报酬的实习,或者是通过短期或不定期劳务获得一定报酬的勤工俭学,日平均工资90元,远远高于2017年河北省最低工资标准,而且,上诉人在庭审中明确表示,其他工人的工资是每天100元,上诉人刚刚上班每天工资就90元,一审法院却无视当地的社会平均工资以及被上诉人给其他工人发放的工资标准,错误认定被上诉人支付的是一种补助或补贴。

　　二、一审法院认为实习生不是《劳动法》意义上的劳动者。实习生的身份仍是学生,而不是劳动者,学生在实习单位发生伤亡事故的,不属于《工伤保险条例》工伤的认定对象,不仅如此,因原告既未与被告签订劳动合同,也未与被告签订毕业后仍到被告处继续工作的意向协议,故此原告称与被告之间存在事实劳动关系的主张没有事实和法律依据,同样是错误的。上诉人的身份符合关于贯彻执行《中华人民共和国劳动法》若干问题的意见中确定的劳动者主体身份,相关法律规定也没有排除准毕业大学生不能与单位存在事实劳动关系,《工伤保险条例》也未将大学生列为不予认定对象。被上诉人在庭审中明确表示,其与其他劳动者包括上诉人均没有签订劳动合同,被上诉人无视《劳动法》的相关规定,不与职工签订劳动合同,是被上诉人违反劳动法造成的,与上诉人没有任何关系,上诉人如果在上班途中没有发生交通事故,会继续在被上诉人处上班。实际上,对准毕业大学生就业与就业单位是否存在事实劳动关系,《北京市高级人民法院、北京市劳动争议仲裁委员会关于劳动争议案件法律适用问题研讨会会议纪要二》"23. 在校学生在用人单位进行实习,是否应认定劳动关系? 在校学生在用人单位进行实习,应当根据具体事实进行判断,对完成学校的社会实习安排或自行从事社会实践活动的实习,不认定劳动关系。但用人单位与在校学生之间名为实习,实为劳动关系的除外",《泸州市中级人民法院关于审理劳动争议纠纷案件若干疑难问题解答》"问题8:在校学生在实习期间,因履行实习单位指派的任务,受到伤害而发生争议的,如何处理? 参考意见:在校学生在用人单位进行实习,应当根据具体事实进行判断,对完成学校的社会实习安排或自行从事社会实践活动的实习,不认定劳动关系。但用人单位与在校学生之间名为实习,实为劳动关系的除外",内蒙古自治区高级人民法院、内蒙古自治区劳动人事争议仲裁委员会印发《关于劳动人事争议案件适用法律若干问题的指导意见》的通知内高法〔2015〕193号"在校学生在用人单位进行实习,应当根据具体事实进行判断,对完成学校的社会实习安排或自行从事社会实践活动的实习,不认定劳动关系。但用人单位与在校学生之间名为实习,实为劳动关系的除外",以及《最高法院 2019 年 10 月 22 日关于确认劳动关系纠纷、经济补偿金纠纷裁判规则》第十三条中其他参考案例主旨是实习生的身份不属于在校生,不隶属于学校管理,与用人单位之间符合劳动关系的本质特征,应认定劳动关系。以上指导意见均能证实在校准毕业学生只要是以就业为目的就应认定事实劳动关系是有法可依的,上诉人就是以就业为目的为被上诉人提供劳动。中华人民共和国人力资源和社会保障部司局函人社工险便函〔2019〕44 号人力资源和社会保障部工伤保险司关于转发浙江省人力资源和社会保障厅等 3 部门《关于试行职业技工等学校实习生以及学生在实习期间和超过法定退休年龄人员在继续就业期间参加工伤保险工作的指导意见》的通知,明确规定对职业技工等学校实习生以及学生在实习期间和超过法定退休年龄人员纳入工伤保险参保范围,实习生视同劳动者参保。因此,一审法院事实认定错误。综上,一审法院错误地认定了事实,错误地适用了法律,导致错误地作出了判决。望二审法院依法审查后改判上诉人与被上诉人之间存在事实劳动关系或发还重审。上诉人庭审补充如下上诉意见:一审判决认定事实自相矛盾,第八页认定被告向原告支付的费用只能算是对原告付出劳动的补贴而不是劳动法等意义上的工资。第九页又认为是被告为原告支付的报酬是收入证明。

滦影公司辩称,一审判决认定事实清楚,适用法律正确,上诉人的上诉理由没有依据,请二审法院驳回上诉,维持原判。针对上诉人提出的事实和理由,具体答辩如下:

一、上诉人所在的唐山市对外经济贸易学校是一所全日制普通中专学校,中专教育是我国职业教育的一部分,根据《职业教育法》第三十七条、《中等职业学校学生实习管理办法》第三条的规定,上诉人 2013 年 9 月至 2016 年 7 月是中专学校平面设计专业的学生,2015 年 9 月至 2016 年 7 月是中等职业学校三年级的学生,应进行实习,上诉人在学校学习了两年理论知识,并不具备直接上岗工作的技能要求,而是需要通过实习来理论联系实际,经过学校实习考核领取毕业证后才能真正走上工作岗位。上诉人到被上诉人处之初也是说的来实习一下,所以 2016 年 3 月 25 日之前上诉人在被上诉人处"工作"就是实习,是上诉人为了完成学业获得毕业证按照学校的专业培养目标要求和教学计划安排进行的,是为了进一步学习专业教学内容进行的。上诉人主张在中专三年级以就业为目的到被上诉人处工作不符合国家要求实习的法律规定,也不符合社会上的通行就业规则和被上诉人的实际用工情况。1. 被上诉人只是县城里的一个小广告公司,平时的业务基本上就是印印宣传单、名片、条幅或给人装个广告牌,除了家里人长期在办公地点干活外,公司没有招聘长期工作人员,更不可能招实习学生作长期工,活儿多的时候就临时找人,目前被上诉人处也有偶尔来实习的学生,愿意来就来,不愿意来就不来,来的话按天计算结账,不来的话也不会去找他。但是只要实习学生来实习就应该遵守被上诉人处的基本规章制度和工作要求,这是通行的准则,也是符合《中等职业学校学生实习管理办法》第十三条的要求的。2.《中等职业学校学生实习管理办法》第八条规定实习单位应向实习学生支付合理的实习报酬,被上诉人是家庭作坊式的小公司,但是被上诉人并不是压榨剥削人的地方,所有到被上诉人处干活的人获得的报酬都差不多,是因为被上诉人认为每个人付出的心血和劳动都应该得到尊重,一天少给十块二十块也发不了财,没必要把几个人还分成三六九等,所以被上诉人按每天 90 元的标准支付给上诉人报酬完全符合合理的实习报酬这一要求。3. 上诉人提供的学校证明不具有真实性、合法性,上诉人的学校作为职业教育学校对职业教育方面的法律法规本应熟知且应遵守,该学校本应按照《中等职业学校学生实习管理办法》第六条的规定建立健全学生实习管理制度,设立专门的实习管理机构,加强实习指导教师队伍建设,建立学生实习管理档案,定期检查实习情况,处理实习中出现的有关问题,确保学生实习工作的正常秩序并对学生实习进行考核,学校出证明说第三年是自主择业期,学校不管理学生明显不合理也不合法。综合上述情况,上诉人主张因其曾受被上诉人工作上的管理,每天获得 90 元报酬就是以就业为目的提供劳动而不是为了学习,为了完成学业而实习既不合法也不合理,是没有事实和法律上的依据的。另外被上诉人作一点说明:《中等职业学校学生实习管理办法》自 2007 年 6 月 26 日施行至 2016 年 4 月 10 日,后被《职业学校学生实习管理规定》废止,但是《职业学校学生实习管理规定》与《中等职业学校学生实习管理办法》一脉相承,更全面明确地规定了中等职业教育学生进行实习的要求、准则及责任承担方式。

二、上诉人在被上诉人处实习、发生交通事故时仍是学生,与学校依然有教学关系,还处于没有毕业的状态,根本无法与被上诉人建立劳动关系,上诉人不是《劳动法》《劳动和社会保障部关于确定劳动关系有关事项的通知》意义上的劳动者。根据《中等职业学校学生实习管理办法》第十二条的规定,实习期间学生人身伤害事故的赔偿,依据《学生伤害事故处理办法》和有关法律法规处理。这一法律规定说明,上诉人在实习期间遭受人身伤害事故,在赔偿问题上应以学生身份依据《学生伤害事故处理办法》及相关法律进行处理,而不是以劳动者的身份按照《劳动法》《工伤保险条例》等来进行处理,这能充分说明上诉人作为实习学生与劳动法意义上的劳动者是有本质上的区别的。法律上没有准毕业大学生的概念,上诉人作为学生,在没毕业的时候她就是在校学生,在校学生在按照学校要求进行实习的过程中应当遵守《职业教育法》《中等职业学校学生实习管理办法》等规范管理实习学生的法律法规,各地各法院的研讨会会议纪要、解答、通知、参考案例等在认定上诉人与被上诉人之间是否存在劳动关系这一争议中并不能作为裁判依据予以适用,即使作为裁判说理的依据也不能证实双方之间在 2016 年 3 月 26 日存在事实劳动关系,反而能证明双方之间不存在事实劳动关系。1. 被上诉人在劳动仲裁阶段提供证据证实上诉人已于 2016 年 3 月 25 日领取实习报酬不再到被上诉人处实习。2. 上诉人于 2016 年 3 月 26 日 7 点 30 分在老城发生交通事故时早已超过被上诉人的上班时间,被上诉人办公地点在新城,要求 7 点 20 分到岗,7 点 30 分正式工作,交通事故发生的时间不是在去上班的路上。3. 被上诉人未在上诉人不再实习后为其出具工资证明,被上诉人在仲裁及诉讼过程中均提出了工资证明公章真伪的鉴定,一审法院曾组织鉴定并收取鉴定费用,但至今仍未进行司法鉴定,被上诉人认为有进行鉴定的必要,请二审法院予以裁定。4. 上诉人在上诉状中提到的最高法院 2019 年 10 月 22 日关于确认劳动关系纠纷、经济补偿金纠纷裁判规则 13 条中其他参考案例是《重庆五中院判决赖国伟诉重庆龙煜精密铜管公司等劳动争议案》,该案例刊登在 2013 年 4 月 11 日《人民法院报》第 6 版中,被上诉人将其提供给法庭,请法庭予以参考。该案例中原告赖国伟与上诉人的身份有本质的区别:案例评析中载明原告赖国伟不属于在校学生实习,在校学生实习一般是指高等教育院校尚未毕业的在校生,根据学校的教学需要,由学校安排到机关和企事业单位等参加社会实践,以巩固补充课堂知识,其是学校教学的延伸,一般不视为就业,实习学生与单位不成立劳动关系。但赖国伟并非双福学校的全日制在校生,该校未对原告赖国伟进行过职业技术理论培训,也没有收取培训费、颁发学生证和任何培训证书等,即原告赖国伟未接受双福学校的管理,其到被告公司"实习"并非双福学校对原告教学培训的延伸,所以,原告赖国伟不属于在校学生实习。恰恰相反的是,上诉人是唐山市对外经济贸易学校全日制的在校学生,在三年级进行的是在校学生实习,上诉人提供的案例能说明上诉人在 2016 年 3 月 25 日之前的实习过程中与被上诉人之间不存在事实劳动关系。综上所述,上诉人的上诉事实与理由没有事实和法律依据，一审判决认定事实清楚、适用法律正确，请二审法院驳回上诉、维持原判。补充意见如下，一审法院在第八页认定被告向原告支付的费用是补助或补贴是基于上诉人顶岗实习期间应获得实习报酬，实习报酬不属于工资，类似于补助补贴，与第九页被告为原告支付过报酬仅是一收入证明并不矛盾。因为在2017年交通事故案件中，法院的生效判决将工资证明认定为是上诉人的收入证明。一审判决对原生效判决的引用与上诉人获得的是实习报酬并不矛盾，如果有矛盾也只能说明原交通事故判决认定事实错误。

董璇向一审法院起诉请求：请求法院依法判决确认董璇与被告滦影公司存在劳动关系。

一审法院认定事实：被告滦影公司是依法成立的用人单位。2016年3月26日7时30分许，原告驾驶电动自行车在原滦县老火车站西侧处发生交通事故受伤，伤后被送至原滦县人民医院治疗，后转入北京积水潭医院住院治疗。该事故经原滦县公安交通警察大队勘查认定，原告无事故责任。原告于2017年3月10日向原滦县劳动人事争议调解仲裁委员会提出仲裁申请，申请确认与被告之间存在事实劳动关系。该仲裁委于2017年11月6日作出滦劳人仲案〔2017〕038号仲裁裁决书，裁决原告董璇与被告滦影公司之间不存在事实劳动关系。原告不服该裁决书，于法定时间内向本院提起诉讼，请求依法确认原告与被告之间存在事实劳动关系。原告原系滦州市滦州镇＊＊新村居民。2013年9月至2016年7月在唐山市对外经济贸易学校计算机平面设计专业学习。事故发生时原告尚为唐山市对外经贸学校学习计算机平面设计专业的学生。原告于2015年9月到被告处从事平面设计工作，双方约定日工资为90元。原告到被告处工作时尚未毕业，系在校实习学生，原告到被告处是顶岗实习，正在实习期间。原告与被告之间未签订劳动合同，也未与被告签订毕业后仍到被告处继续工作的劳动意向协议。另查明，原告因交通事故所受损害的事实已被我院〔2017〕冀0223民初1659号民事判决予以证实，该判决所确定相关赔偿款项原告已得到赔偿。

一审法院认为，本案原、被告双方争议的焦点问题是原、被告之间是否存在事实劳动关系。关于原告曾在被告处工作过的事实，双方对此无异议，被告也认可原告曾到被告处工作过的事实，日工资为90元，但被告对原告所称的与自己存在事实劳动关系的主张不予认可，一是认为在事故发生前的3月25日，原告就不在被告处工作了，二是认为原告系在校实习的大学生，原告在被告处工作时处于实习期间，实习大学生与实习单位之间不存在劳动关系。原告认为自己与被告之间存在事实劳动关系，称自己在被告处工作期间接受被告的管理，自己劳动也是被告工作内容的组成部分，被告为自己支付工资，且在自己发生事故后，被告为自己出具了工资证明，称该证明是被告方法定代表人＊＊＊亲自送至其家中，＊＊＊对此予以否认，原告也未提出相关证据证实自己的该主张，＊＊＊并对该证明的真实性提出异议，故本院对原告提交的工资证明用于证明与被告间存在劳动关系的主张不予采信。原告在被告处实习工作及发生交通事故时，是尚未毕业的大学生，其在被告处工作实际上是在被告处实习。不仅原告，一般大学生都有实习任务，但大学生实习是以学习为目的，到机关、企业、事业单位甚至是农村参加社会实践，是为了巩固补充自己在学校的课堂知识，没有工资，或有一些报酬，即便实习单位向其支付一些报酬，也只是对实习生付出工作的一种补贴，而不能称其为工资。实习生是没有基本工资的，甚而至于有些实习单位还会要求学校或实习生个人支付实习费，因而本案中被告向原告支付的费用只能算是对原告付出劳动的一种补助或补贴，而不是《劳动法》等意义上的工资。关于原告在该单位接受被告的管理，事实上，任何一个实习生在实习单位实习时都有接受实习单位管理的义务，这也是为保证实习生更好地受到实习训练，以便为其将来到社会上更好的工作提供机会和能力。实习生实习的主要任务就是为完成自己的学习任务，是为了将自己所学学业与社会实践结合，不是以取得劳动报酬为目的。《中华人民共和国职业教育法》第三十七条也规定："国务院有关部门、县级以上地方各级人民政府以及举办的职业学校、职业培训机构的组织、公民个人，应当加强职业教育生产实习基地的建设。企业、事业组织应当加强职业学校和职业培训机构的学生和教师实习；对上岗实习的，应当给予适当的劳动报酬。"综上所述，在校学生与实习单位之间建立的不是劳动关系，实习生不是劳动法意义上的劳动者，他和实习单位之间没有建立事实或者法律上的劳动关系。实习生的身份仍是学生，而不是劳动者，学生在实习单位发生伤亡事故的，不属于《工伤保险条例》工伤的认定对象。不仅如此，因原告既未与被告签订劳动合同，也未与被告签订毕业后仍到被告处继续工作的意向协议，故此原告称与被告之间存在事实劳动关系的主张没有事实和法律依据，原告与被告之间不存在事实劳动关系，原告的诉讼请求本院不予支持。关于被告要求对原告所用工资证明中的公章鉴定事宜，本院认为，该公章的鉴定与否，与本案待证明的事实和事项无关，即便鉴定出该公章与被告所用公章一致，也不能证实原、被告之间存在事实劳动关系，因该证明证实的只是原告曾在被告处实习工作过,被告为原告支付过报酬,仅是一收入证明。所以对被告提出的鉴定申请,本院不予支持。根据《中华人民共和国劳动法》第二条,《中华人民共和国劳动合同法》第二条,参照《劳动和社会保障部关于确定劳动关系有关事项的通知》劳社部发〔2005〕12 号第一条第一项的规定,判决如下:一、驳回原告董璇的诉讼请求;二、原告董璇与被告滦影公司之间不存在事实劳动关系。案件受理费 10 元,由原告董璇负担。

本院二审期间,当事人没有提交新证据。本院对一审查明的事实予以确认。

本院认为,本案争议焦点为:董璇与滦影公司是否存在事实劳动关系。

在校学生实习是根据学校的教学安排,以巩固补充课堂知识为目的到企事业单位等参加社会实践活动。本案中,董璇 2015 年 9 月到滦影公司工作时尚未毕业,属于在校学生实习期间顶岗实习。在校学生实习必然要服从实习单位的管理,遵守各项规章制度,实习单位虽向其支付劳动报酬,但实习生身份仍隶属于学校,不属于劳动法意义上的劳动者,其与实习单位之间不成立劳动关系。因此,一审判决董璇与滦影公司间不存在事实劳动关系并无不当。

综上所述,董璇的上诉请求不能成立,应予驳回;一审判决认定事实清楚,适用法律正确,应予维持。依照《中华人民共和国民事诉讼法》第一百七十条第一款第一项规定,判决如下:

驳回上诉,维持原判。

二审案件受理费 10 元,由上诉人董璇负担。

本判决为终审判决。

审判长:＊　　＊

审判员:＊　　＊

审判员:＊　　＊

二〇二〇年五月二十九日

书记员:＊　＊　＊

判例评析:

本判例的结果是实习期间不构成劳动关系。

在本判例中,学生董璇于 2015 年 9 月到被上诉人滦影广告公司处实习,一直实习到 2016 年 3 月 26 日上诉人在上班途中发生交通事故。该学生每月工资 2700 元,日工资 90 元,工种为平面设计。董璇认为,其与滦影公司构成事实劳动关系,理由是:

(1)第三年是自主择业期,学校不安排学生到校学习,属于准毕业大学生,在这期间上诉人不再受学校的管理。

(2)每月工资 2700 元,日工资 90 元,远远高于 2017 年河北省最低工资标准,不是一般的实习补贴。因此,其与滦影广告公司构成事实劳动关系。

但是,滦影公司却提出反驳,理由是:

(1)董璇在 2015 年 9 月至 2016 年 7 月是中等职业学校三年级的学生,应进行实习,上诉人在学校学习了两年理论知识,并不具备直接上岗工作的技能要求,而是需要通过实习来理论联系实际,经过学校实习考核领取毕业证后才能真正走上工作岗位。在此期间,其身份仍是在校学生。

(2)滦影广告公司只是县城里的一个小广告公司,平时的业务基本上就是印印宣传单、名片、条幅或给人装个广告牌,除了家里人长期在办公地点干活,公司没有招聘长期工作人员,更不可能招实习学生作长期工,活儿多的时候就临时找人,目前被上诉人处也有偶尔来实习的学生,愿意来就来,不愿意来就不来,来的话按天计算结账,不来的话也不会去找他,而且双方没有签订书面劳动协议。

(3)滦影广告公司是家庭作坊式的小公司,所有到被上诉人处干活的人获得的报酬都差不多,每个人付出的心血和劳动都应该得到尊重,所以被上诉人按每天 90 元的标准支付给上诉人报酬完全符合合理的实习报酬这一要求。

(4)上诉人提供的学校证明不具有真实性、合法性,该学校出证明说第三年是自主择业期、学校不管理学生明显不合理也不合法。

(5)滦影广告公司在劳动仲裁阶段提供证据证实上诉人已于 2016 年 3 月 25 日领取实习报酬不再到被上诉人处实习。

(6)董璇于 2016 年 3 月 26 日 7 点 30 分在老城发生交通事故时早已超过被上诉人的上班时间,被上诉人办公地点在新城,要求 7 点 20 分到岗,7 点 30 分正式工作,交通事故发生的时间不是在去上班的路上。

(7)滦影广告公司在仲裁及诉讼过程中均提出了工资证明公章真伪的鉴定,一审法院曾组织鉴定并收取鉴定费用,但至今仍未进行司法鉴定,被上诉人认为有进行鉴定的必要,请二审法院予以裁定。最后法院对董璇提交的工资证明用于证明与被告间存在劳动关系的主张不予采信。

显然,从本判例中可以看出司法实务界对于"大学生实习是否构成劳动关系"的观点是"具体问题具体分析",不搞"一刀切"。如内蒙古自治区高级人民法院、内蒙古自治区劳动人事争议仲裁委员会印发《关于劳动人事争议案件适用法律若干问题的指导意见》的通知内高法〔2015〕193号指出，"在校学生在用人单位进行实习，应当根据具体事实进行判断，对完成学校的社会实习安排或自行从事社会实践活动的实习，不认定劳动关系。但用人单位与在校学生之间名为实习，实为劳动关系的除外"。在本判例中，有几个点很重要：

（1）身份问题。董璇提到其属于三年级准毕业生，属于自主择业期间，学校不再对其管理。这个观点显然是错误的。只要没有毕业，她就属于在校学生，仍归属于学校管理。因此，哪怕学校出具证明，也是徒劳的。

（2）实习报酬算不算工资？董璇提出其实习报酬较高，应该是工资，但是其提交的工资证明却被指认为伪造的。笔者认为，实习报酬算不算工资，也不能单独按金额算，还要看其发放、计算方式。本案中，按日计酬，显然就有"临时""未正式"的特点，不太符合工资的特征。

（3）用人单位的性质也很关键。本案中，滦影公司就是县城里的一个小广告公司，平时的业务基本上就是印印宣传单、名片、条幅或给人装个广告牌，除了家里人长期在办公地点干活外，公司没有招聘长期工作人员，因此，招聘一个正式员工也的确不符合常理。

正是因为以上几点，最后一审、二审法院均认为，不构成劳动关系。该判例较好的反映了司法实务界对事实劳动关系的基本观点，也就是说主要根据具体事实进行判断，是否签订书面劳动合同并不是最重要的，其判决无疑是准确、正确的。

下面再看一则判决认定实习期间构成劳动关系的判例。

判例4.武汉市新珈体育健身管理有限公司、余婷劳动合同纠纷二审民事判决书

湖北省武汉市中级人民法院

民　事　判　决　书

〔2019〕鄂01民终8264号

上诉人（一审原告）：武汉市新珈体育健身管理有限公司，住所地：湖北省武汉市＊＊区＊＊大道＊号＊＊＊＊大厦＊座＊层。

法定代表人：＊＊＊，该公司总经理。

委托诉讼代理人：＊＊，湖北＊＊律师事务所律师。

委托诉讼代理人：＊＊，湖北＊＊（湖北自贸区武汉片区）律师事务所律师。

被上诉人（一审被告）：余婷，＊，＊年＊月＊日出生，＊族。

委托诉讼代理人：＊＊＊，湖北＊＊律师事务所律师。

上诉人武汉市新珈体育健身管理有限公司（以下简称新珈体育公司）因与被上诉人余婷劳动合同纠纷一案，不服湖北省武汉市江汉区人民法院〔2019〕鄂0103民初2418号民事判决，向本院提起上诉。本院依法组成合议庭对本案进行审理。本案现已审理终结。

新珈体育公司上诉请求：1.请求依法撤销湖北省武汉市江汉区人民法院〔2019〕鄂0103民初2418号民事判决，改判支持武汉市新珈体育健身管理有限公司的一审全部诉讼请求；2.本案一审、二审案件受理费由被上诉人余婷承担。事实和理由：1.新珈体育公司未对余婷实习区别化管理，系出于降低企业经营和成本考虑，并非与余婷建立劳动关系。2.余婷没有举证已完成学业任务，已脱离学校管理，公司对其不实施管理，从劳动关系的"管理"本质出发，公司与余婷不存在劳动关系。3.一审错误认定余婷与新珈体育公司协商一致解除劳动关系。一审判决事实认定不清，适用法律错误。

余婷辩称：1.新珈体育公司的核心观点是余婷还与学校存在管理关系，无法建立劳动关系，属于勤工助学。但余婷按月从新珈体育公司处领取工资长达17个月，说明双方已建立劳动关系。2.新珈体育公司举证证明余婷毕业后自己离开公司创业，因此在上学期间没有与新珈体育公司建立长期劳动合同关系，但余婷与新珈体育公司没有竞业限制，余婷有权选择离开公司。3.新珈体育公司与余婷在仲裁阶段协商过解除劳动关系，一审认定双方协商解除正确。

新珈体育公司向一审法院提出的诉讼请求：1.判决确认新珈体育公司与余婷2017年2月17日至2018年7月15日期间不存在劳动关系；2.判决新珈体育公司不向余婷支付2017年3月17日至2018年2月17日期间未签劳动合同的双倍工资差额148186.5元、2018年7月份工资6193.79元、经济补偿金20207.25元、未休年假工资2506.33元，上述款项总计177093.87元。

一审法院认定事实：余婷于2017年2月17日入职新珈体育公司处从事私人教练工作。余婷在职期间，新珈体育公司通过银行转账方式每月固定15日、25日向余婷支付工资。余婷离职前12个月月均工资为13471.5元/月。余婷于2018年8月9日向武汉市江汉区劳动人事争议仲裁委员会申请仲裁，该委于2018年12月20日作出江劳人仲裁字〔2019〕第19号仲裁裁决书，裁决确认新珈体育公司、余婷自2017年2月17日至2018年7月15日期间存在劳动关系;新珈体育公司一次性向余婷支付自2017年2月17日至2018年7月15日期间未签订劳动合同的双倍工资差额148186.5元、2018年7月工资6193.79元、经济补偿金20207.25元、未休年休假工资2506.33元。新珈体育公司不服该裁决,故诉至一审法院,提出上述诉讼请求。

另查明,余婷在入职时填写了《员工登记表》,上面载明(岗位)职务为PT,毕业学校为江大,毕业时间未毕业。在登记表底部由新珈体育公司的法定代表人签署了"同意实习"。庭审中余婷还向一审法院提交了余婷与新珈体育公司经理黄某某的聊天记录,内容为黄某某要求原告办理离职和交接,余婷称自己被辞退,不能不发工资。黄某某称办理离职手续,会员没有问题肯定会发工资的。

还查明,江汉大学体育学院于2018年11月28日出具情况说明,载明余婷因专业身份特殊性,每年只用在规定时间内返校完成课程学习和考核,可以对外与用人单位签订劳动合同。

一审法院认为:本案的争议焦点在于余婷在新珈体育公司处工作时尚未毕业,是否属于实习或者勤工助学。首先,大学生实习通常是以学习为目的,经学校介绍,到相关单位进行社会实践,大多为辅助性质工作,没有工资。实习期满,由相关单位出具实习鉴定。然而结合双方提交的证据和庭审陈述,余婷自行到新珈体育公司处应聘工作,且进行了入职前的员工登记。余婷在新珈体育公司处工作期间,担任私人教练一职,需要接受新珈体育公司的考勤管理,一对一教授客户健身,新珈体育公司每月固定15日、25日向余婷发放工资报酬。新珈体育公司虽主张余婷到新珈体育公司处工作尚未毕业,系实习,但新珈体育公司让余婷填写的系《员工登记表》,而非实习登记表,余婷所填写的内容中并无实习的意向和内容,虽然新珈体育公司法定代表人陈＊签署了"同意实习",但仅系新珈体育公司的单方认定,既无余婷事前申请实习相对照,亦无余婷事后追认实习相确认。反观余婷提交的微信聊天记录,新珈体育公司的工作人员一直要求余婷办理离职和交接手续后结算工资,该情形显然不符合一般实习的工作情况,此外,新珈体育公司亦未给余婷出具实习报告,新珈体育公司主张余婷系到单位实习的理由不能成立。其次,根据劳动部《关于贯彻执行〈中华人民共和国劳动法〉若干问题的意见》第十二条规定:"在校生利用业余时间勤工助学,不视为就业,未建立劳动关系,可以不签订劳动合同。"该规定针对的是学生以在校学业为主,不以就业为目的,利用业余时间到工作岗位赚取学杂费、生活费的情形。而本案余婷从2017年2月17日至2018年7月15日如此长期在新珈体育公司处担任私教，且与新珈体育公司其他正式员工一样无差别遵从上下班考勤管理。另根据余婷提交的江汉大学体育学院出具的情况说明有关余婷专业身份特殊性，每年只用在规定时间内返校完成课程学习和考核，可以对外与用人单位签订劳动合同的记载，余婷不需要持续一学年或一学期在校上课以完成学业任务，再利用课余时间打工补贴生活。新珈体育公司认为余婷属于勤工助学的主张一审法院不予采信。余婷在新珈体育公司处工作期间虽未毕业，但已符合《中华人民共和国劳动法》规定的就业年龄，每月遵从新珈体育公司的考勤制度，独立完成私教工作，并由新珈体育公司发放劳动报酬，新珈体育公司与余婷双方已经形成事实劳动关系。双方对新珈体育公司的工作时间无异议，故新珈体育公司与余婷从 2017 年 2 月 17 日至 2018 年 7 月 15 日期间存在劳动关系，对新珈体育公司的要求确认双方不存在劳动关系的诉讼请求，一审法院不予支持。

根据《中华人民共和国劳动合同法》第八十二条规定，用人单位自用工之日起超过一个月不满一年未与劳动者订立书面劳动合同的，应当向劳动者每月支付二倍的工资。余婷于 2017 年 2 月 17 日入职新珈体育公司处，新珈体育公司至迟应于 2017 年 3 月 16 日与其签订书面劳动合同，但新珈体育公司未与其签订，故新珈体育公司应向余婷支付 2017 年 3 月 17 日至 2018 年 2 月 16 日期间未签订劳动合同二倍工资差额 155919.4 元〔(2000＋2227) 元÷21.75 天×11 天＋1500 元＋2683 元＋1950 元＋10599 元＋2000 元＋19961 元＋16975 元＋1960 元＋19621 元＋1500 元＋5934元＋2000 元＋19337 元＋178 元＋690 元＋830 元＋4016 元＋2000元＋30928 元＋8473 元＋(833＋339)元÷21.75 天×12 天〕。仲裁裁决新珈体育公司向余婷支付未签订劳动合同的双倍工资差额 148186.5 元后，余婷未起诉，视为对仲裁裁决结果的认可，故新珈体育公司要求不向余婷支付 2017 年 3 月 17 日至 2018 年 2 月 17 日期间未签劳动合同的双倍工资差额的诉讼请求，一审法院不予支持。

根据《中华人民共和国劳动法》第五十条的规定："工资应当以货币形式按月支付给劳动者本人。不得克扣或者无故拖欠劳动者的工资。"新珈体育公司未提交证据证明已向余婷发放 2018 年 7 月的工资，故新珈体育公司应向余婷支付 2018 年 7 月的工资 6193.79 元(13471.5 元/月÷21.75 天/月×10 天)。对新珈体育公司要求不支付余婷 7 月份工资的诉讼请求一审法院不予支持。

新珈体育公司、余婷双方对劳动关系解除原因各执一词，但均未提交有效的证据予以证明，一审法院推定系双方协商一致解除劳动关系。根据《中华人民共和国劳动合同法》第四十六条的规定，在用人单位和劳动者协商一致解除劳动合同时，用人单位应当向劳动者支付经济补偿金。又根据《中华人民共和国劳动合同法》第四十七条规定经济补偿按劳动者在本单位工作的年限，每满一年支付一个月工资的标准向劳动者支付。6个月以上不满一年的，按一年计算，不满6个月的，向劳动者支付半个月工资的经济补偿。本条所称月工资是指劳动者在劳动合同解除或终止前12个月的平均工资。故新珈体育公司应向余婷支付经济补偿金20207.25元（13471.5元/月×1.5个月）。对新珈体育公司要求不支付余婷经济补偿金的诉讼请求一审法院不予支持。

根据《职工带薪年休假条例》第三条、第五条之规定，职工累计工作已满1年不满10年，年休假5天；对职工应休未休的年休假天数，单位应当按照该职工日工资收入的300%支付年休假工资报酬。根据《企业职工带薪年休假实施办法》第十二条规定，用人单位与职工解除或者终止劳动合同时，当年度未安排职工休满应休年休假的，应当按照职工当年已工作时间折算应休未休年休假天数并支付未休年休假工资报酬，但折算后不足1整天的部分不支付未休年休假工资报酬。根据《工资支付暂行规定》第六条的规定，用人单位必须书面记录支付劳动者工资的数额、时间、领取者的姓名及签字，并保存两年以上备查。新珈体育公司未提供安排余婷于2018年2月17日至2018年7月15日休年休假或发放未休年休假工资报酬的证据，故新珈体育公司应向余婷支付未休年休假工资2477.52元（13471.5元/月÷21.75天/月×2天×200%）。对新珈体育公司要求不向余婷支付未休年休假工资2506.33元的诉讼请求，一审法院予以部分支持。

综上，根据《中华人民共和国劳动法》第五十条，《中华人民共和国劳动合同法》第四十六条第（二）项、第四十七条、第八十二条，《职工带薪年休假条例》第三条、第五条，《企业职工带薪年休假实施办法》第十二条，《工资支付暂行规定》第六条及《中华人民共和国民事诉讼法》第六十四条第一款、第一百四十二条的规定，一审法院判决如下：一、确认武汉市新珈体育健身管理有限公司与余婷自2017年2月17日至2018年7月15日存在劳动关系；二、武汉市新珈体育健身管理有限公司于判决生效之日起十日内向余婷支付2017年3月17日至2018年2月16日期间未签订劳动合同二倍工资差额155919.4元；三、武汉市新珈体育健身管理有限公司于判决生效之日起十日内向余婷支付2018年7月份工资6193.79元；四、武汉市新珈体育健身管理有限公司于判决生效之日起十日内向余婷支付解除劳动关系经济补偿金20207.25元；五、武汉市新珈体育健身管理有限公司于判决生效之日起十日内向余婷支付未休年休假工资2477.52元；六、驳回武汉市新珈体育健身管理有限公司的其他诉讼请求。如果未按判决指定的期间履行给付金钱义务，应当依照《中华人民共和国民事诉讼法》第二百五十三条之规定，加倍支付迟延履行期间的债务利息。案件受理费6元，由武汉市新珈体育健身管理有限公司负担。

二审中，双方当事人均未提交新的证据。新珈体育公司对一审判决查明的事实有异议，认为新珈体育公司支付的是实习报酬，并非工资。对一审法院查明的其他事实无异议。余婷对一审法院查明的事实无异议，认为新珈体育公司向余婷支付的是劳动报酬。

一审查明的事实属实，本院予以确认。

二审另查明，2016年10月30日，余婷领取高级私人教练证书。

本院认为，依据《中华人民共和国民事诉讼法》第一百六十八条的规定，第二审人民法院应当对上诉请求的有关事实和适用法律进行审查。本案争议焦点为：1.余婷与新珈体育公司之间是否构成劳动关系；2.余婷离开新珈体育公司是否为双方协商一致。

认定劳动关系应从以下四个方面进行审查：1.用人单位主体适格；2.劳动者提供的劳动是用人单位的业务；3.用人单位向劳动者发放工资；4.劳动者接受用人单位的管理。本案中余婷入职新珈体育公司，填写员工登记表时，如实告知了自己的身份状况是在校的学生，新珈体育公司依然让其作为教练到公司工作。事后，更有余婷所在学校出具的证明，对其特殊的身份予以说明，表示在读期间她可以自主与企业建立劳动关系。登记表上，公司原法定代表人虽签批"同意实习"，其单方认为余婷系实习的意思表示，不能作为双方均认可为"实习"关系的事实认定。新珈体育公司是依法登记成立的合法企业，余婷已达到法律规定的用工年龄，其从事公司的私教教练，属于公司的业务范围，新珈体育公司对余婷到岗实施打卡等管理，并每月定时发放工资，完全符合劳动关系的特征，结合余婷在新珈体育公司工作达一年半之久，到岗时间基本正常，并没有因为学业影响工作等实际情况，双方之间应认定为劳动关系。劳动关系存续的时间从余婷入职之日2017年2月17日至离职之日2018年7月15日止。

案件中的证据没有能反映余婷离职的是个人提出还是公司辞退，但新珈体育公司提交的微信记录，反映公司要余婷去办理离职交接手续，余婷也同意办理交接,说明双方当事人对离职达成一致意见,一审法院推定双方当事人协商一致解除劳动关系并无不当。一审法院核算未签订劳动合同的双倍工资、2018 年 7 月工资、解除劳动合同经济补偿金以及未休年休假工资正确,本院予以维持。

综上所述,新珈体育公司的上诉请求不能成立,应予驳回;一审判决认定事实清楚,适用法律正确,应予维持。依照《中华人民共和国民事诉讼法》第一百七十条第一款第一项,判决如下:

驳回上诉,维持原判。

二审案件受理费 10 元,由武汉新珈体育健身管理有限公司负担。

本判决为终审判决。

审判长:＊　　＊

审判员:＊＊＊

审判员:＊　　＊

二○一九年八月二十九日

法官:助理　＊＊＊

书记员:＊＊＊

判例解析:

本判例的结果是判决认定实习期间构成劳动关系。

本判例中,余婷是江汉大学体育学院学生,于 2017 年 2 月 17 日至 2018 年 7 月 15 日(共计 17 个月)入职新珈体育公司处从事私人教练工作。余婷在职期间,新珈体育公司通过银行转账方式每月固定 15 日、25 日向余婷支付工资。余婷离职前 12 个月月均工资为 13471.5 元。

新珈体育公司认为:

(1)新珈体育公司未对余婷实习区别化管理,系出于降低企业经理和成本考虑,并非与余婷建立劳动关系。

(2)余婷没有举证已完成学业任务,已脱离学校管理,公司对其不实施管理,从劳动关系的"管理"本质出发,公司与余婷不存在劳动关系。

而余婷则提出充分的证据,证明其存在劳动关系,具体包括:

(1)入职时以员工身份而非以实习生身份入职。余婷自行到新珈体育公司处应聘工作,且进行了入职前的员工登记。余婷在新珈体育公司处工作期间,担任私人教练一职,需要接受新珈体育公司的考勤管理,一对一教授客户健身,新珈体育公司每月固定 15 日、25 日向余婷发放工资报酬。新珈体育公司虽主张余婷到新珈体育公司处工作尚未毕业,但新珈体育公司让余婷填写的系《员工登记表》，而非实习登记表。

（2）与正式员工一样无差别遵守考勤管理。余婷从 2017 年 2 月 17 日至 2018 年 7 月 15 日如此长期在新珈体育公司处担任私教，且与新珈体育公司其他正式员工一样无差别遵从上下班考勤管理。

（3）工资水平是正常正资工作水平。余婷离职前 12 个月月均工资为 13471.5 元，且每个月固定发放。这个工资水平显然不是一般的实习补贴。

（4）学生身份不影响其与公司签订劳动合同。江汉大学体育学院出具的情况说明有关于余婷专业身份特殊性，每年只用在规定时间内返校完成课程学习和考核，可以对外与用人单位签订劳动合同的记载，余婷不需要持续一学年或一学期在校上课以完成学业任务，再利用课余时间打工补贴生活。（目前，在很多高校都存在高年级学生课程安排较少，以有助于其实习或就业，提升高校就业率的情况）

（5）协商一致解除劳动合同。新珈体育公司提交的微信记录，反映公司要余婷去办理离职交接手续，余婷也同意办理交接，说明双方当事人对离职达成一致意见，公司需按照法律要求给予相应的赔付。

本判例中，法院明确指出，认定劳动关系应从 4 个方面进行审查：（1）用人单位主体适格；（2）劳动者提供的劳动是用人单位的业务；（3）用人单位向劳动者发放工资；（4）劳动者接受用人单位的管理。而当事人显然符合上述要求，因此，予以认定就没有问题了。

下面的判例，也是认定实习期间构成劳动关系的案例。鉴于该判决书对实习的类型做了极好的总结，因此，笔者也予以选用。

判例 5. 唐山市丰南区世嘉筛网厂与马宝山确认劳动关系纠纷二审民事判决书

河北省唐山市中级人民法院

民 事 判 决 书

〔2014〕唐民一终字第 670 号

上诉人（原审被告）：马宝山。

被上诉人（原审原告）：唐山市丰南区世嘉筛网厂，住所地：唐山市＊＊＊＊＊镇＊＊庄＊国道北侧。

负责人：＊＊＊，该厂厂长。

委托代理人：＊＊，河北＊＊律师事务所律师。

上诉人马宝山因确认劳动关系纠纷一案，不服河北省唐山市丰南区人民法院〔2014〕丰民初字第 275 号民事判决,向本院提起上诉。本院依法组成合议庭审理了本案,现已审理终结。

原审法院经审理查明:被告马宝山于 2010 年 12 月 26 日被河北省唐山市丰南区职业技术教育中心录取为机电应用专业学生,学制为三年,前两年为在校文化、专业、基础理论学习,第三年按国家规定离校顶岗实习,毕业证待发。被告马宝山于 2013 年 2 月到唐山市国航电力建筑安装有限公司实习工作,后又于 2013 年 5 月到原告处顶岗实习工作。2013 年 7 月 20 日下午 5 时许,被告马宝山在工作中受伤,于 2013 年 10 月 10 日向唐山市丰南区劳动争议仲裁委员会申请确认与原告存在劳动关系,唐山市丰南区劳动人事争议调解仲裁委员会于 2013 年 11 月 25 日作出"丰劳人仲案(裁)字〔2013〕第 76 号"仲裁裁决书,裁决被告与原告存在劳动关系,原告不服该裁决,于 2013 年 12 月 6 日向本院提起诉讼,要求确认被告与原告不存在劳动关系。

原审法院认为,被告马宝山虽从 2013 年 2 月始离校参加顶岗实习工作,也得到原告发放的劳动报酬,但其到 2013 年 12 月才能取得毕业证书,其在被告处顶岗实习工作期间仍为职校学生身份,尚未获得相应就业资格,不属于劳动法范畴的劳动者,故其与原告唐山市丰南区世嘉筛网厂之间并未依法建立起劳动关系。依照《职业学校学生顶岗实习管理规定》第三十条及其他相关法律法规之规定,判决如下:原告唐山市丰南区世嘉筛网厂与被告马宝山之间不存在劳动关系。案件受理费人民币 10 元由被告马宝山负担。

判后,原审被告马宝山不服,向本院提起上诉,请求撤销原判,依法改判上诉人与被上诉人之间存在劳动关系,一、二审诉讼费用由被上诉人承担。其主要上诉理由为:一审法院在证据的认定上有失公正,并以推定的事实作为定案的依据,认定事实错误。2013 年 5 月上诉人自主择业到被上诉人处从事普工工作,未签订任何书面协议,上诉人工资按月结算,每天工作至少 8 小时,每天按照被上诉人规定的时间上、下班,一审中上诉人提供了相关证据,但一审法院对上诉人提交的证据不予采信,却在对顶岗实习关系负有举证责任的被上诉人未提交顶岗实习协议和其他顶岗实习材料的情况下,推定双方不存在劳动关系。二、一审法院适用法律错误,上诉人与被上诉人之间符合《中华人民共和国劳动合同法》第七条和最高人民法院《关于确立劳动关系有关事项的通知》关于劳动关系的特征,一审法院适用《职业学校学生顶岗实习管理规定》,属于适用法律错误。

被上诉人唐山市丰南区世嘉筛网厂答辩称,原审判决认定事实清楚,适用法律正确,请求驳回上诉,维持原判。

二审经审理查明,2013 年 7 月 22 日,马宝山和其他案外人与唐山市丰南区世嘉筛网厂签订协议,约定:马宝山于 2012 年 11 月毕业于丰南中心学校,经学校推荐到唐山市丰南区世嘉筛网厂实习,实习期间日工资按国家有关规定,期满后双方同意签订 3 年期限《劳动合同》。实习期满后被唐山市丰南区世嘉筛网厂录用后办理医疗保险、工伤保险、失业保险、生育保险、养老保险等。补办实习期养老保险、医疗保险、失业保险。实习期间应职工马宝山要求暂不办理各种保险。另查明,唐山市丰南区世嘉筛网厂未与唐山市丰南区职业技术教育中心建立联合办学、顶岗实习关系。其他事实与原审判决所认定的事实相一致。上述事实有双方当事人陈述、书证等相关证据予以证实,并记录在卷。

本院认为,大学生实习一般分为就业型实习、勤工俭学型实习和培训型实习三种情况。就业型实习是指那些已经达到法定劳动年龄并以最终就业为目标的大学生。对于该类在校生而言,现阶段的实习是为以后签约留在用人单位所做的锻炼。在此种情况下用人单位为实习者提供必要的工作、生活条件,实习期间或期满后被实习单位正式录用的,单位应及时与学生签订劳动合同,缴纳社会保险,实习时间可作为工龄计算。勤工俭学型实习是在校生个人利用业余时间进行的勤工俭学活动,此种实习活动,大学生与其服务的单位之间没有劳动关系。培训型实习是作为学校教学计划的一部分,由学校统一安排到实践部门进行的实习。该种实习应被视为教学的一部分,这样的实习不能视为就业,单位一般也不会对实习生支付报酬。原劳动部《关于贯彻执行〈中华人民共和国劳动法〉若干问题的意见》第十二条规定,在校学生利用业余时间勤工助学,不视为就业,未建立劳动关系,可以不签订劳动合同。该条规定仅限于勤工助学行为,而除《劳动法》第十五条规定禁止用人单位招用未满 16 周岁的未成年人外,我国法律没有对在校生成为劳动关系主体进行禁止性规定。

本案中上诉人马宝山于 2013 年 2 月经学校介绍到唐山市国航电力建筑安装有限公司实习,2013 年 5 月离开实习岗位,自主择业到被上诉人唐山市丰南区世嘉筛网厂工作。唐山市丰南区世嘉筛网厂并未与上诉人所在学校建立联合办学、顶岗实习关系,其明知上诉人系未毕业的在校学生,仍与其建立劳动关系,且在 2013 年 7 月 22 日与其签订协议书,约定实习期间工资按国家有关规定,期满后双方同意签订 3 年期限《劳动合同》,说明双方有建立劳动关系的意向。综上,对上诉人主张其与被上诉人存在事实劳动关系,理据充足,本院予以支持。被上诉人主张上诉人系经其学校推荐到其单位实习,与上诉人不存在劳动关系的抗辩理由,理据不足,本院不予支持。依照《中华人民共和国民事诉讼法》第一百七十条第一款第(三)项之规定,判决如下:

一、撤销河北省唐山市丰南区人民法院〔2014〕丰民初字第275号民事判决。

二、上诉人马宝山与被上诉人唐山市丰南区世嘉筛网厂之间存在事实劳动关系。

一审案件受理费10元、二审案件受理费10元,合计20元,由被上诉人唐山市丰南区世嘉筛网厂负担。

本判决为终审判决。

审判长　＊＊＊

审判员　＊　＊

审判员　＊＊＊

二〇一四年九月十八日

书记员　＊　＊

判例评析:

本判例的结果是判决认定实习期间构成劳动关系。

本判例中,法院指出了3种典型的实习类型:就业型实习、勤工俭学型实习和培训型实习。

就业型实习是指那些已经达到法定劳动年龄并以最终就业为目标的大学生实习。对于该类在校生而言,现阶段的实习是为以后签约留在用人单位所做的锻炼。在此种情况下用人单位为实习者提供必要的工作、生活条件,实习期间或期满后被实习单位正式录用的,单位应及时与学生签订劳动合同,缴纳社会保险,实习时间可计入工龄。

勤工俭学型实习是在校生个人利用业余时间进行的勤工俭学活动,此种实习活动,大学生与其服务的单位之间没有劳动关系。

培训型实习作为学校教学计划的一部分,是由学校统一安排到实践部门进行的实习。该种实习应被视为教学的一部分,这样的实习不能视为就业,单位一般也不会对实习生支付报酬。

本案中上诉人马宝山于2013年2月经学校介绍到唐山市国航电力建筑安装有限公司实习,2013年5月离开实习岗位,自主择业到被上诉人唐山市丰南区世嘉筛网厂工作。唐山市丰南区世嘉筛网厂并未与上诉人所在学校建立联合办学、顶岗实习关系，其明知上诉人系未毕业的在校学生，仍与其建立劳动关系，且在 2013 年 7 月 22 日与其签订协议书（注：2013 年 7 月 20 日下午 5 时许，被告马宝山在工作中受伤），约定实习期间工资按国家有关规定，期满后双方同意签订 3 年期限《劳动合同》，说明双方有建立劳动关系的意向。此外，2013 年 5 月上诉人自主择业到被上诉人处从事普工工作，未签订任何书面协议，上诉人工资按月结算，每天工作至少 8 小时，每天按照被上诉人规定的时间上、下班，一审中上诉提供了相关证据。显然，本判例符合确认劳动关系的基本特征。

（二）实习期间人身伤害赔偿典型判例

实习期间，由于各种原因，大学生出现人身意外伤害总是难以避免。而对人身权利的保障是大学生实习权益保障的重要内容，且人身意外伤害还与工伤问题密切相关，实习单位、高校、学生是承担按份责任还是连带责任都值得探究，为此，很有必要将其相关情况予以详细调查，审视司法实务界的判断观点，从而为深入研究提供判例依据。

判例 6. 王俊诉江苏强维橡塑科技有限公司、徐州工业职业技术学院人身损害赔偿纠纷案（实习侵权纠纷）

审理法院	江苏省宿迁市中级人民法院，江苏省宿豫区人民法院
裁判日期	2011—10—28
作者	最高人民法院
编辑提示	来源于《最高人民法院公报》2014 年第 7 期（总第 213 期）

【裁判摘要】

学生基于学校的安排到校外企业实习是学校教学内容的延伸和扩展，学校和企业都负有一定的安全教育和管理义务。学生在校外企业实习期间进行与其所学知识内容相关的实际操作，不应认定学生与企业之间存在劳动关系。学生在实习过程中受到的伤害，应按一般民事侵权纠纷处理，根据有关侵权的法律规定，由学生、学校、企业按过错程度承担相应的责任。

【案情全文】

原告：王俊。

被告：江苏强维橡塑科技有限公司。

被告：徐州工业职业技术学院。

原告王俊因与被告江苏强维橡塑科技有限公司(以下简称强维科技)、徐州工业职业技术学院(以下简称职业学院)发生人身损害赔偿纠纷,向江苏省宿迁市宿豫区人民法院提起诉讼。

原告王俊诉称:原告系被告职业学院工程系橡胶大专071班的学生。2009年12月1日,原告进入被告强维科技顶岗实习。2009年12月30日下午3时许,原告在给被告公司新厂房门刷漆时受伤,后被告强维科技把原告送往宿迁市中医院救治,又转至句容市中医院救治,住院治疗23天。原告在被告职业学院的安排下在强维科技实习,在强维科技工作时受伤,两被告应共同赔偿原告的伤后经济损失。现要求判令两被告赔付原告各项损失134904元,并负担本案全部诉讼费用。

被告强维科技辩称:原告王俊因自己的过失受到伤害,其应承担大部分责任。我公司与原告之间没有劳动或雇佣的法律关系,我公司是受职业学院委托进行原告的实习工作,该实习行为是职业学院教学的延伸,其实习应派驻老师,且一般性工作和持续性工作应由职业学院指导,我方不应对原告承担赔付责任。原告受伤是在2009年12月30日,原告起诉已过诉讼时效,对其受伤原告已无法查实。

被告职业学院辩称:原告王俊在2009年12月底在被告强维科技处受伤是事实,我方就赔付事宜多次与强维科技进行协商。原告在事故发生时的身份已经转变,是作为员工在公司工作的,从伤害过程来看,学校是没有过错的,所以不应承担责任。学校和强维科技不是委托、被委托的关系,是原告经过双向选择进入强维科技工作的。综上,我方不是适格被告,不应承担赔偿责任。

宿迁市宿豫区人民法院一审审理查明:

原告王俊系被告职业学院工程系橡胶大专071班的学生。2009年12月1日,被告职业学院按教育部文件统一安排毕业生实习,原告进入被告强维科技顶岗实习,约定第一个月工资1000元,从第二个月开始每月工资1500元。2009年12月30日下午3时许,原告等人在强维科技安排下,给其公司新厂房门刷漆,因厂房门比较高,原告站在三角架上刷门,在推动三角架从一侧向另一侧时不料三角架倾倒,导致站在三角架上的原告从2米多高的三角架上坠落受伤。原告受伤后,被告强维科技把原告送往宿迁市中医院救治,后转至句容市中医院救治,住院治疗23天,原告因就医治疗支出的医疗费、误工费、护理费、伙食费、营养费、交通费等合计43305元。被告强维科技已给付15000元医疗费,并护理11天。诉讼中,经法院委托鉴定,原告伤情构成十级伤残。根据本地城镇居民人均可支配收入计，原告的残疾赔偿金应为 45888 元。

宿迁市宿豫区人民法院一审认为：

原告王俊系被告职业学院的在校学生，其基于学校的安排到强维科技进行实习，因此项实习是该学校教学内容的延伸和扩展，所以该学校对原告在实习单位的安全仍负有一定的安全教育和管理义务。作为实习单位的强维科技，在原告实习期间，负有对原告进行安全教育与相关培训的义务，应为原告提供安全的工作场所，以保障原告在实习期间的人身安全。由于原告是基于实习到强维科技进行与其所学知识内容相关的实际操作，其与强维科技之间不存在劳动关系，原告在实习过程中受到的伤害应按照一般民事侵权纠纷处理。本案中，作为实习单位的强维科技虽然对原告进行了实习培训，但其对原告在实习时可能存在的安全隐患仍负有直接的提醒和注意义务，因强维科技未尽到相关义务，对原告受伤的损害结果存在一定的过错，应承担相应的赔偿责任，法院酌定为 60% 即（43305 元＋45888 元）×60%＝53515.8 元。扣除其已支付的医疗费和 11 天的护理费，强维科技还应支付 53515.8 元－（15000 元＋11×60 元）＝37855.8 元。职业学院未加强对学生的安全教育和进行必要管理，负有疏于管理的责任，该学校对原告受伤的损害结果也存在一定的过错，应承担相应的赔偿责任，法院酌定为 20% 即（43305 元＋45888 元）×20%＝17838.6 元。原告作为已成年大学生对其自身安全亦有一定的注意义务，其在工作时在三角架移动过程中没有离开三角架，对其受伤的损害结果存在一定的过错，应减轻二被告赔偿责任，法院酌定为 20%。关于原告的精神抚慰金，法院酌定为 3000 元，由强维科技承担 2000 元，职业学院承担 1000 元。

综上，宿迁市宿豫区人民法院依照《中华人民共和国民法通则》第一百一十九条、最高人民法院《关于审理人身损害赔偿案件适用法律若干问题的解释》第十七条、第三十条和《中华人民共和国民事诉讼法》第一百二十八条的规定，于 2011 年 8 月 17 日作出判决：

一、被告强维科技支付原告王俊赔偿款 39855.8 元；二、被告职业学院支付原告王俊赔偿款 18838.6 元；上述两项判决均于本判决生效后十日内履行；三、驳回原告其他诉讼请求。

一审宣判后，职业学院不服一审判决，向宿迁市中级人民法院提起上诉，后经宿迁市中级人民法院主持调解，当事人一致认可一审判决结果并达成协议：

一、上诉人徐州工业职业技术学院于 2011 年 11 月 10 日前给付被上诉人王俊 18838.6 元。

二、被上诉人江苏强维橡塑科技有限公司于 2011 年 11 月 10 日前给付被上诉人王俊 39855.8 元。

三、一审案件受理费减半收取 588 元,鉴定费 2300 元,合计 2888 元,由江苏强维橡塑科技有限公司负担 2300 元,徐州工业职业技术学院负担 588 元;二审案件受理费减半收取 588 元,由上诉人徐州工业职业技术学院负担。

四、双方当事人就本案无其他争议。

双方当事人一致同意,本协议签字后即生效。

宿迁市中级人民法院于 2011 年 10 月 28 日作出民事调解书对上述协议内容予以确认。

判例解析:

本判例是一个典型的实习意外伤害的案例,最后,实习单位、学校、学生个人按 60%:20%:20% 的比例来承担。

本判例中,有几个关键点:

(1)原告王俊系被告职业学院的在校学生。王俊根据学校的安排,到强维科技公司实习,因此项实习是该学校教学内容的延伸和扩展,所以该学校对原告在实习单位的安全仍负有一定的安全教育和管理义务。

(2)实习单位与实习学生之间不构成劳动关系,但构成某种民事合同关系。作为实习单位的强维科技,在原告实习期间,负有对原告进行安全教育与相关培训的义务,应为原告提供安全的工作场所,以保障原告在实习期间的人身安全。由于原告是基于实习到强维科技进行与其所学知识内容相关的实际操作,其与强维科技之间不存在劳动关系,原告在实习过程中受到的伤害应按照一般民事侵权纠纷处理。本案中,作为实习单位的强维科技虽然对原告进行了实习培训,但其对原告在实习时可能存在的安全隐患仍负有直接的提醒和注意义务,但强维科技未尽到相关义务,对原告受伤的损害结果存在一定的过错,应承担相应的赔偿责任,法院酌定为 60%。

(3)职业学院承担部分责任。由于学校未加强对学生的安全教育和进行必要管理,负有疏于管理的责任,该学校对原告受伤的损害结果也存在一定的过错,应承担相应的赔偿责任,法院酌定为 20%。

(4)原告自己承担部分责任。作为已成年大学生对其自身安全亦有一定的注意义务,其在工作时在三角架移动过程中没有离开三角架,对其受伤的损害结果存在一定的过错，应减轻二被告赔偿责任，法院酌定为20%。

(5)法院承认精神抚慰金。关于原告的精神抚慰金，法院酌定为3000元，由强维科技承担2000元，职业学院承担1000元。

从本案例可以看到，对于实习学生在实习单位发生意外伤害，法院的观点是：实习单位、学校、学生本人均需要"按份"承担法律责任，学校承担的是管理失职责任，而实习单位则承担民事侵权责任，学生本人承担过失责任。

下面再看几个类似案件。相关判例中，有的法院"按份"划分责任，有的则只是判定了"连带"责任，值得探讨。

判例 7. 韦小林、成都英黎科技有限公司生命权、健康权、身体权纠纷二审民事判决书

贵州省黔南布依族苗族自治州中级人民法院

民 事 判 决 书

〔2020〕黔 27 民终 920 号

上诉人(原审原告)：韦小林，*，*年*月*日出生，*族，贵州省**县人，住贵州省**县。

委托诉讼代理人：***，贵州**律师事务所律师。

被上诉人(原审被告)：成都英黎科技有限公司，住所地四川省成都市。

法定代表人：**，该公司执行董事兼总经理。

被上诉人(原审被告)：黔南民族职业技术学院，住所地贵州省**市。

法定代表人：**，该校校长。

委托诉讼代理人：***，贵州**律师事务所律师。

被上诉人(原审被告)：中国铁塔股份有限公司黔南州分公司，住所地贵州省都匀市。

负责人：***，职务不详。

上诉人韦小林因与被上诉人成都英黎科技有限公司(以下简称英黎公司)、黔南民族职业技术学院(以下简称黔南职院)、中国铁塔股份有限公司黔南州分公司(以下简称铁塔黔南分公司)身体权纠纷一案，不服都匀市人民法院于2019年11月17日作出〔2018〕黔2701民初1029号民事判决，向本院提起上诉。本院于2020年4月22日立案受理后，依法组成合议庭进行了审理。本案现已审理终结。

上诉人韦小林向本院提出上诉请求：1.依法撤销一审判决，改判支持上诉人一审全部诉讼请求；2.本案一、二审诉讼费由三被上诉人承担。

事实及理由:第一,一审判决认定上诉人在此次事故中承担30％的责任系认定事实错误。(一)本案中上诉人与英黎公司之间系雇佣关系,上诉人在从事雇佣活动中遭受损害,被上诉人英黎公司应当承担赔偿责任。根据贵州省高级人民法院、贵州省人力资源社会保障厅《关于劳动争议案件若干问题的会议纪要》第十四条"在校学生在实习期间,因履行实习单位指派的工作任务而受到伤害产生争议的,按雇佣关系处理"以及《最高人民法院关于审理人身损害赔偿案件适用法律若干问题的解释》第十一条"雇员在从事雇佣活动中遭受人身损害,雇主应当承担赔偿责任"之规定,本案中英黎公司本就应当承担赔偿责任。(二)退一万步来讲,即使区分责任,一审判决认定上诉人在此次事故中承担30％的责任系认定事实错误,上诉人在本案中不存在任何过错。1.成都市高新技术产业开发区人民法院作出的已经生效的〔2018〕川0191民初4257号民事判决书已经确认,上诉人在此次事故中并无任何过错。本案诉讼过程中,被上诉人英黎公司为了拖延时间,而向成都市高新技术产业开发区人民法院提起诉讼要求上诉人等承担赔偿责任,成都市高新技术产业开发区人民法院于2019年7月31日作出〔2018〕川0191民初4257号民事判决书,英黎公司等诉讼主体皆未上诉,该判决书已经生效,且该判决书明确认定上诉人在此次事故中并无过错,上诉人也已经在一审过程中将该份判决书提交一审法院,一审法院对此全然不顾,而是直接判决上诉人在本次事故中承担30％的责任,显然与生效判决相违背,更是于法无据。2.询问笔录载明上诉人受英黎公司员工林＊＊的指示和安排工作,上诉人并无过错。事故发生后,都匀市公安局沙包堡派出所对英黎公司员工,即上诉人在英黎公司的师傅林＊＊做了询问笔录,即使因林＊＊系英黎公司员工,其陈述有避重就轻、维护英黎公司的嫌疑,但该份询问笔录仍然明确载明:一是林＊＊受英黎公司罗＊＊指示加油发电;二是上诉人受林＊＊的安排和指示工作,上诉人不可能存在过错。3.本案火灾发生的原因系英黎公司擅自将发电机搬进屋内、擅自安排用汽油发电等违法违规行为导致。如一审过程中多次提到的一样,本案发生的原因系英黎公司擅自将发电机搬进屋内、擅自安排用汽油发电等违法违规行为导致,更令人气愤的是火灾发生后,消防大队赶到现场问是否有人员伤亡,若有人员伤亡消防大队需对火灾原因进行调查时,英黎公司因担心承担责任就谎报无人员伤亡,导致消防大队未能第一时间就火灾原因进行调查。该行为的后果本应由英黎公司承担,现一审法院毫无理由地就判决上诉人承担30％的责任法律依据何在。

第二，一审法院采纳英黎公司申请重新鉴定的《贵州医科大学法医司法鉴定中心司法鉴定意见书》作为本案定案依据违反法律规定。（一）如一审过程中上诉人多次主张，上诉人在一审过程中提交上诉人委托鉴定的《贵州警官学院司法鉴定中心司法鉴定意见书》，系经有资质的鉴定单位出具，鉴定程序合法，鉴定依据合法，应当作为本案认定依据。（二）根据上诉人一审阅卷可知，因英黎公司申请重新鉴定，在上诉人充分向被上诉人表达不同意重新鉴定的意见后，一审法院仍然同意，后一审法院于 2019 年 2 月 20 日向英黎公司邮寄鉴定费缴纳通知，要求英黎公司收到通知书之日起 7 天内缴纳鉴定费，英黎公司于 2019 年 2 月 21 日下午签收，根据法院向其出具的《通知书》，英黎公司应当在 2019 年 2 月 27 日之前缴纳鉴定费，然而经核实英黎公司于 2019 年 3 月 1 日后才缴纳鉴定费，根据一审出具的通知书载明的法律后果可知，此行为应当视为英黎公司放弃重新鉴定的权利。然而，一审法院对英黎公司忽视甚至藐视法律、藐视法院的行为不做任何评价，最终采纳了英黎公司重新鉴定的意见。

第三，一审判决计算各项赔偿计算标准金额错误。对此，上诉人已经在一审阶段提交了变更诉讼请求申请书，且上诉人代理人于一审庭审结束后，向一审法院邮寄了代理意见，前述变更诉讼请求申请书及代理意见皆详细地阐明了各项计算标准及数额，在此不再赘述，上诉人认为上诉人代理人在一审中提交的代理意见中，载明的各项赔偿计算标准及金额正确、合理，依法应当得到支持。

被上诉人黔南职院二审答辩称：

第一，一审法院认定的案件事实清楚，上诉人的上诉理由并不成立。1. 一审法院认定符合本案的客观事实，从一审中答辩人、被答辩人和英黎公司提交的本案在卷证据，可以证实上述案件客观真实。2. 被答辩人的上诉理由并不能成立。上诉人提出一审判决认定上诉人在此次事故中承担 30% 的责任系认定事实错误，并针对上述上诉理由提出本案中上诉人与英黎公司之间系雇佣关系，上诉人在从事雇佣活动中遭受损害，被上诉人英黎公司本就应当承担赔偿责任，退一万步来讲，即使区分责任，一审判决认定上诉人在此次事故中承担 30% 的责任系认定事实错误，上诉人在本案中不存在任何过错。答辩人认为，根据被答辩人提出的上诉人与英黎公司之间系雇佣关系，则根据《最高人民法院关于审理人身损害赔偿案件适用法律若干问题的解释》第十一条"雇员在从事雇佣活动中遭受人身损害，雇主应当承担赔偿责任"之规定，本案被答辩人的损害赔偿责任应由被上诉人英黎公司承担,而答辩人无须承担任何责任,但一审法院正是基于对本案上述案件事实,最后判决答辩人承担10%的责任。答辩人认为,根据被答辩人提出的成都市高新技术产业开发区人民法院作出的已经生效的〔2018〕川0191民初4257号民事判决书已经确认,上诉人在此次事故中并无任何过错,询问笔录载明上诉人受英黎公司员工林＊＊的指示和安排工作,上诉人并无过错及本案火灾发生的原因系英黎公司擅自将发电机搬进屋内,擅自安排用汽油发电等违法违规行为导致,根本不符合本案客观事实。一是成都市高新技术产业开发区人民法院作出的已经生效的〔2018〕川0191民初4257号民事判决书已经确认,上诉人在此次事故中并无任何过错的适用前提,是被答辩人对英黎公司诉请的财产损失无过错,而非其对本人的损害结果无过错;二是询问笔录载明上诉人受英黎公司员工林＊＊的指示和安排工作,上诉人并无过错及本案火灾发生的原因系英黎公司擅自将发电机搬进屋内、擅自安排用汽油发电等违法违规行为导致,并不能排除被答辩人对自身损害的过错。

第二,一审判决适用法律正确,上诉人的上诉理由明显不成立。上诉人提出一审法院采纳英黎公司申请重新鉴定的《贵州医科大学法医司法鉴定中心司法鉴定书》作为本案定案依据违反法律规定。答辩人认为,根据《中华人民共和国民事诉讼法》第七十六条"当事人可以就查明事实的专门性问题向人民法院申请鉴定。当事人申请鉴定的,由双方当事人协商确定具备资格的鉴定人;协商不成的,由人民法院指定。当事人未申请鉴定,人民法院对专门性问题认为需要鉴定的,应当委托具备资格的鉴定人进行鉴定"的规定,一审法院依据英黎公司的申请指定贵州医科大学法医司法鉴定中心进行鉴定后,作出《贵州医科大学法医司法鉴定中心司法鉴定书》,并以此作为定案依据符合法律规定。综上,一审判决适用法律正确,被答辩人的上诉理由均不成立,请求二审依法驳回被答辩人对答辩人的上诉请求,维持原判。

被上诉人英黎公司、铁塔黔南分公司二审未作答辩。

原审原告韦小林向一审法院起诉请求:1.依法判决三被告连带赔偿原告医疗费、护理费、误工费、营养费、住院伙食补助费、交通费、精神损害抚慰金等各项损失共计741819.55元;2.诉讼费(包括可能产生的公告费、鉴定费等)由三被告承担。本案在一审审理过程中,原告韦小林于2018年4月27日将诉讼请求变更为:1.依法判决三被告连带赔偿原告目前产生的医疗费、护理费、误工费、营养费、住院伙食补助费、交通费、精神损害抚慰金等各项损失共计 1237512.65 元；2.诉讼费（包括可能产生的公告费、鉴定费等）由三被告承担。2019 年 8 月 21 日，原告韦小林再次将诉讼请求变更为：1.依法判决三被告连带赔偿原告目前产生的医疗费、护理费、误工费、营养费、住院伙食补助费、交通费、精神损害抚慰金等各项损失共计 1413516.55 元；2.诉讼费（包括可能产生的公告费、鉴定费等）由三被告承担。

一审法院认定事实：1.原告系被告黔南职院机电工程系学生；2.2017 年 3 月 23 日，黔南职院机电工程系代被告黔南职院与被告英黎公司签订《成都英黎科技有限公司——校企合作项目协议书》一份，约定由被告黔南职院统一安排学生到被告英黎公司实习；3.2017 年 4 月 5 日，原告与被告英黎公司、黔南职院三方签订了《在校大学生实习协议》一份，协议签订后，原告如约被安排至被告英黎公司处实习，经过被告英黎公司安排，原告于 2017 年 6 月 28 日与案外人林＊＊在位于都匀市山顶信号塔（茶园基站）为发电机加油发电，在加油发电过程中发生火灾导致原告被烧伤；4.2017 年 6 月 28 日，与原告共同到事故发生地工作的案外人林＊＊接受了都匀市公安局沙包堡派出所的询问，在询问中林＊＊陈述到：其与原告韦小林共同到高速公路旁坡顶移动基站加油……因为肚子疼需上厕所，故将系统工单交由韦小林单独操作完成发电……在其上完厕所回基站的路上发现韦小林被烧伤后，拨打 120 急救电话，将原告送至都匀四一四医院治疗，并向公司领导汇报了该事故……都匀英黎公司负责中国移动、中国联通、中国电信铁塔的维修工作；5.2017 年 6 月 30 日，原都匀市公安消防大队七星路中队出具了火灾基本情况一份，该基本情况载明：……发现都匀市山顶信号塔房间内放置的移动发电机起火，经现场侦察无人员被困……；6.2017 年 7 月 19 日，在都匀市安监局的主持下，被告铁塔黔南分公司、英黎公司、黔南职院等单位相关人员共同在都匀市安监局召开会议，研究了铁塔公司都匀茶园基站火灾事故伤者救治相关事宜，并责成被告铁塔黔南分公司、英黎公司对于伤者韦小林的后续治疗费用需无条件解决等事项；7.案涉事故的发生系何原因所造成，相关部门至今未出具书面说明，且原告韦小林未向其委托诉讼代理人陈述该事件的发生经过，仅被告黔南职院的委托代理人在庭审中将事故的发生陈述为：据韦小林出院后与其到现场时说是拿油发电时发生，故无法查清事故的发生原因，同时原告亦未能举证证明事故发生后相关单位故意瞒报事故的主张；8.自原告韦小林受伤后，于 2017 年 6 月 29 日凌晨至贵阳钢厂职工医院住院治疗，于 2018 年 4 月 11 日出院，住院共计 286 天，花费医疗费用 563597.73 元，其中被告英黎公司垫付 433120.63 元（原告在庭审中对于金额予以认可），以借资方式向被告黔南职院借款 8 万元；9.经过被告英黎公司申请，委托贵州医科大学法医司法鉴定中心对原告韦小林的伤情及误工期、护理期、营养期进行了司法评定，贵州医科大学法医司法鉴定中心于2019 年 7 月 15 日出具贵医大司法鉴定中心〔2019〕临鉴字第 1054 号《司法鉴定意见书》，经鉴定原告韦小林的伤残为八级伤残二处、九级伤残一处、十级伤残二处，其误工期为 289 日、护理期为 289 日、营养期为 120 日……；10.对于英黎公司委托诉讼代理人＊＊，其在授权委托书中列明系四川＊＊律师事务所律师，但其提交的律师执业证显示其为＊＊＊律师事务所律师，＊＊本人并未到庭参加诉讼，亦未提交律师事务所函。

一审法院认为，公民享有生命健康权。侵害公民身体造成伤害的，应当赔偿相应的医疗费、误工费等费用。本案中，原告韦小林经被告黔南职院派遣到被告英黎公司实习，其作为已完成理论学习的职业学院机电系学生，应当对汽油及汽油发电机的危险属性具有较高的辨识度，能够意识到操作中或可能存在的危险，并应当谨慎操作，其对自身安全未尽到完全的审慎注意义务，故其自身存在过错，应自行承担相应的过错责任。被告英黎公司作为接收原告韦小林实习的单位，直接安排原告韦小林的工作岗位及具体工作内容，并向其支付实习期间的工资，直接享有其创造的利益，有责任和义务保障原告韦小林的实习安全，原告韦小林在实习期间受伤，被告英黎公司应承担相应的赔偿责任。被告黔南职院安排学生参加实习，性质系教学活动的延伸。被告黔南职院虽在与被告英黎公司签订的协议书中，将学生的安全保障义务交由被告英黎公司负责，但仍不能免除学校对学生实习期间的人身安全尽到安全教育职责，现被告黔南职院所举证据不能证明其完全尽到安全教育职责，故应承担相应的赔偿责任。

关于被告铁塔黔南分公司是否承担赔偿问题。诉讼中，原告韦小林及被告英黎公司均主张被告铁塔黔南分公司应当承担赔偿责任，但原告及被告英黎公司均未举证证明作为案涉基站管理人的被告铁塔黔南分公司在案涉事故中存在过错，故对该主张不予采信。

关于被告英黎公司申请追加天安人寿保险公司等作为本案共同被告的申请，因从被告英黎公司提供的保险单复印件中载明的投保人为四川省欣雨科技有限责任公司，而并非原告韦小林实习单位即英黎公司，且英黎公司提供的其他证据不足以证明申请追加的主体与本案审理结果有利害关系，故对该追加申请不予审查。同时对于英黎公司申请调取的证据，与本案待证事实无关，故不予准许。

综上，结合原告韦小林和被告英黎公司、黔南职院的过错程度及事故发生的原因力比例，酌情认定由原告韦小林承担30％的责任，被告英黎公司承担60％的责任，被告黔南职院承担10％的责任。根据《最高人民法院关于审理人身损害赔偿案件适用法律若干问题的解释》的相关规定，结合原告韦小林的诉求，原告韦小林的损失确定为：1. 误工费，原告韦小林虽系在校学生，但已临近毕业，且从《在校大学生实习协议》所载可以证实其实习期满后即可就业，故其受伤势必会给其造成误工损失，误工期鉴定评定为289日，结合其学历及可能从事的居民服务、修理行业收入情况，酌情按照每月3637元的标准（约每日121.23元标准）计算其误工损失，计35035.47元，原告所诉超出部分，不予支持；2. 护理费，司法鉴定机构已评定为289日，故结合原告伤情，参照市场护工价格，酌情认定每日130元的护理标准，计37570元，原告所诉超出部分，不予支持；3. 住院伙食补助费，住院286日，每日100元符合法律规定，计28600元；4. 营养费，原告虽未提供医疗机构意见，但司法鉴定机构已评定为120日，故结合原告伤情，酌定按每日30元，支持90日，计2700元，超出部分，不予支持；5. 精神抚慰金，原告因烧伤导致身体多处出现伤残，故结合认定事实及原告伤情，酌定将该精神抚慰金确定为10000元，因该款已酌情扣减，故不再按责任比例进行划分，直接由被告英黎公司负担8000元，由被告黔南职院负担2000元；6. 交通费，原告虽未提交票据证明，但交通费为治疗的必要支出，故根据其就医经过酌定3000元；7. 残疾赔偿金，原告韦小林系被告黔南职院在校生，庭审已经查明其已完成两年学习，即已经在城镇生活满两年，结合其就读的专业及实习情况，从公平角度出发，其残疾赔偿金应按城镇居民标准为妥，现经司法鉴定原告韦小林的伤残为八级伤残二处、九级伤残一处、十级伤残二处，其赔偿系数应为30％＋3％＋2％＋1％＋1％＝37％，根据贵州省2018年城镇居民人均可支配收入为31592元，计算20年，计233780.8元；8. 医疗费，原告韦小林提供的医疗费票据共计563597.73元（尚未扣除被告英黎公司垫付及向职院借支），对此予以认定；9. 鉴定费，因该次鉴定系原告自行委托进行，而被告不予认可，且重新申请鉴定，并垫付了鉴定费用，故对此不予支持。

综上，原告韦小林的各项损失款共计904284元，按照上述确定的责任比例，即原告韦小林自行承担271285.2元；被告英黎公司应承担550570.4元（含精神抚慰金8000元），扣除其垫付433120.63元部分，还应向原告韦小林支付117449.77元；被告黔南职院承担92428.4元（含精神抚慰金2000元），鉴于原告韦小林家属向被告黔南职院借款8万元，为减少诉累，将该款直接在应支付的款项中扣除,故被告黔南职院还应向原告韦小林支付12428.4元。

据此,依据《中华人民共和国侵权责任法》第六条、第二十二条、第二十六条,《最高人民法院关于审理人身损害赔偿案件适用法律若干问题的解释》第十一条、第十七条、第十八条、第十九条、第二十条、第二十一条、第二十二条、第二十三条、第二十四条、第二十五条,《中华人民共和国民事诉讼法》第六十四条、第一百四十四条,《最高人民法院关于适用〈中华人民共和国民事诉讼法〉的解释》第九十条之规定,判决:一、被告成都英黎科技有限公司于本判决生效之日起十日内向原告韦小林支付各项损失款、精神抚慰金等共计117449.77元;二、被告黔南民族职业技术学院于本判决生效之日起十日内向原告韦小林支付各项损失款、精神抚慰金等共计12428.4元;三、驳回原告韦小林的其他诉讼请求。如果未按本判决指定的期间履行金钱给付义务,应当依照《中华人民共和国民事诉讼法》第二百五十三条之规定,加倍支付迟延履行期间的债务利息。案件受理费17522元,由原告韦小林负担15945元,由成都英黎科技有限公司负担1402元,由黔南民族职业技术学院负担175元。

二审中,当事人没有提供新证据。经二审审理,查明的事实与一审查明的事实一致。

综合本案双方诉辩请求及理由,归纳二审双方争议的焦点:1.上诉人在本案中是否应当承担责任;2.贵州医科大学法医司法鉴定中心的司法鉴定意见能否作为本案的定案依据;3.一审认定上诉人的各项损失是否正确。

本院认为:第一,对于上诉人在本案中是否应当承担责任问题。因上诉人在实习过程中,实施实习单位安排的工作受伤,符合雇佣关系的法律特征,应按雇佣关系处理。根据《最高人民法院关于审理人身损害赔偿案件适用法律若干问题的解释》第十一条第一款"雇员在从事雇佣活动中遭受人身损害,雇主应当承担赔偿责任。雇佣关系以外的第三人造成雇员人身损害的,赔偿权利人可以请求第三人承担赔偿责任,也可以请求雇主承担赔偿责任。雇主承担赔偿责任后,可以向第三人追偿"的规定,因被上诉人英黎公司未能提供证据证实上诉人存在故意或者有重大过失行为,且四川省成都市高新技术产业开发区人民法院作出的生效判决,认定上诉人不存在未按操作流程的情况导致火灾事故的发生,上诉人作为实习生,技能尚处于学习阶段,对其在工作过程中的谨慎注意义务不能过于苛求,即使上诉人存在一般过失造成损害,也不能免除或者减轻雇主的责任,故上诉人在本案中不应承担责任。一审以上诉人作为已完成理论学习的职业学院机电系学生，应当对汽油及汽油发电机的危险属性具有较高的辨识度，能够意识到操作中或可能存在的危险，并应当谨慎操作，其对自身安全未尽到完全的审慎注意义务，其自身存在过错，根据《中华人民共和国侵权责任法》第二十六条认定由上诉人对自身损失承担30%的责任不当，应予纠正。即结合被上诉人英黎公司和黔南职院之间的合同以及二者对上诉人的安全管理责任，应认定由被上诉人英黎公司承担90%的赔偿责任，被上诉人黔南职院承担10%的赔偿责任。

第二，对于贵州医科大学法医司法鉴定中心的司法鉴定意见能否作为本案的定案依据问题。虽然上诉人对其自身伤残自行委托贵州警官职业学院司法鉴定中心进行了司法鉴定，并将鉴定结论作为证据提供，但是被上诉人英黎公司对上诉人单方委托的鉴定结论提出异议，因上诉人在出院的次日即委托鉴定，其伤情并未得到有效的康复，导致鉴定结论不客观，故一审同意被上诉人英黎公司的重新鉴定申请并启动鉴定程序，上诉人也参与了重新鉴定的相关程序，在鉴定机构出具鉴定结论后也组织了双方进行质证，即一审准许对上诉人的伤残等级重新进行司法鉴定，并将该鉴定结论作为本案的定案依据并无不当，应予确认。另外，虽然英黎公司逾期缴纳鉴定费，但并不影响本案的重新鉴定结论。

第三，对于一审认定上诉人的各项损失问题。1.误工费，根据《最高人民法院关于审理人身损害赔偿案件适用法律若干问题的解释》第二十条"误工费根据受害人的误工时间和收入状况确定。误工时间根据受害人接受治疗的医疗机构出具的证明确定。受害人因伤致残持续误工的，误工时间可以计算至定残日前一天。受害人有固定收入的，误工费按照实际减少的收入计算。受害人无固定收入的，按照其最近三年的平均收入计算；受害人不能举证证明其最近三年的平均收入状况的，可以参照受诉法院所在地相同或者相近行业上一年度职工的平均工资计算"的规定，因上诉人未提供其最近三年的平均收入状况，一审结合上诉人系已临近毕业的在校学生，参照居民服务、修理行业收入情况，按照每月3637元的标准和鉴定的误工天数289天计算其误工损失并无不当。上诉人要求按照2018年贵州省社会平均工资标准计算25个月误工损失无法律依据，不予支持。2.护理费，根据《最高人民法院关于审理人身损害赔偿案件适用法律若干问题的解释》第二十一条"护理费根据护理人员的收入状况和护理人数、护理期限确定。护理人员有收入的，参照误工费的规定计算；护理人员没有收入或者雇佣护工的，参照当地护工从事同等级别护理的劳务报酬标准计算。护理人员原则上为一人,但医疗机构或者鉴定机构有明确意见的,可以参照确定护理人员人数。护理期限应计算至受害人恢复生活自理能力时止。受害人因残疾不能恢复生活自理能力的,可以根据其年龄、健康状况等因素确定合理的护理期限,但最长不超过二十年。受害人定残后的护理,应当根据其护理依赖程度并结合配制残疾辅助器具的情况确定护理级别"的规定,同样,上诉人未举证证实护理人员的收入情况,一审按司法鉴定机构评定的护理期289天,结合上诉人伤情参照市场护工价格,认定按每天130元计算护理费并无不当。上诉人同样要求按照2018年贵州省社会平均工资标准计算10个月护理费无法律依据,不予支持。3.住院伙食补助费,据病历记载上诉人住院286天,一审按照贵州省出差伙食补助标准每天100元计算符合法律规定。上诉人主张住院287天无事实依据,不予支持。4.营养费,上诉人因伤住院治疗确实需要加强营养,一审在已经按照每天100元的标准支持住院伙食补助费后,再按每天30元支持90天的营养费并无不当。上诉人要求仍然按100元每天标准计算287天营养费过高,不予支持。5.精神抚慰金,一审结合本次事故给上诉人造成的伤残等级情况,酌定支持上诉人精神抚慰金10000元并无不当。上诉人主张10万元过高,不予支持。6.交通费,因上诉人未能提供交通费票据,一审考虑到上诉人因治疗确实有交通费的支出,酌定支持3000元并无不当。上诉人主张10000元交通费,因无票据证实,不予支持。7.残疾赔偿金,一审根据贵州医科大学法医司法鉴定中心司法鉴定上诉人的伤残等级,并按贵州省2018年城镇居民人均可支配收入为31592元每年,计算20年符合法律规定,应予确认。上诉人要求按其自行委托鉴定的鉴定结论计算残疾赔偿金理由不成立,不予支持。8.医疗费,一审经审核上诉人韦小林提供的医疗费票据共计563597.73元(尚未扣除被上诉人英黎公司垫付及向被上诉人黔南职院借支),并对此予以认定符合法律规定,应予确认。9.鉴定费,因该次鉴定系上诉人自行委托进行,属于上诉人自行扩大的损失,一审对此不予支持正确,应予确认。

综上,上诉人韦小林的各项损失共计914284元,由被上诉人英黎公司承担90%的赔偿责任,即914284元×90%=822855.60元,扣除其垫付的433120.63元,还应赔偿上诉人389734.97元,由被上诉人黔南职院承担10%的赔偿责任,即914284元×10%=91428.4元,扣除上诉人家属向其借款8万元,还应赔偿上诉人11428.4元。

综上所述,上诉人韦小林的上诉理由部分成立,应予部分支持;一审认定事实清楚,适用法律错误,应予改判。依照《最高人民法院关于审理人身损害赔偿案件适用法律若干问题的解释》第十一条、《中华人民共和国民事诉讼法》第一百七十条第一款第二项之规定,判决如下：

一、撤销都匀市人民法院〔2018〕黔 2701 民初 1029 号民事判决；

二、由被上诉人成都英黎科技有限公司于本判决生效之日起十日内还应赔偿上诉人韦小林各项损失共计 389734.97 元；

三、由被上诉人黔南民族职业技术学院于本判决生效之日起十日内还应赔偿上诉人韦小林各项损失共计 11428.4 元；

四、驳回上诉人韦小林的其他诉讼请求。

如果未按本判决指定的期间履行金钱给付义务,应当依照《中华人民共和国民事诉讼法》第二百五十三条之规定,加倍支付迟延履行期间的债务利息。

一审案件受理费 17522 元,由上诉人韦小林负担 12548 元,被上诉人成都英黎科技有限公司负担 4474 元,被上诉人黔南民族职业技术学院负担 500 元；二审案件受理费 11605 元,由上诉人韦小林承担 7543 元(上诉人申请免交,经审查符合免交条件,本院决定予以免交),由被上诉人成都英黎科技有限公司承担 4062 元。

本判决为终审判决。

审判长：＊＊＊
审判员：＊＊＊
审判员：＊＊＊
二〇二〇年五月二十日
书记员：＊　　＊

判例评析：

本判例也是一个典型的实习意外伤害的案例,最后,二审法院按照实习学生无责任,实习单位、学校各自承担 90％、10％ 的比例来分配责任。

本判例中,韦小林经被告黔南职院派遣到被告英黎公司实习,在实习过程中因为意外发生火灾导致原告被烧伤,进而产生实习单位、学校以及自己三方之间的责任分配问题。

在一审中,法院判决认为：

(1)原告韦小林承担 30％ 的责任。原告经被告黔南职院派遣到被告英黎公司实习,其作为已完成理论学习的职业学院机电系学生,应当对汽油及汽油发电机的危险性具有较高的辨识度,能够意识到操作中可能存在的危险,并应当谨慎操作,其对自身安全未尽到完全的审慎注意义务,故其自身存在过错,应自行承担相应的过错责任。

(2)被告实习单位英黎公司承担60%的责任。作为接收原告韦小林实习的单位,直接安排原告韦小林的工作岗位及具体工作内容,并向其支付实习期间的工资,直接享有其创造的利益,有责任和义务保障原告韦小林的实习安全,原告韦小林在实习期间受伤,被告英黎公司应承担相应的赔偿责任。

(3)被告黔南职院承担10%的责任。安排学生参加实习,性质系教学活动的延伸。被告黔南职院虽在与被告英黎公司签订的协议书中,将学生的安全保障义务交由被告英黎公司负责,但对学生实习期间的人身安全仍应尽到安全教育职责,现被告黔南职院所举证据不能证明其完全尽到安全教育职责,故应承担相应的赔偿责任。

但是,在二审判决中,法院对责任承担进行了调整:

(1)实习学生韦小林不承担责任。二审法院认为,上诉人在实习过程中,实施实习单位安排的工作受伤,符合雇佣关系的法律特征,应按雇佣关系处理。根据《最高人民法院关于审理人身损害赔偿案件适用法律若干问题的解释》第十一条第一款"雇员在从事雇佣活动中遭受人身损害,雇主应当承担赔偿责任。雇佣关系以外的第三人造成雇员人身损害的,赔偿权利人可以请求第三人承担赔偿责任,也可以请求雇主承担赔偿责任。雇主承担赔偿责任后,可以向第三人追偿"的规定,因被上诉人英黎公司未能提供证据证实上诉人存在故意或者有重大过失行为,且四川省成都市高新技术产业开发区人民法院做出的生效判决,认定上诉人不存在未按操作流程的情况导致火灾事故的发生,上诉人作为实习生,技能尚处于学习阶段,对其在工作过程中的谨慎注意义务不能过于苛求,即使上诉人存在一般过失造成损害,也不能免除或者减轻雇主的责任,故上诉人在本案中不应承担责任。

(2)实习单位承担90%的责任。二审认为,一审上诉人作为已完成理论学习的职业学院机电系学生,应当对汽油及汽油发电机的危险属性具有较高的辨识度,能够意识到操作中可能存在的危险,并应当谨慎操作,其对自身安全未尽到完全的审慎注意义务,其自身存在过错,根据《中华人民共和国侵权责任法》第二十六条认定由上诉人对自身损失承担30%的责任不当,应予纠正。即结合被上诉人英黎公司和黔南职院之间的合同以及二者对上诉人的安全管理责任,应认定由被上诉人英黎公司承担90%的赔偿责任。

（3）黔南职院承担10%的赔偿责任。二审认为,被告黔南职院所举证据不能证明其完全尽到安全教育职责,故应承担相应的赔偿责任。

此判例的一个鲜明特点是,实习学生自己不担责,与判例6中的学生承担20%的责任有很大不同。

下面再看一则判例,该判例没有明确实习单位与学校的责任比例,而是按照两者承担连带责任予以处理。

判例8.李某与青岛高测科技股份有限公司、青岛市石化高级技工学校提供劳务者受害责任纠纷一审民事判决书

山东省青岛市城阳区人民法院

民 事 判 决 书

〔2017〕鲁 0214 民初 184 号

原告:李某,＊,＊年＊月＊日出生,＊族,住青岛市＊＊区。

委托代理人:＊＊＊,山东＊＊律师事务所律师。

委托代理人:＊＊＊,山东＊＊律师事务所实习律师。

被告:青岛高测科技股份有限公司,住所地青岛市高新技术产业开发区＊＊支路＊＊号。

法定代表人:＊＊,职务董事长。

委托代理人:＊＊＊,山东＊＊律师事务所律师。

委托代理人:＊＊＊,山东＊＊律师事务所律师。

被告:青岛市石化高级技工学校,住所地青岛市＊＊路＊＊号。

法定代表人:＊＊＊,职务校长。

委托代理人:＊＊＊,山东＊＊律师事务所律师。

委托代理人:＊＊＊,山东＊＊律师事务所律师。

原告李某与被告青岛高测科技股份有限公司、被告青岛市石化高级技工学校提供劳务者受害责任纠纷一案,本院依法组成合议庭,公开开庭进行了审理。原告李某委托代理人＊＊＊、＊＊＊、被告青岛高测科技股份有限公司的委托代理人＊＊、被告青岛市石化高级技工学校的委托代理人＊＊＊到庭参加了诉讼。本案现已审理终结。

原告诉称,原告李某系被告青岛市石化高级技工学校在校学生,2016年经学校安排到被告青岛高测科技股份有限公司实习,签订《大学生实习协议》,实习岗位为操作工。2016年5月9日在从事被告指令的搬运重物工作中受伤,致腰椎间盘突出症。该事故多次与两被告协商处理未果。现要求两被告赔偿原告经济损失医疗费 3752.4 元、误工费 24548.75 元、护理费 14729.25 元、住院伙食补助费 1400 元、伤残赔偿金 174392 元、交通费 1000 元、精神赔偿金 20000 元、鉴定费 2860 元,共计 242682.4 元;诉讼费由两被告承担。

原告为证明自己的主张,向本院提交如下证据:1. 提供经被告青岛市石化高级技工学校安排,原告李某与被告青岛高测科技股份有限公司签订的《大学生实习协议》一份,证明原告与被告之间签订实习协议的事实及约定的工作起止时间、岗位、工资数额情况。2. 解放军第四〇一医院门诊病例两本及住院病案一本,证明原告 2016 年 5 月 9 日受伤后到医院就诊的治疗情况。3. 解放军第四〇一医院门诊收费票据 7 张,及被告青岛高测科技股份有限公司高管刘＊出具的证明原告支付住院费 3000 元的证明一份,共计 33761.54 元,其中 3302.4 元为原告支付,剩余 30459.14 元为被告青岛高测科技股份有限公司支付,以及即墨建旭医院医疗费票据一张 450 元。证明原告因受伤治疗所花医疗费用。4. 青岛高测科技股份有限公司委托银行代发原告李某工资的明细一份,证明 2016 年 5、6、7 三个月被告青岛高测科技股份有限公司共支付 5392.86 元工资,未按照协议约定足额支付工资,且自 8 月份开始停止支付工资的事实。5. 提供 DVD 光盘一张(内含 2016 年 10 月 26 日李某妈妈与青岛高测科技股份有限公司高管刘＊的通话录音及 2016 年 10 月 31 日李某妈妈、爸爸与青岛市石化高级技工学校陈老师、刘校长、常主任的谈话录音)及整理的书面记录材料两份。证明:1. 原告李某妈妈垫付住院费 3000 元;2. 被告青岛高测科技股份有限公司认可 5、6、7 月份未足额支付工资,且自 8 月份开始停止支付工资;3. 原告李某由被告二青岛市石化高级技工学校安排到被告青岛高测科技股份有限公司实习及工作中受到伤害的事实。

被告青岛高测科技股份有限公司辩称,原告李某在搬运重物前已存在腿痛等疾病,李某在搬运重物后反映身体不适,请假后未向学校、老师报备,也未第一时间到正规医院就诊,而是去私人推拿机构进行推拿,直至第二天去医院就诊才联系被告,无法确定伤情系由搬运重物引起,被告不应当承担责任。

被告青岛高测科技股份有限公司为证明自己的主张,向本院提交如下证据:1. 中国人民解放军第四〇一医院住院病例原件 1 宗,证明 2016 年 5 月 11 日,李某入住中国人民解放军第四〇一医院住院治疗,现病史记载:"患者 2 天前搬重物后出现腰部疼痛……1 月前患者疼痛病加重,卧床休养后无缓解……"住院经过记载："患者李某，男，17 岁，因腰痛并右下肢放射痛 1 月……"该病例调取于中国人民解放军第四〇一医院档案室，病例记载显示李某的伤情在搬运重物前已存在。2. 专家证人出庭做证申请书一份，证明原告搬运重物后身体不适，请假后未向学校、老师报备，也未第一时间到正规医院就诊，原告对伤情的产生、加重应承担主要责任。3. 收据 3 份、POS 单 3 份，证明李某住院期间，被告青岛高测科技股份有限公司垫付医药费 3 万元，该费用依法应予以返还。4. 大学生实习协议原件 1 份，证明事项：2016 年 5 月 3 日，被告青岛高测科技股份有限公司与李某签订大学生实习协议，约定，协议期限自 2016 年 5 月 3 日至 2017 年 5 月 2 日，实习工资为 2500 元。原告伤残鉴定的误工期限在实习协议约定的实习期间，误工费标准应按照 2500 元/月予以计算。5. 付款凭证原件 3 宗，证明 2016 年 5 月、6 月、7 月期间，被告青岛高测科技股份有限公司向李某发放工资 5392.86 元，2016 年 5 月至 7 月期间李某并未实际减少收入，不应主张误工费。证据 3 到证据 5 证明被告青岛高测科技股份有限公司在李某住院期间，垫付医药费 3 万元，并支付 2016 年 5 月至 7 月工资的事实。6. 2016 年 9 月 2 日录音聊天记录，证明 2016 年 9 月 2 日被告处一工作人员与原告父母就原告住院事宜进行沟通，原告母亲陈述，就像原来在学校半夜腿疼得实在不行了才给我打电话，原告父亲陈述原告受伤后并未第一时间到正规医院就诊治疗，曾找过个人进行推拿，原告所受伤情无法确认系由推拿还是搬运重物引起。

被告青岛市石化高级技工学校辩称，被告已履行了安全教育等义务，不存在过错，不应承担任何赔偿责任；事发在被告青岛高测科技股份有限公司内，被告青岛市石化高级技工学校依法不承担赔偿责任；被告青岛高测科技股份有限公司作为雇主应当承担全部责任。

被告青岛市石化高级技工学校为证明自己的主张，向本院提交如下证据：1.《青岛市石化高级技工学校学生安全承诺书》，证明（1）被告校方已尽教育、管理职责，校方无过错；（2）原告李某已接受相关安全教育。2.《青岛市石化高级技工学校学生假期安全承诺书》，证明（1）被告校方已尽日常教育、管理职责，校方无过错；（2）原告李某已接受相关日常安全教育。3.《班级学生实习安全教育培训记录》及培训照片，证明（1）被告二已针对实习学生进行专项安全教育；（2）校方已尽教育、管理职责，校方无过错；（3）原告李某已接受相关安全教育。

本院依原告申请对原告的伤情委托青岛正源司法鉴定所进行了鉴定，鉴定致残程度为九级，误工期限为 90－150 日，护理期限为 60－90 日。双方质证意见为：原告：该鉴定意见书证明了原告致残程度为九级，误工期限为150日，护理期限为90日。被告青岛高测科技股份有限公司：真实性无异议。本案采用工伤标准进行鉴定，对鉴定结果不认可；原告系在校大学生，在取得毕业证之前不应支付误工费；误工期限和护理期限应分别支持90天、60天，鉴于被告已支付病假工资，误工费不应再支持。被告青岛市石化高级技工学校：真实性无异议。本案采用工伤标准进行鉴定，对鉴定结果不认可；原告系在校大学生，在取得毕业证之前不应支付误工费；误工期限和护理期限应分别支持90天、60天，鉴于被告已支付病假工资，误工费不应再支持。该鉴定结果无法确认是事故导致还是疾病导致，原告需举证。

本院依被告青岛高测科技股份有限公司的申请对原告2016年5月9日搬运重物所受伤害与其腰部伤情是否存在因果关系及参与度委托青岛青大司法鉴定所进行了鉴定，鉴定意见为原告李某搬运重物所受伤害与其腰部伤情存在因果关系，建议参与度为50%～70%。双方质证意见为：原告：对该鉴定意见书不认可，该鉴定意见不符合客观事实，无医学根据。被告青岛高测科技股份有限公司：对该鉴定意见书真实性无异议，原告的损失应按报告的50%计算为合理费用，被告仅在合理费用范围内承担次要赔偿责任。被告青岛市石化高级技工学校：对该鉴定意见书真实性无异议。原告在事前未告知的情况下，对损害的加重和结果应当承担主要责任，被告不承担任何责任，无过错。

当事人围绕诉讼请求依法提交了证据，本院组织当事人进行了证据交换和质证。对当事人无异议的证据，本院予以确认并在卷佐证。

经审理查明，原告李某系被告青岛市石化高级技工学校在校学生，2016年经学校安排到被告青岛高测科技股份有限公司实习，签订《大学生实习协议》，实习岗位为操作工。2016年5月9日在从事搬运重物工作中受伤。原告在解放军第四〇一医院治疗，诊断为腰椎间盘突出症，住院治疗13天，花费共计33761.54元，被告青岛高测科技股份有限公司垫付30000元。原告在即墨建旭医院花费医疗费450元。被告青岛高测科技股份有限公司支付了原告2016年5、6、7三个月的实习工资共5392.86元。

上述事实，有原、被告的当庭陈述，原、被告提交的证据在卷佐证，足以认定。

本院认为，根据双方当事人的陈述，本案争议的焦点主要为：（一）本次事故的责任分担；（二）原告因本次事故造成的损失。

（一）本次事故的责任分担。原告李某系被告青岛市石化高级技工学校在校学生，2016年经学校安排到被告青岛高测科技股份有限公司实习，签订

《大学生实习协议》，实习岗位为操作工。2016 年 5 月 9 日在从事搬运重物工作中受伤。据此被告青岛高测科技股份有限公司与被告青岛市石化高级技工学校应承担连带责任。

（二）原告主张按 2017 年青岛市城镇居民人均可支配收入计算相关损失，符合法律规定，本院予以支持。原告主张医疗费 3752.4 元（已扣除被告青岛高测科技股份有限公司垫付的 30000 元）、鉴定费 2860 元，符合法律规定，且被告未提出异议，本院予以确认。原告主张误工期限 150 天，护理期限 90 天，本院予以支持，误工费应当按照实习工资每月 2500 元计算，为 7107.14 元（2500 元/月÷30×150－5392.86）、护理费为 14730 元（4910 元/月÷30×90）。伙食补助费 1300 元（100 元×13 天）。原告主张残疾赔偿金 188704 元（47176 元/年×20 年×20%），符合法律规定，本院予以确认原告主张交通费 1000 元，原告虽未提交证据，该属实际发生费用，本院酌情支持 500 元。综上，以上损失共计 218953.54 元。结合青岛青大司法鉴定所建议参与度为 50%～70%，本院支持参与度为 70%，两被告应赔偿李某损失共计 153267.48 元。本次事故造成李某残疾，因其系未成年人，对其精神造成损害较大，其主张精神损害抚慰金 20000 元，本院予以支持。

依照《中华人民共和国侵权责任法》第十二条、第十六条、第二十二条之规定，判决如下：

一、被告青岛高测科技股份有限公司赔偿原告李某医疗费、伙食补助费、误工费、护理费、残疾赔偿金、伤残鉴定费、交通费、精神抚慰金等损失共计人民币 173267.48 元，于本判决生效后 10 日内付清。

二、被告青岛市石化高级技工学校对上述款项承担连带责任。

如果未按本判决指定的期间履行给付金钱的义务，应当按照《中华人民共和国民事诉讼法》第二百五十三条之规定，加倍支付迟延履行期间的债务利息。

案件受理费 5155 元，由原告负担 1546.5 元，由二被告负担 3608.5 元。

如不服本判决，可在判决书送达之日起十五日内，向本院递交上诉状，并按对方当事人的人数提出副本，上诉于山东省青岛市中级人民法院。

审判长　＊　＊

人民陪审员　＊＊＊

人民陪审员　＊　＊

二〇一八年十月二十二日

书记员　　＊＊＊

判例评析：

本判例是一个典型的实习意外伤害的案例，最后，按照实习单位赔偿原告李某医疗费、伙食补助费、误工费、护理费、残疾赔偿金、伤残鉴定费、交通费、精神抚慰金等损失，学校承担连带责任来分配责任。

本案中，李某系被告青岛市石化高级技工学校在校学生，2016 年经学校安排到被告青岛高测科技股份有限公司实习，签订《大学生实习协议》，实习岗位为操作工。2016 年 5 月 9 日在从事被告指令的搬运重物工作中受伤，致腰椎间盘突出。

对此，学校青岛市石化高级技工学校辩称：被告已履行了安全教育等义务，不存在过错，不应承担任何赔偿责任；事发在被告青岛高测科技股份有限公司内，被告青岛市石化高级技工学校依法不承担赔偿责任；被告青岛高测科技股份有限公司作为雇主应当承担全部责任。

实习单位青岛高测科技股份有限公司辩称：原告李某在搬运重物前已存在腿痛等疾病，李某在搬运重物后反映身体不适，请假后未向学校、老师报备，也未第一时间到正规医院就诊，而是去私人推拿机构进行推拿，直至第二天去医院就诊才联系被告，无法确定伤情是否由搬运重物引起，被告不应当承担责任。

虽然如此，实习学生出现了意外伤害事故，实习单位和学校自然要承担责任，因此法院判决就非常明确：

(1)被告青岛高测科技股份有限公司赔偿原告李某医疗费、伙食补助费、误工费、护理费、残疾赔偿金、伤残鉴定费、交通费、精神抚慰金等损失共计人民币 173267.48 元，于判决生效后 10 日内付清。

(2)被告青岛市石化高级技工学校对上述款项承担连带责任。

一般的司法判例中，在实习学生发生伤亡事故时，实习单位、学校都要承担一定的责任，但下面这个判例 9 比较特殊，学校无须担责，为此，笔者特选用予以考察。

判例 9. 赵文强与江苏常发农业装备股份有限公司生命权、健康权、身体权纠纷一审民事判决书

江苏省常州市武进区人民法院

民事判决书

〔2017〕苏 0412 民初 1695 号

原告：赵文强，＊，＊年＊月＊日生，＊族，＊＊市人，住江苏省＊＊市。

委托诉讼代理人：＊＊＊，江苏＊＊＊律师事务所律师。

被告：江苏常发农业装备股份有限公司，住所地江苏省常州市＊＊大道＊＊工业园区。

法定代表人：＊＊＊，该公司董事长。

委托诉讼代理人：＊＊＊、＊＊，该公司员工。

原告赵文强诉被告江苏常发农业装备股份有限公司健康权纠纷一案，本院于 2017 年 3 月 15 日受理后，依法由审判员＊＊＊独任审理，分别于同年 4 月 13 日、5 月 12 日两次公开开庭进行了审理，原告赵文强及委托诉讼代理人＊＊＊、被告委托诉讼代理人＊＊参加了两次庭审，被告委托诉讼代理人＊＊＊参加了第一次庭审。本案现已审理终结。

原告赵文强诉称，2014 年 8 月 1 日，原告与被告签订大学生实习协议，约定原告到被告单位实习，岗位为生产类岗位。2014 年 10 月 26 日，原告在常州常发动力机械有限公司（被告下属单位）曲轴分厂工作时，左手大拇指被曲轴式装压伤，造成末端骨折。原告随即被送往医院救治，被告支付了大部分医疗费用。但原告出院后，多次找到被告要求治疗费、伤残赔偿金等损失，被告均予拒绝，故向法院起诉，要求判令被告赔偿原告医疗费、误工费、护理费、伤残赔偿金、精神抚慰金等各项费用共计 102222 元，诉讼中，因江苏省公布了 2016 年度的城镇常住居民人均可支配收入，故原告变更诉讼请求，要求被告赔偿原告上述各项损失的总额为 108180 元，本案诉讼费用由被告承担。

被告江苏常发农业装备股份有限公司辩称，原被告间签订实习协议是事实，原告进入被告公司实习时，公司由专业人员对其进行了培训，原告受伤是其操作不当造成。原告对此应承担主要责任。原告的医药费已由我公司全额承担。

经审理查明，2014 年 6 月 16 日，原告作为乙方、被告作为甲方签订大学生实习协议书一份，该协议书约定：乙方到甲方实习，实习期间自 2014 年 8 月 1 日起至 2015 年 7 月 1 日止；甲方根据乙方的实际情况和工作需要，安排实习学生在生产类岗位实习，工作地点为常州；按照按劳取酬的原则，按甲方现行制度确定实习学生的实习津贴；实习期间，甲方应安排专门的技术与管理人员对实习学生进行业务培训、技术指导和日常管理，实习学生应自觉遵守劳动纪律，认真实习。2014 年 10 月 26 日上午 10 时许，原告在操作过程中，将工件装到机床时，原告的左手大拇指不慎被机床上的工装夹具夹伤。原告受伤后，随即被送往无锡市惠山区堰桥医院住院、手术治疗，诊断为左手拇指近节指骨骨折,住院治疗至 2014 年 11 月 7 日出院,用去治疗费用 11575.16 元。2015 年 2 月 28 日,原告至无锡市惠山区堰桥医院治疗,进行内固定取出术,住院至 2015 年 3 月 10 日出院,用去治疗费用 6513 元。2015 年 4 月 13 日,原告至常州市中国人民解放军第一零二医院住院治疗,入院诊断为左手拇指外伤术后垂状指,出院诊断为左手拇指外伤术后垂状指,治疗至 2015 年 4 月 20 日出院,用去治疗费用 6547.67 元。原告还分别于 2014 年 12 月、2015 年 3 月三次到礼嘉镇卫生院门诊治疗,用去药费428.82元。以上费用合计 25064.65 元,均由被告垫付。嗣后,原告还分别于 2015 年 6 月 6 日、6 月 29 日两次至中国人民解放军第一零二医院门诊治疗,支付医药费用 4620 元,因原告在所在学校购买了保险,原告通过中国人寿保险股份有限公司常州市分公司赔付到了 3120 元,原告实际用去1500 元。

2016 年 3 月,原告向本院起诉,要求确认原告与被告间构成劳动关系,本院以〔2016〕苏 0412 民初 2480 号立案审理,本院经依法审理后,于 2016 年 6 月 16 日作出民事判决,认定原告在被告处实习期间发生受伤事件,因原告系在校大学生,与被告签订大学生实习协议书,不属于劳动法意义上的劳动者,作为实习学生的原告与作为实习单位的被告之间不属于劳动关系,遂驳回了原告的诉讼请求。

2016 年 8 月 15 日,原告经本院许可(〔2016〕苏 04＊＊法诉前鉴委字第943 号),委托无锡中诚司法鉴定所对原告赵文强所受之伤的伤残等级、误工期、护理期、营养期进行司法评定,2016 年 9 月 2 日,无锡中诚司法鉴定所出具司法鉴定意见书:赵文强的损伤评定为十级残疾;误工期为 90 日;护理期为 45 日;营养期为 45 日。经庭审质证,被告对上述伤残等级及期限无异议。

本院认为,原告作为在校大学生,通过与被告签订大学生实习协议后,至被告处实习劳动。虽然被告已派相应的专业人员对原告等上岗前的实习生进行了一定的安全、业务等方面的培训,但原告在实习劳动过程中受伤,对此,被告对原告所受之伤造成的损失仍应承担 85％的民事责任。原告作为实习学生,在劳动实习过程中未注重自身的安全,导致原告自己受伤,对此,原告也应承担 15％的民事责任。

对于原告赵文强因受伤造成的各项损失,根据原、被告的举证及双方的质证意见,本院依法认定原告的合理损失如下:1. 医药费用合计 26564.65 元,对于被告辩述的原告自行前往常州一零二医院门诊治疗的费用 1500 元不认可的观点，因原告提交门诊病历、发票等，故本院对被告该辩述观点不予采信。2.误工费，根据司法鉴定意见书，误工期为90日，对于误工的标准，可根据原告在被告处实习期间实际取得的实习津贴予以计算，经测算为99元每天，故误工费为8910元。3.住院伙食补助费，住院31天，50元每天，合计1550元。4.护理费，根据司法鉴定意见书，护理期45天，按照60元每天的标准计算，计2700元。5.营养费，根据司法鉴定意见书，营养期为45天，每天12元，计540元。6.交通费，原告主张交通费为2000元，但原告未提交相应的票据，被告又不认可，本院酌情认定交通费为500元。7.司法鉴定费，按照票据金额认定2520元。8.伤残赔偿金，因在本案诉讼过程中，江苏省公布了2016年度的城镇常住居民人均可支配收入40152元每年，故伤残赔偿金的计算如下：40152元每年×20年×10％＝80304元。9.精神抚慰金酌情确定为5000元。以上各项合计128588.65元。上述损失，由原告自行承担15％，计19288.3元，由被告赔偿原告85％，计109300.35元，因受伤事故发生后，被告已为原告垫付了药费，计25064.65元，故被告尚需赔偿原告84235.7元。综上，依照《中华人民共和国侵权责任法》第十六条、第二十六条，最高人民法院《关于审理人身损害赔偿案件适用法律若干问题的解释》第十七条，《中华人民共和国民事诉讼法》第六十四条之规定，判决如下：

一、被告江苏常发农业装备股份有限公司于本判决生效之日起十日内赔偿原告赵文强上述各项损失84235.7元。

二、驳回原告的其余诉讼请求。

如果未按本判决指定的期间履行金钱给付义务，应当依照《中华人民共和国民事诉讼法》第二百五十三条之规定，加倍支付迟延履行期间的债务利息。

案件受理费（已减半收取）521元，由原告负担115元，被告负担406元。

如不服本判决，可在判决书送达之日起十五日内，向本院递交上诉状，并按对方当事人的人数提出副本，上诉于江苏省常州市中级人民法院，同时根据《诉讼费用交纳办法》的有关规定，向该院预交上诉案件受理费（收款人：江苏省常州市中级人民法院，开户行：江苏银行常州分行营业部，账号：80＊＊＊63）。

审判员　＊＊＊

二〇一七年五月二十二日

书记员　＊＊＊

判例评析：

本判例是一个典型的实习意外伤害的案例，最后，以实习单位赔偿原告赵文强医疗费、伙食补助费、误工费、护理费、残疾赔偿金、伤残鉴定费、交通费、精神抚慰金等损失来结案。

本案中，2014 年 8 月 1 日，赵文强与被告江苏常发农业装备股份有限公司签订大学生实习协议，约定原告到被告单位实习，从事生产类岗位工作。2014 年 10 月 26 日，原告在常州常发动力机械有限公司（被告下属单位）曲轴分厂工作时，左手大拇指被曲轴式装置压伤，造成末端骨折。原告随即被送往医院救治，被告支付了大部分医疗费用。但原告出院后，多次找到被告要求治疗费、伤残赔偿金等，被告均予以拒绝。故原告向法院起诉，要求判令被告赔偿原告医疗费、误工费、护理费、伤残赔偿金、精神抚慰金等各项费用。

被告江苏常发农业装备股份有限公司辩称，原被告间签订实习协议是事实，原告进入被告公司实习时，公司由专业人员对其进行了培训，原告受伤是其操作不当造成。原告对此应承担主要责任。原告的医药费已由该公司全额承担。

在此判例中，法院判决确定如下事实：

（1）原告系在校大学生，与用人单位不构成劳动关系。与被告签订大学生实习协议书，不属于劳动法意义上的劳动者，作为实习学生的原告与作为实习单位的被告之间不属于劳动关系。

（2）被告用人单位承担 85% 的责任。原告在被告处实习期间发生受伤事件，虽然被告已派相应的专业人员对原告等上岗前的实习生进行了一定的安全、业务等方面培训，但原告在实习劳动过程中受伤，对此，被告对原告所受之伤造成的损失仍应承担 85% 的民事责任。

（3）原告承担 15% 的责任。作为实习学生，在劳动实习过程中未注重自身的安全，导致自己受伤，对此，原告也应承担 15% 的民事责任。

（4）未涉及学校的责任。

笔者分析，本判例之所以未认定学校的责任，盖因该学生实习是自己寻找的实习单位，而非学校派遣或安排的行为，因此，在一定程度上，可以看作是学生的个人行为，与学校并无法律上的关系。另外，本判例中，实习学生与实习单位已经签订了实习协议，明确了彼此的权利义务关系，因此，本判例中，就没有涉及学校的法律责任。由此可见，学生"自行寻找型"实习和"学校安排型"实习还是存在一定的差异的。本书第二章第三节中，曾专门探讨了实习单位与高校之间的关系，本判例也证明，实习单位与高校存在两种性质的可能，即"委托关系"和"无关系"，而不存在所谓"隐性委托说"。

（三）实习期间劳动报酬纠纷典型判例

劳动报酬，一般是指在劳动关系中，劳动者因履行劳动义务而获得的，由用人单位以法定方式支付的各种形式的物质补偿。[①] 用人单位在生产过程中支付给劳动者的全部报酬包括 3 部分：一是货币工资，即用人单位以货币形式直接支付给劳动者的各种工资、奖金、津贴、补贴等；二是实物报酬，即用人单位以免费或低于成本价提供给劳动者的各种物品和服务等；三是社会保险，即用人单位为劳动者直接向政府和保险部门支付的失业、养老、人身、医疗、家庭财产等保险金。

大学生实习期间，作为劳动者获得正当的劳动报酬是不可侵犯的权利。但在社会实践中，往往有些用人单位采用各种不正当手段侵犯实习学生这一不可侵犯的权利，最常见的就是在招用实习生时对劳动报酬只字不提，在签订劳动合同时对劳动报酬含糊其词，不作约定或不作明确约定，在支付劳动者报酬时随心所欲、我行我素、随意决定，克扣实习学生应得的劳动报酬，这种做法极大地破坏了和谐的劳动关系，人为地造成劳动纠纷，肆意践踏实习学生的合法权利。

下面就相关司法判例进行分析。

判例 10. 吴旭东与瑞达信息安全产业股份有限公司追索劳动报酬纠纷一审民事判决书

湖北省武汉市武昌区人民法院

民 事 判 决 书

〔2019〕鄂 0106 民初 4590 号

原告：吴旭东，＊，＊年＊月＊日出生，＊族，住湖北省＊＊市＊＊区。

委托诉讼代理人：＊＊，湖北＊＊律师事务所律师。

被告：瑞达信息安全产业股份有限公司，住所地湖北省武汉市＊＊区＊＊路＊＊号＊＊广场＊＊＊。

法定代表人：＊＊，董事长。

原告吴旭东与被告瑞达信息安全产业股份有限公司追索劳动报酬纠纷

---

① 王全兴.劳动法［M］.4 版.北京：法律出版社，2017：341-342.

一案,本院立案后,依法适用小额诉讼程序,公开开庭进行了审理。原告吴旭东的委托诉讼代理人＊＊到庭参加诉讼,被告瑞达信息安全产业股份有限公司经本院合法传唤,无正当理由拒不到庭参加诉讼,本院依法缺席审理。本案现已审理终结。

原告吴旭东向本院提出诉讼请求:被告支付拖欠的实习工资7183.91元。事实与理由:2018年8月6日,原告到被告处实习,双方签订大学生实习协议书,约定实习时间为2018年8月6日至2019年6月30日,从事测试工程师工作,月工资2500元。原告如约到被告处完成合同所约定的工作任务,但被告一直拖欠原告实习工资共计7183.91元。为维护合法权益,原告提请诉讼,望判如所请。

被告瑞达信息安全产业股份有限公司经本院合法传唤,无正当理由拒不到庭参加诉讼,亦未在答辩期和举证期内提交答辩状和证据,视为放弃答辩和举证、质证的权利。

本院经审理认定事实如下:2018年8月6日,原告到被告处实习,双方签订大学生实习协议书,约定实习时间为2018年8月6日至2019年6月30日,从事测试工程师工作,月工资2500元。被告公司于2018年10月31日出具《瑞达信息安全产业股份有限公司在职员工欠薪工资汇总表》一份并加盖被告公司的公章,确认原告的欠薪金额为7183.91元,至今仍未支付。

本院认为,《最高人民法院关于审理劳动争议案件适用法律若干问题的解释(二)》第三条规定,劳动者以用人单位的工资欠条为证据直接向人民法院起诉,诉讼请求不涉及劳动关系其他争议的,视为拖欠劳动报酬争议,按照普通民事纠纷受理。本案中,被告于2018年10月31日出具《瑞达信息安全产业股份有限公司在职员工欠薪工资汇总表》一份并加盖被告公司公章,确认原告的欠薪金额为7183.91元,至今仍未支付。被告应当向原告支付上述欠薪款项,故本院对原告的诉讼请求予以支持。

综上,依据《最高人民法院关于审理劳动争议案件适用法律若干问题的解释(二)》第三条和《中华人民共和国民事诉讼法》第一百四十四条的规定,判决如下:

被告瑞达信息安全产业股份有限公司于本判决书生效之日起十日内支付原告吴旭东拖欠的实习工资7183.91元。

如果未按本判决指定的期间履行给付金钱义务,应当依照《中华人民共和国民事诉讼法》第二百五十三条规定,加倍支付迟延履行期间的债务利息。

案件受理费 50 元,应减半收取 25 元,由被告瑞达信息安全产业股份有限公司负担。

本判决为终审判决。

审判员：*   *

二〇一九年六月二十七日

书记员：* * *

判例评析：

这是一个实习学生追索劳动报酬的判例。

在本判例中,原告吴旭东向法院提出诉讼请求:要求瑞达信息安全产业股份有限公司支付拖欠的实习工资 7183.91 元。事实情况是,2018 年 8 月 6 日,原告到被告处实习,双方签订大学生实习协议书,约定实习时间为 2018 年 8 月 6 日至 2019 年 6 月 30 日,从事测试工程师工作,月工资 2500 元。原告如约到被告处完成合同所约定的工作任务,但被告一直拖欠原告实习工资共计 7183.91 元。

被告瑞达信息安全产业股份有限公司经法院合法传唤,无正当理由拒不到庭参加诉讼,亦未在答辩期和举证期内提交答辩状和证据,视为放弃答辩和举证、质证的权利。

法院根据《最高人民法院关于审理劳动争议案件适用法律若干问题的解释(二)》第三条规定,劳动者以用人单位的工资欠条为证据直接向人民法院起诉,诉讼请求不涉及劳动关系其他争议的,视为拖欠劳动报酬争议,按照普通民事纠纷受理。法院根据被告于 2018 年 10 月 31 日出具的《瑞达信息安全产业股份有限公司在职员工欠薪工资汇总表》一份并加盖被告公司公章,确认原告的欠薪金额为 7183.91 元,予以了支持。

在本案中,实习单位对实习学生的基本权利表现出漠视的态度,对法院的传唤也置之不理,可以看出该实习单位缺乏基本的法律素养。由此可见,部分用人单位对实习学生的劳动权利不够尊重。

判例 11. 李果与重庆钢运置业代理有限公司劳动争议一审民事判决书

重庆市九龙坡区人民法院

民 事 判 决 书

〔2015〕九法民初字第 05418 号

原告李果,*,*年*月*日生,*族,住重庆市**区。

被告重庆钢运置业代理有限公司,住所地重庆市 * * * 区 * * * *

支路＊＊＊＊,组织机构代码74288496－8。

法定代表人:＊＊＊。

原告李果诉被告重庆钢运置业代理有限公司劳务合同纠纷一案,本院受理后,依法由审判员董＊＊适用简易程序,公开开庭进行了审理。原告李果到庭参加了诉讼。被告重庆钢运置业代理有限公司经本院依法传票传唤,无正当理由未出庭参加诉讼,本院依法缺席进行了审理。本案现已审理终结。

原告李果诉称,其现为在校大学生,2014年11月27日到被告处实习。原、被告双方签订了在校大学生实习协议书,约定实习岗位是行政前台,实习补助为2000元/月。但是,被告一直未发放实习补助。原告被迫于2015年4月15日离开公司。2015年3月17日,原告向重庆市九龙坡区劳动人事争议仲裁委员会申请仲裁,请求裁决被告支付原告报酬10400元。同日,该委作出渝九劳人仲不字〔2015〕第75号《不予受理案件通知书》。原告遂诉至法院,请求判令被告支付原告2014年11月27日至2015年4月15日期间报酬10913元(1600元/月÷30天×4天＋1600元＋2600元/月×3个月＋2600元/月÷2)。

被告重庆钢运置业代理有限公司未作答辩。

经审理查明,原告现为重庆师范大学涉外商贸学院大四学生。2014年11月27日,原、被告双方签订了在校大学生实习协议书,约定实习期自2014年11月27日至2015年7月1日,实习岗位是行政前台,实习生活补助为2000元/月,发放时间是每月25日。

2015年3月17日,原告向重庆市九龙坡区劳动人事争议仲裁委员会申请仲裁,请求裁决被告支付原告报酬10400元。同日,该委作出渝九劳人仲不字〔2015〕第75号《不予受理案件通知书》。

审理中,原告称其从2014年11月27日工作至2015年4月15日,被告未向原告支付该段期间的生活补助。其诉讼请求基于双方建立的劳务关系。自然月计酬,周末双休。被告人事部长周＊＊曾和原告口头约定,前两个月按2000元的80％发放,但是从2015年1月1日原告转岗至会计岗位工作,周＊＊另口头通知原告将按会计岗位报酬2600元/月向原告发放实习生活补助。

上述事实,有原告陈述、不予受理案件通知书、在校大学生实习协议书、学生证等证据在卷为凭,足以采信。

本院认为,当事人对自己的主张,有责任举示证据予以证明。被告无正当理由未到庭参加诉讼,应承担由此带来的不利后果。本案中,原、被告双方签订的实习协议盖有被告公司印章,现无任何证据推翻被告公司印章的真实性,故对该实习协议予以采信。实习协议明确被告每月向原告支付实习生活补助 2000 元,原告虽称其从 2015 年 1 月 1 日开始转岗至会计岗位,并按会计岗位工资 2600 元/月领取实习生活补助,但并未举示证据予以佐证,故本院不予采信。另外,原告所作出的关于前两个月按 2000 元的 80% 发放的陈述,因系对己不利的陈述,无须其他证据予以佐证,故本院予以采信。综上,本院认定被告应按 1600 元/月(2000 元/月×80%)的标准向原告发放 2014 年 11 月 27 日至 2014 年 12 月 31 日期间的实习生活补助,应按 2000 元/月的标准向原告发放 2015 年 1 月 1 日至 2015 年 4 月 15 日期间的实习生活补助。原告称被告未履行支付义务,且被告未举示相反的证据予以反驳,故本院采信原告的该陈述。经查,2014 年 11 月 27 日至 2014 年 11 月 30 日期间工作日 2 天,2015 年 4 月 1 日至 2015 年 4 月 15 日工作日 10 天。再结合原告关于自然月计酬、周末双休的陈述,本院认定被告应向原告支付 2014 年 11 月 27 日至 2015 年 4 月 15 日期间生活补助 8666.67 元(1600 元/月÷21.75 天/月×2 天+1600 元+2000 元/月×3 个月+2000 元/月÷21.75 天/月×10 天)。被告经本院合法传唤,无正当理由拒不到庭,本院依法缺席判决。

据此,依据《中华人民共和国合同法》第八条、第六十条,《中华人民共和国民事诉讼法》第六十四条、第一百四十四条之规定,判决如下:

一、被告重庆钢运置业代理有限公司于本判决生效之日起十五日内支付原告李果 2014 年 11 月 27 日至 2015 年 4 月 15 日期间实习生活补助 8666.67 元。

二、驳回原告李果的其他诉讼请求。

如果未按本判决指定的期间履行给付金钱义务,应当依照《中华人民共和国民事诉讼法》第二百五十三条之规定,加倍支付迟延履行期间的债务利息。

本案案件受理费 25 元,由被告重庆钢运置业代理有限公司负担(因该费用原告已预交,被告在履行上述支付义务时一并向原告支付)。

如不服本判决,可在本判决书送达之日起十五日内,向本院递交上诉状,并按对方当事人的人数提出副本,上诉于重庆市第五中级人民法院。

本判决书生效后,当事人必须履行。一方当事人拒绝履行的,对方当事人可以在本判决书规定履行期间的最后一日起两年内向人民法院申请执行。

审判员 ＊＊＊

二〇一五年六月二日

书记员 ＊＊

判例评析:

本判例也是一个较为典型的实习学生追索劳动报酬的案例。

在本判例中,原告为重庆师范大学涉外商贸学院大四学生。2014 年 11 月 27 日,原告与被告重庆钢运置业代理有限公司签订了在校大学生实习协议书,约定实习期自 2014 年 11 月 27 日至 2015 年 7 月 1 日,实习岗位是行政前台,实习生活补助为 2000 元/月,发放时间是每月 25 日。但是,被告一直未发放实习补助。原告被迫于 2015 年 4 月 15 日离开公司。被告经法院合法传唤,无正当理由拒不到庭,依法缺席判决。依据《中华人民共和国合同法》第八条、第六十条,《中华人民共和国民事诉讼法》第六十四条、第一百四十四条之规定,判决如下:被告重庆钢运置业代理有限公司于本判决生效之日起 15 日内支付原告李果 2014 年 11 月 27 日至 2015 年 4 月 15 日期间实习生活补助 8666.67 元。

在本案中,被告同样是经过合法传唤,拒不到庭,这同样反映出该实习单位对实习学生的基本权利表现出漠视的态度,值得思考。

这两个司法判例中,都是实习单位不支付劳动报酬,且开庭后拒不到庭,最后法院缺席判决的情形,可见部分实习单位的确法律意识淡薄,对实习学生的权益不够尊重。

(四)实习期间实习学生意外死亡纠纷典型判例

判例 12. 段洪茹、卢臣侵权责任纠纷二审民事判决书(实习生意外死亡)

山东省威海市中级人民法院

民事判决书

〔2016〕鲁 10 民终 2559 号

上诉人(原审原告):段洪茹,＊,＊年＊月＊日出生,＊族,住辽宁省＊＊县。

委托诉讼代理人:卢臣(系段洪茹之夫),＊,＊年＊月＊日出生,＊族,住辽宁省＊＊县。

上诉人(原审原告):卢臣,＊,＊年＊月＊日出生,＊族,住辽宁省＊＊县。

被上诉人（原审被告）：威海职业学院，住所地威海市＊＊镇。

法定代表人：＊＊＊，院长。

委托诉讼代理人：＊＊＊，山东＊＊＊律师事务所律师。

上诉人段洪茹、卢臣因侵权责任纠纷一案，不服威海火炬高技术产业开发区人民法院〔2016〕鲁1091民初1444号民事判决，向本院提起上诉。本院于2016年11月22日立案后，依法组成合议庭审理了本案，现已审理终结。

段洪茹、卢臣上诉请求：撤销一审判决，依法改判威海职业学院对卢明松的死亡承担40％的赔偿责任，赔偿其各项损失共计465443元。事实和理由：卢明松的家长与威海职业学院先后签订的两个协议系乘人之危、显失公平，应予以撤销。签订上述协议后，卢明松的家长就对该协议不满意，一直找威海职业学院要求予以赔偿，并未超过诉讼时效，且协议中约定该学院没有责任，只是给予人道主义补偿，补偿的项目也非法定赔偿项目。一审认定的事实和适用法律有误，应予以改判。

威海职业学院答辩称，其已经在允许的范围内给予了受害人最大程度的补偿，双方已经达成调解协议，且段洪茹、卢臣的主张已经超过诉讼时效，其诉请应不予支持。原审判决正确，请求维持。

卢臣向一审法院提出诉讼请求：判令威海职业学院赔偿因卢明松在校时由学校组织的大学生实习期间意外身亡的被扶养人生活费、死亡赔偿金、丧葬费、交通费、住宿费、误工费、精神损害抚慰金共计456592元。因段洪茹系本案必须参加诉讼的原告，一审法院依法通知其作为原告参加诉讼。

一审法院查明，卢臣与段洪茹系夫妻关系，双方生育一子卢明松。卢明松系被告威海职业学院2006级报关与国际货运专业学生。2009年6月5日晚，卢明松在烟台开发区大季家街道办事处万船口码头负责石料的收料和装船统计工作时，因石料滚落受伤，后经抢救无效死亡。事故联合调查组出具的《威海申安电子工程有限公司工人死亡事故调查处理报告》载明，威海申安电子工程有限公司成立于1993年5月，注册地址威海市＊＊路＊＊，注册资本200万元，主要从事公共安全技术防范工程施工，建筑材料、机械产品的销售。该公司录用两名即将毕业的学生，并于5月26日派往开发区大季家街道办事处万船口码头从事石料验收和装船统计工作。自2009年5月26日起，申安电子业务经理李＊＊安排卢明松等有关人员在烟台开发区大季家街道办事处的万船口码头，验收、分拣石料。2009年6月5日晚，卢明松在现场负责石料的收料和装船统计工作。当晚现场用于照明的设施仅有李＊＊给胡＊＊和卢明松发放的两只手电筒和一辆在用铲车的车灯,23时左右,铲车司机孙＊＊在用铲车运料过程中一块重约2吨的石料滚落,砸在卢明松胯盆上,孙＊＊发现后立即用铲车将石头从卢明松身上移走,并将其送到开发区医院,6月6日2时左右,卢明松经抢救无效后死亡。事故联合调查组经调查分析认为:万船口码头作业场所不具备货运安全生产条件,现场管理混乱,认定此次事故是一起生产安全责任事故,事故发生原因主要有以下几个方面:1.直接原因:万船口码头作业场所不具备货运安全生产条件;2.间接原因:(1)申安电子安全生产规章制度不健全,未对相关人员进行必要的安全教育培训,致使雇员缺乏必要的安全知识;(2)孙＊＊将其属于个人无货运资质的码头出租给不具备安全生产的单位或者个人。事故责任认定及处理建议:1.申安电子安全生产规章制度不健全,未对相关人员进行必要的安全教育培训,致使雇员缺乏必要的安全知识,对事故的发生负有主要责任,建议根据《生产安全事故报告和调查处理条例》第三十七条规定,由开发区安监局对申安电子罚款10万元人民币;2.孙＊＊将其属于个人无货运资质的码头出租给不具备安全生产条件的单位或者个人,对事故负有连带责任,建议依据《中华人民共和国安全生产法》第八十六条规定,罚款20万元人民币;3.本案涉及刑事处罚的,建议由公安机关依据有关规定处理。庭审中,原告称事故发生后,经协商,李国华赔偿原告各项损失共计20余万元。

　　2009年6月30日,原告卢臣与被告威海职业学院签订《协议书》一份,约定:现因卢臣之子卢明松在威海职业学院求学时,在其联系的工作单位威海市申安电子有限公司经理李＊＊派出的烟台市万船口码头从事石材检尺工作时,被石头击中身亡,原告卢臣与被告威海职业学院就卢明松去世一事达成以下意见:1.原告卢臣、被告威海职业学院达成互谅共识,被告威海职业学院一次性出于人道主义给予原告卢臣人民币2.4万元(不包含已为原告卢臣支出的1100元住宿费);2.原告卢臣、被告威海职业学院双方就此事一次性了结,互不因此事向对方追究任何责任,永不反悔;3.本协议一式两份,自双方签字或盖章之日起生效。协议签订后,被告已向原告卢臣支付了上述款项,收条中注明该款项为"死亡慰问金"。

　　2014年4月14日,原告卢臣与被告威海职业学院签订《补偿协议书》一份,约定:1.原告卢臣之子卢明松为被告威海职业学院学生,2009年卢明松在实习单位施工现场,被掉落的石头击中,后去世。原告卢臣、被告威海职业学院均认为威海职业学院对此次事件并无过错且没有任何法律责任。鉴于原告卢臣的父亲因卢明松去世而悲痛万分随后去世,卢臣的母亲瘫痪在床，虽然卢臣要求精神补偿金 30 万元，但在查询湖南省机电技术职业学院学生实习期间死亡的相近案例后，威海职业学院本着人道主义精神，双方经协商一致，原告卢臣同意接受威海职业学院 15 万元的精神补偿金，并承诺不再向威海职业学院提出任何其他补偿或赔偿等要求。2. 双方对卢明松去世的相关事宜达成一次性协议，卢臣不得再以任何理由要求威海职业学院承担任何责任。3. 双方自本合同签订之日起，就卢明松去世的补偿一事原告卢臣承诺一次性了结，不再要求威海职业学院承担任何责任，否则，卢臣须向威海职业学院支付违约金 5 万元，并退回威海职业学院支付的全部补偿款。4. 原告卢臣保证此笔款项的领取人为卢臣，因领取此款项发生任何争议与威海职业学院无关。此款项 15 万元由威海职业学院打入原告卢臣的银行账户（开户行：工行＊＊＊支行，卡号：＊＊＊＊94，户名：卢臣），卢臣签收。5. 原告卢臣负责对本协议的内容予以保密，不得以任何方式向第三方泄露本协议的内容。否则，卢臣应将获得的精神补偿金全部退还威海职业学院。6. 本协议产生的法律问题由双方协商解决，如协商不成，诉请威海市高区法院依法裁判。7. 本协议一式二份，双方各执一份。具有同等法律效力，自双方签字、盖章之日起生效。补偿协议签订后，被告威海职业学院已向原告卢臣支付了上述款项 15 万元。

关于被告威海职业学院是否对原告的死亡负有责任，原告认为，卢明松系被告未毕业的学生，事故发生在卢明松毕业前，卢明松的实习是学校组织的，被告有责任和义务进行管理，去全程跟踪学生的实习内容。在与被告签订的补偿协议中，被告也承认卢明松是在实习单位发生的事故。此外，被告学校宣传有 231 处实习基地，为什么不安排卢明松到这些实习基地实习，反而让卢明松自己找实习单位，且未安排老师指导，造成学生实习的地方存在安全隐患，被告负有不可推脱的责任。原告为证实其主张，向法庭提交了石＊、于＊＊、于＊三人的书面证言，证言内容为：三人均与卢明松系威海职业学院 2009 年 7 月 1 日的毕业生，在 2009 年 5 月学院组织的实习过程中，院方没有指定专人到实习地方检查、指导和监督，也没有与学生签订实习协议。另外，当时学校还没有举行毕业典礼，学生在 2009 年 5 月至 6 月末期间都系学院在校学生，没有离校，只是参加学院组织的大学生实习活动。经质证，被告认为证人未到庭，其不发表质证意见，但《威海申安电子工程有限公司工人死亡事故调查处理报告》载明卢明松系威海申安电子工程有限公司录用的工人，并非被告安排的实习单位，应由威海申安电子工程有限公司承担事故的全部责任，被告没有责任。被告为卢明松安排的实习单位是威海迪信通电子通信技术有限公司,并非威海申安电子工程有限公司,因学生临近毕业实习都结束了,也没有课程,被告不了解卢明松在威海申安电子工程有限公司的工作情况。教育部等五部门印发的《职业学校学生实习管理规定》颁布时间为 2016 年 4 月 11 日,在此之前,国家的有关部门并未就学生的实习管理出台相应的管理规定,依靠各个学校自主管理。被告为证实其辩解,向法庭提交《经济管理系学生校外实习实训协议书》一份。经质证,原告对该协议的真实性提出异议,认为该协议上的卢明松的签名不像本人所写,且卢明松出事的单位和学校安排的实习单位并非同一单位。

关于原告卢臣与被告威海职业学院签订的《协议书》《补偿协议书》的效力问题,原告认为,《协议书》中的 2.4 万元并未明确说明钱的性质且在收条上签字时,收条上写明的是慰问金,15 万元的补偿协议是原告卢臣与威海职业学院签署的,但是该协议是建立在不公平的基础上的。原告卢臣和威海职业学院签署的两个补偿协议都是精神方面的慰问金和补偿金,并非卢明松的死亡赔偿金,这两个名词在法律上有明确的界定。学校对卢明松意外身亡的赔偿应按照 2009 年威海市死亡赔偿标准和《最高人民法院关于审理人身损害赔偿案件适用法律若干问题的解释》执行,卢臣与被告签订的两个协议都是一种误导,被告之所以说从人道主义出发进行精神补偿,目的就是对负有连带责任的一种逃脱,特别是 15 万元的精神补偿,存在明显的不公平性,在协议签订前,卢臣就与学校的金院长在电话中多次协商,认为协议不公平,但学校不予理睬,不存在协议诉讼时效已过期的问题。协议中被告承认卢明松系被告的学生,在实习单位实习过程中发生的事故,协议所涉的"不向第三方泄露""没有过错""没有法律责任"都是被告逃脱责任的做法,如果协议是建立在公平公正的基础之上,那么就不存在向第三方泄露、存在过错等问题。另外,协议第六条写明如果协商不成可以向法院提起诉讼,原告就是因协商不成才提起的诉讼。被告则认为,原、被告签订两份协议书的时间分别是 2009 年 6 月 30 日、2014 年 4 月 14 日,被告支付的费用分别是 2.4 万元和 15 万元,该款项已经支付,可以证实原、被告对于卢明松的死亡已经达成和解,确认被告在此次事故中没有责任。双方的调解书虽写明被告给予的是精神损害补偿,但这是原、被告双方基于卢明松去世这一事实达成的调解协议,明确约定原告不再向被告追究任何责任及索要任何补偿和赔偿。该约定对双方有法律约束力。如原告认为协议书显失公平,应当申请法院撤销该协议,但是原告没有撤销该协议,且申请撤销已超过法定时间。

一审法院认为，原告因卢明松死亡一事向一审法院提起诉讼，认为被告对卢明松的死亡负有责任，要求威海职业学院承担相应的赔偿责任，根据庭审查明的事实，原告卢臣分别于 2009 年 6 月 30 日、2014 年 4 月 14 日就该事故与被告签订了协议书，协议中写明双方就此事一次性了结，原告卢臣不得再以任何理由要求被告承担任何责任，被告在协议签订后已依约给付了款项，款项虽写明为出于人道主义、精神补偿金，但系原告卢臣与被告就卢明松的死亡一事所达成的协议。根据相关法律规定，依法成立的协议，对当事人具有法律约束力。当事人应按照合同约定履行自己的义务，不得擅自变更或者解除合同。原、被告已就卢明松死亡一事达成了协议，该协议对双方有约束力，原告要求被告承担赔偿责任，没有法律依据，不予支持。原告虽主张该协议系受被告误导，存在显失公平的情形，但根据《中华人民共和国民法通则》第五十九条、《最高人民法院关于贯彻执行〈中华人民共和国民法通则〉若干问题的意见(试行)》第七十三条之规定，可变更或者可撤销的民事行为，自行为成立时起超过一年当事人才请求变更或者撤销的，人民法院不予保护。即便按照原告卢臣与被告于 2014 年 4 月 14 日签订的《补偿协议书》的日期来计算，原告申请撤销也已超过法定期限。故一审法院对于原告的上述主张不予采纳。

综上，依照《中华人民共和国民法通则》第五十九条、《最高人民法院关于贯彻执行〈中华人民共和国民法通则〉若干问题的意见(试行)》第七十三条之规定，判决：驳回原告卢臣、段洪茹要求被告威海职业学院赔偿因卢明松在校时，由学校组织的大学生实习期间意外身亡的被扶养人生活费、死亡赔偿金、丧葬费、交通费、住宿费、误工费、精神损害抚慰金共计 456592 元诉讼请求。案件受理费 4074 元(其中免交 1924 元)，由原告卢臣、段洪茹共同负担。

二审中，段洪茹、卢臣提交卢明松的奶奶刘＊＊和卢臣的残疾证各一份，主张因卢明松的死亡给其家庭造成沉重打击。威海职业学院认为上述证据与本案无关。本院对一审查明的事实予以确认，因段洪茹、卢臣于二审中提交残疾证与本案争议的事实缺乏关联性，对上述证据不予认定。

本院认为，导致卢明松死亡的事故系生产安全责任事故，威海职业学院并非该起事故的责任者，该起事故的联合调查组亦未认定威海职业学院应承担相应的责任。但卢明松生前系威海职业学院的在校学生，在其毕业前夕，虽系其自行联系以实习的名义到威海申安电子工程有限公司工作，但卢明松当时的身份仍是在校学生，应视为学院同意其到该公司实习。该项实习应是威海职业学院教学内容的延伸和扩展,所以威海职业学院对卢明松在实习单位即威海申安电子工程有限公司处的安全仍负有一定的安全教育和管理义务,亦应承担相应的赔偿责任,但其过错程度较小。在卢明松死亡后,该学院经与卢明松的亲属即卢臣协商,通过两份协议已经给予了卢明松的亲属17.4万元,上述款项与威海职业学院对卢明松的死亡后果应承担的责任相当。签订涉案协议时,不存在威海职业学院利用一方当事人的危难处境或紧迫需要,也不存在对双方当事人明显不公平的情况,即上述协议不存在可撤销的情形,且卢臣与段洪茹亦未在法律规定的一年期限内行使撤销权。在上述两份协议履行完毕后,卢臣与段洪茹又对其达成的协议反悔,其行为有违民事活动应遵循诚实信用的基本原则,原审法院对其诉请未予支持并无不当,本院予以维持。

综上所述,卢臣、段洪茹的上诉请求不能成立,应予驳回;原审判决正确,应予维持。依照《中华人民共和国民事诉讼法》第一百六十九条、第一百七十条第一款第(一)项、第一百七十五条之规定,判决如下:

驳回上诉,维持原判。

二审案件受理费8148元,由卢臣、段洪茹负担。

本判决为终审判决。

审　判　长　＊＊＊
代理审判员　＊　＊
代理审判员　＊　＊
二〇一六年十二月三十日
书　记　员　＊＊＊

判例评析:

本判例是一起典型的学生实习意外死亡的案例。

在本判例中,原告系大学生卢明松的父母,卢明松是威海职业学院大三学生,临近毕业之际,在自行联系的威海申安电子工程有限公司实习。实习过程中,2009年6月5日晚,卢明松在烟台开发区大季家街道办事处万船口码头负责石料的收料和装船统计工作时,因石料滚落受伤,后经抢救无效死亡。事故联合调查组出具的《威海申安电子工程有限公司工人死亡事故调查处理报告》认定这是一次责任事故。事故责任认定及处理建议如下:

(1)实习单位申安电子安全生产规章制度不健全,未对相关人员进行必要的安全教育培训,致使雇员缺乏必要的安全知识,对事故的发生负有主要责任,建议根据《生产安全事故报告和调查处理条例》第三十七条规定,由开

177

发区安监局对申安电子罚款 10 万元人民币。

(2)孙＊＊将其属于个人无货运资质的码头出租给不具备安全生产条件的单位或者个人，对事故负有连带责任，依据《中华人民共和国安全生产法》第八十六条规定，罚款 20 万元人民币。

(3)本案涉及刑事处罚的，由公安机关依据有关规定处理。经协商，李＊＊赔偿卢明松父母各项损失共计 20 余万元。

但卢明松生前系威海职业学院的在校学生，在其毕业前夕，虽系其自行联系以实习的名义到威海申安电子工程有限公司工作，但卢明松当时的身份仍是在校学生，应视为学院同意其到该公司实习。该项实习应是威海职业学院教学内容的延伸和扩展，所以威海职业学院对卢明松在实习单位即威海申安电子工程有限公司处的安全仍负有一定的安全教育和管理义务，亦应承担相应的赔偿责任，但其过错程度较小。在卢明松死亡后，该学院经与卢明松的亲属即卢臣协商，通过《协议书》《补偿协议书》两份协议给予卢明松的亲属 17.4 万元精神补偿款，上述款项与威海职业学院对卢明松的死亡后果应承担的责任相当。

本案中，用人单位因为出现安全责任事故，其承担赔偿责任是必然的（实际承担 20 余万元）。然而，对于威海职业学院而言，其所负担的管理责任和义务按道理是比较小的，但是，也承担了 17.4 万元的赔偿。当然，该学院考虑到其自身的责任较小，始终坚持其所付的是一次性的出于人道主义的"死亡慰问金"。其实，这个问题是值得深入思考的。

每所高校每年都有数千名毕业生在外实习，这些学生实习的情况，高校确实是难以做到——落实安全教育和管理责任，毕竟学校的老师、教职工有限。① 这还是针对我国一流大学所做的统计，普通高校生师比在 20 以上的更是比比皆是。此外，大学准毕业生其实已经是成年人，作为一个成年人，其自我安全管理的责任还是要有的。

此外，本判例与判例 9 相比，判决结果还是有些差异。在判例 9 中，学生在自行寻找的实习单位实习，发生意外伤害后，法院没有判决学校承担责任。而本判例中，学生在自行寻找的单位实习出现死亡，法院则判定涉事高

---

① 我国教育部 2004 年曾发文明确要求高校生师比在 18 以下。但是，在武书连 2018 年高校生师比排行榜中，我国 41 所世界一流大学建设高校，有 15 所生师比超过了 18，即不合格，1 所生师比为限制招生，合计 16 所。参见：西交智谷在线.2018 双一流高校生师比排行：清华第 1，西安交大第 2[EB/OL].[2022-01-14].https://www.sohu.com/a/273704055_779932.

校承担一定的责任。笔者考虑，可能是因为实习学生"受伤"与"死亡"之间存在较大的差异。毕竟，如果实习期间学生身体"受伤"，但生命仍在，高校可能不需承担责任；但是，如果实习期间学生出现"死亡"，人命关天，在此情形下，高校则肯定要承担一些责任。显然，这个问题如何妥善解决的确是值得深入探讨的。

下面这则判例中，实习学生野外游泳溺亡，实习单位、高校没有承担相关责任。

判例 13. 周同国、李国芬等与左鹏飞等生命权、健康权、身体权纠纷一审民事判决书

湖北省宜昌市夷陵区人民法院

民 事 判 决 书

〔2020〕鄂 0506 民初 1944 号

原告：周同国，＊，＊年＊月＊日出生，＊族，住宜昌市＊＊区。

原告：李国芬，＊，＊年＊月＊日出生，＊族，住宜昌市＊＊区。

二原告共同委托诉讼代理人：＊＊＊，湖北＊＊＊律师事务所律师。

二原告共同委托诉讼代理人：＊＊＊，湖北＊＊＊律师事务所实习律师。

被告：左鹏飞，＊，＊年＊月＊日出生，＊族，住宜昌市＊＊区。

委托诉讼代理人：＊＊＊，湖北＊＊律师事务所律师。

委托诉讼代理人：＊＊＊，＊，＊年＊月＊日出生，＊族，系左鹏飞之父，住宜昌市＊＊区。

被告：陈昕煜，＊，＊年＊月＊日出生，＊族，住宜昌市＊＊区。

委托诉讼代理人：＊＊＊，湖北＊律师事务所律师。

委托诉讼代理人：＊＊＊，＊，＊年＊月＊日出生，＊族，系陈昕煜之母，住宜昌市＊＊区。

被告：宜昌市夷陵区邓村乡邓村坪村村民委员会，住所地宜昌市＊＊区＊＊乡＊＊路＊＊号。

法定代表人：＊＊＊，该村村民委员会书记兼主任。

委托诉讼代理人：＊＊＊，北京＊＊(宜昌)律师事务所律师。

被告：宜昌市夷陵区邓村乡人民政府，住所地宜昌市＊＊区＊＊乡＊＊路＊＊号。

法定代表人：＊＊＊，该乡乡长。

179

委托诉讼代理人：＊＊＊，北京＊＊（宜昌）律师事务所律师。

委托诉讼代理人：＊＊＊，＊，＊年＊月＊日出生，系该单位综治办常务副主任，住宜昌市＊＊区。

原告周同国、李国芬与被告左鹏飞、陈昕煜、宜昌市夷陵区邓村乡邓村坪村村民委员会、宜昌市夷陵区邓村乡人民政府生命权纠纷一案，本院于2020年8月25日立案受理后，依法适用简易程序于2020年9月24日公开开庭进行了审理。二原告周同国、李国芬及委托诉讼代理人＊＊＊、＊＊＊，被告左鹏飞的委托诉讼代理人＊＊＊、＊＊＊，被告陈昕煜的委托诉讼代理人＊＊＊、＊＊，被告宜昌市夷陵区邓村乡邓村坪村村民委员会和宜昌市夷陵区邓村乡人民政府的共同委托诉讼代理人＊＊＊及宜昌市夷陵区邓村乡人民政府的另一委托诉讼代理人＊＊＊到庭参加诉讼。本案现已审理终结。

原告周同国、李国芬向本院提出诉讼请求：1.判令被告共同承担原告各项损失共计418972.5元；2.判令被告承担本次诉讼费用。事实与理由：周林烽（原告之子，曾用名"周源江"）于2020年7月10日依照宜昌市夷陵区大学生实习实训和就业创业工作领导委员会安排前往邓村坪村村民委员会报到参加大学生实习实训，接受村委会管理和完成村委会指派的工作。2020年7月底，邓村坪村村民委员会为完成征兵体检指标，要求周林烽在网上进行应征报名并参加在邓村乡卫生院组织的征兵体检初检。初检合格后，邓村乡工作人员将初检合格人员拉入了名为"邓村的精英"微信群，在群内通知相应人员于2020年8月3日统一乘坐邓村乡安排的班车前往体检中心参加第二次体检。在出发前邓村乡未尽到管理责任，同意周林烽乘坐左鹏飞私家车自行前往夷陵区体检中心，安全抵达后周林烽与左鹏飞入住邓村乡政府统一安排的邮政宾馆。入住宾馆后，邓村乡政府及邓村坪村村民委员会并未对入住人员进行统一、有效的管理。8月4日，当天白天的体检工作完成后，左鹏飞在明知周林烽不会游泳、不知道下牢溪具体地点且自身水性不佳的情况下，仍然开车将第一次见面根本不了解水性的周林烽及其同学陈昕煜带到下牢溪游泳。在选择地点上，左鹏飞选择人少的深水区域，增加了游泳的危险性和求救、施救难度。在游泳过程中，周林烽发生了第一次溺水后，陈昕煜已将周林烽弄到了相对安全的石头上。此时本可以报警寻求安全可靠的施救办法，但左鹏飞、陈昕煜过于自信地选择错误的施救办法，致周林烽生命权不顾，找来竹竿及请一个路人帮助施救。由于施救不得当使得周林烽第二次溺水，左鹏飞及陈昕煜见状选择了放任事态的发展，导致周林烽溺水身亡。周林烽死亡,与左鹏飞、陈昕煜的邀约及采取的施救方式极端错误具有直接的因果关系,与夷陵区邓村乡人民政府、邓村坪村村民委员会的安排和管理过失具有因果关系。周林烽死亡后,原告理智地依法与被告三、四多次沟通调解未能达成一致;被告一、二至今置之不理。综上,为维护原告合法权益,诉至贵院,望判如所请。

被告左鹏飞辩称,一、原告诉称答辩人开车带周林烽去游泳不当、地点是答辩人选择等表述未尊重基本事实,本次游泳是周林烽提议,答辩人及陈昕煜均予以参与,各方均是自愿行为,不存在强迫。首先,答辩人虽然提供交通工具,但不论是自驾车前往还是坐车前往与本次事故的发生均不具有法律上的因果关系。其次,游泳地点不是答辩人选择的。当时驾车临近该处时需要通过桥梁,答辩人在驾驶室左侧无法查看,具体的游泳地点是在他们提议后答辩人一同前往而已。二、在转移周林烽的过程中,基于当时的客观条件及自身能力受限,答辩人已经力所能及,没有过错。周林烽下水后不久只是滑入了深水区并未溺水,此时会游泳的陈昕煜将其直接拖到了对面岸边石头上,陈昕煜与周林烽商量了转移,答辩人按照陈昕煜的提示去找了竹竿。竹竿找到后,答辩人不顾自身安危,在不会游泳的情况下深入深水区(公安笔录:水到了胸口)将竹竿递向周林烽,陈昕煜在浅水这边抓住答辩人,经伸展由于无法让周林烽直接抓住竹竿,答辩人和陈昕煜还正在说是否采取其他方法时周林烽即跳入了水中拟抓住竹竿。在会水路人(舒＊)的近距离看护下周林烽跳入水中时,却未能抓住竹竿。其后,情况异常凶险,舒＊为救助周林烽拉扯了竹竿,答辩人险被带入更深的区域,答辩人惊魂未定地上了岸。对周林烽转移措施的选择,是周林烽与他人商议后实施,答辩人只是参与了其中一个致自身于险境的环节。在整个过程中答辩人竭尽全力,没有不当行为或侵权行为。事故发生后原告以事件结果倒推当时措施不当,实际是以专业救助视角对答辩人及陈昕煜进行评判,显然没有考虑答辩人及陈昕煜不是专业救助人员的客观事实,也没有考虑事发当时的突然及条件的限制等因素,该主张不能成立。三、周林烽溺水后,答辩人积极采取了合理的措施,不存在放任事态的发展。在周林烽溺水的同时,不会游泳的答辩人也险被带入更深的水域,此时答辩人自然无暇顾及周林烽。答辩人上岸后,积极呼救并向他人寻求帮助,电话报警呼叫120等,在答辩人能够采取的合理措施范围内均进行了积极的作为。在答辩人对河滩、水情不清楚、不会游泳的情况下,不应苛责答辩人采用对自身生命安全存在威胁的方式对周林烽进行施救。原告诉称放任事态发展,导致周林烽溺水与实情不符。四、同学朋友间相约游泳是正常的社交活动,本案游泳当事人均是成年人,同伴之间不产生安全保障义务。周林烽与答辩人、陈昕煜均是成年人,自己是对自身安全负责的主体,各自对自己的水性、河道游泳的危险性应有一定的认识。本次游泳行程不是事先经过策划或组织的,是临时起意做出的决定,对事发地点答辩人不具有事先考察水情、评判游泳风险的可能性。在转移周林烽的过程中,由于竹竿距离不够长,答辩人与陈昕煜正商议是否改为其他措施时,周林烽自行跳入水中,此时答辩人并未要求或鼓动周林烽跳入水中。作为风险自控的成年人,周林烽在对水情不了解,未在确保能够抓住竹竿自救的情况下就径直跳入水中,是其发生溺水的直接原因。从周林烽跳入水中到挣扎溺水,时间短、进程快,此时答辩人限于自身情况和能力无法直接施以援手,只能待上岸后寻求帮助并报警。五、类案检索相关案例,就成年人相互结伴游泳死亡的,大多数法院判决同行者不承担责任,部分判决承担赔偿或补偿责任的也显著较轻。湖北省汉江中级人民法院〔2017〕鄂 96 民终 651 号案例——6 人酒后相约游泳 1 人死亡,一审判决另 5 人合计补偿 3 万元,二审改判 5 人赔偿 15％共 9 万余元(二审以违反全保障义务为由改判值得商榷,按此观点,所有参与者均是组织者显然于情于理均不合适)。上海市嘉定区人民法院〔2018〕沪 0114 民初 17603 号案例——6 名成年人酒后提议游泳 1 人死亡,另 5 人中一人判赔 3％、3 人判赔 2％、1 人判赔 1％。四川广安市广安区人民法院〔2018〕川 1602 民初 4401 号案例——3 名成年人相约游泳 1 人死亡,法院基于公平原则判决 1 人支付 4％,1 人支付 1％。无锡市中级人民法院〔2019〕苏 02 民终 4200 号案例——3 名成年人相约游泳 1 人死亡,死者家属的赔偿请求被两级法院驳回。另还有比较严重的未成年群体溺亡案例,对有关责任人也判定较轻的责任。如:当阳市 2013 年 6 月 23 日 6 名初中生溺亡案,当阳市法院判决河道采砂经营者存在过错,承担 20％的赔偿责任,其余由受害人家属自理。六、本案的发生给原告家庭造成不可磨灭的创伤,答辩人也因此事造成应急性精神障碍,将对答辩人的后续生活造成严重影响。答辩人在本次事件中问心无愧,积极舍命救助,希望从事件阴影中走出来,考虑到收入情况,答辩人愿意补偿周林烽的父母 10000 元。综以上,对二原告痛失爱子的心情表示理解,但不接受其诉称答辩人行为失当、存在过错。答辩人同行参与游泳,在出现情况后积极舍命救助,基于水中救助的复杂性及条件、能力的限制,答辩人已经力所能及进行了施救,不存在过错,故此请求法院依法驳回原告要求答辩人赔偿的诉讼请求。

被告陈昕煜辩称，一、原告诉称答辩人邀约周林烽游泳与事实不符，事实上是周林烽邀约答辩人，第一被告左鹏飞和周林烽开车到答辩人家楼下接的答辩人一起去游泳。二、答辩人与逝者周林烽是同学关系，相互之间没有权益上的法律关系，故相互之间对他人游泳安全不具有法律上的安全保障义务，仅有在各自能力范围内提供相互照应和危险发生时及时救助的义务。答辩人在周林烽出现险情后，已在自己能力范围内尽力及时救助了周林烽，对周林烽溺水身亡的意外事件不存在过错。不应承担赔偿责任。2020年8月4日，答辩人与左鹏飞、周林烽下水时本来在浅水区玩，周林烽在水中练憋气，由于水急被卷入深水区。答辩人在自身游泳水平只能自保的情况下置自身安危于不顾，冒着生命危险投身于深水区把周林烽救助到河对岸的石头上。说答辩人为救助周林烽冒着生命危险毫不夸张，毕竟在现实生活中，救助人因救助别人而溺水身亡的事例不在少数。答辩人把周林烽救助到河对岸的石头上后，答辩人、左鹏飞、周林烽经商议，决定用竹竿将周林烽救助到河这边来。于是左鹏飞找来竹竿，为了救助顺利，答辩人和左鹏飞还请了在旁边游泳、技术较好的舒＊来帮忙救助，但在救助的过程中发生意外，周林烽没有抓到竹竿，答辩人和舒＊数次在水中仍不能将周林烽从水中救出。后和左鹏飞又赶紧大声呼救，找人帮忙，并且打了报警电话和120电话。由于我们的呼救，当地的村干部陶＊和村民向＊赶过来从水中救起周林烽，周围赶来的人员和答辩人也对周林烽进行了人工呼吸等急救措施，但最后还是发生了周林烽溺亡的意外事件。虽然没能救回周林烽，但纵观整个救助过程，答辩人对周林烽的溺水已尽到自己能力范围内的救助，不存在过错。故不应承担赔偿责任。三、逝者周林烽是具有完全民事行为能力的成年人，应对自己的行为承担后果。周林烽进行游泳活动时，应该对自己的水性、野外自然水域游泳存有的安全隐患有充分的认识，能自主决定是否下水，对自身的安全应尽到足够的注意义务。然而，由于其自身的疏忽大意、过于自信导致危情的发生，最终虽经其他同伴及时救助仍遭受不幸，其应自身承担责任。四、答辩人认为在施救周林烽的方式上符合普通大众的认知，不存在过错。综上所述，答辩人对周林烽已尽到力所能及的救助，不存在过错，不应承担赔偿责任。答辩人对周林烽的意外身亡，对原告因丧子所承担的精神痛苦和财产损失，深表理解和同情，但是理解和同情不能成为承担法律责任的依据。请法院驳回原告对答辩人的诉讼请求。

宜昌市夷陵区邓村乡邓村坪村村民委员会辩称，邓村坪村村民委员会不应承担赔偿责任。1.依据《中华人民共和国兵役法》第二条、第十条的规定,适龄青年服兵役是每个公民的义务,组织征兵的主体是军分区及政府武装部。邓村坪村村民委员会不是征兵活动的组织者,周林烽参加征兵体检也不可能是邓村坪村村民委员会安排的工作任务。2.周林烽的溺亡与邓村坪村村民委员会同意其参与征兵体检没有因果关系,参与征兵体检是周林烽本人主动找张＊＊书记请假,为了全力支持国家的征兵活动,邓村坪村村民委员会书记张＊＊同意了其请假,邓村坪村村民委员会没有任何过错,故不应承担责任。

被告宜昌市夷陵区邓村乡人民政府辩称,一、邓村乡人民政府在此次征兵组织中,严格按征兵管理规定组织开展,不存在任何瑕疵。1.在此次征兵组织活动中,邓村乡人民政府高度重视,由乡领导直接牵头负责,严格按照区武装部要求组织开展。2.整个征兵体检活动中,乘坐的大巴车运营途中、体检定点医院里、统一食宿的邮政宾馆内,政府工作人员组织严密,全程尽到了安全保障义务,并未发生任何安全事故。二、周林烽的死亡与邓村乡人民政府组织的征兵活动没有因果关系。1.周林烽死亡系与他人前往下牢溪游泳溺水身亡,在周林烽游泳溺水身亡这个事件中,与邓村乡人民政府没有丝毫联系,邓村乡人民政府对于周林烽的溺亡不存在任何过错,也不具有因果关系,无须承担责任。2.周林烽与同学前往下牢溪游泳,不是邓村乡人民政府统一组织前往,也并非征兵体检活动中的一个环节,是周林烽的个人行为,作为征兵体检活动的组织者,显然对于周林烽的个人危险行为没有任何安全保障义务。3.周林烽的溺亡是个人危险行为所致,事发时其已成年,具有完全民事行为能力,风险与后果应自行承担,至于参与了共同危险行为的其他主体是否承担责任,与邓村乡人民政府无关,请求人民法院依法判决。三、原告诉请邓村乡人民政府承担赔偿责任欠缺法律依据。原告诉请邓村乡人民政府承担责任,但并未明确释明请求权基础及相关法律依据。代理人查阅了相关法律,并未找到法律依据,答辩人认为原告诉请邓村乡人民政府承担赔偿责任缺乏法律依据。

本院经审理认定事实如下:原告周同国、李国芬之子周林烽出生于＊年＊月＊日,生前系武汉＊＊大学＊＊学院学生。2020年暑假,周林烽在被告宜昌市夷陵区邓村乡邓村坪村村民委员会实习期间报名参军,2020年8月3日,被告宜昌市夷陵区邓村乡人民政府组织该乡初检合格人员前往夷陵区体检中心进行第二次体检。体检任务完成后,周林烽得知与其一起参加体检的小学同学左鹏飞知道下牢溪的位置后,双方商议去下牢溪游泳。2020年8月4日下午,周林烽电话邀约其高中同学被告陈昕煜前往下牢溪游泳,被告左鹏飞开车和周林烽接到被告陈昕煜后一起前往下牢溪。三人选择了下牢溪位于宜昌市＊＊区＊＊＊村＊＊旁＊＊河段游泳，因为周林烽不会游泳，三人下水后在浅水区玩水，周林烽在水中练习憋气的过程中不慎滑入深水区，被告陈昕煜立即将周林烽救起带到岸边的大石头上休息。因为周林烽所在岸边为峭壁，无法返回。为了将周林烽带回对岸，三人沟通后，被告左鹏飞找来一根竹竿，和被告陈昕煜手拉手，将竹竿递向周林烽一方，并请路人舒＊在靠近周林烽一方的水中予以协助，周林烽跳下水后未抓住竹竿，路人舒＊极力救助未果，周林烽沉入水底。在救助周林烽的过程中，被告左鹏飞报警并和被告陈昕煜大声呼救，周林烽最终被随后赶到的小溪＊＊村村民委员会的工作人员和当地村民合力打捞上岸，经120抢救无效死亡。2020年8月25日，二原告诉至本院，将其损失计算为837945元（含死亡赔偿金752020元、丧葬费32330元、交通费2000元、处理丧葬事宜的误工费1595元、精神损害抚慰金50000元），并要求四被告共同赔偿418972.5元。

本院认为，行为人因过错侵害他人民事权益，应当承担侵权责任。本案争议的焦点在于四被告对周林烽的溺亡是否存在过错。周林烽作为完全民事行为能力人，对野外游泳的危险性应有起码的认知，但其在明知自己不会游泳的情况下仍然到野外游泳，对自身安全没有给予足够重视，其对此次事故造成的损害应该承担主要责任。二原告认为是被告左鹏飞邀约周林烽并选择人少的深水区域游泳，但并未提交任何证据证明，结合案件审理查明的情况，本院对其前述主张难以认定。被告左鹏飞、陈昕煜与周林烽一起到野外游泳，相互之间并不负有法律上的安全保障义务，但应当相互照应，在同伴出现危险时给予及时救助，周林烽第一次溺水时，被告陈昕煜及时救助，并和被告左鹏飞想办法希望将周林烽安全转运回河对岸，在周林烽第二次溺水后，被告左鹏飞、陈昕煜及时呼救、拨打报警电话，采取了积极的施救措施。此种情况下，不应过分苛责被告左鹏飞、陈昕煜在同样不熟悉水情的情况下，采取危及自身安全的方式对周林烽予以救助。但被告左鹏飞、陈昕煜在自身游泳水平有限亦知晓周林烽不会游泳的情况下，所采取的转运周林烽的方法欠妥，并非最稳妥的方案，存在一定过错。即便如此，同样不能以专业标准来要求虽已成年，但社会经验却欠缺的二被告，考虑转运方法系其三人协商决定，本院结合案件的实际情况，确定被告左鹏飞、陈昕煜对周林烽溺亡所造成的损害后果各承担5％的赔偿责任。周林烽虽然在被告宜昌市夷陵区邓村乡邓村坪村村民委员会实习，并参加了被告宜昌市夷陵区邓村乡人民政府组织的征兵体检，但周林烽到野外游泳并非受上述二被告的安排，实习和参加征兵活动与周林烽的溺亡不存在法律上的因果关系，被告宜昌市夷陵区邓村乡邓村坪村村民委员会、宜昌市夷陵区邓村乡人民政府对周林烽的溺亡不存在过错，不应承担赔偿责任。二原告主张死亡赔偿金752020元、丧葬费32330元，符合法律规定，本院予以认定；二原告主张交通费2000元、处理丧葬事宜的误工费1595元，虽然并未提交证据予以证明，但二原告的住址与其子周林烽溺水地相距甚远，考虑二原告主张的金额不高，各被告也未提出异议，本院予以认定；二原告主张精神损害抚慰金50000元，因周林烽对事故的发生存在主要过错，本院不予认定。综上，二原告因周林烽溺亡产生的损失共计787945元，由被告左鹏飞、陈昕煜各赔偿39397元，其余损失由二原告自理。依照《中华人民共和国侵权责任法》第六条第一款、第十六条、第十八条、第二十六条，《中华人民共和国民事诉讼法》第六十四条、第一百四十二条之规定，判决如下：

一、被告左鹏飞、陈昕煜于本判决生效后十日内分别赔偿原告周同国、李国芬各项损失39397元；

二、驳回原告周同国、李国芬的其他诉讼请求。

如果未按判决书指定的期间履行给付金钱义务，应当依照《中华人民共和国民事诉讼法》第二百五十三条之规定，加倍支付迟延履行期间的债务利息。

案件受理费2594元，减半收取计1297元，由原告周同国、李国芬负担497元，由被告左鹏飞、陈昕煜各负担400元。

如不服本判决，可在判决书送达之日起十五日内，向本院递交上诉状，并按对方当事人的人数提出副本，上诉于湖北省宜昌市中级人民法院。

审判员：＊＊＊
二○二○年十一月二十三日
书记员：＊　＊

判例评析：

本判例是一个较为典型的实习意外死亡同伴是否承担责任的案例。最后，法院确定被告左鹏飞、陈昕煜（均为游泳同伴）对周林烽溺亡所造成的损害后果各承担5%的赔偿责任。学校、实习单位均未承担责任。

本案中，原告周同国、李国芬之子周林烽出生于＊年＊月＊日，生前系武汉＊＊大学＊＊学院学生。2020年暑假，周林烽在被告宜昌市夷陵区邓村乡邓村坪村村民委员会实习期间报名参军，2020年8月3日，被告宜昌市夷陵区邓村乡人民政府组织该乡初检合格人员前往夷陵区体检中心进行第二次体检。体检任务完成后,周林烽与其一起参加体检的同学左鹏飞、陈昕煜前往下牢溪游泳,导致周林烽意外溺亡的事故发生。

在此判例中,法院判决确定如下事实:

(1)周林烽作为完全民事行为能力人,对野外游泳的危险性应有起码的认知,但其在明知自己不会游泳的情况下仍然到野外游泳,对自身安全没有给予足够重视,其对此次事故造成的损害应该承担主要责任。

(2)被告左鹏飞、陈昕煜与周林烽一起到野外游泳,相互之间并不负有法律上的安全保障义务,但应当相互照应,在同伴出现危险时给予及时救助。但被告左鹏飞、陈昕煜在自身游泳水平有限亦知晓周林烽不会游泳的情况下,所采取的转运周林烽的方法欠妥,并非最稳妥的方案,存在一定过错。即便如此,同样不能以专业标准来要求虽已成年,但社会经验却欠缺的二被告,考虑转运方法系其三人协商决定,法院结合案件的实际情况,确定被告左鹏飞、陈昕煜对周林烽溺亡所造成的损害后果各承担5%的赔偿责任。

(3)周林烽实习单位被告宜昌市夷陵区邓村乡邓村坪村村民委员会和宜昌市夷陵区邓村乡人民政府,在当日组织了征兵体检,但周林烽到野外游泳并非受上述二被告的安排,实习和参加征兵活动与周林烽的溺亡不存在法律上的因果关系,被告宜昌市夷陵区邓村乡邓村坪村村民委员会、宜昌市夷陵区邓村乡人民政府对周林烽的溺亡不存在过错,不应承担赔偿责任。

(4)未涉及学校的责任。本案中,学校对实习学生意外溺亡不承担责任。

判例13与前述判例12都是关于学生实习期间意外死亡的判例,但是,实习意外死亡的责任判决还是具有很大的差异,特别是实习单位和学校的责任分配存在明显不同。

在判例12中,实习学生因为是在实习工作过程中发生了责任事故而导致的死亡案件;在该责任事故中,卢明松参加威海申安电子工程有限公司的实习工作中,因为石料滚落受伤,后经抢救无效死亡。事故联合调查组出具的《威海申安电子工程有限公司工人死亡事故调查处理报告》,认定这是一次责任事故。实习单位赔偿卢明松父母各项损失共计20余万元。另外,作为卢明松所在学校的威海职业学院,也承担了17万元的精神抚慰金。

但在判例13中,周林烽的死亡是自己的原因造成的,是自己私下游泳而意外死亡。显然,对这样的溺亡事故,实习单位和学校是没有责任的。周林烽到野外游泳并非受实习单位、学校的安排，实习和参加征兵活动与周林烽的溺亡不存在法律上的因果关系，被告宜昌市夷陵区邓村乡邓村坪村村民委员会、宜昌市夷陵区邓村乡人民政府对周林烽的溺亡不存在过错，不应承担赔偿责任。所在学校当然也没有责任。

此外，笔者在网上还查到这样一个案例，"实习生上班途中遇车祸身亡单位被判免责"①。

周某是广州市一家中专的女学生，正常的毕业时间是 2006 年 7 月。2006 年 3 月 16 日，周某与广州市一家公司、学校三方签订《实习协议书》，约定周某进入公司的收费员岗位实习，每月由该公司发津贴 1300 元，实习期间，由该公司根据单位有关规定对其进行管理。同时约定，"发生工伤意外，经劳动部门鉴定属公司的责任的由公司负责；属周某责任的由其本人负责"。但实习还没到一个月，2006 年 4 月 8 日 17 时 30 分，周某从家中出发前往仓头收费站上班，不幸被车撞死。处理完女儿的后事，周某的父亲向公司提出了赔偿的要求，遭到拒绝。周父向广州市越秀区劳动争议仲裁委员会提出仲裁申请，被仲裁委员会驳回申诉请求。

周父随即又将女儿的实习公司告上法院。法庭上，周某认为，女儿已经与学校、公司共同签订《实习协议书》，确立了相关的权利义务，并且他女儿当时已经佩戴了统一的收费员证，与正式的收费员一样，由此可见，他女儿与公司之间存在事实劳动关系。对于女儿的死，公司应该承担一定的责任。

公司答辩称，周某的身份是在校学生，上述《实习协议书》已明确约定其为实习生，实习期至 2006 年 6 月 30 日止，在此期间享受的是实习期津贴而非工资，故其死亡时止双方从未建立过劳动关系，至于所称的工作证，实际上是由广州市物价局统一颁发的收费员证，与其单位正式员工的工作证完全不同，不能作为确定双方劳动关系的依据。

该案历经两级法院审理后，法院认为：周某虽在广园路建设公司处实习，但其隶属管理关系仍在校，因此不能视为周某已经就业，故驳回周父的赔偿请求。

广州中院审理此案的法官认为，像此类案件目前较为普遍，学生与实习单位之间并没有建立劳动法律关系。实习单位对其进行管理和指导，帮助学生为进入劳动力市场做好准备，而非已经建立劳动关系。实习生因其实

---

① 实习生上班途中遇车祸身亡单位被判免责［EB/OL］．［2022-01-14］．https://www.lawtime.cn/zhishi/a2910976.html.

习产生的餐费、交通费的补贴,均不属于劳动法所调整的对象,与用人单位向劳动者支付的工资在本质上有所不同。

就这类案件而言,笔者认为,法院的观点基本上可以明确以下 3 个要点:

第一,实习学生在实习期间如果因工作受到人身损害的,实习单位应该承担无过错责任;学生在实习工作中因为自己的过错受伤的,可以适用过失相抵规则,适当减轻实习单位或同伴的赔偿责任。

第二,如果是与工作无关的意外受伤或死亡,实习单位不承担责任。

第三,学校对实习学生的受伤或死亡,只要尽到了安全教育、救治义务,一般不承担责任。

总的来说,学生实习期间由于涉及实习生、用人单位、学校这个"三角关系",如果有实习协议,就按照实习协议的约定来处理;如果没有,则按照相关法律规定来处理。由此可见,实习协议对于实习学生的权利保护具有重要的意义。

(五)实习期间工伤保险纠纷典型判例

判例 14. 安徽省广德第二建设有限责任公司、万洋工伤保险待遇纠纷二审民事判决书

安徽省宣城市中级人民法院

民 事 判 决 书

〔2021〕皖 18 民终 795 号

上诉人(原审原告):安徽省广德第二建设有限责任公司,住所地安徽省＊＊市＊＊镇＊＊街道。

法定代表人:＊＊＊,该公司执行董事。

委托诉讼代理人:＊＊＊,安徽＊＊＊律师事务所律师。

上诉人(原审被告):万洋,＊,＊年＊月＊日出生,＊族,住安徽省＊＊市。

委托诉讼代理人:＊＊,安徽＊＊律师事务所律师。

委托诉讼代理人:＊＊＊,安徽＊＊律师事务所律师。

上诉人安徽省广德第二建设有限责任公司(以下简称二建公司)与上诉人万洋工伤保险待遇纠纷一案,双方均不服广德市人民法院〔2020〕皖 1822 民初 3642 号民事判决,向本院提起上诉。本院于 2021 年 4 月 1 日立案后,依法组成合议庭进行了审理。本案现已审理终结。

二建公司上诉请求：1. 撤销一审判决第二项，改判按照安徽省月最低工资标准支付万洋停工留薪期工资4560元（1520元/月×3个月）；2. 撤销一审判决第四项，改判因万洋原因导致工伤保险基金不能理赔，应由万洋承担所有医疗费用84226元，并退还二建公司已垫付的医疗费7万元。

事实和理由：1. 一审中，二建公司申请出庭的两位证人能够证明万洋是在校大学生，其到工地上只是学习，不支付报酬。一审判决按照万洋自述的每月5000元工资标准计算停工留薪期工资，与事实不符。2. 万洋没有提交医疗机构证明其住院期间需要护理，其主张护理费没有事实依据。3. 一审判决因万洋原因导致工伤保险基金不予理赔的，二建公司承担万洋医疗费用的50%，无法律依据。二建公司在万洋受伤后，尽到了该尽的义务，不仅及时将万洋送到医院，而且垫付了医疗费用，是万洋自己不愿意在广德市人民医院治疗擅自转院。如果因万洋原因导致工伤保险基金不予理赔的，万洋应自行承担全部医疗费，将二建公司垫付的医疗费退还。

万洋辩称：1. 二建公司请求按照安徽省月最低工资标准支付停工留薪期工资，缺乏事实及法律依据。根据一审所认定的事实，万洋的工资应以建筑行业每月工资5065元认定，二建公司认可万洋公司施工员身份，故万洋的停工留薪期待遇按照每月5000元的标准计算，合法有据。2. 万洋所主张的护理费系住院期间需要护理产生的费用，与住院费用中的医疗护理费并非同一概念，二建公司主张不予支付护理费，不应得到支持。3. 二建公司诉称若因万洋的原因导致工伤保险不理赔应由万洋本人承担全部医疗费用，没有事实及法律依据。二建公司已经申请了报销手续，且万洋已经向二建公司提供了转院证明，故二建公司关于不承担医疗费的上诉理由不能成立。请求二审法院依法驳回二建公司的上诉请求。

万洋上诉请求：撤销原审判决第一项、第三项、第四项，依法改判二建公司支付其自行垫付的医疗费14226元，并支持仲裁裁决的第三项内容。事实和理由：1. 一审判决确认双方劳务用工关系解除，超出二建公司一审诉讼请求，违反了不告不理原则，程序违法。仲裁裁决"确认双方劳动关系解除"，二建公司在一审诉讼请求中并未对该裁决内容提出异议，表明其对该裁决内容认可。且万洋在二建公司从事施工员工作，二建公司为万洋办理了工伤保险，故万洋和二建公司之间成立劳动关系的事实清楚，一审法院认定双方之间系劳务关系，属事实认定错误。2. 一审法院认定"广德市人民医院系三甲资质医院，对万洋外伤具备治疗条件，若因万洋擅自转院且未向二建公司提供转院证明而导致二建公司无法进行工伤费用报销的,万洋应承担50%的公平责任",无事实和法律依据。广德市人民医院2018年并非三甲资质医院,对万洋外伤是否具备治疗条件无法判断,若坚持在该院治疗可能产生不利后果。第二,万洋受伤当日仅在广德市人民医院做了门诊检查,在该院建议下由该院救护车送至湖州九八医院治疗,不存在擅自转院情形。同时,万洋也向二建公司提供了转院证明,完成了积极配合二建公司办理医疗费用报销的义务。故医疗费用应当由二建公司承担,即使医疗费无法报销,责任也不在于万洋,一审判决万洋承担50%责任没有法律依据。第三,根据《中华人民共和国劳动保险条例》第十二条及《企业职工工伤保险试行办法》第十七条的规定,职工发生工伤的,全部医疗费用由用人单位承担。需要强调的是,在职工发生工伤但用人单位没有办理工伤保险的情况下,医疗费用尚且由用人单位全部承担。本案中,用人单位已经为职工购买了工伤保险,医疗费用应当由工伤保险基金支付,如果不能报销,则应由二建公司承担。否则对于职工来说,就会存在未购买工伤保险反而比购买工伤保险更加有利,有违立法宗旨。第四,一审判决裁判理由载明"应当由二建公司到社会保险经办机构申请核报,核报后由二建公司返还万洋垫付的医疗费14226元",与一审判决第三项、第四项内容相互矛盾,判决显然错误,依法应予以纠正。

二建公司辩称,《企业职工工伤保险试行办法》已经于2004年失效,万洋据此主张医疗费用由二建公司承担无法律依据,其余意见同二建公司上诉提出事实和理由。

二建公司向一审法院起诉请求:1.请求撤销广劳人仲案字〔2020〕第085号裁决书第二项内容;2.判决万洋在非协议医疗机构产生的医疗费82575.07元由其自行承担,万洋返还二建公司垫付的70000元医疗费;3.判决按安徽省月最低工资标准支付万洋停工留薪期工资4560元(1520元/月×3月);4.判决不予支付万洋护理费2264元。

一审法院认定事实:万洋系在校大学生,临近毕业之际经人介绍至二建公司承建的建筑工地实习,二建公司为万洋建立了工伤保险手续。2018年8月19日8时30分左右,万洋在车间1东侧跟随施工员学习测水平作业时,右小腿不慎被旁边正在平整地面的挖机链轮压伤。万洋受伤后被送往广德市人民医院门诊检查,万洋担心广德市人民医院的治疗技术无法保证自己的伤情痊愈,自主转入解放军第九八医院住院治疗,住院12天,2020年1月8日入住陆军第七十二集团军医院进行内固定拆除术,住院3天。住院期间共计花费医疗费 84226 元，其中 14226 元由万洋自己支付，二建公司支付 7 万元。二建公司处持有 68239 元医疗费发票原件，万洋于仲裁庭审时将其手中 15987 元医疗费发票原件交给二建公司，现 84226 元医疗费发票原件均在二建公司处。2018 年 11 月 26 日，广德市人力资源和社会保障局作出广德认定〔2018〕0954 号认定工伤决定书，认定万洋受伤为工伤。2019 年 9 月 6 日，宣城市劳动能力鉴定委员会评定万洋伤残等级为九级。此后，双方就工伤保险待遇协商未果。万洋于 2020 年 6 月 4 日申请劳动仲裁，经仲裁委仲裁：1.确认双方劳动关系解除。2.二建公司自裁决书生效之日起十日内支付万洋人民币 88595 元（此款包括一次性伤残就业补助金 56610 元、停工留薪期待遇 15195 元、医疗费 14226 元、护理费 2264 元、交通食宿费 300 元）。3.二建公司自裁决书生效之日起十日内到广德市社会保险经办机构依据现行社会保险政策为万洋办理一次性伤残补助金、一次性工伤医疗补助金和住院伙食补助费，万洋应积极配合二建公司办理理赔手续，理赔后的款项全额给付万洋，具体金额以经办机构核定为准。在二建公司给万洋支付医疗费 14226 元后，万洋应积极配合二建公司依据现行社会保险政策到广德市社会保险经办机构办理医疗费理赔手续，理赔后的医疗费款项全额给付二建公司，具体金额以经办机构核定为准。非万洋原因导致工伤保险待遇工伤保险基金不予理赔的由二建公司承担上述工伤保险待遇给付责任。4.驳回万洋其他仲裁请求。

一审法院认为，劳动者的合法权益受法律保护。一、在校大学生实习阶段的用工关系认定，情形多样。但本案中，二建公司已按照建筑业以承建工程招投标价值缴纳工伤保险费用，并为万洋进行工伤保险报备。因此认定二建公司对万洋承担用工主体责任。二、关于劳动关系的解除。万洋于 2018 年 8 月 19 日受伤，伤后未返回二建公司处工作，二建公司亦未对其进行用工管理，故确认双方劳务用工关系解除。三、关于各项工伤待遇。1.关于一次性伤残补助金、一次性工伤医疗补助金和住院伙食补助。因二建公司为万洋办理了工伤保险参保手续。且万洋在仲裁申请中提出解除双方用工关系，依据《工伤保险条例》第三十七条规定，万洋主张的一次性伤残补助金、一次性工伤医疗补助金和住院伙食补助费由工伤保险基金支付。由二建公司依据现行社会保险政策到广德市社会保险经办机构办理理赔手续，万洋积极配合办理，理赔后的款项全额给付万洋，具体金额以经办机构核定为准。2.关于医疗费，二建公司诉请"万洋在非协议医疗机构产生的医疗费 82575.07 元由万洋自己承担，万洋应返还二建公司垫付的 70000 元医疗费"。根据庭审调查,二建公司支付了7万元的医疗费,万洋自行支付医疗费14226元,双方持有的医疗费票据共计84226元。(1)万洋发生工伤系因工作导致,依据《工伤保险条例》之规定,工伤发生的医疗费用理应由工伤保险基金承担理赔责任,万洋为治疗工伤自行垫付的医疗费,应当由二建公司到社会保险经办机构申请核报,核报后由二建公司返还万洋垫付的医疗费14226元。万洋应积极配合二建公司依据现行社会保险政策到广德市社会保险经办机构办理医疗费理赔手续,理赔后的医疗费款项全额给付二建公司,具体金额以经办机构核定为准。(2)庭审过程中,二建公司陈述因万洋无法向其提供转院证明导致无法进行工伤保险报销,万洋亦未否认。广德市人民医院系"三甲"资质医院,对万洋外伤具备治疗条件,若因万洋擅自转院,不能向用人单位(二建公司)提供转院证明而导致二建公司无法向工伤保险基金进行工伤报销,其医疗费报销不能的后果应由二建公司、万洋就损失各承担50%公平责任。即万洋应当返还二建公司医疗费用[7万元—(84226元÷2)]=27887元。四、关于应由二建公司支付万洋的工伤保险待遇。1.一次性伤残就业补助金。二建公司仅有证人证言证明万洋为无薪酬务工,与其为万洋报备工伤保险认可万洋劳动者身份行为不吻合,因此应当以上年度城镇非私营单位在岗人员平均工资为标准,依据《安徽省实施〈工伤保险条例〉办法》第二十五条规定,万洋劳动功能障碍为九级,一次性伤残就业补助金标准为10个月统筹地区2017年度城镇非私营单位在岗职工月平均工资。经计算,万洋一次性伤残就业补助金为56610元(5661元/月×10月)。2.停工留薪期待遇。根据《安徽省停工留薪期分类目录》S82.4、S92.3,结合万洋伤情及治疗情况,应确认万洋依法享受3个月停工留薪期待遇。鉴于双方均未提交证明万洋工资的有效证据,2018年安徽省城镇非私营单位建筑业行业就业人员年平均工资为5065元/月,本案中万洋仲裁诉请自认工资为5000元/月。经计算,停工留薪期工资为15000元。3.关于万洋主张的护理费。二建公司认为万洋住院费用里面已经包括护理费,不应重复主张。医院医疗护理与万洋因伤生活不便护理非同一概念。根据《安徽省实施〈工伤保险条例〉办法》第二十九条第一款"工伤职工在停工留薪期或者工伤复发治疗期需要护理的,凭医疗机构证明,由用人单位负责护理或者按月支付护理费,标准为统筹地区上年度职工月平均工资的80%",故对万洋主张住院期间护理费应予以支持。万洋住院15天,经计算,护理费为2264元(15天×5661元/月×80%÷30天/月)。4.交通食宿费。万洋仲裁时及一审庭审均未提交发生交通费用的有效证据,不予支持。

一审法院依据《工伤保险条例》第三十三条、第三十七条,《安徽省实施〈工伤保险条例〉办法》第二十五条、第二十九条、第三十条规定,判决:一、确认安徽省广德第二建设有限责任公司与万洋双方劳务用工关系解除。二、安徽省广德第二建设有限责任公司自判决书确定之日起十日内支付万洋人民币 73874 元(此款包括一次性伤残就业补助金 56610 元、停工留薪期工资 15000 元、护理费 2264 元)。三、安徽省广德第二建设有限责任公司自判决书确定之日起十日内到广德市社会保险经办机构依据现行社会保险政策为万洋办理一次性伤残补助金、一次性工伤医疗补助金、住院伙食补助费和医疗费理赔手续,万洋应积极配合安徽省广德第二建设有限责任公司办理,理赔后的款项由安徽省广德第二建设有限责任公司扣除已支付的医疗费人民币 7 万元余额给付万洋,具体金额以经办机构核定为准。四、非万洋原因导致工伤保险基金不予理赔的,由安徽省广德第二建设有限责任公司承担上述工伤保险责任。若因万洋原因导致工伤保险基金不予理赔的,安徽省广德第二建设有限责任公司承担万洋医疗费用的 50%即 42113 元,安徽省广德第二建设有限责任公司已支付 7 万元医疗费用,万洋应当返还安徽省广德第二建设有限责任公司 27887 元(在安徽省广德第二建设有限责任公司应付款中扣除)。如果未按判决指定的期间履行给付金钱义务,应当依照《中华人民共和国民事诉讼法》第二百五十三条规定,加倍支付迟延履行期间的债务利息。一审案件受理费 10 元,由安徽省广德第二建设有限责任公司负担。

二审中,双方当事人均未提举新证据。本院对一审证据的认定同一审,对一审认定的事实予以确认。二审另查明:万洋 2018 年 7 月下旬至二建公司承建的建筑工地实习。

本院认为,本案二审的争议焦点为:1.一审判决确认二建公司与万洋劳务用工关系解除是否正确。2.万洋停工留薪期工资如何确定、护理费应否支持。3.万洋关于医疗费的诉请能否支持。

关于焦点 1。二建公司对仲裁裁决不服,起诉至一审法院,其并未就仲裁裁决第一项"确认双方劳动关系解除"提起诉讼,系对其诉讼权利的处分,万洋也未就二建公司未起诉的内容进行答辩,一审法院应当予以尊重,将该部分内容直接在裁判文书主文中予以表述。

关于焦点 2。《工伤保险条例》第三十三条第一款规定"职工因工作遭受事故伤害或者患职业病需要暂停工作接受工伤医疗的,在停工留薪期内,原工资福利待遇不变,由所在单位按月支付"。万洋的停工留薪期工资应按照其原有工资标准计算。万洋系在校期间到二建公司承建的建筑工地实习，万洋称双方约定月工资5000元左右，未提举证据证明，应当承担不利法律后果，对二建公司主张按照安徽省月最低工资标准1520元支付万洋停工留薪期工资予以采纳。万洋停工留薪期工资为4560元（1520元/月×3个月）。万洋因右小腿压伤住院并经手术治疗，根据其伤情及住院治疗情况，一审法院对万洋住院期间护理费予以支持，并无不当。

关于焦点3。二建公司已为万洋办理工伤保险，依据《工伤保险条例》规定，治疗工伤所需费用符合工伤保险诊疗项目目录、工伤保险药品目录、工伤保险住院服务标准的，从工伤保险基金支付。万洋诉请其支付的医疗费14226元由二建公司承担，于法不符，本院不予支持。二建公司诉请万洋返还垫付的7万元医疗费，其在仲裁时未提出该请求，属于独立的劳动争议，未经劳动仲裁前置程序，不予处理。万洋治疗工伤所花费的医疗费是否符合工伤保险基金支付条件及能否从工伤保险基金获得理赔，属尚未发生、不明确的事实，一审法院对此作出判决明显不当，二审予以纠正。

综上，万洋、二建公司的上诉请求部分成立，应予支持；一审认定事实清楚，但适用法律不当，二审予以纠正。依据《工伤保险条例》第三十条第三款、第三十三条第一款，《中华人民共和国民事诉讼法》第六十五条、第一百七十条第一款第一项、第二项规定，判决如下：

一、维持广德市人民法院〔2020〕皖1822民初3642号民事判决第三项，即"安徽省广德第二建设有限责任公司自判决书确定之日起十日内到广德市社会保险经办机构依据现行社会保险政策为万洋办理一次性伤残补助金、一次性工伤医疗补助金、住院伙食补助费和医疗费理赔手续，万洋应积极配合安徽省广德第二建设有限责任公司办理理赔手续，理赔后的款项由安徽省广德第二建设有限责任公司扣除已支付的医疗费人民币7万元余额给付万洋"；

二、撤销广德市人民法院〔2020〕皖1822民初3642号民事判决第一项、第四项；

三、确认万洋和安徽省广德第二建设有限责任公司的劳动关系已解除；

四、变更广德市人民法院〔2020〕皖1822民初3642号民事判决第二项为：安徽省广德第二建设有限责任公司自本判决书生效之日起十日内支付万洋人民币63434元（此款包括一次性伤残就业补助金56610元、停工留薪期工资4560元、护理费2264元）；

五、驳回安徽省广德第二建设有限责任公司一审其他诉讼请求。

如果未按本判决指定的期间履行给付金钱义务,应当依照《中华人民共和国民事诉讼法》第二百五十三条的规定,加倍支付迟延履行期间的债务利息。

一审案件受理费 10 元;二审案件受理费 10 元,均由安徽省广德第二建设有限责任公司负担。

本判决为终审判决。

审判长:＊＊＊

审判员:＊＊＊

审判员:＊　　＊

二〇二一年六月二日

法官助理:＊　　＊

书记员:＊＊＊

判例评析:

本判例是一起典型的学生实习意外受伤办理工伤保险的案例。

在本判例中,原告万洋系在校大学生,临近毕业之际经人介绍到二建公司承建的建筑工地实习,二建公司为万洋办理了工伤保险手续。2018 年 8 月 19 日 8 时 30 分左右,万洋在车间 1 东侧跟随施工员学习测水平作业时,右小腿不慎被旁边正在平整地面的挖机链轮压伤。万洋受伤后被送往广德市人民医院门诊检查。后万洋担心广德市人民医院的治疗技术无法保证自己的伤情痊愈,自主转入解放军第九八医院住院治疗,住院 12 天,2020 年 1 月 8 日入住陆军第七十二集团军医院进行内固定拆除术,住院 3 天。住院期间共计花费医疗费 84226 元,其中 14226 元由万洋自己支付,二建公司支付 7 万元。2018 年 11 月 26 日,广德市人力资源和社会保障局作出广德认定〔2018〕0954 号认定工伤决定书,认定万洋受伤为工伤。2019 年 9 月 6 日,宣城市劳动能力鉴定委员会评定万洋伤残等级为九级。

二审法院结合案情,判决如下:

(1)在校大学生实习阶段的用工关系认定,情形多样。但本案中,二建公司已按照建筑业以承建工程招投标价值缴纳工伤保险费用,并为万洋进行工伤保险报备,因此认定二建公司对万洋承担用工主体责任。

(2)关于劳动关系的解除。万洋于 2018 年 8 月 19 日受伤,伤后未返回二建公司处工作,二建公司亦未对其进行用工管理,故确认双方劳务用工关系解除。

(3)安徽省广德第二建设有限责任公司自判决书确定之日起 10 日内到

广德市社会保险经办机构依据现行社会保险政策为万洋办理一次性伤残补助金、一次性工伤医疗补助金、住院伙食补助费和医疗费理赔手续,万洋应积极配合安徽省广德第二建设有限责任公司办理理赔手续,理赔后的款项由安徽省广德第二建设有限责任公司扣除已支付的医疗费人民币 7 万元余额给付万洋。

(4)安徽省广德第二建设有限责任公司自判决书生效之日起 10 日内支付万洋人民币 63434 元(此款包括一次性伤残就业补助金 56610 元、停工留薪期工资 4560 元、护理费 2264 元)。

从本判例可以看到,实习生万洋获得了工伤保险的待遇,这是很不容易的。以往很多案例判决,实习学生难以获得工伤保险。其原因就在于一般观点认为,实习学生属于学生,不属于职工。但是,在本案中,万洋获得了工伤保险的赔付。这给我们以下启示:

(1)在从事一定安全风险的实习工作时,签订劳动合同或类似劳动合同有着重要价值。

(2)尽可能让实习单位办理工伤保险。在本案中,万洋在二建公司从事施工员工作,二建公司为万洋办理了工伤保险,这就使得万洋在出现工伤时,保险经办机构依据现行社会保险政策为万洋办理了一次性伤残补助金、一次性工伤医疗补助金、住院伙食补助费和医疗费理赔手续,以及一次性伤残就业补助金、停工留薪期工资和护理费等。

在本判例中,万洋是幸运的,其幸运就在于单位为其办理了工伤保险,从而得以在发生工伤时能获得较大金额的赔偿。下面这个案例中的陈某,就没有那么幸运了。

判例 15. 实习学生陈某意外受伤纠纷案①

本案例是笔者在网上查到的一个较为典型的实习学生意外伤害保险方面的案例,内容虽然不如判决书那么完整,但主体内容齐全,可以看到相关法院的基本观点。

小陈是上海某高校大三的学生。2011 年 7 月小陈到上海某证券公司实习,双方签订了实习协议,小陈每周工作 5 天,每天 8 小时,公司向其发放每天 100 元的实习津贴。

---

①　唐律. 实习生能否享受工伤保险待遇［N/OL］.［2022-01-15］. http://www. 360doc. com/content/12/0722/15/3068016_225801150. shtml.

2011 年 8 月，小陈根据公司安排外出办事时，不幸发生交通事故，造成左腿骨折。公司在第一时间送小陈到医院治疗，并垫付了一部分医药费。

在小陈治疗期间，小陈的家属向公司提出，因为小陈在工作期间受伤，要求公司给小陈办理工伤认定手续，让其享受工伤保险待遇。但公司却告知小陈家属，小陈系在校学生，不能享有工伤保险待遇。

小陈家属对公司的答复表示不满，即向劳动争议仲裁委员会提起仲裁，要求公司为小陈办理工伤认定手续。

劳动争议仲裁委员会经审理后认为：在校学生到实习单位实习期间，虽然其所处的环境不在学校，是在实习单位，但其学习内容是课堂教学的延伸。故在本案中，小陈的身份系学生，不属于《劳动合同法》调整范畴之内的劳动者，无法享受工伤保险待遇。在仲裁委员会的调解下，公司同意除垫付医药费外，另行支付小陈一笔慰问金以减轻小陈家庭的负担。

判例评析：

每年的六七月份是学生实习的高峰期，由于实习生的用工关系不同于一般的劳动者，因此用人单位在发生实习生用工管理纠纷时，经常会遇到各种各样的问题与疑惑。本案涉及的是一起实习生在工作中发生伤害事故能否享受工伤保险待遇的问题，要解答这个问题，关键还是要弄清在校实习生的用工性质。

2011 年 1 月 1 日正式实施的新《工伤保险条例》第一条规定："中华人民共和国境内的企业、事业单位、社会团体、民办非企业单位、基金会、律师事务所、会计师事务所等组织的职工和个体工商户的雇工，均有依照本条例的规定享受工伤保险待遇的权利。"而对于在校实习生的用工性质，原劳动部《关于贯彻执行若干问题的意见》第十二条有明确规定："在校生利用业余时间勤工助学，不视为就业，未建立劳动关系，可以不签订劳动合同。"

因此在校就读的大学生到用人单位去实习就其行为本身而言只是教学的一个组成部分，是一种培训性质的实习，不能算是企业的一种用工行为。也就是说，实习生并不属于《工伤保险条例》所规定的"职工"或"雇工"的范畴，无法享受工伤保险待遇。

此时，对于实习生在工作中遭受到的人身伤害，应按一般人身侵权适用民法通则和有关人身伤害赔偿司法解释的相关规定处理。

由于在现行的法律框架内，在校实习生无法享受工伤保险待遇，因此我们建议用人单位可以为参加实习的在校学生购买人身意外伤害保险，这样，如果实习生在工作中发生意外伤害，就可以享受相关的保险待遇。作为学校,对学生的实习活动也应当主动予以关心,在与用人单位签署的实习协议中,应当明确各方的权利和义务,如果学生在实习单位发生意外伤害,应当协助双方妥善地处理后续事宜,这样既能保障实习生的权利,也能为用人单位降低使用实习生的用工风险。

通过上述判例以及相关案例评析,可以看到法院对实习学生的法律身份主要是根据相关证据来具体判断,不会"一刀切"。具体为:

(1)如果实习学生与用人单位签订了实习协议,那么在法庭上法院一般就认为实习学生与用人单位构成实习的劳务关系,而不是构成劳动关系。

(2)如果实习协议中没有约定工伤保险,那么万一在实习中受伤,就无法按照工伤保险来处理,而只能按照一般人身侵权适用民法通则和有关人身伤害赔偿司法解释的相关规定处理。这样,所获得的赔付就大为减少,对实习学生十分不利。这样的情况就需要通过制度创新来予以解决。

(六)实习期间实习学生泄露商业秘密纠纷典型判例

判例 16. 微医美南京信息技术股份有限公司与陈明庆劳务合同纠纷一审民事裁定书

江苏南京秦淮区人民法院

〔2017〕苏 01 民初 2648 号

原告:微医美南京信息技术股份有限公司,住所地在南京市＊＊区＊＊＊路＊＊＊＊。

法定代表人:＊＊＊,董事长。

委托诉讼代理人:＊＊＊,北京市＊＊(南京)律师事务所律师。

委托诉讼代理人:＊＊＊,北京市＊＊(南京)律师事务所律师。

被告:陈明庆,＊,＊年＊月＊日出生,＊族,住南京市,户籍所在地江苏省＊＊县。

委托诉讼代理人:＊＊＊,江苏＊＊律师事务所律师。

原告微医美南京信息技术股份有限公司(以下简称微医美公司)与被告陈明庆合同纠纷一案,本院于 2017 年 10 月 17 日立案。

原告微医美公司诉称,2016 年 7 月 18 日,原告与被告签订大学生实习协议书和员工保密协议,被告于同日填写入职登记表。根据合同法规定和上述材料约定,被告对原告的商业秘密负有保密义务。2017 年 3 月 18 日,被告书写离职申请书和离职工作交接表申请离职,并最终于 2017 年 3 月 20 日经部门领导确认离职。2017 年 4 月,原告发现核心商业秘密微医美云系统的源代码被泄露。经调查发现，被告于 2017 年 3 月 9 日前后下载了微医美云系统的源代码至被告在原告实习期间使用的电脑，并上传至 github 上，致该系统商业秘密泄露给第三人，且第三人利用泄露的源代码搭建了系统并出售，且在发现泄露商业秘密之后，未采取有效措施防止泄露进一步扩大，未及时向原告报告，造成原告重大损失。原告诉至法院，要求被告支付违约金 10 万元并承担律师费 1 万元。

被告陈明庆答辩称，1.保密协议的违约条款是一个格式条款，没有特别地向被告进行明示，更没有就原告公司所涉的商业秘密包含哪些内容进行明示和说明，因此该保密协议在本案不适用；2.被告确实有上传的行为，但是在接受原告通知其所传信息涉商业机密的情况下已经及时删除，足见被告没有侵犯原告商业秘密的心态，而且被告没有在此行为中有任何获利的行为；3.原告所提交的证据大部分是其单方制作，无法证明与本案的关联性；4.原告提供的聊天记录及从被告电脑中提取的材料，没有被告的签字确认；5.原告提供的计算机软件制作权登记证书没有附相应的注册权，无法与本案涉及的源代码进行比对，无法确认本案所涉及的源代码是否与注册所载明的内容是一致；6.原告所提供软件产品证书是在本案发生之后才下发的，不能证明与本案的关联性；7.在本案的证据链中，被告没有看到其所上传的源代码所对应的可视化信息；8.被告是在读研究生，在原告处工作实习，并非正式职工或重要岗位，原告将这样一个边缘化的人物视为其商业保密的对象，可见原告本身对商业机密保护不够。

本院经审查认为，结合各方当事人的诉辩意见及审理查明的事实，本案系被告下载了原告微医美云系统的源代码至电脑，并上传至 github 上，致该系统商业秘密泄露给第三人，且第三人利用泄露的源代码搭建了系统并出售而引发的纠纷，案涉计算软件系统的技术秘密，根据最高人民法院《关于同意南京市、苏州市、武汉市、成都市中级人民法院内设专门审判机构并跨区域管辖部分知识产权案件的批复》第二条规定，本院对本案无管辖权，本案应由南京市中级人民法院管辖。由此，依照《中华人民共和国民事诉讼法》第三十六条之规定，裁定如下：

本案移送至南京市中级人民法院处理。

本裁定一经作出即生效。

审　判　员　＊＊＊

二○一七年十月二十四日

见习书记员　＊＊＊

判例评析：

本判例是一起实习学生涉嫌泄露商业秘密的典型案例。

在本判例中,陈明庆是在读研究生,2016 年 7 月 18 日,原告微医美南京信息技术股份有限公司与被告陈明庆签订大学生实习协议书和员工保密协议,被告于同日填写入职登记表。根据合同法规定和上述材料约定,被告对原告的商业秘密负有保密义务。2017 年 3 月 18 日,陈明庆书写离职申请书和离职工作交接表申请离职,并于 2017 年 3 月 20 日经部门领导确认离职。2017 年 4 月,原告发现核心商业秘密微医美云系统的源代码被泄露。经调查发现,被告于 2017 年 3 月 9 日前后下载了微医美云系统的源代码至被告在原告实习期间使用的电脑,并上传至 github 上,致该系统商业秘密泄露给第三人,且第三人利用泄露的源代码搭建了系统并出售,被告在发现泄露商业秘密之后,未采取有效措施防止泄露进一步扩大,未及时向原告报告,造成原告重大损失。原告诉至法院,要求被告支付违约金 10 万元并承担律师费 1 万元。

江苏南京秦淮区人民法院认定该案涉计算软件系统的技术秘密,根据最高人民法院《关于同意南京市、苏州市、武汉市、成都市中级人民法院内设专门审判机构并跨区域管辖部分知识产权案件的批复》第二条规定,该院对本案无管辖权,本案应移送至南京市中级人民法院处理。

根据我国刑法,侵犯商业秘密罪,是指以盗窃、利诱、胁迫、披露、擅自使用等不正当手段,侵犯商业秘密,给商业秘密的权利人造成重大损失的行为。依据我国《刑法》第二百一十九条规定:"侵犯商业秘密罪是指,有下列侵犯商业秘密行为之一,情节严重的,处三年以下有期徒刑,并处或者单处罚金;情节特别严重的,处三年以上十年以下有期徒刑,并处罚金:(一)以盗窃、贿赂、欺诈、胁迫、电子侵入或者其他不正当手段获取权利人的商业秘密的;(二)披露、使用或者允许他人使用以前项手段获取的权利人的商业秘密的;(三)违反保密义务或者违反权利人有关保守商业秘密的要求,披露、使用或者允许他人使用其所掌握的商业秘密的。明知前款所列行为,获取、披露、使用或者允许他人使用该商业秘密的,以侵犯商业秘密论。"本案中,陈明庆作为一名在读研究生,在签订了保密协议的情况下还明知故犯,将微医美云系统的源代码上传至被告在原告实习期间使用的电脑,并上传至github 上,致该系统商业秘密泄露给第三人,符合侵犯商业秘密罪的构成要件,给原告造成了重大损失,其行为肯定要承担相应法律责任。

本案后来移送到南京市中级人民法院,后续判决情况无法查知。鉴于此情况,笔者找到一个类似的侵犯商业秘密罪的典型判例,可以看出法院对此类案件的审理思路。

案情简介①：

被告人潘国鹏系佛山市某某建材科技有限公司、佛山市某某粘胶科技有限公司原技术员,因本案 2016 年 5 月 13 日被刑事拘留,2016 年 6 月 14 日被佛山市公安局三水分局取保候审,2017 年 7 月 13 日被佛山市三水区人民检察院取保候审,2017 年 12 月 22 日被本院取保候审。

佛山市三水区人民检察院以佛三检刑诉〔2017〕327 号起诉书指控被告人潘国鹏犯侵犯商业秘密罪,于 2017 年 12 月 22 日向本院提起公诉。本院依法组成合议庭,公开开庭审理了本案。在审理期间,佛山市三水区人民检察院于 2018 年 3 月 20 日、7 月 16 日建议对本案延期审理,本院分别于 2018 年 3 月 21 日、7 月 18 日决定延期审理;2018 年 4 月 19 日、8 月 15 日,佛山市三水区人民检察院建议对本案恢复审理,本院分别于 2018 年 4 月 19 日、8 月 16 日决定恢复本案的法庭审理。佛山市三水区人民检察院指派检察员黄荣荣、代理检察员邝达恩出庭支持公诉,被告人潘国鹏及其辩护人邱戈龙到庭参加诉讼。经佛山市中级人民法院批准,本院延长审理期限三个月。现已审理终结。

佛山市三水区人民检察院指控:2015 年 6 月至 11 月期间,被告人潘国鹏利用在被害单位佛山市某某建材科技有限公司、佛山市某某粘胶科技有限公司(以下简称"某某公司")担任技术员,负责产品研发的职务便利,违反某某公司有关保守商业秘密的要求,将其掌握的商业秘密,即双组份石材环氧饰面胶(型号:F204F205F207)产品配方、石材养护防水剂(型号:BT9000)产品配方、双组份环氧复合胶(型号:F102D)产品配方、双组份环氧啫喱胶(玉石胶)(型号:F501)产品配方、石材水性背网黏合剂(型号:T801)产品配方,通过 QQ 聊天工具及电子邮件方式,泄露给某某公司的商业竞争对手唐某(另案处理),并非法获利人民币 3 万元。经查,被告人潘国鹏侵犯商业秘密的行为给某某公司造成重大经济损失,共计人民币 1349000.08 元。案发后,某某公司对被告人潘国鹏的行为予以谅解。

法院认为,被告人潘国鹏无视国家法律,违反约定及违反权利人有关保守商业秘密的要求,向他人披露其所掌握的商业秘密,给商业秘密的权利人

---

① 广东长昊律师事务所.侵犯商业秘密罪律师探讨实践中员工泄露公司商业秘密得到的惩罚[EB/OL].[2022-01-15].https://www.sohu.com/a/435371413_351025.

造成人民币 650328.07 元的重大损失,其行为已构成侵犯商业秘密罪,应当依法承担相应的刑事责任。公诉机关指控的罪名成立,本院予以采纳。鉴于被告人潘国鹏归案后能如实供述其罪行,在法庭上自愿认罪,且取得了被害单位的谅解,本院依法对其从轻处罚并宣告缓刑。辩护人＊＊＊所提相关从轻处罚的辩护意见有理,本院予以采纳。本院根据被告人犯罪的事实、性质、情节和社会危害程度,依照《中华人民共和国刑法》第二百一十九条第一款第(三)项、第六十七条第三款、第七十二条、第七十三条、第五十二条、第五十三条、第六十四条的规定,判决如下:

一、被告人潘国鹏犯侵犯商业秘密罪,判处有期徒刑二年,缓刑三年,并处罚金人民币 5 万元。

二、扣押的笔记本电脑一台、手机一部,予以发还被害单位。

判例评析:

在本案中,技术人员潘国鹏违反约定及违反权利人有关保守商业秘密的要求,向他人披露其所掌握的商业秘密——产品配方,给商业秘密的权利人造成重大损失,其行为经法院判决,认定构成侵犯商业秘密罪,应当依法承担相应的刑事责任。由于被告人潘国鹏归案后能如实供述其罪行,在法庭上自愿认罪,且取得了被害单位的谅解,法院依法对其从轻处罚并宣告缓刑。最后法院判处其有期徒刑二年,缓刑三年,并处罚金人民币 5 万元。

此案例与判例 16 的案件类似,都是公司员工泄露商业秘密造成公司重大损失。从本案例的审判结果看,实习学生如果泄露商业秘密,给公司造成重大损失的,同样要承担法律责任。

(七)其他身份学生实习纠纷典型判例

判例 17. 李永健与中国太平洋财产保险股份有限公司上海分公司、徐国林机动车交通事故责任纠纷一审民事判决书

上海市浦东新区人民法院

民 事 判 决 书

〔2017〕沪 0115 民初 25806 号

原告:李永健,＊,＊年＊月＊日生,＊族,住安徽省＊＊市。

法定代理人:胡春姐(系原告李永健之母),住安徽省＊＊市。

委托代理人:＊＊＊,上海＊＊律师事务所律师。

被告:徐国林,＊,＊年＊月＊日生,＊族,户籍地上海市＊＊＊区,现住上海市＊＊＊区。

被告：中国太平洋财产保险股份有限公司上海分公司，住所地上海市＊＊区。

负责人：＊＊。

委托代理人：＊＊，上海市＊＊＊律师事务所律师。

原告李永健与被告徐国林、中国太平洋财产保险股份有限公司上海分公司（以下至判决主文前简称"太平洋保险上海分公司"）机动车交通事故责任纠纷一案，本院于2017年4月5日立案受理后，依法适用简易程序，于2017年4月27日公开开庭进行了审理，原告李永健及其法定代理人＊＊＊、委托代理人＊＊＊，被告徐国林，被告太平洋保险上海分公司的委托代理人＊＊到庭参加了诉讼。本案现已审理终结。

原告李永健诉称，2016年3月23日，被告徐国林驾驶牌号为沪A＊＊＊＊＊的小客车与骑电动自行车的原告在本市浦东新区康桥镇周邓公路近苗桥村路处发生交通事故，致原告受伤。经交警部门认定，被告徐国林承担事故的全部责任，原告无责任。经相关部门鉴定，认定原告因交通事故受伤患有器质性精神障碍构成＊＊＊伤残。经查，徐国林驾驶的机动车辆在被告太平洋保险上海分公司处投保了机动车交通事故责任强制保险（以下至判决主文前简称"交强险"）和机动车交通事故第三者责任商业保险（以下至判决主文前简称"商业险"）。为维护原告的合法权益，故起诉至法院要求被告赔偿原告因交通事故造成的各项损失共计318553.06元（人民币，下同），并由被告承担律师费5000元，前述损失由被告太平洋保险上海分公司在交强险和商业险范围内承担先行赔偿的责任，其中精神损害抚慰金要求在交强险范围内优先赔付，超出部分由被告徐国林赔付。

被告徐国林辩称，对本起事故的发生经过及责任认定无异议，愿意依法承担赔偿责任，但对原告的具体损失有异议。

被告太平洋保险上海分公司辩称，对本起事故的经过及责任认定无异议，同意在保险责任范围内承担原告的合理损失，但对原告的具体损失和伤残等级有异议。另外，鉴定费、律师费不属于该公司保险理赔范围。

经审理查明，2016年3月23日8时20分许，原告驾驶电动自行车在本市浦东新区康桥镇周邓公路近苗桥村路由东向西通行时，适逢被告徐国林驾驶牌号为沪A＊＊＊＊＊的小型越野客车在该处由东向北行驶，双方发生碰撞，致原告受伤、电动自行车损坏。经上海市公安局浦东分局交通警察支队认定，被告徐国林驾驶车辆转弯时未让行，承担事故全部责任，原告不承担责任。事发后，原告至医院治疗。经鉴定，司法鉴定科学技术研究所司法鉴定中心于 2016 年 12 月 1 日出具司法鉴定意见书,结论为"被鉴定人李永健因交通事故受伤,患有器质性精神障碍,构成×××伤残;精神科建议给予休息期 120 日,营养期 30 日,护理期 60 日"。为此,原告支出鉴定费 4550 元。另外,为提起本次诉讼,原告支付了律师费 5000 元。

另查明,沪 A×××××车辆在被告太平洋保险上海分公司处投保有机动车交通事故责任强制保险、商业第三者责任保险,并附加不计免赔率险,本次事故发生在保险期间内。

又查明,2014 年 11 月 1 日,原告与上海保橙网络科技有限公司(以下简称"保橙公司")签订大学生实习协议书,约定原告自 2014 年 11 月 1 日起至该公司实习,实习补贴为每月 2,500 元,之后,双方又签订一份劳动合同,约定由原告在该公司工作,合同期限自 2015 年 7 月 1 日起至 2018 年 7 月 2 日止。2016 年 12 月 5 日,保橙公司出具一份《误工及收入情况证明》,证明原告自 2016 年 3 月 23 日至 2016 年 7 月 23 日期间因交通事故未能上班,该公司在此期间停止发放原告的工资待遇共计 24660 元。

2011 年 9 月 1 日至 2016 年 3 月 23 日期间,原告及其父母一直借住于本市浦东新区周浦镇红桥村×××号张××家中,该户系城镇居民,该村非农业人口比例已超过 99%。

再查明,事故发生后,被告徐国林为原告垫付了门诊医药费 1710.77 元,并为原告支付了电动自行车维修费 1000 元,此外,还为原告垫付了住院期间的医药费 23593 元。审理中,双方均同意在本案中一并处理,但被告太平洋保险上海分公司表示,该公司对原告的电动自行车的定损金额为 500 元。

审理中,原、被告就原告的残疾赔偿金和精神损害抚慰金的赔偿系数达成一致意见,确认赔偿系数为 0.18,为此,原告变更残疾赔偿金的数额为 207691.20 元、精神损害抚慰金的数额为 9000 元。

上述事实,由当事人的陈述、道路交通事故认定书、医疗病史、司法鉴定意见书、保险单、发票等证据证实。

本院认为,机动车发生交通事故造成人身伤亡、财产损失的,先由承保交强险的保险公司在责任限额范围内予以赔偿;不足部分,由承保商业三者险的保险公司根据保险合同予以赔偿;仍有不足的,由侵权人作相应赔偿。本起交通事故发生于机动车与非机动车之间,并经相关职能部门认定徐国林负事故的全部责任。根据交通事故责任认定、肇事机动车的交强险及商业三者险投保情况,本院确认被告太平洋保险上海分公司在交强险责任限额内向原告承担赔偿责任,超出责任限额的损失,由被告徐国林承担;被告太平洋保险上海分公司在商业三者险责任限额内向原告承担赔偿责任。审理中,原、被告就原告主张的残疾赔偿金和精神损害抚慰金的赔偿系数达成一致意见,经查并无不当,本院可予照准。

对原告的各项损失,本院确认如下:1.医疗费,被告太平洋保险上海分公司要求扣除非医保费用的意见,缺乏依据,本院不予采纳,根据原告提供的医疗费发票和病史,本院确认医疗费为37491.87元(已扣除住院期间伙食费224元)。2.营养费,本院根据原告的伤情酌情按照每天30元计算30天,确认营养费为900元。3.残疾赔偿金,被告太平洋保险上海分公司要求按照农村居民标准进行赔付,本院认为,根据本案现有证据可以查明原告在事故发生前在本市城镇地区连续居住已满一年,且其主要收入来源为城镇,故原告要求适用城镇居民标准进行赔偿的意见并无不当,本院可予准许,结合原、被告达成的赔偿系数,确认该项损失为207691.20元。4.护理费,本院酌情按照每天40元计算60天,确认该项费用为2400元。5.交通费,原告主张500元,被告认为过高,从原告的就诊情况来看,原告主张的该项费用尚属合理,本院予以支持。6.衣物损失费,原告主张500元,其对此虽未提交证据,但在本事故中衣物受到一定程度污损当属客观,本院酌情支持200元。7.电动车维修费,原告主张1000元,并提供了维修费发票证实其实际支出的费用,经查并无不当,本院可予支持。8.误工费,原告主张28000元,本院根据本案现有证据确认24660元。9.精神损害抚慰金9000元、住院伙食补助费280元及鉴定费4550元,本院认为,原告主张的前述及费用尚在合理范围,故予以确认。10.律师代理费,原告主张5000元,本院认为,原告为诉讼聘请律师支出代理费,属合理损失,根据本案实际情况和原告获赔金额,本院确认律师费金额为4000元。

上述损失合计292673.07元,由被告太平洋保险上海分公司在交强险责任限额内承担121200元(交强险医疗费用赔偿限额项目下赔付10000元,交强险死亡伤残赔偿项目下赔付110000元,交强险财产损失赔偿限额项目下赔付1200元),余款171473.01元中律师费4000元由被告徐国林全额赔偿,剩余款项由被告太平洋保险上海分公司在商业险内赔偿。被告徐国林已为原告垫付了门诊医药费1710.77元,并为原告支付了电动自行车维修费1000元,此外,还为原告垫付了住院期间的医药费23593元,故原告尚应返还被告徐国林22303.77元。综上,依照《中华人民共和国道路交通安全法》第七十六条第一款,《中华人民共和国侵权责任法》第十六条、第十九条、

第二十二条,《中华人民共和国保险法》第六十五条,《最高人民法院关于审理道路交通事故损害赔偿案件适用法律若干问题的解释》第十六条及《机动车交通事故责任强制保险条例》第二十一条第一款、第二十三条第一款之规定,判决如下:

一、被告中国太平洋财产保险股份有限公司上海分公司于本判决生效之日起十日内赔偿原告李永健288673.07元;

二、原告李永健于本判决生效之日起十日内返还被告徐国林22303.77元。

负有金钱给付义务的当事人,如果未按本判决指定的期间履行给付金钱义务,应当依照《中华人民共和国民事诉讼法》第二百五十三条之规定,加倍支付迟延履行期间的债务利息。

案件受理费6152元,减半收取计3076元(原告李永健已预交),由原告李永健负担231元,被告徐国林负担2845元,于本判决生效之日起七日内交至本院。

如不服本判决,可在判决书送达之日起十五日内,向本院递交上诉状,并按对方当事人的人数提出副本,上诉于上海市第一中级人民法院。

审判员　＊＊＊

二〇一七年五月二十三日

书记员　＊　＊

判例评析:

本判例是一起实习学生转正后发生交通事故的典型案例。

案件的大致内容是:2016年3月23日8时20分许,原告李永健驾驶电动自行车在上海市浦东新区康桥镇周邓公路近苗桥村路由东向西通行时,适逢被告徐国林驾驶牌号为沪A＊＊＊＊＊的小型越野客车在该处由东向北行驶,双方发生碰撞,致原告受伤、电动自行车损坏。经上海市公安局浦东分局交通警察支队认定,被告徐国林驾驶车辆转弯时未让行,承担事故全部责任,原告不承担责任。

法院认为,机动车发生交通事故造成人身伤亡、财产损失的,先由承保交强险的保险公司在责任限额范围内予以赔偿;不足部分,由承保商业三者险的保险公司根据保险合同予以赔偿;仍有不足的,由侵权人作相应赔偿。根据交通事故责任认定、肇事机动车的交强险及商业三者险投保情况,法院确认被告太平洋保险上海分公司在交强险责任限额内向原告承担赔偿责任,超出责任限额的损失,由被告徐国林承担;被告太平洋保险上海分公司在商业三者险责任限额内向原告承担赔偿责任。对原告的各项损失，法院确认如下：(1)医疗费；(2)营养费；(3)残疾赔偿金；(4)护理费；(5)交通费；(6)衣物损失费；(7)电动车维修费；(8)误工费，原告主张 28000 元，法院根据该案现有证据确认 24660 元；(9)精神损害抚慰金、住院伙食补助费及鉴定费；(10)律师代理费。

在本判例中：

(1)用人单位的法律责任没有被提到。其原因在于 2014 年 11 月 1 日，原告李永健与上海保橙网络科技有限公司签订大学生实习协议书，约定原告自 2014 年 11 月 1 日起到该公司实习，实习补贴为每月 2500 元，之后，双方又签订一份劳动合同，约定由原告在该公司工作，合同期限自 2015 年 7月 1 日起至 2018 年 7 月 2 日止。也就是说，从 2015 年 7 月 1 日开始，李永健已经是公司的正式员工了。作为公司的正式员工，其因为第三人而发生的意外伤害事故，侵权责任由第三人承担，无须用人单位承担。

(2)该判例也未提到学校的责任。笔者判断，李永健应该是已经毕业了。对于已经毕业的学生，高校已经不再承担教育和管理的责任了。

下面这则判例是关于夜校学生的，且看司法机关对夜校学生的学生身份是如何看待的。

判例 18.深圳麦思餐饮管理有限公司与李嘉宜申请撤销仲裁裁决民事裁定书

广东省深圳市中级人民法院

民 事 裁 定 书

〔2015〕深中法劳初字第 62 号

申请人：深圳麦思餐饮管理有限公司。

法定代表人：＊＊＊，经理。

委托代理人：＊＊＊，广东＊＊律师事务所律师。

被申请人：李嘉宜，女。

申请人深圳麦思餐饮管理有限公司（以下简称麦思公司）于 2015 年 1月 6 日向本院提出申请，请求撤销深圳市罗湖区劳动人事争议仲裁委员会于 2014 年 12 月 14 日做出的深罗劳人仲案〔2014〕2272 号仲裁裁决。本院受理后，依法组成合议庭对上述仲裁裁决进行了审查，现已审查终结。

申请人麦思公司申请称，深罗劳人仲案〔2014〕2272 号仲裁裁决存在《中华人民共和国劳动争议调解仲裁法》第四十九条规定的情形，请求撤销该仲裁裁决。其事实与理由为：一、仲裁委作出的仲裁裁决适用法律、法规确有错误。1.李嘉宜在签订劳动合同时仍属在校大学生，不符合就业条件，不具备建立劳动关系的主体资格，其与公司并没有建立劳动关系。李嘉宜在公司勤工俭学期间仍是在校大学生，其应受学校的管理，不可能同时具有劳动者的身份，不可能成为企业成员，不具有劳动关系的主体资格，作为一个自然人不能同时拥有职工和学生两种身份。2.原劳动部于 1995 年颁布的《关于贯彻执行〈中华人民共和国劳动法〉若干问题的意见》（以下简称《意见》）第十二条规定："在校生利用业余时间勤工俭学，不视为就业，未建立劳动关系，可以不签订劳动合同。"李嘉宜应聘于公司，属于在校生利用业余时间勤工俭学，且她在与公司签订合同时的身份仍是在校大学生，不符合就业条件，不具备建立劳动关系的主体资格，其与公司签订的 2014 年 8 月 1 日至2015 年 7 月 31 日的劳动合同自始无效。3.即使李嘉宜在公司的勤工俭学属于兼职性质，但是其与兼职单位之间应该是一种劳务关系，而非劳动关系。劳务关系是两个或两个以上平等主体之间，就劳务事项进行等价交换过程中形成的一种经济关系，提供劳务的一方为需要的一方以劳动形式提供劳务活动，而需要方支付约定的报酬。4.我国《高等教育法》第五十六条规定，高等学校的学生在课余时间可以参加社会服务和勤工俭学活动，但不得影响学业任务的完成。李嘉宜在签订 2014 年 8 月 1 日至 2015 年 7 月 31日劳动合同时系在校大学生，其行为还需受所在学校的管理，完成学校交给的学习任务，与社会上的其他务工者是有差别的，因此并不具备劳动关系主体资格，她与公司之间的关系肯定不是劳动关系，只有可能是劳务关系。5.麦思公司与李嘉宜签订 2014 年 8 月 1 日至 2015 年 7 月 31 日劳动合同时的身份为在校学生，根据原劳动部《关于贯彻执行〈中华人民共和国劳动法〉若干问题的意见》的规定，在校学生不具备劳动关系的主体资格。《工伤保险条例》也没有将在校学生纳入参保范围，亦充分说明在校学生不属于劳动者的范畴。同时，李嘉宜也不具备劳动合同约定的录用条件。麦思公司在招聘简章及 2014 年 8 月 1 日至 2015 年 7 月 31 日劳动合同中的录用条件是新进员工必须符合以下条件：提供真实的学历证明（验原件）。而李嘉宜在员工履历表中自己填写"2011 年 9 月至 2014 年 6 月中专学历，2014 年 6 月至2016 年 9 月大专"，即 2014 年 6 月方在中专毕业，2016 年 9 月才大专毕业，至今李嘉宜均未向公司提交真实的学历证书等原件。所以，李嘉宜签约时并不具备麦思公司要求的录用条件。因此，麦思公司与李嘉宜之间建立的实为实习合同关系，两者之间所建立的不是劳动关系，不属于劳动法调整的劳动法律关系。6.在校学生不属于劳动法意义上的劳动者。在校学生不是2003年劳动部颁布的《关于非全日制用工若干意见的规定》中的劳动者。该规定指的非全日制用工是劳动用工制度的一种重要形式，是灵活就业的主要方式。在校大学生实习根本不是择业行为，更不是就业行为。同时，该规定明确，用人单位招用劳动者从事非全日制工作，应当到当地劳动保障行政部门办理录用备案手续。在校大学生不是就业，当然也不可能去办理录用手续，就是去了，行政部门也不可能受理。对于在校大学生实习发生的纠纷，劳动争议处理机构也是不予受理的。如果将在校大学生纳入这一规定进行规范，就会和现行制度发生冲突。因此，在校学生实习期间，不能与单位形成劳动关系，不具有企业职工的身份。我国与劳动权益保障相关的法律有《中华人民共和国劳动法》《关于非全日制用工若干意见的规定》、1995年《关于贯彻执行〈中华人民共和国劳动法〉若干问题的意见》、2008年开始实行的《中华人民共和国劳动合同法》。这些劳动法律都没有将在校大学生纳入保护范围。《高等学校勤工助学管理办法》也只是管理校内参加勤工助学的学生，没有涉及校外兼职的学生权益保障问题。在校学生在外打工并不是1995年公布的劳动法意义上的劳动者。1995年劳动部《关于贯彻执行劳动法若干问题的意见》（309号文）明确，在校生利用业余时间勤工俭学，不视为就业，未建立劳动关系，可以不签订劳动合同，因此，在校学生肯定也就不受劳动法调整和保护。309号文目前仍有法律效力。因此在校学生打工在我国只是雇佣关系意义上的劳动者，受一般民事法律关系的调整。7.在校生与用人单位之间建立的关系主要分为两种情况。一种是在校生作为民事主体与用人单位之间建立勤工俭学等民事法律关系，根据法律法规的要求进行一定的专业训练及培训。原劳动部《关于贯彻执行〈劳动法〉若干问题的意见》第十二条规定，在校生利用业余时间勤工俭学，不视为就业，未建立劳动关系，可以不签订劳动合同。根据该规定在校生不是适格的劳动关系主体，故其与用人单位之间不能建立劳动关系。另外一种是在校生在用人单位进行社会实践或者专业实习，这是实习人员出于学习需要在单位进行社会实践的行为。如大学生的毕业实习，在校学生在学校安排下或者利用课余时间到单位进行实习，此时全日制学生还是学生身份而不受劳动法调整和保护。由于学生不是劳动法调整的对象，学生和实习单位之间发生的争议不能作为劳动争议来处理。综上所述，李嘉宜虽然入职了本公司，但其在签订2014年8月1日至2015年7月31日劳动合同时的身份仍是在校大学生，不符合就业条件，不具备建立劳动关系的主体资格，因此双方之间不存在劳动关系。二、仲裁裁决认定事实不清,没有证据支持。仲裁委员会仲裁裁决"本案相关情况"部分均属于认定事实不清,没有证据支持,恳请法院依法在查明事实的情况下重新认定。综上,根据《中华人民共和国劳动争议调解仲裁法》第四十九条的规定,深罗劳人仲案〔2014〕2272号仲裁裁决适用法律、法规错误,认定事实错误,为维护麦思公司的合法权益,请求依法对上述裁决予以撤销。

被申请人李嘉宜答辩称,虽然我是在校学生,但是上班的时间是8个小时以上,我所读的学校是夜校,不符合在校学生的条件。

本院经审查认为,麦思公司主张李嘉宜为在校学生,其在麦思公司工作属勤工俭学,双方未建立劳动关系。依据劳动仲裁所认定事实,李嘉宜在麦思公司工作,每天均超过8小时,每周6天,其工作时间不符合"利用业余时间勤工俭学"的情形,而李嘉宜主张其所就读的学校为夜校,属业余学校,不是全日制大专院校。因业余学校系为在职人员工余时间提供教育培训的学校,故其学员不属原劳动部《关于贯彻执行〈中华人民共和国劳动法〉若干问题的意见》第十二条规定的"在校生"。劳动仲裁认定李嘉宜与麦思公司存在劳动关系,并据此认定麦思公司应支付李嘉宜未订立劳动合同的二倍工资,适用法律无误。麦思公司有关仲裁裁决适用法律错误的理由不能成立,本院不予支持。

麦思公司主张劳动仲裁裁决认定事实部分有误,因事实认定不属法定可撤销情形,故劳动仲裁裁决所认定事实是否有误,本院不做审查,麦思公司该理由不能成立。此外,本案亦不存在《中华人民共和国劳动争议调解仲裁法》规定的其他可撤销的情形。综上,申请人麦思公司申请撤销深罗劳人仲案〔2014〕2272号仲裁裁决的理由不成立,本院不予支持。依照《中华人民共和国民事诉讼法》第一百五十四条第一款第(十一)项、《中华人民共和国劳动争议调解仲裁法》第四十九条之规定,裁定如下:

驳回申请人深圳麦思餐饮管理有限公司的申请。

本案申请费人民币400元,由申请人深圳麦思餐饮管理有限公司负担。

本裁定为终审裁定。

审判长　　＊　＊

审判员　＊＊＊

审判员　＊＊＊

二〇一五年二月五日

书记员　＊＊＊(兼)

判例评析：

本判例是一起夜校学生劳动关系确认案件。

在本案中，申请人麦思公司主张李嘉宜为在校学生，其在麦思公司工作属勤工俭学，双方未建立劳动关系。法院依据劳动仲裁所认定事实，李嘉宜所就读的学校为夜校，属业余学校，不是全日制大专院校。因业余学校系为在职人员工余时间提供教育培训的学校，故其学员不属原劳动部《关于贯彻执行〈中华人民共和国劳动法〉若干问题的意见》第十二条规定的"在校生"。而且李嘉宜在麦思公司工作，每天均超过 8 小时，每周 6 天，其工作时间不符合"利用业余时间勤工俭学"的情形，劳动仲裁和法院均认定李嘉宜与麦思公司存在劳动关系，并据此认定麦思公司应支付李嘉宜未订立劳动合同的二倍工资。

从本判例可以看出，对于成人/继续教育如夜校性质的学生实习，其构成劳动关系的概率更大，因为成人/继续教育的学生基本上可以做到全日制上班，所以，本判例可以看作这一类学生的典型。

第二节 我国涉实习学生司法判例的基本特点分析

从前述精选的 18 个典型司法判例可以看到，近 10 年来大学生实习权益纠纷案例不断发生，彰显出大学生实习维权的形势不容乐观。有学者指出，实习生涉及高校、用人单位的"交叉"部位，其管理本就困难重重，如果没搞清法律背景，会有涉诉风险，稍有不慎，就有可能为争议埋下隐患。[①] 前述司法判例中，主要包括"实习期间是否存在（事实）劳动关系""实习期间人身伤害如何赔偿""追索实习期间劳动报酬，不涉及劳动关系认定""实习期间，学生意外死亡，学校或同伴是否承担侵权责任""实习期间，工伤保险待遇如何给付""实习期间涉嫌泄露商业秘密""实习期间遭遇交通事故，寻求误工费补偿"等内容。相关法院都对案件作了相应的判决，从这些判决中，可以看到我国司法实务界对大学生实习案件持有的主要观点，很值得认真总结归纳。

一、是否构成劳动关系不以签订书面合同为关键

（一）以事实为出发点

通过判例 1 到判例 5，我们可以看到各法院对于是否构成劳动关系的判

---

① 沈海燕.莫让实习生成为争议的发源地[J].人力资源,2011(9):60-61.

断主要从事实出发,而不是简单地囿于是否签订书面就业合同。

在判例4《武汉市新珈体育健身管理有限公司、余婷劳动合同纠纷二审民事判决书》的判词中,法院提出,认定劳动关系应从以下4个方面进行审查:(1)用人单位主体适格;(2)劳动者提供的劳动是用人单位的业务;(3)用人单位向劳动者发放工资;(4)劳动者接受用人单位的管理。在判例5《唐山市丰南区世嘉筛网厂与马宝山确认劳动关系纠纷二审民事判决书》的判词中,法院指出了3种典型的实习类型:就业型实习、勤工俭学型实习和培训型实习。(1)就业型实习的主体是那些已经达到法定劳动年龄并以最终就业为目标的大学生。对于该类在校生而言,现阶段的实习是为以后签约留在用人单位所做的锻炼。在此种情况下,用人单位为实习者提供必要的工作、生活条件,实习期间或期满后被实习单位正式录用的,单位应及时与学生签订劳动合同,缴纳社会保险,实习时间可作为工龄计算。(2)勤工俭学型实习是在校生个人利用业余时间进行的勤工俭学活动,在此种实习活动中,大学生与其服务的单位之间没有劳动关系。(3)培训型实习是作为学校教学计划的一部分,由学校统一安排到实践部门进行的实习。该种实习应被视为教学的一部分,这样的实习不能视为就业,单位一般也不会对实习生支付报酬。对于符合劳动法律关系要件的案件,法院都确认了劳动关系。

以判例3《董璇、滦县滦影广告装饰有限公司劳动争议二审民事判决书》中的事实为例,由于董璇的实习报酬是发放,计算方式是按日计酬,具有"临时""非正式"的特点,不太符合工资的特征。此外,用人单位的性质也不适格。该案中,滦影公司就是县城里的一个小广告公司,平时的业务基本上就是印印宣传单、名片、条幅或给人装个广告牌,除了家里人长期在办公地点干活外,公司没有招聘长期工作人员,因此,找一个正式员工也的确不符合常理。因此,法院未认定劳动关系。

(二)如果存在明确的实习协议,则排除劳动关系

在判例1《杨竹与上海韵达货运有限公司劳动合同纠纷二审民事判决书》中,由于顶岗实习协议的存在,明确了其实习期间属于实习生,因此,法院判决认为不能建立劳动关系。

(三)勤工俭学性质的用工不构成劳动关系

该观点的依据同样出自1995年原劳动部《关于贯彻执行〈中华人民共和国劳动法〉若干问题的意见》,该意见第十二条规定:"在校生利用业余时间勤工助学,不视为就业,未建立劳动关系,可以不签订劳动合同。"目前,全

国范围内的司法实践中，对学生勤工助学性质的实习一般都持这种主流观点，即认为在校生和用人单位之间不是劳动关系，只适用民法通则。在校大学生的主要任务是学习，社会实践只是学习的一种方式，学校与在校生之间才是管理与被管理的关系。

（四）部分规范文件已经明确，某些实习可以认定为劳动关系

2010 年最高院的示范判例中引用了江苏省的一个在校实习生被认定与实习单位存在劳动关系的判例。① 该案中，二审法院——南京市中级人民法院审理认为，在校生已经完成了学习任务，双方签订了劳动合同，公司对其进行管理并支付报酬，与普通的劳动者无异，与利用业务时间勤工俭学有明显的区别，故应当认定为劳动关系。可见，江苏省在这方面较为通达。

此外，2014 年北京市高级人民法院、北京市劳动争议仲裁委员会《关于劳动争议案件法律适用问题研讨会会议纪要（二）》②中也提到："在校学生在用人单位进行实习，应当根据具体事实进行判断，对完成学校的社会实习安排或自行从事社会实践活动的实习，不认定劳动关系。但用人单位与在校学生之间名为实习，实为劳动关系的除外。"从该纪要来看，劳动关系的认定关键在于是否属于社会实习安排或者社会实践。简而言之，就是公司在使用实习生时，有无和其他的劳动者有区别。如果没有区别，那就是劳动关系；如果有区别，并能体现出是学校的社会实践，比方说，公司和学校签订明确的协议，或者学生来实习后，学校要求实习生定期提供实习/实践心得，这种情况下就不宜认定为劳动关系。

---

① 原告系南京市某职业高级中学 2008 届毕业生。2007 年 10 月原告至被告处进行求职登记，经被告人力资源部和总经理审核，同意试用。2007 年 10 月 30 日双方签订劳动合同，为期 3 年，自 2007 年 10 月 30 日起至 2010 年 12 月 30 日止。2008 年 7 月，被告益丰公司以对原、被告间是否存在劳动关系持有异议为由，向南京市白下区劳动争议仲裁委员会提起仲裁申请，请求确认原、被告之间的劳动关系不成立。南京市白下区劳动争议仲裁委员会于 2008 年 8 月 19 日做出仲裁决定，以原告系在校学生，不符合就业条件，不具有建立劳动关系的主体资格，原、被告间的争议不属于劳动争议处理范围为由，决定终结仲裁活动。原告对此不服，认为原、被告之间存在劳动关系，双方签订的劳动合同真实、合法、有效，请求法院判决确认原、被告之间的劳动合同有效。后法院最终判决认定存在劳动关系。参见最高院办公厅《中华人民共和国最高人民法院公报》中《郭懿诉江苏益丰大药房连锁有限公司劳动争议案》一文。

② 北京高院北京市劳动仲裁委关于劳动争议案件法律适用问题研讨会会议纪要（2014 年）[EB/OL].［2022-02-16］. https://wenku. baidu. com/view/e332c8426bdc5022aaea998fcc22bcd127ff42eb. html.

因此,笔者认为:首先,在实习过程中,大学实习生应当属于广义的劳动者,因为大学实习生大都已经超过 18 周岁,满足宪法和劳动法规定的就业年龄,也具备与用人单位建立劳动关系的行为能力和责任能力。其次,如果确实符合建立劳动关系的构成要件,则应当按照劳动关系处理;如果不符合,则不认定。具体情况具体分析,不能"一刀切"。

二、实习协议具有非常重要的作用

(一)实习协议对实习学生、实习单位、学校三方都有利

从前述案例来看,有很多用人单位和学生没有签订实习协议。实习单位往往认为既然是民事关系,则实习协议可签可不签;部分学生和学校也对实习协议的重要作用缺乏认识。其实不然,实习协议对三方当事人都有好处,因为它是唯一直接确认实习学生、实习单位、学校三方权利义务的协议。从实践中发生的实习被认定为劳动关系的判例来看,用人单位都忽视了书面协议这一点,不是选择不签订任何协议,就是直接选择和实习生签订劳动合同,从而导致其在发生争议时处于不利地位。

(二)部分法律规范已经认可了实习学生建立劳动关系的权利

原劳动部 1995 年《关于贯彻执行〈中华人民共和国劳动法〉若干问题的意见》(以下简称《意见》)第十二条规定:"在校生利用业余时间勤工俭学,不视为就业,未建立劳动关系,可以不签订劳动合同。"该规定一直以来被视为在校生不构成劳动关系的直接依据,用人单位借此规避相关法律风险。但是,这一规定其实是有条件的,一是必须是"在校生",二是只能是"利用业余时间勤工俭学"。在校生容易判断,有学生证即可,但是对于什么是"业余时间"、什么是"勤工俭学"就有分歧了。现在的大学生实习,哪些情况是业余时间实习的,哪些情况属于勤工俭学性质,在实践中是比较模糊的。《意见》一方面说"在校生利用业余时间勤工俭学,不视为就业",另一方面却说"可以不签订劳动合同",本身就存在逻辑矛盾。既然不视为就业,就不是劳动关系,而可以不签订劳动合同的表述却又留了空间——也可以签劳动合同,那签了劳动合同算什么? 这也是近年来司法实践一直在纠结的问题。

2012 年江苏省发布了《2012 年度江苏劳动争议十大典型案例》,其中第 6 个案例即涉及在校生是否能建立劳动关系的问题。在该案例中,裁判要旨如下:即将毕业的大专院校在校学生以就业为目的与用人单位签订劳动合同,且接受用人单位管理,按合同付出劳动;用人单位在明知求职者系在校

学生的情况下,仍与之订立劳动合同并向其发放劳动报酬的,该劳动合同合法有效,应当认定双方之间形成了劳动合同关系。如此一来,原劳动部的规定就自然而然被突破了。

2016 年的《职业学校学生实习管理规定》(以下简称《规定》)对此问题间接地做了暗示。《规定》虽然只适用于职业学校学生,却圈定了实习类型:认识实习、跟岗实习和顶岗实习等,只字未提"勤工俭学"。而教育部、财政部2007 年《高等学校学生勤工助学管理办法》第四条规定:"勤工助学活动是指学生在学校的组织下利用课余时间,通过劳动取得合法报酬,用于改善学习和生活条件的社会实践活动。"第六条规定:"勤工助学活动由学校统一组织和管理。任何单位或个人未经学校学生资助管理机构同意,不得聘用在校学生打工。学生私自在校外打工的行为,不在本办法规定之列。"按照这些规定,非学校组织的在校生实习几乎都被排除在《意见》的适用范围之外;也就是说,学校统一组织的属于勤工助学,学生一般不属于劳动者身份,不存在劳动法律关系;但是,非学校统一组织的学生打工活动,其是否属于劳动法律关系,就要具体问题具体分析了,也就是说,如果符合相关法律要求,是构成劳动法律关系的。

在这方面,改革开放的前沿城市——深圳,开风气之先,于 2017 年公布的《2017 年深圳劳动争议仲裁立案工作会议纪要》(以下简称《纪要》)第一条规定:"达到法定就业年龄的在校生,可以作为劳动争议的当事人。"这一条表面上只是程序的完善,但实质上更是对原劳动部相关规定的突破。高等学校的在校生,年龄基本上都有 16 周岁,达到了法定就业年龄,根据《纪要》的规定可以作为劳动争议当事人。也就是说,在校生实习期间与用人单位之间的关系并不一定都按《意见》"不视为就业"来理解;《纪要》第一条确认了在校生具备与用人单位建立劳动关系的主体资格,对用人单位影响较大。如果用人单位与在校生之间签订了劳动合同,那么双方将被认定为建立了劳动关系。

无独有偶,2018 年 1 月 1 日生效的《天津法院劳动争议案件审理指南》第八条也规定:"在校学生为完成学习任务到用人单位提供劳动的,双方不构成劳动关系或者劳务关系;在校学生为勤工俭学到用人单位提供劳动的,双方构成劳务关系。"事实上,劳动关系的形式非常复杂,在实践中经常会出现"非典型性劳动关系",用人单位往往以民事关系掩盖劳动关系的实质,采用与劳动者签订"劳务合同"的方式逃避用工风险和社会保障义务,劳动关系属性被隐藏,劳动者无法获得合法地位。① 因此,这一规定与深圳的《纪要》相互呼应,进一步印证了大学生实习时法律关系存在一定的模糊空间。

总体而言,如果用人单位与在校生签订了实习协议,基本上还是会按照实习关系处理,不会轻易认定为劳动关系。如果双方没有签订任何协议或者合同,则需要根据实际情况并结合原劳社部发〔2005〕12号文《关于确立劳动关系有关事项的通知》来判断双方是否构成劳动关系,要是没有签订实习协议,有可能会被认定为事实劳动关系。所以,无论是否经过学校组织,大学生实习一定要签实习协议,否则学生、实习单位都会有一定的法律风险。

(三)签订实习协议的注意事项

1.实习协议的内容尽可能完善

正因为实习关系为民事关系,可以自主约定而不受限制(当地有特别规定的除外,如江苏),如约定任何一方提前一周告知可以解除等,这就更需要实习双方或三方认真对待合同条款,尽可能完备(如果能按照国家或地方政府提供的参考法律文本,那是更好的),不要留下漏洞、模糊表述语;因此双方在签订协议时应当非常谨慎,否则,很可能会导致在未来的实习过程中,出现法律风险。

2.实习协议尽可能是学校、学生、实习单位三方协议

三方协议比两方协议明显更完备,更有利于分清三者之间的权利和义务;之所以我们一直强调实习单位要尽可能让学校参与签订实习协议,目的就在于学校可以预知实习生的实习结束时间,从而避免因为实习生毕业成为劳动者,双方实习关系转变为事实劳动关系的风险。此外,从前述司法判例中,可以看到实习协议中应当注意几个关键点,如实习性质、实习报酬,尤其是实习生的实习结束时间,发生意外的责任承担,以及协议的解除方式等。

3.明确三方责任承担方式

在责任承担上,三方(学生、学校和实习单位)提前约定后,也能避免后续实习学生发生意外后相互扯皮的问题。此外,学校还可以担任管理及教育者的角色,如果实习生出现旷工、失联等情形,还可以由学校代为联系并进行一定的教育。

---

① 梅勇华.反思与进路:论非典型劳动关系的法律调整——以劳务关系与劳动关系的沟通和重构为视角[J].法制博览,2016(8):21-22.

三、就业协议不是认定劳动关系的唯一要件

从前述判例中可以看到，就业协议并不是法院认定劳动关系的唯一要件。不少案件在没有书面就业协议的情况下也认定了劳动关系。

（一）就业协议一旦签订，劳动关系必然成立

从法院的判例看，就业协议或劳动协议一旦签订，劳动关系就成立了。就业协议，即《全国普通高等学校毕业生就业协议书》，俗称三方协议；是学校、学生以及用人单位三方签订的，约定学生毕业后，用人单位应当与其建立劳动关系的协议。如果用人单位签订了，但在员工实习结束之后又不想录用员工了，就需要承担违约责任。

（二）如果没有签就业协议，但符合劳动法律关系构成要件，也认定为劳动关系

在判例4《武汉市新珈体育健身管理有限公司、余婷劳动合同纠纷二审民事判决书》中，法官在判词中指出，认定劳动关系应从以下4个方面进行审查：（1）用人单位主体适格；（2）劳动者提供的劳动是用人单位的业务；（3）用人单位向劳动者发放工资；（4）劳动者接受用人单位的管理。从这4点出发，余婷虽然没有与用人单位签订书面劳动合同，但被认定为构成事实劳动法律关系。

（三）实习过程中，签订就业协议应注意几个细节

就业协议签订过程中需要注意以下几点：第一，用人单位无法预知实习生的能力如何，表现是否良好，所以就业协议能不签就不签。第二，即使决定签署就业协议，也要先进行长时间的考核，经评估，然后再与学生签订。第三，尽量不约定违约金。在这种情况下，如果实习结束后出现决定不录用的情形，只需承担损失赔偿责任。具体的赔偿标准需要实习生举证损失的多少。第四，建议约定相对较低的薪酬，如果后续想要留用的，可以直接通过劳动合同约定较高的薪酬。就业协议与劳动合同矛盾的，要约定以哪个文件为主。

四、实习期间的劳动报酬≠工资

（一）劳动报酬是实习学生的法定权利

大学生在实习期间，作为劳动者获得正当的劳动报酬是不可侵犯的权利。但在社会实践中，往往有些用人单位采取不正当手段侵犯实习学生的

这一不可侵犯的权利,最常见的就是在招用实习生时对劳动报酬只字不提,或者在签订劳动合同时对劳动报酬含糊其词,不作约定或不作明确约定,从而导致实习学生的权利受到侵害。为此,2022 年新颁布了由教育部、工业和信息化部、财政部、人力资源和社会保障部、应急管理部、国资委、市场监管总局和中国银保监会共同修订的《职业学校学生实习管理规定》[①],其第十八条明确规定:"接收学生岗位实习的实习单位,应当参考本单位相同岗位的报酬标准和岗位实习学生的工作量、工作强度、工作时间等因素,给予适当的实习报酬。在实习岗位相对独立参与实际工作,初步具备实践岗位独立工作能力的学生,原则上应不低于本单位相同岗位工资标准的 80％或最低档工资标准,并按照实习协议约定,以货币形式及时、足额、直接支付给学生,原则上支付周期不得超过 1 个月,不得以物品或代金券等代替货币支付或经过第三方转发。"此外,2019 年《教育部关于加强和规范普通本科高校实习管理的意见》中也明确要求:"要保障顶岗实习学生获得合理报酬的权益,劳动报酬原则上不低于相当于岗位试用期工资标准的 80％。"从这些规定可以看到,实习学生获取劳动报酬是正当的权益。

(二)实习学生的劳动报酬≠工资

实习学生的劳动报酬不同于工资。对实习学生而言,劳动报酬主要是其在用人单位辛勤提供劳动应得的物质回报,这是其作为劳动者主要的权利。对实习学生而言,劳动报酬可能是计时报酬也可能是计件报酬。这和与用人单位订立正式劳动合同,基于劳动关系而获得的工资有着显著不同。

正式员工的工资[②],又称薪金,广义的工资,即职工劳动报酬,是指劳动关系中,职工因履行劳动义务而获得的,由用人单位以法定方式支付的各种形式的物质补偿。狭义的工资,仅指职工劳动报酬中的基本工资(或称标准工资)。工资较之其他劳动报酬或劳动收入(如农民劳动报酬、个体劳动收入、劳务报酬等),具有下述特征:(1)工资是职工基于劳动关系所获得的劳动报酬;(2)工资是用人单位对职工履行劳动义务的物质补偿,换言之,支付工资是用人单位必须履行的基本义务;(3)工资额的确定必须以劳动法规、劳动政策、集体合同和劳动合同的规定为依据;(4)工资必须以法定方式支付,即一般只能用法定货币支付,并且应当是持续的、定期的支付。此外,工

---

①　教育部等八部门关于印发《职业学校学生实习管理规定》的通知[EB/OL].[2022-02-17]. http://www.gov.cn/zhengce/zhengceku/2022-01/21/content_5669670.htm.

②　王全兴.劳动法[M].4 版.北京:法律出版社,2017:341-342.

资一般其组成都比较复杂，往往包括基本工资、奖金、津贴、补贴等。① 相比之下，一般情况下的实习学生的劳动报酬显然不具有上述特征。

此外，根据《最高人民法院关于审理劳动争议案件适用法律若干问题的解释(二)》第三条规定，劳动者以用人单位的工资欠条为证据直接向人民法院起诉，诉讼请求不涉及劳动关系其他争议的，视为拖欠劳动报酬争议，按照普通民事纠纷受理。这也说明一般的劳动报酬与工资有着本质的区别。

（三）追索劳动报酬一般都能获得法院支持

劳动报酬是劳动者生存的重要保障。依法支持劳动者的劳动报酬请求权，是落实劳动法、劳动合同法，保护劳动者合法权益的重要内容；同时，如何维护用人单位合法的经营自主权和工资分配权，促进经济发展和社会进步，不仅是劳动法的立法宗旨，也是最终保障全体劳动者合法权益的基石。在追索劳动报酬纠纷案件中，法院要秉持公平与正义，平衡好劳动者与用人单位的合法权利，以构建、发展和谐稳定的劳动关系。从判例 10 和判例 11 的判决情况看，只要劳动者能拿出合法、有效的劳动报酬证据，如实习协议（含劳动报酬条款）、工资汇总表等，追索劳动报酬都获得了法院的支持。

五、实习生意外受伤是否认定"工伤"要根据情况而定

（一）实习学生发生意外受伤，一般涉及用人单位、学校、学生三角关系

由于实习生和用人单位之间通常不是劳动关系，不受劳动法调整，所以实习生的"工伤"，只能说是"意外受伤"。故实习生发生意外一般不受《工伤保险条例》调整，而应当按照最高院发布的《最高人民法院关于审理人身损害赔偿案件适用法律若干问题的解释》处理。

在发生意外伤害事故后，学生一般会把学校和实习单位都告上法庭。而此时，学校和用人单位往往都会出现推脱责任的现象。学校一般认为自身虽然有管理责任，但是仅限于学生在校期间；而实习学生实际上是由用人单位在管理，所以相关责任应该由用人单位来承担。而用人单位往往认为，自身和实习学生并没有签订劳动合同，不构成劳动关系，因此认为自己没有责任，这样就造成实习学生与实习单位的矛盾。

---

① 胡彩霄.劳动法精要[M].北京：中国政法大学出版社，2007：162.

（二）在司法实务中，实习学生发生意外伤害，原则上按照比例分担责任

在司法实践中，法院一般认为用人单位和学校都有一定的责任，有的直接判决按份责任，有的则判定承担连带责任。其中，用人单位往往承担的是雇主责任，雇主责任更多的是针对雇员在从事雇佣活动中遭受的人身损害，由于工伤认定更倾向于保护劳动者，故雇主责任与工伤的范围还是有区别的。主要区别就在于：雇主责任的范围相对较小，对于劳动者在上下班途中发生的工伤、视同工伤的情形等，在雇主责任中雇主一般不需要承担责任。对实习学生而言，学校负有管理、教育、安全保障等方面的责任，如果出现学生意外伤害事故，学校的责任是不能免除的。

如在判例6《王俊诉江苏强维橡塑科技有限公司、徐州工业职业技术学院人身损害赔偿纠纷案》（实习侵权纠纷）中，法院认定实习单位与实习学生之间不构成劳动关系，但构成民事合同关系。学生在实习过程中受到的伤害应按照一般民事侵权纠纷处理。该案中，作为实习单位的强维科技虽然对原告进行了实习培训，但其对原告在实习时可能存在的安全隐患仍负有直接的提醒和注意义务，因强维科技未尽到相关义务，对原告受伤的损害结果存在一定的过错，应承担相应的赔偿责任，法院酌定为60％。职业学院承担部分责任。由于未加强对学生的安全教育和未进行必要管理，负有疏于管理的责任，该学校对原告受伤的损害结果也存在一定的过错，应承担相应的赔偿责任，法院酌定为20％。原告自己承担部分责任。作为已成年大学生，王俊对自身安全亦有一定的注意义务，其在工作时在三角架移动过程中没有离开三角架，对其受伤的损害结果存在一定的过错，应减轻二被告赔偿责任，法院酌定为20％。

又如判例8《李某与青岛高测科技股份有限公司、青岛市石化高级技工学校提供劳务者受害责任纠纷一审民事判决书》中，李某系被告青岛市石化高级技工学校在校学生，2016年经学校安排到被告青岛高测科技股份有限公司实习，签订大学生实习协议，实习岗位为操作工。2016年5月9日在从事被告指令的搬运重物工作中受伤，致腰椎间盘突出症。实习学生出现了意外伤害事故，实习单位和学校自然要承担责任，因此法院判决就非常明确：（1）被告青岛高测科技股份有限公司赔偿原告李某医疗费、伙食补助费、误工费、护理费、残疾赔偿金、伤残鉴定费、交通费、精神抚慰金等损失共计人民币173267.48元。（2）被告青岛市石化高级技工学校对上述款项承担连带责任。在该案中，法院就是判定了连带责任。

（三）购买工伤保险非常有必要

在判例14《安徽省广德第二建设有限责任公司、万洋工伤保险待遇纠纷二审民事判决书》中，原告万洋系在校大学生，临近毕业之际经人介绍至二建公司承建的建筑工地实习，二建公司为万洋办理了工伤保险手续。后来其在实习过程中意外受伤，随后被所在地市人力资源和社会保障局认定为工伤，也获得了劳动关系确认，法院判决其所在的用人单位自判决书确定之日起十日内到市社会保险经办机构依据现行社会保险政策为万洋办理一次性伤残补助金、一次性工伤医疗补助金、住院伙食补助费和医疗费理赔手续，扣除已支付的医疗费人民币7万元，余额给付万洋。此外，用人单位还自判决书生效之日起十日内支付万洋人民币63434元（此款包括一次性伤残就业补助金56610元、停工留薪期工资4560元、护理费2264元）。可以说，万洋这次受伤获得了非常充分的赔偿，对于其个人而言的确是意外的收获。设想一下，如果万洋所在单位没有为其办理工伤保险，其可获得的赔偿就非常少了。

因此，笔者认为，实习单位为实习生办理工伤保险非常有必要，可以大大提升实习学生的安全保障，对于促进企业敞开大门招收实习学生，促进实习学生的成长成才有着重要意义。

（四）一些常规性操作值得重视

为了避免用人单位、学校、实习学生"扯皮"情况的发生，三方最好能事先做好相关安排。首先，实习单位与学校、学生最好签订实习协议，约定好相关的事故责任承担。其次，明确要求学校为学生购买意外险。如在协议中约定学校应当购买人身意外险。再次，购买雇主责任险作为补充，尤其是对于直接与学生签订实习协议的情况。如果用人单位购买的是人身意外险，受益人为学生，发生意外后，保险公司可以直接进行相关赔付。学生有权要求用人单位承担雇主责任。而雇主责任险在发生需赔付事故后，是直接赔付给用人单位的。最后，落实相关的安全保障工作，并留下证据。这里的工作包括在实习生入职时做好安全培训，对相关安全生产流程、操作规程进行告知，提供相关的劳动保护措施，在明显的地方张贴安全标语以及操作指示等等。雇主责任中，更多的还是使用过错责任原则，如果用人单位能够证明已经尽了相应安全保障义务，那么后期赔偿的时候，就可以相对降低责任承担的比例。

六、实习期间意外死亡的责任分担

相比于学生实习期间的意外伤害,学生实习期间的意外死亡无疑是更为严重的事情。从目前查阅到的相关司法判例看,可以发现司法实务界的观点具有以下特点。

(一)实习期间实习学生意外死亡的责任分担没有统一答案

从司法实务看,实习期间学生发生意外死亡的,高校和实习单位一般按照过错原则承担赔偿责任;具体责任如何分配,因案而异。如在判例12《段洪茹、卢臣侵权责任纠纷二审民事判决书》中,原告系大学生卢明松的父母。卢明松是威海职业学院大三学生,临近毕业之际,其在自行联系的威海申安电子工程有限公司实习。2009年6月5日晚,卢明松在烟台开发区大季家街道办事处万船口码头负责石料的收料和装船统计工作时,因石料滚落受伤,后经抢救无效死亡。事故联合调查组出具的《威海申安电子工程有限公司工人死亡事故调查处理报告》,认定这是一次责任事故。用人单位因为出现安全责任事故,其承担赔偿责任是必然的(实际承担20余万元)。然而,对于威海职业学院而言,其所负担的管理责任和义务按道理是比较小的,但是,也承担了17.4万元的赔偿。当然,该学院考虑到其自身的责任较小,故始终坚持其所付的是一次性的、人道主义的"死亡慰问金"。另外,笔者还查阅到一个案例,2018年山东某高校实习学生在酒店实习时意外"高空坠亡",因学校负有较大责任,最后被判处承担70%的责任,学生自己承担30%的责任。①

(二)同伴对实习学生的意外死亡可能会负有部分责任

在实习过程中,难免会出现实习同伴一起工作、生活的情况。在意外事故中,如果实习学生出现意外死亡,同伴可能也要承担适当的责任。在判例13《周同国、李国芬等与左鹏飞等生命权、健康权、身体权纠纷一审民事判决书》中,法院就认为实习的同伴要承担部分责任。该判决最后是:(1)周林烽作为完全民事行为能力人,对野外游泳的危险性应有起码的认知,但其在明知自己不会游泳的情况下仍然到野外游泳,对自身安全没有给予足够重视,其对该次事故造成的损害应该承担主要责任(90%)。(2)两名同伴左鹏飞、

---

① 实习期间学生坠楼身亡青岛酒店管理学院被判担责七成[EB/OL].[2022-03-17]. http://k.sina.com.cn/article_1722463195_66aab3db00100qtl2.html.

陈昕煜与周林烽一起到野外游泳,相互之间并不负有法律上的安全保障义务,但应当相互照应,在同伴出现危险时给予及时救助。但被告左鹏飞、陈昕煜在自身游泳水平有限亦知晓周林烽不会游泳的情况下,所采取的转运周林烽的方法欠妥,并非最稳妥的方案,存在一定过错。即便如此,同样不能以专业标准来要求虽已成年但社会经验欠缺的二被告,考虑到转运方法系其三人协商决定,法院结合案件的实际情况,确定被告左鹏飞、陈昕煜对周林烽溺亡所造成的损害后果各承担 5％ 的赔偿责任(合计 10％)。(3)周林烽实习单位被告宜昌市夷陵区邓村乡邓村坪村村民委员会和宜昌市夷陵区邓村乡人民政府,在当日组织了征兵体检,但周林烽到野外游泳并非受上述二被告的安排,实习和参加征兵活动与周林烽的溺亡不存在法律上的因果关系,被告宜昌市夷陵区邓村乡邓村坪村村民委员会、宜昌市夷陵区邓村乡人民政府对周林烽的溺亡不存在过错,不应承担赔偿责任。

另外,从判例 13 也可以看出,如果实习单位、学校安排与实习学生的意外死亡确实没有因果关系的,就不用承担法律责任。

七、实习学生侵犯实习单位利益要承担责任

(一)实习学生对实习单位负有法律义务

法谚云:没有无权利的义务,也没有无义务的权利。实习单位对实习学生负有培养、保护等法律义务,实习学生同样对实习单位也负有一定忠诚、保密等义务;因此,当实习学生侵犯实习单位利益时,同样需要承担法律责任。我国《劳动法》第一百零二条明确规定:"劳动者违反本法规定的条件解除劳动合同或者违反劳动合同中约定的保密事项,对用人单位造成经济损失的,应当依法承担赔偿责任。"《劳动合同法》第九十条也规定:"劳动者违反本法规定解除劳动合同,或者违反劳动合同中约定的保密义务或者竞业限制,给用人单位造成损失的,应当承担赔偿责任。"因此,实习学生进入实习单位工作,也应当遵守相关工作纪律要求,保障实习单位的合法权益。

(二)实习学生侵犯实习单位利益要承担责任

权利与义务从来都是相互对应的,在判例 16《微医美南京信息技术股份有限公司与陈明庆劳务合同纠纷一审民事裁定书》中,陈明庆作为一名在读研究生,在与实习单位签订了保密协议的情况下,明知故犯,将微医美云系统的源代码上传至自己在原告处实习期间使用的电脑,并上传至 github 上,致该系统商业秘密泄露给第三人,符合侵犯商业秘密罪的构成要件,给原告

造成了重大损失,其行为肯定要承担相应法律责任。从类似的案件审判结果看,相关人员被予以了刑事法律的惩治,值得实习学生引以为戒。

八、顶岗实习学生与实习单位不构成劳动关系

(一)顶岗实习已经有相应的法律规章予以明确规定

一般而言,顶岗实习是学校安排在校生在最后一年或半年进企业进行实习以求实际掌握相关岗位技能。顶岗实习和一般实习不同,是要学生完全履行岗位的主要工作内容。顶岗实习最早见于 2005 年《国务院关于大力发展职业教育的决定》,该文件提到:"中等职业学校在校学生最后一年要到企业等用人单位顶岗实习,高等职业院校学生实习实训时间不少于半年。建立企业接收职业院校学生实习的制度。实习期间,企业要与学校共同组织好学生的相关专业理论教学和技能实训工作,做好学生实习中的劳动保护、安全等工作,为顶岗实习的学生支付合理报酬。逐步建立和完善半工半读制度,在部分职业院校中开展学生通过半工半读,实现免费接受职业教育的试点,取得经验后逐步推广。"2016 年颁布的《职业学校学生实习管理规定》①第二条规定:"跟岗实习是指不具有独立操作能力、不能完全适应实习岗位要求的学生,由职业学校组织到实习单位的相应岗位,在专业人员指导下部分参与实际辅助工作的活动。""顶岗实习是指初步具备实践岗位独立工作能力的学生,到相应实习岗位,相对独立参与实际工作的活动。"在 2022 年新颁布了由教育部、工业和信息化部、财政部、人力资源和社会保障部、应急管理部、国资委、市场监管总局和中国银保监会共同修订的《职业学校学生实习管理规定》②,其第二条把跟岗实习和顶岗实习予以合并,统称为岗位实习,"岗位实习指具备一定实践岗位工作能力的学生,在专业人员指导下,辅助或相对独立参与实际工作的活动"。此外,2019 年《教育部关于加强和规范普通本科高校实习管理的意见》中也明确要求,"加强跟岗、顶岗实习管理",要求"严格学校、实习单位、学生三方实习协议的签订,明确各自的权利义务和责任"。

---

① 教育部等五部门关于印发《职业学校学生实习管理规定》的通知[EB/OL].[2022-03-17]. http://www. moe. gov. cn/srcsite/A07/moe_950/moe_721/201604/t20160426_240252. html.

② 教育部等八部门关于印发《职业学校学生实习管理规定》的通知[EB/OL].[2022-03-18]. http://www. gov. cn/zhengce/zhengceku/2022-01/21/content_5669670. htm.

此外，部分地方性法规规章也对顶岗实习进行了相应的规范。如 2013 年《江苏省劳动合同条例（2013）》中也提到顶岗实习，将顶岗实习这种用工形式提到了从未有过的高度。《江苏省劳动合同条例》规定，用人单位不得安排总时间超过 12 个月的顶岗实习，不得安排学生顶岗实习每日超过 8 小时、每周超过 40 小时。不仅如此，在江苏最近发布的最低工资调整的通知中，还规定了顶岗实习学生的实习报酬和勤工助学的劳动报酬不得低于非全日制小时工的小时最低标准。也就是说，如果实习生每天工作 8 小时，每周工作 40 小时，一个月下来，拿到的报酬将高于最低工资标准。仔细总结，会发现江苏对于实习分类一共有 3 种：顶岗实习、未完成学业的利用业余时间的勤工俭学以及完成学业后的勤工俭学。其中顶岗实习对于工作时间、实习期、报酬均有限制；未完成学业的实习限制了报酬；对于已完成学业后的实习则直接认定为劳动关系，受《劳动合同法》调整。

（二）明确的顶岗实习协议排除劳动关系

从司法判例可以看到，明确的顶岗实习协议的存在直接排除了确立劳动关系的可能性。从判例 1《杨竹与上海韵达货运有限公司劳动合同纠纷二审民事判决书》、判例 6《王俊诉江苏强维橡塑科技有限公司、徐州工业职业技术学院人身损害赔偿纠纷案》以及《汪晶诉新疆轻工职业技术学院、新疆摆氏厨房食品配送有限公司健康权纠纷案》①等的情况看，由于存在明确的顶岗协议，导致法院在判决时直接否定了其存在劳动关系的可能性。

以《汪晶诉新疆轻工职业技术学院、新疆摆氏厨房食品配送有限公司健康权纠纷案》为例，在该案中，法院认为，由于原告汪晶与实习单位签订了学生顶岗实习协议，进而明确了其是基于顶岗实习到新疆摆氏厨房食品配送公司进行与其所学知识内容相关的实际操作，其与新疆摆氏厨房食品配送公司之间不存在劳动关系，因此，原告在实习过程中受到的伤害应按照一般民事侵权纠纷处理。

此外，对于其他身份人员，如判例 17《李永健与中国太平洋财产保险股份有限公司上海分公司、徐国林机动车交通事故责任纠纷一审民事判决书》关于实习学生转正后的交通意外处理；判例 18《深圳麦思餐饮管理有限公司与李嘉宜申请撤销仲裁裁决民事裁定书》关于夜校学生的劳动关系认可等，法院都依据具体情况予以了相关处理。

---

① 全国法院 2020 年度二等奖案例：顶岗实习生受伤，实习单位和职业院校均承担责任[EB/OL].［2022-03-18］.https://www.sohu.com/a/445385319_120060145.

总而言之,在当前社会背景下,劳动力成本越来越高,而实习学生作为一种成本低廉的用工模式,越来越受到广大用人单位的青睐。成本和风险历来都站在天平的两端,用人单位、学生、学校在行使相关权利义务时,应当时刻注意可能出现的风险,以免出现重大责任事故进而导致巨额赔偿。

第三节　大学生实习权益司法保障不足的主要原因分析

从前述司法判例中,可以看到我国大学生在实习过程中,其应有的合法权益离妥善周全保护还是存在不小的差距,主要表现在:很多实习学生没有签订实习协议,权利义务不明确;实习学生意外伤害频发,但得不到充分的补偿;劳动报酬经常被拖欠,用人单位还心安理得;工伤认定非常艰难,很多实习学生没有购买工伤保险,万一受伤,赔偿严重不足;实习过程中的不小心泄密可能会引来牢狱之灾;等等。那么,为什么会出现这些情况呢?问题的根源在哪里? 显然,在我国,大学实习生合法权益司法保障不足的根源,还是要追溯到立法层面。

对于我国司法体制的特点,法学界多数学者认为我国以制定法为法律的主要渊源,类似于大陆法系国家,不同于英美法系以"法官造法"为主的判例法为主要渊源。因此,我国司法审判主要是人民法院法官依据现行法律规范和最高法院的相关司法解释来进行判断。依据《中华人民共和国法官法》第七条"法官应当履行下列义务:(一)严格遵守宪法和法律;(二)审判案件必须以事实为根据,以法律为准绳,秉公办案,不得徇私枉法⋯⋯"在我国,法官是不能随意造法的,因此,法院的判决必须以法律规范为依据。因此,在案件审判过程中,一旦出现法律规定的缺失情形时,法官只能按照现有的法律规范进行审判,这就导致大学生实习权益难以得到较为完善的保障。笔者认为,在我国,司法审判的问题,归根结底仍然是立法的问题。因此,要周全保障大学生的实习权益,就不得不重新审视我国大学生实习立法的相关规范。

一、教育立法方面存在的问题

近年来,在政府、高校、企事业单位等共同努力下,我国产学研融合不断深入,大学生实习工作稳定开展、质量稳步提高。但是,必须看到,目前在我国教育法律领域尚未建立统一完善的实习管理制度,实践中对实习的管理十分混乱,这对于我国大学生实习工作是非常不利的。主要表现在以下几个方面。

（一）在法律规范层面,实习工作存在制度性源头缺失

我国几部重要的教育主干性法律都诞生于 20 世纪八九十年代,当时我国的高等教育仍处于精英教育时代①,实习并不是一个非常普遍的事情。由于历史和时代的局限,当时的相关法律对实习问题没有进行规定,导致实习规范从法律源头上缺失。如我国教育最重要的基本法《教育法》第四十三条仅对学生享有的申诉权、诉讼权等程序性权利作出简要规定,完全没有提及实习权。实习一般是大学生毕业环节的内容,本来与实习关系密切的《高等教育法》也缺乏相应的规定,仅第五十三条提及"高等学校学生的合法权益,受法律保护",而对合法权益包括哪些内容,应该如何保护并没有明确,也没有对实习生在实习教学活动中享有哪些权利做出明确的规定。1996 年的《职业教育法》的内容同样颇为简略,也基本缺失了关于学生实习权利保护的相关条款。

（二）与实习较密切相关的文件有一些,但层级偏低、效力偏弱

应该说,我国教育部作为教育工作的主管部门,在教育实习管理与规范方面做了一些工作。如 2002 年教育部颁布的《学生伤害事故处理办法》第九条规定"因下列情形之一造成的学生伤害事故,学校应当依法承担相应的责任:……学校组织学生参加教育教学活动,未对学生进行相应的安全教育,并未在可预见的范围内采取必要的安全措施的",并对高校的实习安全保障责任作了一些规定。2003 年教育部办公厅《关于进一步加强中等职业学校实习管理工作的通知》中指出,职业学校要妥善选择实习单位,并就实习事宜与实习单位签订协议,明确双方的权利、义务以及学生实习期间双方的管理责任等。2007 年国家税务总局制定了《企业支付实习生报酬税前扣除管理办法》,该办法第五条规定:"接收实习生的企业与学生所在的学校必须正式签订期限在三年的实习合作协议,明确规定双方的权利与义务。" 2007 年,教育部、财政部联合印发了《中等职业学校学生实习管理办法》;2016 年出台了教育部、财政部、人力资源和社会保障部、国家安全监管总局、中国保监会等 5 部门联合制定的《职业学校学生实习管理规定》。2022 年 1 月又再次下发了最新版本的 8 部门联合制定的《职业学校学生实习管理规

---

① 刘道玉.中国高等教育六十年的变迁[J].高教探索,2009(5):5-12.

定》并提供了《职业学校学生岗位实习三方协议(示范文本)》[①],对职业学校学生实习等问题做出了较为明确细致的规范。针对普通高等学校的规章制度则有 2019 年《教育部关于加强和规范普通本科高校实习管理工作的意见》。这些办法、通知的出台和实施虽然建立了一些实习的管理制度,如实习合作协议制度、安全保障制度等,明确了学校、企业、学生三方的权利、义务及责任,有利于保障学校和学生的合法权益。但是这些规范性文件仍属于政策层面的倡导,更多地表现为一种原则上的指导意见,强制性、可操作性都不够。在已有的这些文件中,适用范围也不统一,大多适用于职业学校而不是包括高等院校在内的所有院校。由于缺乏法律规定,实习被认为属于高校内部管理行为。因此,在实习期间合法权益受到侵害的学生不能对高校提起行政诉讼,只能通过申诉途径去维权,这显然不利于实习学生的权益保障。[②]

(三)具体制度规范仍较粗疏,配套规范不足

关于大学生实习权益的保障,由于其实习情形复杂多样,需要相关的配套制度详尽而具体、周到而严密,才能真正发挥保障学生实习权益的作用。然而,令人遗憾的是,近年来新出台的相关具体制度仍较为粗疏,似乎难以胜任全面、规范保护学生权利的重大职责。笔者以 2021 年的《职业教育法(修订草案)》和最新版 2022 年《职业学校学生实习管理规定》《职业学校学生岗位实习三方协议(示范文本)》为例,对相关内容试做深入分析。应该说,这几个法律规范在大学生实习权方面进行了制度化的升级,如《职业教育法(修订草案)》在第五章"职业教育的教师与受教育者"和第七章"法律责任"中有了相应的规定,然而,从文本上看,相关制度设计仍显单薄,存在进一步完善的空间。

1. 相关法律规范主要是针对职业学校的学生,对普通高校学生的实习内容欠缺

从 2007 年教育部、财政部联合印发《中等职业学校学生实习管理办法》,2016 年教育部等五部门联合制定《职业学校学生实习管理规定》,再到

---

① 2022 年 1 月,教育部、工业和信息化部、财政部、人力资源和社会保障部、应急管理部、国务院国资委、市场监管总局、中国银保监会联合印发了新修订的《职业学校学生实习管理规定》,参见教育部网站:http://www.moe.gov.cn/jyb_xwfb/gzdt_gzdt/s5987/202201/t20220121_595541.html,访问日期 2022 年 3 月 19 日。

② 张勇. 大学生实习及其权益保障的法律与政策[M]. 上海:上海人民出版社,2012:98-102.

2022年1月教育部等八部门联合制定《职业学校学生实习管理规定》并提供《职业学校学生岗位实习三方协议（示范文本）》，可以说，相关规范对职业学校学生实习等问题做出了较为明确细致的规范。但是，相关规范却都将普通高校排除在外。在《职业学校学生实习管理规定》中，虽有第二条"本规定所指职业学校学生实习，是指实施全日制学历教育的中职学校、高职专科学校、高职本科学校（以下简称职业学校）学生……"和第四十九条"非全日制职业教育、高中后中等职业教育学生，以及其他学校按规定开办的职业教育专业的学生实习参照本规定执行"，但专门针对普通高等学校学生实习的规章制度非常有限，据笔者查阅教育部网站，仅找到2019年《教育部关于加强和规范普通本科高校实习管理工作的意见》①，内容过于宏观，对实习制度的规定残缺不全、不成体系。

2. 明确了实习协议的核心内容，规定了休息、报酬等权益，但无强制执行力

《职业教育法（修订草案）》在第四十五条第一款规定："接纳实习的企业、事业单位应当保障学生（学员）在实习期间按规定享有休息休假、获得劳动安全卫生保护、接受职业技能指导等权利，对上岗实习的，应当签订实习协议，给予适当的劳动报酬。"这就直接确定了实习学生的休息、劳动、安全卫生和劳动报酬权，有利于学生在今后的实习中享有相关权益。《草案》第四十五条第二款明确规定："职业学校和职业培训机构应当加强对实习实训学生（学员）的指导，协商实习单位安排与学生（学员）所学专业相匹配的实习实训岗位，不得安排学生（学员）从事与所学专业无关的实习实训，不得通过人力资源服务机构、劳务派遣单位或者非法从事人力资源服务、劳务派遣业务的单位或个人组织、安排、管理学生（学员）实习。"为了防止实习学生权益受到侵害，这些强制性、禁止性条款约束显然是必要的。但是，问题在于：上述规定在实际操作中如何执行？具体如何实施？

在《职业学校学生实习管理规定》和《实习三方协议（示范文本）》中，上述《草案》的内容得到了一定程度的落实；但是，《实习三方协议（示范文本）》没有强制效力。《实习三方协议（示范文本）》在"说明"中明确指出："1.本协

---

① 其他的仅散见于2015年教育部《关于加强专业学位研究生案例教学和联合培养基地建设的意见》（教研〔2015〕1号）、2019年教育部《关于深化本科教育教学改革，全面提高人才培养质量的意见》（教高〔2019〕6号）等若干条款。参见：教育部.对十三届全国人大三次会议第5427号建议的答复（教高建议〔2020〕304号）[EB/OL].[2022-03-19]. http://www. moe. gov. cn/jyb_xxgk/xxgk_jyta/jyta_gaojiaosi/202011/t20201110_499202.html.

议文本为非强制性使用的示范文本,使用人(当事人)可在符合法律法规、单位规章制度等前提下,遵照《三方协议》订立具体协议,并按照法律法规规定和协议约定承担相应的权利义务。"本来,实习三方协议是非常重要的法律文本,它既是实习关系确立的基本法律文件,也是明确学校、用人单位、学生等多方权利与义务的基本依据。据笔者调研发现,不少学校、用人单位提供给学生的实习协议很不规范,有的缺乏对学生正当权益的保障内容,有的回避学校或用人单位的正当职责,容易造成纠纷的发生。笔者建议,对各高校的实习三方协议可以建立备案审查制度,由教育主管部门对各高校的实习三方协议进行监督,以保障实习学生的相关权利。

3. 规定了安全卫生保护的内容,但人身意外伤害、职业疾病等问题保障和救济渠道仍显不足

现代社会是高风险社会,风险无处不在,尤其是从学校这种相对安全的环境进入工矿企业、事业单位实习,大学生的学习、生活、工作环境都出现了巨大的变化,很容易发生意外伤害或者出现身体疾病。对此,《职业教育法(草案)》第四十五条第一款中也提到"应当保障实习学生获得劳动安全卫生保护的权利",但是,对于如果发生意外伤害或职业疾病应该怎么办,却没有相关规定。在《职业学校学生实习管理规定》第三十四条中,规定了"加快发展职业学校学生实习责任保险和适应职业学校学生实习需求的意外伤害保险产品,提高职业学校学生实习期间的风险保障水平。鼓励保险公司对学徒制保险专门确定费率,实现学生实习保险全覆盖。积极探索职业学校实习学生参加工伤保险办法"。第三十五条提到"职业学校和实习单位应当根据法律、行政法规,为实习学生投保实习责任保险。……鼓励实习单位为实习学生购买意外伤害险,投保费用可从实习单位成本(费用)中列支",第三十六条有:"学生在实习期间受到人身伤害,属于保险赔付范围的,由承保保险公司按保险合同赔付标准进行赔付;不属于保险赔付范围或者超出保险赔付额度的部分,由实习单位、职业学校、学生依法承担相应责任;职业学校和实习单位应当及时采取救治措施,并妥善做好善后工作和心理抚慰。"应该说,相应的内容都有了,但部门规章总是比法律层级更低,不利于将来的实施;此外,还存在下面3个问题。

(1)主要是针对职业学校学生,对普通高校学生未涉及。显然,非职业院校参加实习的学生面临的实习安全风险同样也需要进行转嫁,因此,实习责任保险的参保范围需要进一步扩大。

(2)实习责任保险的投保方式、保险金额及赔付机制存在不足。目前,

实习责任保险仍是自愿投保，由学校或实习单位承担保费，这使得投保率难以提高。相比于工伤保险，实习责任保险赔付限额较低，且保险公司的实习责任保险理赔机制尚不健全，这严重阻碍了实习责任保险的发展。[①]

笔者认为，实习责任保险应当直接纳入"工伤保险"。实习责任保险虽然也能提供一些实习保障，但是，其与工伤保险还是有很大距离。笔者在本书第二章第二节，对司法实务中涉及学生与劳动者区别的几个关系的探讨中，对工伤保险与意外伤害保险进行了详细的对比，可以发现工伤保险的保障力度远大于普通商业保险。在工伤保险中，只要符合工伤保险法规规定范围的工伤保险待遇费用均可获得补偿，并没有设置补偿限额，可以确保工伤(亡)职工获得医疗救助和(工伤职工和工伤/亡职工遗属)经济补偿，避免因不幸工伤而陷入生活困境。意外伤害险属于限额责任保险，保险责任事故发生时，保险公司按照保险合同中约定的保险金额给付一次性死亡保险金或残废保险金，一般保障水平较为有限。在实习过程中，不少学生的确出现了"因工致残""因工死亡"的情况，这种情况下，一次性的限额商业保险显然是不够的。

习近平总书记指出，我国立法领域面临一些突出问题，如立法质量需要进一步提高，有的法律法规对客观规律和人民意愿的反映还不够全面，解决实际问题的有效性不足，针对性、可操作性不强；立法效率有待进一步提高；有的立法实际成了利益博弈，不是久拖不决，就是制定的法律法规不大管用。[②] 由于我国立法程序冗长，修法极为不易，因此能在一部法律中解决的问题，就不要把它拖延到另外一部或几部法律中去。因此，笔者认为，在目前《职业教育法(修订草案)》正在修订之时，应一步到位彻底解决实习学生的意外伤害保障问题。为此，笔者建议：首先，在《职业教育法(修订草案)》中应当明确规定"实习意外伤害保险纳入工伤保险"，并同时涵盖普通高校学生。由于工伤保险需要用人单位缴纳，笔者建议在《职业教育法》中明确由学校缴纳，而不要等到现行的《劳动法》《劳动合同法》《工伤保险条例》将来修改时再完善。其次，强制推行实习工伤保险制度，彻底解决实习学生的后顾之忧。实习学生基数庞大，但真正出现实习"工伤"的人数比例并不大，

---

① 王艳萍：职业院校学生实习责任保险制度研究[J].潍坊工程职业学院学报，2017(5)：43-47.

② 郝铁川.习近平新时代法治思想的新观点、新判断及新特点[J].南海法学，2017(6)：1-17.

因此,完全有可能实现实习工伤保险制度的全覆盖。制定法律,其目的就在于定分止争,真正解决矛盾和问题,而不仅仅是宣教或引导。《职业教育法》只有真正解决了实习学生的工伤保险问题,才能真正促进职业教育和高等教育的发展。

(3)部分规定较为含糊,可操作性不够。对于学生在实习方面碰到"被侵权"现象,如何进行救济,向哪个部门投诉,需要什么程序等等,《职业教育法(修订草案)》中都没有明确;在《职业学校学生实习管理规定》中也欠缺具体的配套规定,导致相关规定显得有名无实,缺乏可操作性。

4. 明确了违法责任,但违法责任的惩罚力度偏轻

为了进一步加强对实习学生的保护,相关规范都强化了对违法责任的规定。《职业教育法(修订草案)》在第七章"法律责任"第五十六条,明确规定:"接收职业教育受教育者实习实训的用人单位未能履行其教育教学和安全管理责任,侵害受教育者人身、财产权利的,依法承担民事责任。""职业学校、职业培训机构违反本法第四十五条第二款规定,通过人力资源服务机构、劳务派遣单位或者非法从事人力资源服务、劳务派遣业务的单位或个人组织、安排、管理学生(学员)实习的,由教育行政部门、人力资源社会保障行政部门或者其他有关行政部门依据职责责令改正;对组织、安排、管理学生(学员)实习的人力资源服务机构、劳务派遣单位或者非法从事人力资源服务、劳务派遣业务的单位或个人,由人力资源社会保障行政部门或者其他有关行政部门依据职责没收违法所得,并处违法所得一倍以上五倍以下罚款;没有违法所得的,处五万元以下罚款。"显然,相对于1996年版《职业教育法》第三十九条"在职业教育活动中违反教育法规定的,应当依照教育法的有关规定给予处罚"这一模糊规定,上述条款无论是在质上还是在量上都有巨大的进步,为针对实习学生的违法责任追究奠定了基础。

但是,从《职业教育法(修订草案)》来看,违法责任的惩罚力度可以用"罚酒三杯"来形容。首先,不必要的限定责任性质。该草案第五十六条规定:"用人单位未能履行其教育教学和安全管理责任,侵害受教育者人身、财产权利的,依法承担民事责任。"为什么仅仅承担民事责任,如果侵害学生权利情节严重的,譬如造成重大人员伤亡的,也可以承担行政责任或刑事责任。其次,罚款金额偏低。关于违规劳务派遣的,仅规定"没有违法所得的,处五万元以下罚款"。笔者认为,这也属于处罚"畸轻",对违法行为没有太大的惩罚力度。法律制度的出台往往是多方利益博弈均衡的结果,但是,在

我国人口形势急转直下，人民权利意识勃兴的今天，这样的规定显然是有失其前瞻性的。

此外，《职业学校学生实习管理规定》第七章"监督与处理"中，对学校或实习单位的违规行为也作了相应的规定，但整体而言，内容较为宏观，不够细化，操作性不强。如在该规定中多次提到"相关部门""有关部门"，而对"相关部门"和"有关部门"到底是哪个部门却未作详细说明。

总体而言，我国《教育法》《高等教育法》《职业教育法（修订草案）》等主要法律和《职业学校学生实习管理规定》等法规，基本构成了我国实习相关教育法律框架，但必须看到，我国实习相关的教育法律的立法观念亟待更新，法律规范亟须完善（如：未涉及实习考试环节；未建立相关实习资格证书制度；对残障大学生的实习没有相关规定；对企业的激励严重不足；对各省教育厅、市教育局的职责不够明确等等），配套规范亟需补齐，并需将操作程序、保护机制进一步细化，从而提升对实习学生的保护效果。

二、劳动法保护的不足

从劳动法的角度看，大学生实习并没有被纳入劳动法的调整范围。有学者指出，没有法律上认可的劳动者身份，就无法获得劳动法和劳动合同法的保护，不能享受劳动基准的保障，这样，就导致实习大学生的劳动权益缺乏有效的法律保障。[①]

作为受教育者，实习大学生所拥有的基本权利之中没有劳动的权利，对此，我国宪法和劳动法的规定出现脱节。我国《宪法》第四十二条规定，"中华人民共和国公民有劳动的权利和义务。国家通过各种途径，创造劳动就业条件，加强劳动保护，改善劳动条件，并在发展生产的基础上，提高劳动报酬和福利待遇。……国家对就业前的公民进行必要的劳动就业训练"。但宪法没有直接确认高校实习生的劳动权[②]，而高校实习生作为我国公民，显然是我国宪法意义上的劳动者，应当享有相应的劳动权利[③]。我国劳动法对劳动者的认定是以与用人单位形成"劳动关系"为前提，该法第二条规定："在中华人民共和国境内的企业、个体经济组织和与之形成劳动关系的劳动

者,适用本法。国家机关、事业组织、社会团体和与之建立劳动合同关系的劳动者,依照本法执行。"《劳动合同法》第二条也作了类似的规定,认为建立劳动关系需要双方签订劳动合同。而在校生在实习期间到实习单位进行实习,无论是学生还是接收实习生的单位往往没有签订正式劳动合同的意图,正是因为劳动合同的缺失,导致实习行为很难用劳动法来约束和评价,主要体现在以下几个方面。

(一)实习大学生在遭受工伤时缺乏劳动法的保障

近年来,大学生实习工伤事故屡见不鲜。对于大学生在实习过程中遭受的意外伤害能否被认定为"工伤",也存在立法的空白。学术界有两种不同观点:第一种观点认为,大学生兼职实习期间发生的人身伤害并不属于劳动法规定的"工伤",应该按照民商法关于人身伤害的规定进行赔偿处理。由于实习不是法律意义上的劳动,所以实习生和实习单位不存在劳动关系,实习生也不是受劳动法保护的劳动者,所以在劳动当中受到了伤害,不能按照劳动法或者《工伤保险条例》来进行工伤认定。第二种观点基于大学生的实习兼职行为属于事实劳动关系,认为劳动期间人身伤害事故应按"工伤"处理。

我国劳动部门曾在这方面做出一些制度探索。原劳动部 1996 年 8 月 12 日颁布的《企业职工工伤保险试行办法》第六十一条规定:"到参加工伤保险的企业实习的大中专院校、技工学校、职业高中学生发生伤亡事故的,可以参照本办法的有关待遇标准,由当地工伤保险经办机构发给一次性待遇。工伤保险经办机构不向有关学校和企业收取保险费用。"即大学生的工伤可以参照企业职工的工伤处理,应该说,该规定对大学生实习权保护较为有利,具有一定的前瞻性。但遗憾的是,在国务院 2003 年 4 月 27 日颁布的《工伤保险条例》中,将上述第六十一条全部删除且未做规定。2003 年的《工伤保险条例》第六十一条对职工予以了明确限定,规定:"本条例所称职工,指与用人单位存在劳动关系(包括事实劳动关系)的各种用工形式、各种用工期限的劳动者。"其明确规定按照工伤保险处理的只能是企业的职工,双方须存在劳动关系,这相当于是对前述制度探索的回撤。但是,在 2011 年修订《工伤保险条例》时,该关于"职工"的表述被删除了,故对"职工"的理解应适用劳动法、劳动合同法及其他法律法规章的规定。只是,我国劳动法、劳动合同法等都没有明确"职工"或"劳动者"的定义。

当然,由于我国立法体制"多级并存"(如中央和地方的立法分权)、"多类结合"(如立法机关、行政机关、司法机关都有一定的立法权限)的特点①，导致在一些边缘或交叉地带存在不同的立法机关有不同的立法观点。根据2003年最高人民法院《关于审理人身损害赔偿案件适用法律若干问题的解释》第十一条第三款规定："属《工伤保险条例》调整的劳动关系和工伤保险范围的工伤，应按《工伤保险条例》的规定来处理。"而最新版的2011年《工伤保险条例》并没有明文规定"工伤赔偿主体"，也没有明确规定的"职工"定义，因此，笔者认为这至少在法理上并未排除大学生。当然，因为这样关于"职工"的定义是一个"模糊的存在"，也导致大学生的工伤认定处于"模糊状态"。

另外，关于实习学生的工伤认定问题，各地方实施的《工伤保险条例》的办法中也有不同的规定，如北京市劳动和社会保障局的官方网站指出，到参加工伤保险的企业实习的大中专院校、技工学校、职业高中学生发生工伤事故的，劳动保障行政部门不再进行工伤认定。② 而江西省《童工、实习学生受伤可享受相应待遇指导意见》则指出："童工、实习学生在用工单位因工作受到伤害，应按《工伤保险条例》规定，符合工伤或视同工伤条件的，在进行劳动能力鉴定后，按照《非法用工单位伤亡人员一次性赔偿办法》规定，由用人单位支付相应待遇。"河南省郑州市实施《工伤保险条例》暂行办法中也规定："实习的大中专院校、技工学校、职业高中学生在实习单位由于工伤发生人身伤害，可由实习单位和学校按照双方约定，参照《工伤保险条例》和本办法规定的标准，一次性发给相关费用。"在本书课题组的访谈中，劳动保障部门的负责人员也明确表示，目前到参加工伤保险的企业实习的大中专院校、技工学校、职业高中学生发生工伤事故的，劳动保障部门一般不进行工伤认定。上述法律规定和实践中不一致的做法显然不利于在校大学生实习权益的保障与救济。

(二)大学生在获得实习报酬方面缺乏劳动法的保障

应当看到，目前我国法律还没有将大学生纳入最低工资保障群体，也没有对实习工资作明确规定，只有部分省市出台了相关规定，如2000年北京出台了《北京地区普通高等学校学生勤工助学活动的规定》，明确："用人单位可与学生双方协商劳动报酬标准，但不应低于北京市规定的最低工资标准，且不得克扣学生的合法劳动报酬。"2003年上海出台的《上海市企业工资

---

① 张千帆.宪法学讲义[M].北京:北京大学出版社,2016:120-121.

② 黎建飞,欧阳晓娴.在校生实习权益的保护[J].中国大学生就业,2006(10):36-37.

支付办法》第十一条明确规定："劳动者与用人单位形成劳动关系后,在试用、实习期间提供了正常劳动,用人单位支付的工资不得低于本市规定的最低工资标准。"2010年广东省出台的《广东省高等学校学生实习与毕业生就业见习条例》亦规定:"学生顶岗实习期间,实习单位应当按照同岗位职工工资的一定比例向学生支付实习报酬,具体比例由地级以上市人民政府根据本地实际情况予以确定。"上述文件虽然明确规定大学生实习报酬不得低于当地最低工资标准,但缺乏统一标准和法律约束力。

（三）实习大学生在签订实习协议方面缺乏劳动法的保障

由于实习大学生与用人单位是否存在劳动关系一直有争议,从现实生活中解决此类纠纷,通常适用劳务关系和民商法有关规定,而不适用我国劳动法。在不少实际案例中,实习单位往往将学生称为"兼职工""临时工",既不是全日制用工也不是非全日制用工,因此,就可以不纳入劳动法的调整范围。从法律规定看,根据1995年《关于贯彻执行〈中华人民共和国劳动法〉若干问题的意见》第二条,"在校生利用业余时间勤工助学,不视为就业,未建立劳动关系,可以不签订劳动合同",由于缺乏劳动法的保护,实习生与实习单位通过平等协商自愿达成实习协议的难度是不言而喻的,因此,大量的实习学生难以获得实习协议。当然,实习的大学生应有维护自身权益的意识,在实习之前主动要求与实习单位签订实习协议,但是,在强势的用人单位面前,处于弱势地位的实习大学生显然是难以如愿以偿的。

（四）在实习的其他方面,同样缺乏法律的明确规定

以8小时工作制为例,我国法律规定企业对劳动者实行每天8小时、每周工作40小时标准工时制度。但由于在校大学生很难保证时间上的充足和连续,因此我国相关法律并没有关于实习期限的规定。各地纷纷出台了一些政策法规,保护实习工时这一特殊的工时制度。如江苏省《关于规范用人单位接纳中等职业类学校在校学生实习的意见》及山东省《就业促进条例》都规定实习学生的实习期限一般不得超过6个月。江苏省常州市出台的《关于规范企业执行工时制度和加班加点工资支付行为的意见》规定:"企业接纳高等学校、职业技术学校16周岁以上全日制在校学生实习的,应及时与学生所在学校签订实习协议,实习协议的内容应包括实习时间和工作班次。学校和企业安排学生实习时间一般不得超过一个学期,每周不超过30小时,每天不超过6小时,每周休息2天;不得安排学生夜班实习、加班实

习或超时劳动,确因工作需要临时加班的,需要经大学生本人同意,并通知其学校和监护人。"但"理想很丰满,现实很骨感",从调查的情况看,大学生在实习期间经常加班加点,且无合理报酬的情况仍是俯拾即是,因此,实习时限的权利保护仍难以真正落实。

三、民法保障的不足

从民法角度分析,实习大学生在实习中受到意外伤害,如果不能按照劳动案件来处理,那么按照民法的原则予以救济,在现实中其实是非常困难的。

（一）实习学生对举证责任难以承担

我国民法规定,一般情况下的民事侵权以过错责任为原则。2021年出台的《民法典》第七编"侵权责任"中第一千一百六十五条规定:"行为人因过错侵害他人民事权益,应当承担侵权责任。"第一千一百九十一条规定:"用人单位的工作人员因为执行工作任务造成他人损害的,由用人单位承担侵权责任。""侵害他人造成人身损害的,应当赔偿医疗费、护理费、交通费等为治疗康复支出的合理费用,以及因误工减少的收入。造成残疾的,还应当赔偿残疾生活辅助具费和残疾赔偿金。造成死亡的,还应当赔偿丧葬费和死亡赔偿金。"因此,实习生人身伤害事故应当适用过错责任原则,有关当事人应当根据其行为是否有过错,以及过错与事故后果之间的因果关系,承担相应的责任,在当事人都没有过错的情况下,可以适用公平责任原则为补充。如果用人单位没有尽到安全教育、危险警示或安全保护等方面的义务,致使大学生在劳动过程中受到人身损害,则用人单位具有过失,应对受害学生承担过错侵权责任;如果用人单位的工作人员或雇员在执行职务的过程中致大学生人身损害,则用人单位应承担赔偿责任。另外,学校也应承担相应的补充责任。

从举证责任角度来看,依据侵权法的过错责任原则和"谁主张,谁举证"的举证责任规则,请求损害赔偿的受害学生应当对实习单位、高校的过错进行举证,即作为劳动条件提供人、劳动工作安排指挥者和劳动成果获得者的实习单位,没有尽到安全教育、危险警示或安全保护等方面的义务,或是作为学生施教者、监管者和实习活动组织者的高校未能对学生恪守其应尽的管理和保护义务,致使学生实习过程中受到人身损害。然而,当实习单位、高校否认其过错责任的情况下要求处于弱势方的受害学生就实习单位、高校的过错进行举证是相当困难的。① 实习学生不但要证明用人单位存在过错,而且要举证损害事实与侵权行为之间的因果关系,加上校企推诿,导致学生在维权过程中,举证困难重重。

(二)学校与实习单位的责任划分较为困难

一般而言,绝大多数学生实习伤害事故的发生往往是实习单位和高校的共同过错所致,因而实习单位和高校应当对实习生承担连带的事故损害赔偿责任。在司法实践中,法院的判决也往往是要求实习单位和高校共同承担对受害学生的侵权赔偿责任。但是,由于法院的判决一般并不对共同连带责任做出清晰的分配(如有些判决就是判定为连带责任),实习单位与高校各方赔偿多少并不十分明确,导致现实中法院的判决往往无法及时执行。

同时,我国《民法典》第五百七十七条规定:"当事人一方不履行合同义务或者履行合同义务不符合约定条件的,应当承担继续履行、采取补救措施或赔偿损失等违约责任。"兼职实习大学生与用人单位签订的实习协议,如果明确约定了兼职实习大学生人身伤害赔偿事由,则可作为依据,要求用人单位承担违约责任。然而,我国法律亦规定,如果违约责任和侵权责任竞合,受害者只能选择其一进行追偿,这是由民法的补偿性和平衡性决定的。另外,最高人民法院《关于审理人身损害赔偿案件适用法律若干问题的解释》第一条规定了雇主责任,即雇员在从事雇佣活动中遭受人身损害,雇主应该承担赔偿责任来要求用人单位承担民事责任。用人单位与兼职实习大学生在一定程度上是事实劳动关系的"雇主"和"被雇用者"身份,理应承担雇主责任。但在现实生活中,用人单位很少与实习学生签订实习协议,往往只有口头约定而没有书面合同。一旦发生意外事故,根据民事诉讼法的一般举证原则"谁主张,谁举证",举证的责任就落到了实习大学生的头上。这样,对学生而言,维权就更加困难了。

四、其他法律保障的不足

深究起来,与大学生实习相关的法律部门还是挺多的,除前述法律外,还有行政法、刑法等,都与大学生实习权益保障有一定的关系。

---

① 尹晓敏.权利救济如何穿越实习之门——实习伤害事故中大学生权利救济的法律思考[J].高教探索,2009(3):128-132.

（一）行政法保障之不足

有学者指出,我国公立高等学校兼具行政主体和民事主体双重法律地位,其办学活动在现实生活中常常横跨"公法"与"私法"两重领域。显然,公立高等学校作为法律、法规授权的主体,依法履行法定职责,享有组织实施招收学生、开展教育教学、组织实习活动的权利,是可诉的行政主体。在某种程度上,其行为具有鲜明的公权力属性,其行使权力应当严格按照教育法和高等教育法的规定,受到国家法律法规和规章等规范性文件的约束,有利害关系的公民、法人对其行为不服的,可以依法提起行政诉讼。[①]

行政诉讼是经国家审判机关审查具体行政行为的合法性,由认为其合法利益受损的利害关系人依法提起,对国家行政机构或其他行使公共权力的组织发起诉讼的行为。[②] 行政诉讼是救济实习大学生教育权益的重要途径。在现实中,实习生的教育侵权纠纷的行政诉讼主要有以下两种。

1. 实习大学生起诉学校侵犯其受教育权

我国实习相关法律文件规定,如果学校实施了侵权行为,如组织学生实习,违反规定向实习学生收取费用;委托中介机构或者个人代为组织和管理实习;实习指导教师未按照有关条例规定履行指导、教育和管理职责;安排学生到夜总会、歌厅、洗浴中心等娱乐场所实习等,由教育行政主管部门处以警告、责令改正,对拒不改正或者因工作失误造成重大损失的,对直接负责的主管人员和其他直接责任人员给予处分。如果实习或见习单位实施了侵权行为,如未为实习学生、见习人员提供必要的实习、见习条件和安全健康的实习、见习环境;违法安排实习学生、见习人员超时实习、见习的;克扣、拖欠实习学生、见习人员的报酬、补助或者补贴的;未按照约定或者规定为实习学生、见习人员购买意外伤害保险的;其他侵害实习学生、见习人员合法权益的行为的,应由人力资源和社会保障部门处以警告、责令改正,并依法追究相关人员的责任。

2. 实习大学生起诉实习行政主管部门侵犯其受教育权

这一种类的行政诉讼多发生在教育行政机关或者经授权的行使教育行政管理权的机构滥用职权侵犯学生受教育权,或者教育行政机关怠于行使职权的不作为案件。教育、人力资源和社会保障部门、其他有关部门及其工

---

① 湛中乐.大学法治与权益保护［M］.北京:中国法制出版社,2011:88.

② 高家伟.教育行政法［M］.北京:北京大学出版社,2007:83.

作人员违反有关条例规定,在实习、见习工作中玩忽职守、滥用职权、徇私舞弊的,由上级机关或者其他有权机关责令改正,并对直接负责的主管人员和其他直接责任人员,依法给予处分;构成犯罪的,依法追究刑事责任。

但是,必须看到,当前我国教育行政救济机制很不健全,既缺乏违宪审查机制,也未形成稳定的司法救济机制,更缺乏完善的校内救济机制和行政救济机制;如教育行政复议有效性差,绝大多数行政复议案件维持原行政行为;教育行政诉讼的受案范围狭窄,大量的教育纠纷不能进入诉讼渠道;教育仲裁制度未能启动;教育申诉、行政复议、诉讼之间缺乏有效的衔接等等。① 这些都说明行政法救济之不力。

(二)刑事法律保障之不足

刑事责任作为最严厉的责任手段,是整个社会稳定的最后防线。违反教育法的责任适用,一般通过民事责任或行政责任就可解决,不过,对严重的违法行为触犯刑法的,则必须通过刑事责任的适用加以惩罚。② 我国刑法设立了两个与教育权益保障直接相关的罪名:第一百三十八条的教育设施重大安全事故罪和第四百一十八条的招收公务员、学生徇私舞弊罪。实践中,侵犯受教育权益所涉及的罪名还可能涉及侵犯公民人身权利的犯罪、侵犯财产犯罪、妨害社会管理秩序罪、贪污贿赂犯罪、其他渎职犯罪和危害公共安全罪等相关罪名。③ 同时,在我国教育法、义务教育法、教师法的法律责任条款中,都有相应的附属刑法规范。

我国实习大学生的合法权益应当受法律保护,任何侵犯实习生权益的行为都应当受到法律制裁。我国刑法所保护的劳动权利主要包括劳动自由权、劳动安全权、劳动卫生权、劳动报酬权,相关罪名则有强迫劳动罪,雇佣童工从事危重劳动罪、重大责任事故罪、重大劳动安全事故罪、工程重大安全事故罪、拒不支付劳动报酬罪等。此外,还有劳动领域监督管理责任人员实施的渎职侵权类犯罪,所触犯的罪名包括滥用职权罪、玩忽职守罪、贪污贿赂犯罪等;在劳动市场和劳动合同签订、履行过程中用人单位或雇主、中

---

① 申素平,等.从法制到法治——教育法治建设之路[M].上海:华东师范大学出版社,2018:286-287.

② 张勇.大学生实习及其权益保障的法律与政策[M].上海:上海人民出版社,2012:181.

③ 张勇.大学生实习及其权益保障的法律与政策[M].上海:上海人民出版社,2012:192-193.

介人员实施的诈骗罪、合同诈骗罪等。然而,在我国刑法中的生产、作业重大安全事故、重大责任事故、强令违章冒险作业、强迫职工劳动罪等劳动侵权罪名中,只涉及劳动者获得劳动安全和劳动卫生条件保护权、休息休假权等一些重要的劳动权利,并没有把涉及侵犯劳动平等权、劳动报酬权、休息休假权、社会保障权的违法犯罪都加以考虑,这不利于劳动者权益的保障,当然也不利于实习大学生劳动权益的保障。

与西方发达国家立法比较,尽管我国劳动刑事立法从整体上已经取得长足的进步,但仍然存在缺陷和不足。

1.劳动权保护不具独立性

在我国刑法涉及劳动权益保障的罪名中,除了强迫劳动罪、拒不支付劳动报酬罪等少数罪名之外,大部分都不是独立加以保护,而是将劳动权作为一种依附于公共安全、金融管理秩序和人身权利的从权利予以保护。劳动权基本上不具有独立的地位,更谈不上以专门章节予以独立保护。而在劳动权法保护完善的国家和地区中,劳动权均具有独立地位,而我国的劳动刑事立法与之差距仍然比较大。

2.不少劳动罪名构成要件设定也不合理

许多劳动侵权犯罪如强迫劳动罪,雇佣童工从事危重劳动罪及打击报复会计、统计人员罪等均规定了"情节严重"或"情节恶劣"作为其客观构成要件。实践中,劳动侵权行为往往直到相当严重程度时,才进入刑法视野,这未免太过迟缓。从惩治劳动侵权犯罪的现实需要来看,刑法不仅对造成损害后果的劳动侵权行为进行刑事处罚,对可能给劳动者人身安全、健康造成危险的行为也要予以刑事责任的追究。

3.劳动犯罪的法定刑偏轻且刑种单一

我国刑法虽然刑罚偏重,但是对于危害劳动者权益犯罪的量刑却并不高,缺少财产刑的适用。如根据最高人民法院、最高人民检察院《关于办理危害矿山生产安全刑事案件具体应用法律若干问题的解释》第三条的规定,在矿山生产中,行为人犯重大责任事故罪、强令违章冒险作业罪、重大劳动安全事故罪之一,并造成死亡 1 人以上,或者重伤 3 人以上,或者直接经济损失 100 万元以上的严重后果,将获不超过 3 年有期徒刑的刑罚。而《刑法》第二百三十三条过失致人死亡罪的法定最高刑是 7 年有期徒刑,只有情节较轻时,才处以 3 年以下有期徒刑。

与国外立法相比,我国对于涉及劳动事故的业务过失犯罪法定刑轻于普通过失犯罪的法定刑的刑罚设定模式,显然是不合理的。针对以上问题,刑法应加大对劳动用工违法犯罪的惩治力度,尤其应将包括大学生在内的弱势群体劳动权益纳入刑法保护的范围。在罪名完善方面,可充分借鉴国外先进立法。如法国《刑法典》第 L231 条、第 L152-11 条涉及公民平等权、劳动安全生产保护、妨害工会活动等内容;德国《刑法典》在有关劳动安全、社会保障、监管主体等方面也作了全面规定,如该法典第 266 条专门设立了"截留和侵占劳动报酬罪"的规定,这是我国刑法所欠缺的。① 可考虑在我国刑法中增设虐待用工罪、欺诈招工罪、隐瞒重大事故隐患罪、职业病扩散罪、恶意拖欠克扣工资罪、拒缴职工社会保险金罪、妨碍工会活动罪等,以此完善大学生实习权益的刑法保障。

---

① 张勇.大学生实习及其权益保障的法律与政策[M].上海:上海人民出版社,2012:193-194.

第五章

发达国家大学生实习权益法律保障的经验借鉴

他山之石,可以攻玉。大学生进入企业实习是一个世界性现象。西方发达国家,如美国、英国、法国、德国、日本等,其高等教育与市场经济经过上百年的发展,在大学生实习权益保障方面已经形成较为完善的制度体系,可以为我国所借鉴。因此考察美国等发达国家大学生实习权益保障的主要措施,分析总结发达国家的成功经验,有助于改进我国大学生实习权益保障体系。

第一节 发达国家关于大学生实习权利保障的相关举措

一、美国

在美国,大学生实习(intership)是非常普遍的行为,不仅私人企业接收实习生,政府机构也接收,甚至白宫和国会山都有为数不少的实习生。① 美国大学生实习的类型主要有外展实习、本科生科研、领导发展项目、兼职和暑期工作、现场学习等。② 按照薪酬的有无,实习也分为有薪实习和无薪实习。随着时代的发展,美国大学生实习人数快速增长,据统计,1981 年美国大学实习生的比例是 1/36,10 年后这一比例上升至 1/3;2008 年纽约《时代》杂志报道,83% 即将毕业的大学生参加了实习;美国一些专家估计,这些实习人群中,大约有一半的人属于无薪实习生。③ 雇佣实习生对企业来说存在相应的好处。但是,在就业市场中,庞大的实习生数量及其身份的特殊性,尤其是无薪实习生数量的增多,使得如何保障实习生的权益并且激励组织

---

① 林晓云.美国劳动雇佣法[M].北京:法律出版社,2007:14-15.
② 肖鹏燕.美英大学生实习的就业权益保护研究[J].中国高教研究,2017(1):77-88.
③ Curiale J L. America's New Glass Ceiling:Unpaid Internships, the Fair Labor Standards Act, and the Urgent Need for Change[J]. Hastings L J,2009(61):1531.

提供实习生岗位等问题也变得突出和紧迫。

(一)美国有相对完善的劳工法律

美国有系统的法律法规保障雇员的就业权益。主要的相关法律包括1938年的《公平劳动标准法案》(The Fair Labor Standards Act,简称FL-SA),这部法律规定了40小时为每周基本工时,并要求对超过40小时的加班时间支付加班补偿。1963年《平等工资法案》成为一项普遍规则,该法要求:如果男、女雇员在同等的工作条件下工作,并且技术水平、付出的努力和承担的责任相当,那么雇主应当向他们支付同等的工资。其他还有:《沃尔什—希利法案》《戴维斯—佩根法案》《科普兰法案》《合同工作时间与安全标准法案》以及1965年的《服务契约法案》。[①] 它们都包含最低工资、附加福利、加班补偿的标准以及工资给付的方法等规则。该法规系统中的各部法律是互为补充的,而不是各自排他适用的。因此,当州立法中关于工资、工时的法律规定了比联邦法律范围更广或更优越的权利时,合同的订立者除了要遵循《公平劳动标准法》外,还应当满足州法中关于工资、工时的要求。根据相关法案,劳动者包括实习生、见习者和全日制学生等。[②] 除非有特殊约定,否则实习学生与普通员工一样,都享有基本的工作权利。

(二)实习生的主要权利能得到较好保障

在美国,实习并不是强制性的必选环节,学生可以根据自己的需要选择是否去实习。实习一般分为"带薪实习"与"无薪实习"两种。据2012年《纽约时报》的一篇报道,由于面临几十年来最糟糕的就业状况,美国当时的大学毕业生不得不接受没有薪水的实习工作,以寻求在实习单位能找到就业机会,这种现象越来越普遍。过去大学毕业生在非营利机构和电影界实习一般都没有报酬,现在已扩展到时装行业、出版行业、推销机构、公关公司和职业介绍机构,甚至某些法律事务所。而且这些实习生往往干的是体力活,学不到知识,比如,替在职职工买午餐、打扫卫生等;报道还说,估计每年实习的大学毕业生有100万人,其中近半数是无薪实习。[③] 有些热门岗位甚至还需要实习生"付费实习"。在美国,实习项目是否在营利性组织进行至关重要,一般来说,在非营利性组织和政府公共部门的实习不必付钱。因此,

---

① 林晓云.美国劳动雇佣法[M].北京:法律出版社,2007:20-21.
② 马万里.试论实习生劳动权益的法律保障问题[J].滁州学院学报,2013(6):51-57.
③ 徐长银.美国高校毕业生就业仍严峻低薪工作普遍[EB/OL].[2022-03-21].http://goabroad.sohu.com/20120716/n348255747.shtml.

美国联邦劳工部发布的无薪实习标准有前提，即在营利性组织进行的实习项目。①

美国劳工部法规规定，如果实习生没有工资，其设置必须和职业教育类似，雇主不得要求实习生做有薪水员工方能从事的工作。但是公司不一定都守法，有些甚至被前实习生控告违反劳工法。美国联邦劳工部提出了测试是否属于无薪实习的六大标准：(1)在此类岗位中，即使实习生实际运用了雇主提供的一切设施，但该实习生从事的工作内容仍然与培训相似，因为这种培训或可在教学环境中进行。(2)这一岗位的工作经验主要是为了实习生的福祉。(3)实习生不能够取代正式员工，但其工作在现有员工的密切指导下进行。(4)提供培训的雇主不能够从实习生项目中获得即时的利益，有时，实习项目还可能会对其运营带来阻碍。(5)实习项目结束后，实习生未必会获得工作。(6)雇主和实习生形成共识，即实习生在实习项目中所花费的时间并不会给予工资。如果上面六大标准均被满足，这一就业关系就可以是无薪的。否则，就要接受《公平劳动标准法案》《最低工资法案》等的保护，给予实习学生不低于最低工资标准的75%。②

此外，美国还注重通过保险途径保护实习学生权利。一般情况下，雇主应当对实习生提供职工赔偿保险（workers' compensation insurance，简称WCI），部分州对志愿者（volunteer）豁免此义务；如果一个雇主购买了相应的保险以福利形式向员工提供，则其必须确保其为实习生做的决定符合保险政策的相关条件。③ 美国利用其成熟的保险体系，承担实习学生实习过程中的风险，通过学校责任险和学生意外伤害保险相结合的方式分散风险。美国学校要求所有学生购买学生医保（student insurance，1000～3000美金不等，常见有Aetna、United Healthcare、Blue Shield等）；在美国，优质的医疗保险一般都会包括部分医生诊所看病检查、住院、手术治疗以及处方药的费用；一旦发生重大疾患或者严重外伤，保险公司可以支付绝大多数的医疗

① 肖鹏燕.实习生劳动关系的认定——基于美国的实践[J].中国人力资源开发，2016(18)：82-86.

② U. S. Department of Labor Wage and Hour Division. Factsheet ＃71:Intership Programs Under The Fair Labor Standard Act[EB/OL]. (2015-04)[2022-01-23]. http://www.csun.edu/sites/default/files/internship-programs-fair-laborstandards-act.pdf.

③ 肖鹏燕.美国保护有薪大学实习生权益的经验及其启示[J].中国人事科学，2018(7)：49-55.

费用,使个人避免巨额的医疗费用支出。①

（三）高校有职责监管学生实习

美国几乎每所大学都开设了学生就业指导中心,帮助那些有意通过实习加深专业理解、增长见识、了解社会的学生,寻找实习、就业机会。中心的主要工作是举办讲座,请老师、校友、雇主或有潜力成为雇主的人讲解面试技巧,有些校友、雇主还可能带来就业、实习岗位。中心的另一项重要工作是指导学生撰写简历,有时还参与学生简历的设计和修改。很多大学都与政府机构或私营企业存在合作关系,从而可以送实习生至相关机构工作数月至一年不等。②在美国,根据劳动法案,实习单位必须与实习生签订实习协议,且对实习内容进行详细的规定,包括工作内容、实习时限、实习工资以及实习报酬发放方式等。

（四）政府、中介组织等积极参与

美国政府积极介入大学生实习,通过财政扶持、税收减免等方式支持大学生实习,如美国政府于 2009 年实施的青年暑期实习计划。为保护大学生的公平就业机会,美国联邦政府成立了公平就业委员会和联邦合约服从计划局。公平就业委员会（Equal Employment Opportunity Council,简称 EE-OC）有权制定有关公平就业的政策,有权通过和执行相关的反就业歧视的立法。在美国境内,EEOC 在地方有 50 个办公机构。通过这些机构,EEOC 发挥其执行、教育、技术协助等职能。为了更好地履行教育和技术指导的职能,EEOC 大多免费向公众提供一些涉及公平就业权的信息和服务,同时向雇主和雇员进行公平就业权教育,帮助他们了解工作的权利和义务,为保障公平就业权的实现起了很大的作用。

此外,美国政府注重在法律层面保障实习生权益,即使无薪实习无法纳入 FLSA（公平劳动标准法,Fair Labor Standards Act）框架下进行保护,也会从公民权益（civil right）方面予以重视。美国的一些研究表明,无薪实习生相较其他正式员工而言,受到职场骚扰的概率更大。③ 美国已经有 4 个地

---

① 跃工场留学.拒绝吃土! 美国留学医保全攻略,省钱的秘籍都在这里了[EB/OL].
[2022-03-21]. https://baijiahao. baidu. com/s? id ＝ 1713484853518706141&wfr ＝
spider&for＝pc.

② 肖鹏燕.实习生劳动关系的认定——基于美国的实践[J].中国人力资源开发,2016
(18):82-83.

③ Curiale J L. America's New Glass Ceiling:Unpaid Internships, the Fair Labor
Standards Act, and the UrgentNeed for Change[J]. Hastings L J,2009(61):1531.

方颁布了相应的法案,纽约市是第一个为无薪实习生设置权益保障法律的城市,其主要参考了俄勒冈州保障无薪实习生权益的法律条款。2014 年 4 月,纽约州通过了《纽约城市市民权益法》(New York City Human Rights Law)修订案(后文简称修订案)。修订案扩大了市民权益的覆盖人群,将无薪实习生纳入其中,规定无薪实习生享受与雇员同等的反歧视和反性骚扰的权益。① 议案新增的部分定义了实习生以及实习生的反歧视保护条款,要求雇主不能歧视实习生或者有可能成为实习生的人,限制的方面包括:雇佣、解雇进行歧视或者在就业条件、就业过程中进行歧视,除此之外,在发布招聘实习生广告,或者申请调查时均不能予以歧视。同样对于孕妇实习生也不能进行解雇,禁止雇主性骚扰实习生。总而言之,在反歧视方面,无论是无薪实习生还是一般的雇员,该法条都要求雇主履行一样的义务。同时,美国政府部门还主动提供实习机会,发放实习岗位,以此鼓励企业单位接收实习生。在美国,白宫、五角大楼等重要机构,都有数以百计的实习生出入。

此外,美国还有很多社会组织或机构都积极参与就业市场调研和需求预测,对大学生实习与就业给予充分的关注。如美国大学生就业的最大服务机构——全美大学与雇主协会,会通过市场调研获得第一手数据,对社会需求作出预测,并发布相关数据,从而引导大学生向有利于自身就业的正确方向发展,每年为 100 多万大学生提供实习与就业服务。② 还有些营利性机构也参与进来,学生通过支付一定的费用,可以获得高质量的实习岗位,如华盛顿实习项目专门负责为大学生安排实习,并向每个学生收取 3400 美元的中介费用。③

二、德国

德国普遍重视大学生在校期间的实习和实践,强调面向应用、面向实际、面向未来,培养掌握科学方法,擅长独立解决实际问题的应用型人才。根据德国联邦政府与各州于 2006 年 5 月签订的《高校公约》,原先在全德具

---

① Jason Finkelstein, Randi W Kochman. Attention New York City employers: new unpaid intern protections to take effect June 2014[EB/OL]. (2014-06-13)[2022-03-21]. http://www.jdsupra.com/legalnews/attention-new-york-cityemployers-new-u-49706/.

② 王如君.用高技能拼出光彩人生[EB/OL].[2022-03-21]. http://news.youth.cn/jsxw/201707/t20170713_10281602.htm.

③ 王如君.用高技能拼出光彩人生[EB/OL].[2022-03-21].中国青年网. http://news.youth.cn/jsxw/201707/t20170713_10281602.htm.

有普适性的《高校总法》被取消,联邦教研部只拥有对高校学术与科研的宏观调控方面的管辖权,包括教学在内的其他权限则下放到各州。[①] 因此,关于大学生的实习,德国既有全国性的法律规范,也有各州的法律。对那些实践性和应用性较强的专业的大学生(包括职校生)来说,在校期间的实习是一种义务,相关院系会制定专门的实习或实习生规定及守则;其他的实习则被视为志愿实习。[②]

(一)德国制定了较为完善的劳动法律

德国在职业教育的法律制定中充分表现了大陆法系"成文法"的特色,构建了以《联邦职业教育法》[③]为基本法,以《企业基本法》《劳动促进法》《青少年劳动保护法》等为基干,《实习条例》《手工业条例》《工商企业实训教师资格条例》《考试条例》等规章和各州的相关法律组成的职业教育法律体系,完善了"双元制"职业教育模式的管理和运行体制[④]。这些法律规定在企业、政府、高校等大学生实习时各相关主体的责任和义务,大学生实习的管理原则与方法,以及发生意外伤害事故的处理原则与措施。如《联邦职业教育法》明确规定,实习必须签订教育合同,并明确实习学生的劳动报酬和休息日安排等。[⑤]

此外,德国还制定了《社会法典》《事故保险法》,将实习学生视为劳动者,纳入工伤保险的范围。[⑥] 在德国,强制保险被称为义务保险,即保险关系不以个人的意志为转移,也不取决于是否缴纳保险费或是否申报保险,只要从事雇佣劳动或等同雇佣劳动的事实存在就具有保险关系;依据法律参加保险的人员主要包括从事雇佣劳动的就业者以及性质类似的劳动者,还包括正在接受职业教育的学员、求职人员,正在接受职业康复的人员等。[⑦]

[①] 陈仁霞.关于德国大学生实习情况的调研[J].世界教育信息,2009(3):79-80.

[②] 陈仁霞.关于德国大学生实习情况的调研[J].世界教育信息,2009(3):79-80.

[③] 刘立新.德国职业教育法(BBiG)[J].张凯,译.中国职业技术教育,2020(4):16-42.

[④] 德国的双元制职业教育是一种国家立法支持、校企合作共建的办学制度,即由企业和学校共同担负培养人才的任务,按照企业对人才的要求组织教学和岗位培训。学生具有双重身份。在企业,他们是学徒。受训者初中毕业后与所选择的企业签订的培训合同中,明确规定其在培训期间应履行学徒的权利和义务。而在职业学校,他们是学生,继续接受义务教育中最后3年教育。在德国,约有50%的学生会选择职业学校接受高等教育。参见:伍慧萍.当前德国职业教育改革维度及其发展现状[J].比较教育研究,2021(10):38-46.

[⑤] 刘立新.德国职业教育法(BBiG)[J].张凯,译.中国职业技术教育,2020(4):16-42.

[⑥] 欧运祥.劳动法热点问题研究[M].北京:法律出版社,2014:244.

[⑦] 蔡和平.中德工伤保险法律制度比较研究[D].北京:北京大学,2004.

在德国，实习主要分为义务实习和自愿实习。义务实习主要针对工程、经济、管理、社会、外文、法学、医学和师范等专业，是大学学习的组成部分，必须完成并得到考试委员会认可，否则，学生不能毕业或获得以律师、医生和中小学教师为职业目标的国家考试资格。据了解，德国综合性大学规定义务实习的学位课程占总数的 10%～20%，而在应用技术大学则达到 90% 以上。① 值得一提的是，随着博罗尼亚进程的不断推进，目前德国传统的单一硕士学位课程中，已有 67% 完成了向学士、硕士两级学制的转换，其中一个重要内容就是学位课程设置的模块化。义务实习在课程设置中的地位一目了然。如柏林洪堡大学艺术与绘画史专业 2008—2009 年冬季入学的本科生必须修满 180 个学分，其中实习占 30 个学分，占学分总数的 1/6。关于义务实习，实习规定或守则对服务、管理、期限、场所报酬等都有具体描述。其他非强制性的实习主要是自愿实习，由学生自己决定是否需要去实习。

(二)高校对实习的管理与服务职责

德国高校、政府、企业、研究机构和社会普遍注重对大学生实习进行指导、咨询和服务，虽然德国大学生实习的总体特点是社会化、市场化，强调的是学生自我负责。很多高校都设置了形式各异的专门机构，如实习办公室、实习处、大学生就业服务中心等，并保证必要人员编制和经费投入。大学实习生的管理由大学内的实习办公室或大学生就业服务中心与实习单位共同进行。如学生计划实习，一般得提前半年向学校提出"休学术假"的申请，并及时申请实习。每次在同一单位的实习至少 4 周，否则很难被受理。一般来说，实习单位会与实习生签订实习协议，规定双方的权利和义务，对实习生像对正式员工一样严格要求和管理。实习过程中，学生必须填写学校规定的实习报告或实习日记，记录详细的实习情况。实习结束后，实习单位会为其出具实习证明或实习生证书，对学生的勤、能、绩等方面给出客观的评价。实习协议、实习证明或实习生证书一般由当地工商行会统一印制，学生实习结束后要交学校主管部门存档备案，以便校方日后自动或经学生事先申请在其毕业证书上注明关于实习的信息。

义务实习的期限因学校、专业而异。综合性大学的义务实习(师范专业除外)一般为 2～6 个月，应用性大学，特别是应用技术大学的则更长。应用

---

① 陈仁霞.关于德国大学生实习情况的调研[J].世界教育信息,2009(3):79-80.

科技大学的四年学制中包括两个实习学期,一般安排在第三和第六学期进行专业认识实习和岗位训练实习等。工程类的义务实习分为基础实习和专业实习两部分。比如,柏林自由大学机械制造与生产技术学院的基础实习为期 6 周,必须在中期考试最后一门考试之前完成;20 周的专业实习则在毕业考试最后 2 门考试之前结束。少数专业要求学生在入学前就要完成部分实习,有的专业,如机械制造、市场营销等甚至把实习作为新生录取的必备条件,例如,斯图加特大学航空航天学院就要求新生入学前完成至少 8 周的实习。①

(三)实习单位密切配合实习工作

德国高校与企业的关系较密切:企业是学校生存的依靠、发展的源泉;学校则是企业发展的人才库、技术革新的思想库。② 这一关系在应用科技大学体现得尤其明显。应用科技大学一般建在著名大企业的周围,开设的专业适应邻近企业的需求,并根据企业产品结构调整和转型作相应的调整和补充。德国大型企业一般都设有实训生产岗位和企业培训中心,中小型企业则提供实际的生产岗位,为实践教学提供切实可靠的保障。企业界常年为大学生提供实习基地,并且负责实习生的培训与考核。学生可以利用企业的资料和工作实践撰写毕业论文。接受大学实习生的企业一旦被工商行会认证为专业培训机构,还可享受减免税收政策。根据专业情况,实习可在企业、野外、科研单位和校内研究所进行。

在报酬方面,德国大学生实习不以获取报酬为前提条件,而以检验所学知识、积累实践经验为主要目的。因此,知名企业和机构所提供的实习机会往往是其首选。即便有报酬,一般也不会很高。根据德国《联邦培训促进法》,符合条件的学生可到居住地的劳动局申请实习补贴。另外,欧盟框架内的达·芬奇项目和苏格拉底项目也为义务实习生提供部分实习补贴或奖学金。

(四)政府机构提供相关服务

德国政府首先在政策层面,不断推进职业教育,出台诸多有利制度,调动各方积极性。如 2020 年《职业教育法》将《国家资格框架》中规定的内容以头衔和称谓的形式明确体现,突出职业教育和高等教育的可比性,具体认

---

① 陈仁霞.关于德国大学生实习情况的调研[J].世界教育信息,2009(3):79-80.
② 魏保立,徐坚.德国应用科技大学校企合作的启示[J].中国电力教育,2013(17):7-8.

可了传统"师傅"资格与大学学士之间、"师傅＋"资格与大学硕士之间的同等地位,由此提升了高等职业教育的"含金量"和吸引力。① 此外,为了促进企业积极参与大学生实习工作,德国政府出台了许多优惠政策,包括各种税收政策优惠:一是企业用于教育的所有费用都计入成本。二是政府向小企业提供的职业培训给予一定数额的补贴。一般情况下,企业可获得占其净培训费用50％～80％的培训补助:如果所培训的职业符合发展趋势时,企业可获得100％的培训补助。三是政府提供职业培训所需的人员费和物质材料会费。四是政府对职业培训机构的建筑投资和设备投资给予补贴。② 而且,德国学徒工留用的概率高达75％以上,而且任职年限普遍在10.5年以上,这使得企业有很大的动力投入实习工作。③

德国联邦和各州的各级劳动局下设的大学生职业指导处和信息中心,以及各类官方、半官方和民间实习介绍机构、信息中心、网上数据库和交易所等,也为大学生实习提供便捷的咨询和服务。由此,各方力量构建了一个全德通行的网络,为大学生实习提供了一个便利的平台。

三、英国

英国高校大学生实习,指的是大学生在修读学位课程期间,为某一雇主进行有偿或无偿工作。其主体是学生和高校,主要负责方是学校,学生需要向校方递交其工作评估报告。英国政府、高校、学生、企业等都较为重视大学生实习工作。英国的大学生实习工作主要有以下特点。

(一)政府高度重视

英国政府一直注重高校大学生的实习制度建设,1997年迪林报告(Dearing Report)建议所有接受高等教育的学生都应在毕业前具备一定的工作经验。2003年,英国政府推出了"知识转移伙伴计划"(Knowledge Transfer Partnerships,简称KTP);2009年,受国际金融危机影响,英国政府针对高校毕业生就业形势严峻的情况,开始推行"国家实习计划"(National Intern-

① 伍慧萍.当前德国职业教育改革维度及其发展现状[J].比较教育研究,2021(10):38-46.

② 冯旭芳,李海宗.德国企业参与职业教育的动因及其对我国的启示[J].教育探索,2009(1):133-134.

③ 冯旭芳,李海宗.德国企业参与职业教育的动因及其对我国的启示[J].教育探索,2009(1):133-134.

ship Scheme),并将其作为英国高等教育的必修课程。① 这些计划通过政府的资金和政策支持,鼓励企业和公共机构为大学毕业生提供带薪实习的机会,参与国家实习计划的毕业生可获得3个月带薪工作机会,学生的工作月薪可以低于国家最低工资标准,但仍然略高于政府给予学生的助学金和助学贷款的总和。②

（二）教育与劳动法律较为完善

据劳动部劳动科学研究所研究员张再平在其论著中介绍,在法律体系上,英国乃是典型的普通法(Commen Law)国家;经过多年的劳动立法,目前已形成了以成文法(Statute)为主、判例为辅的格局,一个内容系统详尽的成文法体系调整着劳资关系的各个方面。如同在英国法律的其他领域一样,普通法仍有其很大的影响力。表现之一是,在劳资关系某些领域(如劳动合同法),仍然主要由普通法调整,成文法只起补充作用;表现之二是,在已有成文法调整的情况下,法院判例仍被广泛援引,用来具体理解和阐释法律条文的依据。③ 此外,英国劳动法主要包括《同酬法(1970)》《劳动卫生与安全法(1974)》《性别歧视法(1975)》《职业保护(强化)法(1978)》《工会改革与职业权利法(1993)》《工会与劳资关系法(1992)》等,通过这些法律,将大学实习生纳入劳动者范围,使得英国大学生实习权益得到了较好的保障。④ 此外,1988年英国的《教育改革法》对职业技术教育进行了明确规定,要求采取校内教学与企业实习相结合的方式,培养社会急需的技术人才。⑤

在英国,处理劳动争议的机构主要有"咨询、调解和仲裁处"(ACAS)、产业法庭和就业上诉法庭。这些机构性质上不同的是,ACAS属半官方性质,受制于英国就业部;后两个机构属司法系统。但它们又都具有浓厚的三方性(不同于国际劳工组织的"三方性")色彩,并且都对当事人提供免费法律服务。这些制度设计有助于减少诉讼程序,及时解决纠纷。

（三）大学生实习权益能够得到较好保障

在英国,通常来说,实习生的就业状态可以分成6类,其对应的就业法

① 徐国正,张坤,曹璐.中英高校大学生实习制度的比较与启示[J].大学教育科学,2017(6):106-110.
② 徐国正,张坤,曹璐.中英高校大学生实习制度的比较与启示[J].大学教育科学,2017(6):106-110.
③ 张再平.英国劳动法及其体系[J].中国劳动科学,1996(1):42-46.
④ 张再平.英国劳动法及其体系[J].中国劳动科学,1996(1):42-46.
⑤ 吴式颖.外国教育史教程[M].北京:人民教育出版社,1999:350-351.

律保护的框架也不同，有些不受最低工资法的保护，有些则可享受多项就业法律规定的权限。这6类包括：(1)工作者；(2)课程规定的实习课；(3)校内实习；(4)志愿者工作；(5)影子式工作(work shadowing)；(6)雇员类实习。对实习学生的就业关系是否受相关就业法律法规保护，需要根据其就业状态进行区分，英国的就业法庭(在北爱尔兰称为工业法庭)可以对就业关系作最后的判断(基于就业关系)，另外，英国税务海关总署也会对就业关系进行认定。①

1. 作为工作者的实习生的法定权益与责任

一般实习生如果处于工作者的就业状态，其担负的责任有：(1)按照合同或者安排进行工作或提供服务；(2)他们的报酬是金钱或利益，例如未来工作的劳动合同；(3)拥有有限的权限将工作分包出去(以分包合同形式)；(4)无论何种情况都得为雇主工作；(5)雇主的有效期为合同期内或者确定的时间内等。② 在就业法律保护框架下，作为工作者可以享受以下方面的权利：(1)受国家最低工资法案保护；(2)免受非法降薪的保护；(3)法定最低水平的带薪休假权利；(4)法定最低时间长度的工作中间休息权限；(5)平均每周工作时间不超过48小时的权限，但他们也有选择不需要此项保护的权限；(6)免受非法歧视的保护；(7)对一些工作场所的错误行为(违反公共利益或者损害其他人利益的行为)进行揭露的保护；(8)进行兼职工作而免受不友好对待的权限。此外，工作者同样享受以下方面的权利：法定的病假福利；法定的生育假福利；法定的父亲假福利；法定的收养孩子假的福利；共同育婴的福利。③

总之，实习生一旦被认定为"工作者"，则其受英国最低工资法保护。雇主需给实习生支付最低工资；除非口头上或者书面上表明这份工作关系不适用于最低工资法规范，或者双方达成书面协议认可实习生不是一个工作者，而是一名志愿者。另外，如果该实习生被承诺可以获得未来的一份工作合同，则该实习生被认为是一名工作者且受最低工资法保护。

---

① 肖鹏燕.美英大学生实习的就业权益保护研究[J].中国高教研究,2017(1):77-88.

② Service and information of departments and policy of Gov. UK. Employment rights and pay for interns[EB/OL].[2022-03-21].https://www.gov.uk/employment-status/worker.

③ 张再平.英国劳动法及其体系[J].中国劳动科学,1996(1):42-46.

2.课程规定的实习课与校内实习①

此类实习是课程的组成部分,一般分成两类:(1)学生实习。作为继续教育或者高等教育的一部分的课程,一般实习的年限低于一年,此类学生实习不受最低工资法案的保护。(2)学校工作实习。此类实习是指在义务教育阶段进行工作体验,一般实习生的年龄低于16岁,也不受最低工资法的规范。

3.志愿者工作②

志愿者不享有工作者的权利。但一般用人单位会同志愿者签订相应的协议,规定相应的权利,比如:(1)志愿者将会受到的监督和指导;(2)志愿者将受到的培训;(3)是否享受用人单位的保险或者社会保险;(4)健康和安全问题;(5)可以享受用人单位的任何其他福利。

4.影子式工作③

如果实习生只是跟着工作人员进行观察学习而不具体执行相应的工作,则此类实习生的工作也不受最低工资法保护。

5.雇员类实习④

如果实习生为雇主从事规范的有薪工作,这类实习生可算作雇员,并享受雇员的所有权利。判断是不是雇员的一个主要标志是,实习生是否同雇主签订了就业合同。一个人在就业法律中属于雇员但可能在税法法律体系中处于不同的种类。所有的雇员都是工作者,但是雇员拥有额外的权利和责任。雇员享受的权利包括:(1)法定的病假福利;(2)法定的生育、哺乳、收养和共同育婴的假期和福利;(3)就业关系结束之前的最短通知时间;(4)免

---

① Service and information of departments and policy of Gov. UK. Employment rights and pay for interns[EB/OL].[2022-03-21].https://www.gov.uk/employment-rightsfor-interns.

② Service and information of departments and policy of Gov. UK. Employment rights and pay for interns[EB/OL].[2022-03-22].https://www.gov.uk/employment-rightsfor-interns.

③ Service and information of departments and policy of Gov. UK. Employment rights and pay for interns[EB/OL].[2022-03-22].https://www.gov.uk/employment-rightsfor-interns.

④ Service and information of departments and policy of Gov. UK Employment rights and pay for interns[EB/OL].[2022-03-21].https://www.gov.uk/employment-status/employee.

受不公平解雇的权利；(5)要求弹性工作的权限；(6)紧急事件发生的离开权限；(7)法定的裁员福利。

(四)高校与企业等都积极支持大学生实习

在英国高校实习制度中，学校是主要负责方，承担着主动与企业深度合作的责任。英国高校将大学生实习计划作为高等教育课程必要的组成部分，贯穿于大学教育的全过程，学生实习时间安排较为合理。众多知名高校通过交替课程和实习项目，与当地企业开展了深度的校企合作，帮助其学生学以致用，积累工作经验。如布里斯托尔(Bristol)大学的中小型企业和非营利组织实习计划；西澳布里斯托尔(UWE Bristol)大学的暑期学生实习计划、绿色实习计划和企业实习计划等。康迪泰克公司与纽卡斯尔(Newcastle)大学则合作开设领导管理学位课程，与公司的"接班人计划"对接，该项目学生"结课率"达 100%。英国大学每年均有大量毕业生通过各式各样的实习计划找到工作，凸显了实习计划的重要作用。[①]

在英国，公共机构、慈善机构和经济部门都要求必须接受大学生实习，企业界也乐于为大学生提供实习机会并积极雇用实习学生。[②] 据曼彻斯特大学和曼彻斯特理工大学的调查显示：参与实习计划的公司中，有 80% 的雇主招募了在本公司或机构实习的大学生。类似调查显示，参与实习计划的学生毕业半年后的就业率(78%)高于其他应届毕业生(71%)，失业率(8%)低于其他应届毕业生(9%)。以工程设计毕业生为例，参与实习计划的学生的就业率为 74.6%，而其他应届毕业生的就业率仅为 67.8%。[③]

四、法国

为便于学生更好地融入社会，法国政府鼓励学生在学习期间通过实习进入职业环境。法国学生实习年纪范围为 16～29 岁，但最早可从初中四年级起进入企业、工厂等社会机构实践，进行初步的职场探索。[④] 根据法国《教育法》(Code de L'étucation)D332-14 的规定："为培养学生对技术、经济和职

---

① 徐国正,张坤,曹璐.中英高校大学生实习制度的比较与启示[J].大学教育科学,2017(6):106-110.

② 徐银香,张兄武.责任共担视角下大学生实习权及其权益保障研究[M].南京:南京大学出版社,2020:120-121.

③ 徐国正,张坤,曹璐.中英高校大学生实习制度的比较与启示[J].大学教育科学,2017(6):106-110.

④ 王智超,张颖.法国学生实习制度初探[J].法国教育通讯,2019(4):1-5.

业环境的了解,特别是在导向教育方面,学校可以根据《劳动法》(Code du travail)的规定,组织学生到企业、协会、行政机构、公共管理部门或地方政府进行信息访问和开展观察课程。"①作为典型的大陆法系国家,法国较为注重以成文法来规范大学生实习工作,具体包括以下方面。

(一)实习相关法律较为完善

法国为了保障实习生的权益,专门制定了《实习生法案》。2014 年,法国国民议会表决通过由左派社会党议员提出的《新实习生法案》,旨在维护法国每年 120 万大学和高中实习生的权益,并防止企业通过过度招募实习生来减少正常雇员从而规避社会责任的行为。② 新法案将实习学生视为特殊的劳动者,对实习生劳动时间、薪资待遇等条款进行了修订,以维护学生实习权益。同时,新法案对企业招募实习生规模,加强企业劳动监管等亦提出改革意见,确保企业履行好社会义务,承担起社会责任。新法案主要做出以下修订。

第一,限制实习生招募规模。新法案对企业招募的实习生数量进行了严格限制,要求大型企业每年雇佣的实习生人数不得超过员工总数的 10%,中小企业实习生的比例被要求降到更低。同时,学生在企业的实习时间不得超过 6 个月,防止企业以学生替代正式员工。

第二,提高实习生待遇。关于工作时间,新法案要求实习生的每周工时不得多于企业正式员工的劳动时间,实习期限超过两个月的实习生有权享受带薪休假、事假和产假。同时,新法案明确要求企业不得安排实习生从事危险工种。关于薪资酬劳,原来多数企业仅向雇佣期超过两个月的实习生支付酬劳,新法案则要求企业必须从"实习生第一个月的第一个工作日起"支付薪水,且每月不低于 436.05 欧元(约合人民币 3711 元)。此外,实习生有权获得部分交通补贴、午餐券或在企业食堂用餐。

第三,加强劳动监管。新法案提出要加强对企业在雇佣实习生方面的监管,扩大劳动监察部门权利,加大处罚力度。劳动监察员对企业进行检查时,如发现存在滥用实习制度或对实习生雇用情况隐瞒不报,有权对企业处以每人 2000 欧元罚款,如一年内屡犯不改,则处以每人 4000 欧元罚款。同时,劳资仲裁法庭加快了对滥用实习案的审理程序,将裁决期限缩短为一个月。

① 王智超,张颖.法国学生实习制度初探[J].法国教育通讯,2019(4):1-5.
② 黄培,马燕生.法国修订法律维护学生实习权益[J].世界教育信息,2014(6):75.

(二)将实习生纳入工伤保险范围

在法国，实习生可以享受工伤事故及职业病等方面的大学生社会保险。[①] 法国的实习生工伤保障是以学校为核心。根据法国 2018 年 3 月颁布的新法案，从 2018—2019 学年开始，除免除情况外，新生必须强制性缴纳学生社会保险费用，即 90 欧元的 CVEC(la Contribution Vie Etudiante et de Camps)。[②] 另外，还有一个民事责任险(Assurance Responsabilité Civile)，这个是在签署实习合同(convention de stage)时公司要求提供的保险，用于赔偿在实习过程中因投保人的过失而造成的第三方(学校、实习单位)的损失。这个包括在补充险(Muturelle)里，也可以和住房保险一起购买，还可以在保险公司例如 LMDE 或 SMERRA 自己单独购买(大概 20 欧元)。[③] 实习生在实习期间被要求必须购买保险，在此期间他们也会继续受益于相关的社会健康保险制度。

此外，创立于 1898 年的法国工伤保险，属于国家法定的强制性保险，经过 100 多年的发展，现已形成较为完善的预防、补偿和康复相结合的工伤保险制度，且覆盖面非常广泛。受益人群包括有职业风险的各类职业人群，同时也包括技工学校的学生、学徒和接受职业培训的人员，费用主要由雇主承担。工伤包括任何由工作原因引起或工作期间发生的事故、上下班途中发生的事故，以及在常规午餐地点和途中发生的事故伤害。雇员本人将医疗证明寄给地方健康保险局，保险局在 30 天之内做出工伤认定的结论。雇主或雇员对工伤结论如有异议，保险局可延长 2 个月进行详细调查和核实。如果对认定结论有异议，可向国家健康保险局调解委员会提出；如不接受调解结果，可上诉到各地区专门设立的健康保险事务法庭。[④] 实习期间发生事故的实习生可以继续享受相应的工伤待遇，前提是保障制度相关赔偿超过应当赔偿的金额；如果与保障制度有关的赔偿低于应当赔偿金额的，则规定必须核查确认；检查的主体是保险机构，实习单位在一定范围内承担相应的

---

① 欧运祥.劳动法热点问题研究[M].北京：法律出版社，2014：198.

② 战法留学那点事儿.2020 来法国留学你必须知道的 4 类保险[EB/OL].[2022-03-22].https://zhuanlan.zhihu.com/p/201417721? ivk_sa=1024320u.

③ 战法留学那点事儿.2020 来法国留学你必须知道的 4 类保险[EB/OL].[2022-03-22].https://zhuanlan.zhihu.com/p/201417721? ivk_sa=1024320u.

④ 中欧合作项目工伤保险考察团.法国、西班牙工伤保险制度考察报告(2009.10.23)[EB/OL].[2022-03-22].https://www.docin.com/p-1285957163.html.

补充责任。①

（三）实习管理体系较为规范

法国政府强调劳工部门外部监管作用，《新实习生法案》提出要扩大劳动监察部门权力，加强对企业在雇佣实习生方面的监督与管理。此外，法国政府强制要求企业、学校与实习生三者之间签订明确三方权利、义务的协议，并对协议的内容进行详细明确的规定，例如实习期限、工作内容、是否包含加班、是否需夜间工作、实习考核评估方式等。②

法国各高校一般都设立专门的大学生就业服务中心等实习监督部门，作为企业与实习生的纽带，通过实习监督员对学生的实习情况进行监督，对实习单位是否遵循实习协议进行核实。虽然法国高校不具体安排学生的实习机构、实习内容和实习时间等事宜，但为了保证实习效果，同时也保护学生实习期间的人身安全，学校要求学生在与实习单位达成实习共识之后，签订三方合同（即学生、实习单位、学校），学校据此考查学生的实习内容是否为学科专业需要或未来职业成长需要。③

法国的企业界与高等教育界联系紧密，很多法国企业更是参与到高等院校教学大纲的制定当中。同时，越来越多的专业要求学生必须参与企业实习，正是这些实习使学生在获得实践经验的同时，也得到了未来雇主的青睐。法国企业在全球排名前 500 位的企业中占据了 31 个席位，超越了德国和英国位列欧洲第一。多家法国工业集团是全球行业翘楚，业务遍及全世界。此外，汤森路透全球百大创新企业排行榜上的法国企业数量领跑欧洲，这为法国大学生的实习提供了前提。④

五、日本

日本是最早迈入发达国家行列的亚洲国家，得益于其较早实现工业化，其高等教育也走在亚洲的前列，因此其关于大学生实习方面的法律制度也值得关注。在日本，实习叫作「インターンシップ」（internship），是学生到感

①　徐银香，张兄武.“责任共担”视角下大学生实习权及其权益保障研究［M］.南京：南京大学出版社，2020：118-119.

②　王智超，张颖.法国学生实习制度初探［J］.法国教育通讯，2019（4）：1-5.

③　王智超，张颖.法国学生实习制度初探［J］.法国教育通讯，2019（4）：1-5.

④　法国留学——实习工作需要做哪些准备呢［EB/OL］.［2022-03-22］. https://www.igo. cn/news/483615. shtm.

兴趣的企业访问、感受实际工作情况的职业体验活动；通过体验实际的业务和工作环境来对工作这件事本身和工作内容有一个更深的理解。① 日本的职业实习制度是 1980 年左右从美国引入的，但当时并未受到关注。1997 年以后，随着大学教育改革的深化，企业雇佣模式的变化以及大学毕业生就职难问题的不断深化，政府开始极力推进职业实习制度。② 在这种背景下，大学、企业等各个单位也开始积极实施职业实习制度，具体包括以下几个方面。

（一）完善关于实习方面的法律制度

日本政府高度重视实习工作，在学习借鉴德国双元制的基础上，推出了一系列的政策和法律。如文部省、劳动省和通产省 1997 年就出台了《职业实习制度推进上的基本想法》；文部省 1999 年颁布《教育改革计划》，2000 年又出台了《职业实习制度指南书》，努力推进大学生实习工作。③ 文部科学省、厚生劳动省和通产省共同将职业实习制度定义为"学生在学期间根据所学专业以及将来的职业发展而进行的就业体验"。职业实习制度看似是一个新鲜的事物，实际上很早以前日本就有教师专业的教育实习，理工科的工厂实习以及职业教育中的实务实习等就业体验制度。现在的职业实习制度和以往的就业体验不同在于，现在的职业实习制度不像以往的就业体验只局限于特定大学、特定的学问领域，而是覆盖了包括文科在内的全部院系，可以说，文科职业实习制度的实施状况会左右今后职业实习制度的发展方向。④ 在采取了双元制职业技术教育制度的基础上，2006 年日本新修订的《职业能力开发促进法》，更新职业技能培养制度，即所谓的"实习并用职业训练制度"，也称为"实践型人才培养体系"⑤，通过这些措施，不断推动日本的大学生实习工作。

---

① 东京学术日本留学.不给钱还抢着去！日本实习究竟有啥魅力？［EB/OL］.［2022-03-22］.https://baijiahao.baidu.com/s? id=16903165374345746748wfr=spider&for=pc.

② 乐燕子.日本文科大学职业实习制度的考察——以 M 大学的职业实习制度为事例［J］.日本学研究,2007(10):14-29.

③ 乐燕子.日本文科大学职业实习制度的考察——以 M 大学的职业实习制度为事例［J］.日本学研究,2007(10):14-29.

④ 乐燕子.日本文科大学职业实习制度的考察——以 M 大学的职业实习制度为事例［J］.日本学研究,2007(10):14-29.

⑤ 杨子.日本职业技能培养新模式:实习并用职业训练制［J］.职业技术,2007(11):56.

(二)大学生实习权利能得到保障

日本对大学生实习权利的保护,主要体现在劳动法当中。日本的劳动法并不是一部统一的劳动法典,而是一系列单项的劳动法律的集合,包括《劳动契约法》《工资确保法》《最低工资法》以及《劳动安全卫生法》等。其中,《劳动基准法》构成日本劳动法最基本的法律;"基准"一词反映了该法确立的是劳动条件的最低标准,即基础标准。① 该法第九条关于劳动者的概念②为日本其他劳动立法在定义劳动者概念时提供了重要的参考,各相关劳动法律均采用与《劳动基准法》相同的劳动者概念。根据这一概念,成为日本劳动法意义上的劳动者必须具备两个重要的条件:"被使用"和"被支付工资"。日本《劳动基准法》首先在该法第三条规定禁止雇主以社会身份为理由在工资、劳动时间以及其他劳动条件方面对劳动者实行差别对待,也就是说,只要参与劳动,就一视同仁,不管是学生还是全职劳动者。

在大学生意外伤害保障方面,日本有比较全面的医疗保险法规。早在1961年,日本就颁布了《医疗保险法》,完成了"国民皆保险"计划,覆盖了99%的国民;日本的医疗保险主要由社会健康保险和国民健康保险组成,社会健康保险以公司职员及其抚养的家属为对象,加入手续由所在公司直接办理,保险费用从工资中扣除,加入社会健康保险无须再加入国民健康保险。这个与我国职工医保类似。而国民健康保险以农民、个体经营、学生、无业者为对象,由被保险人所居住的社区提供保险服务。③ 一般大学生都是加入了国民健康保险,加入之后看病只需要负担30%的费用,剩下的部分由国家支付(个别治疗除外),是一项很好的福利政策。而且,该政策还对留学生开放,外国留学生不仅可以享受和日本国民一样的保险待遇,还有因为留学生身份没有收入而减免保险费用的情况,每月只需要缴纳很少一部分保费就可以了。

(三)推动企业参与学生实习

2006年日本修订了《中小企业劳动力确保法》,创立了以企业或用人单位为实施主体的新型培养模式,即"实习并用职业训练制度"。这一制度的

---

① 赵瑞红.劳动关系[M].北京:科学出版社,2007:67.

② 日本《劳动基准法》第九条所称"劳动者",是不论其从事何种职业,被企业或事务所使用并被支付工资者。

③ 语朵留学.聊一聊日本留学生保险的那些事[EB/OL].[2022-03-23].https://zhuanlan.zhihu.com/p/413447983.

具体内容包括：企业或用人单位根据其培养实践型技能人才的需要制订培训计划，可以上报并获得厚生劳动大臣的批准认定。招收 15～35 岁的年轻人，主要是中等或高等教育的毕业新生，以试用工的形式对其进行为期半年到两年的实习培训。培训包括在用人单位的实习和在职业教育专门机构（包括专修学校、公共职业能力开发设施、由政府认定的职业训练学校等）的脱产学习，培训时间一年不少于 850 课时，其中在用人单位的实习时间必须至少占总课时的 20％，但最多不超过 80％。在培训期满时结合技能检定、资格认定等制度进行客观公正的评价，并根据与学员签订的合同规定及考核结果由用人单位决定是否正式录用。①

为了配合这一新型培养模式的推广，日本对实施"实习并用职业训练制度"的中小企业及事业团体提供资金、政策等方面的支持，以推动它们致力于扩大青年技能人才的劳动就业机会。根据这一政策，对制订"青少年雇用机会创造计划"并获得地方行政长官认可的中小企业，在其实施"实习并用职业训练制度"的时候，国家将给予一定的资助。内容包括：（1）按照《职业能力开发促进法》的规定实施"实习并用职业训练制度"，招收年轻人进行职业技能培训的企业，可以获得"能力开发助成金"，其额度为企业内部培训费用和职业教育机构培训费用的 1/2，但每一企业最多不超过 500 万日元；（2）在实施"实习并用职业训练制度"的时候，凡对招收的年轻人予以试用的企业，可以获得"试行雇用奖励金"，额度为每人每月 4 万日元，最多支付 3 个月。② 这些措施大大促进了企业参与实习培训的积极性。

（四）多途径推动和保护学生实习

对于大学生实习，日本各高校也都非常重视。一般来说，每个学校都会设置学生就业中心，即キャリアセンター，该中心主要负责推荐学生实习或就业工作，并在网站上面发布与学校有合作的企业招聘信息或者招聘宣讲会；在学校官网列出的实习信息优点是正规、安全、数量多，像东大、京大、东工大等知名学校更是不乏大型企业的实习机会。③ 除了招聘信息以外，学校一般还会举办实习宣讲会或设置キャリアサポートルーム（Career Support Room），例如京都大学就为学生设置了就职相谈室，学生可以前来咨询就

---

① 杨子.日本职业技能培养新模式：实习并用职业训练制[J].职业技术,2007(11):56.
② 杨子.日本职业技能培养新模式：实习并用职业训练制[J].职业技术,2007(11):56.
③ 零和塾.如何在就读日本大学院期间找实习工作？［EB/OL］.［2022-03-23］.https://zhuanlan.zhihu.com/p/463369895.

业、实习的相关问题;就职相谈室除了提供招聘信息和毕业生名册等各种信息资料之外,还会举办就业指导、HR 和毕业生研讨会、面向公务员志愿者的研讨会、联合企业说明会等,还会为学生在就业过程中遇到的烦恼和不安等提出建议。①

此外,日本法网颇为严密,如果实习学生发生纠纷,可以有较多途径保障其权益。关于实习学生的劳动纠纷有行政制度和司法制度两种途径,相关法律包括《劳动关系调整法(1946)》《劳动组合法(1949)》《个别劳动关系纠纷解决促进法(2001)》等,设置了综合劳动咨询专柜、省级劳动局等机构,通过斡旋、调停、仲裁、诉讼等多种途径,保障实习大学生的合法权益。②

第二节 发达国家大学生实习权利保障的主要特点及其启示

通过深入考察欧美日等发达国家和地区的相关立法内容,我们可以看到,西方发达国家经过几百年的充分发展,教育与劳动立法比较完善,其注重对大学生实习进行立法保护的经验值得我们学习。从前述美国、德国、英国、法国、日本等 5 个国家的大学生实习相关权益保障的内容看,我们可以发现以下方面的内容值得我们借鉴。

一、普遍制定了较为完善的法律法规,保障实习生权益

世界银行发布的《2020 年营商环境报告》表明,美国(84 分,第 6 位)、英国(83.5,第 8 位)、德国(79.9,第 22 位)、日本(78 分,排第 29 位)等发达国家在劳工法律环境、商业法治生态环境方面处于领先地位,相比之下,中国排在第 31 位。③ 在发达国家中,美、德、英、法、日等国均有比较成熟的劳动和教育立法。以德国为例,德国在职业教育的法律制定中充分表现了大陆

---

① 零和塾.如何在就读日本大学院期间找实习工作?[EB/OL].[2022-03-23]. https://zhuanlan.zhihu.com/p/463369895.

② [日]池添弘邦.日本个别劳资纠纷处理系统的现状[J].关西经协 59 卷 6 号(2005 年 6 月):12-13.

③ 中华人民共和国商务部.2020 年全球营商环境报告发布(2019.10.28)[EB/OL]. [2022-03-23]. http://www.mofcom.gov.cn/article/i/jyjl/k/201910/20191002908093.shtml.

法系"成文法"的特色，构建了以《联邦职业教育法》①为基本法，以《企业基本法》《劳动促进法》《青少年劳动保护法》等为基干，《实习条例》《手工业条例》《工商企业实训教师资格条例》《考试条例》等规章和各州的相关法律组成的职业教育法律体系，完善了双元制职业教育模式的管理和运行体制。法国则是世界上最早制定《劳动法典》的国家，现行法典法律部分共 9 卷、1169条，主要内容包括：有关雇佣的各种契约；雇佣规则；工作安置与就业；雇员的工会组织职工代表制度、参与行政管理、企业对职工进行物质鼓励的制度；劳动争议的处理；监督劳动法与劳动条例的实施；关于某些行业的特别规定；关于海外雇佣的特别规定；在职培训等。② 其 2014 年专门出台《新实习生法案》，大大强化了对大学实习生的权益保障。英美法系的美国，则有《公平劳动标准法案》《平等工资法案》《沃尔什-希利法案》《戴维斯-佩根法案》《科普兰法案》《合同工作时间与安全标准法案》以及《服务契约法案》等一系列相关法规。可以说，欧美发达国家通过这些完善的法律规定，对于大学生实习权益予以充分保障的做法，值得借鉴。

二、不拘泥于大学生的学生身份，在劳动法律中予以明确保护

大学生实习形式多种多样，在不同的实习形式中，其法律身份自然不同。对于大学生在实习期间的法律身份，西方发达国家虽然各自规定不同，但不拘泥于"学生"身份，在相应的条件下赋予其劳动者或类似劳动者身份，并在劳动法律的框架内予以保护。尤其在大陆法系国家，实习学生被视为劳动者。在德国，根据其《最低工资法》，学生实习时间超过 6 周，就适用最低工资法；此外还通过《社会法典》《事故保险法》等，明确将实习学生视为劳动者，纳入工伤保险的范围。③ 在德国，强制保险不看其身份，也不取决于是否缴纳保险费或是否申报保险，只要从事雇佣劳动或等同雇佣劳动的事实存在就具有保险关系；依据法律参加保险的人员包括从事雇佣劳动的就业者以及性质类似的劳动者，还包括正在接受职业教育的实习人员、求职人员，正在接受职业康复的人员等。在法国，通过《劳动法典》《新实习生法案》等法律，将实习学生视为特殊的劳动者，实习期限超过两个月的实习生，就有权享受带薪休假、事假和产假等"劳动者权利"；实习生可以享受工伤事故

---

① 刘立新.德国职业教育法（BBiG）[J].张凯，译.中国职业技术教育，2020(4):16-42.
② 于光远.经济大辞典[M].上海：上海辞书出版社，1992:342.
③ 欧运祥.劳动法热点问题研究[M].北京：法律出版社，2014:244.

及职业病等方面的大学生社会保险。① 在日本,按照《劳动基准法》中的劳动者概念予以明确,根据该概念,成为日本劳动法意义上的劳动者只要具备两个重要的条件:"被使用"和"被支付工资",就被认定为劳动者。②

在英美法系的国家,如美国,除非明确是无薪实习(关于无薪实习有六大标准均被满足,这一就业关系就可以是无薪的),否则,就要接受《公平劳动标准法案》《最低工资法案》等的保护,给予实习学生不低于最低工资标准的75%。③ 这就相当于认可实习学生的"特殊劳动者"地位了。在英国,如果实习学生被认定为"工作者"或者是"雇员类实习",则其拥有劳动者的身份,受英国最低工资法保护。

三、强制要求企业与学生订立实习协议,明确休息、报酬等主要权利

西方发达国家的教育法或劳动法一般都要求学生与实习单位签订实习协议,以明确各自的权利和义务。如德国《联邦职业教育法》第二部分第二节第一小节规定"职业教育关系的确立",阐述了职业培训合同、培训合同的签署及无效协议的相关内容,其第十条第1款明确规定:"招收他人接受职业教育者(教育提供者),须与学习者签订职业教育合同。"其规定培训合同必须是书面合同,且至少包含:"职业教育的形式、内容和时间安排及职业教育目标;职业教育的起始时间和学制;教育机构外企业的相关措施;报酬支付与金额;休假时长与期限;解除职业教育合同的条件;以通用形式指明适用于该职业教育培训关系的工资合同、企业和学校的公务协议,等等。"可谓具体而微观,周密详尽。法国也是成熟的市场经济国家,长达990条的《法国劳动法典》④对劳动者的权益保障创制了量化可操作的规定。其《新实习生法案(2014)》也明确要求签订合同,提高实习生待遇;关于工作时间,新法案要求实习生的每周工时不得多于企业正式员工劳动时间,实习期限超过两个月的实习生有权享受带薪休假、事假和产假;同时,新法案明确要求企业不得安排实习生从事危险工种;关于薪资酬劳,新法案则要求企业必须从

---

① 欧运祥.劳动法热点问题研究[M].北京:法律出版社,2014:256.

② 赵瑞红.劳动关系[M].北京:科学出版社,2007:67.

③ U. S. Department of Labor Wage and Hour Division. Factsheet ♯71: Intership Programs Under The Fair Labor Standard Act[EB/OL]. (2010-04)[2022-03-23]. http://www.csun.edu/sites/default/files/internship-programs-fair-laborstandards-act.pdf.

④ 相比之下,我国的2018年修订版《劳动法》仅107条。参见:罗结珍译.法国劳动法典[M].北京:国际文化出版公司,1996:37-38.

"实习生第一个月的第一个工作日起"支付薪水,且每月不低于 436.05 欧元;此外,实习生有权获得部分交通补贴、午餐券或在企业食堂用餐。① 英国对实习生也有明确的法律规定,其实习属于"工作"的范畴;要求实习必须签订实习协议,明确雇主和学生双方的权利义务;且实习都是有偿的,按照英国最低工资标准(national minimum wage)以小时计费,按照实习者的年龄而非从事的职业或者所在的职位,符合工作条件的员工应得到最低工资标准所规定的工资。②

四、普遍设置实习生伤亡及疾病的保护条款,注重人权保护

在实习实践中,劳动安全与劳动卫生也非常重要,为此,国际劳工组织自 1919 年至 1992 年共制定了近 80 项相关国际公约和建议书③,强调对劳工人权和群体利益的均衡保护。针对实习学生可能存在的伤亡、职业疾病等问题,德国在《联邦职业教育法》第三小节、第四小节用较长的篇幅规定了教育提供者的义务,要求"致力于向受教育者传授实现教育目标所必要的职业行动能力,按照教育目的所要求的实施形式,有计划地从时间和内容上系统安排并实施职业教育,使教育目标在预定的教育时间内得以完成;致力于促进受教育者的个性发展,使其在道德和身体方面不受损害"。同时,对违法情况规定了详细的处罚条款;此外,还有完备的工伤保险制度,各类员工包括实习学生,均享受工伤保险。④ 英国早在 1802 年就颁布《学徒健康与道德法》,对实习学生的伤亡、疾病等问题进行了规定⑤;据了解,英国实习学生在实习期间还可享受除药费外的医疗全额保险。法国则专门为实习学生设置了大学生社会保险,保险内容涵盖了工伤事故和职业病等。⑥ 创设于 1898 年的法国工伤保险,属于国家法定的强制性保险,经过 100 多年的发展,现已形成较为完善的预防、补偿和康复相结合的工伤保险制度,且覆盖

---

① 黄培,马燕生.法国修订法律维护学生实习权益[J].世界教育信息,2014(6):32-35.

② 琥珀教育.留学生在英国实习,必须知道这些法律常识[EB/OL].[2022-03-23].https://www.sohu.com/a/299660718_635913.

③ 王全兴.劳动法[M].4 版.北京:法律出版社,2017:362-363.

④ 唐政秋.大学生实习伤害事故防范探究——中外大学生实习比较的视角[J].湖南人文科技学院学报,2014(3):11-14.

⑤ 金劲彪,郭人菡.毕业实习大学生劳动权益保护的法理反思:基于各层次利益衡量的视角[J].教育发展研究,2020(3):67-75.

⑥ 金劲彪,郭人菡.毕业实习大学生劳动权益保护的法理反思:基于各层次利益衡量的视角[J].教育发展研究,2020(3):67-75.

面非常广泛。受益群体包括有职业风险的各类职业人群,同时也包括技工学校的学生、学徒和接受职业培训的人员。实习学生对工伤结论如有异议,保险局可延长 2 个月进行详细调查和核实。如果对认定结论有异议,可向国家健康保险局调解委员会提出;如不接受调解结果,可上诉到各地区专门设立的健康保险事务法庭。① 美国也针对学校教学活动之外发生的学生伤害赔偿问题,设立了学生意外伤害保险制度。

五、强化学校、企业等的监督与管理责任,加大保障力度

法律的威慑力来自惩罚,西方发达国家都在其相关法律中规定了对于实习学生的违法责任和制裁措施。根据德国《联邦职业教育法》,企业必须遵守该法第十一条中的规定,须在培训前与学徒签订培训合同,并承担相应的指导义务;而且,一旦签订合同,实习生即具有了双重身份,他既是企业的学徒,也是职业学校的学生。同时,学校也按照相关要求,制订实习计划,落实实习指导老师,确保实习的顺利开展。对于违法行为,其第六部分第一百零一条整整分 10 款对相应的违法行为规定了罚款规定。② 法国《新实习生法案》中提出要扩大劳动监察部门的权利,加强对企业在雇佣实习生方面的监管,加大处罚力度,劳动监察员有权对企业进行检查,如发现存在滥用实习制度或对实习生雇用情况隐瞒不报的情况,有权对企业处以每人 2000 欧元罚款,如一年内屡犯不改,则处以每人 4000 欧元罚款;对情节严重的,会剥夺招收实习生的权利。在美国,同样有着完善的法律保障实习学生的安全利益,雇主有法律义务确保为其工作的员工是在一个安全的工作环境里工作,如果有员工在工作时发生了工伤意外,那么雇主就要承担相应的法律责任。③ 此外,美国在高校中还普遍设立职业服务中心,建立"大学律师"制度(university lawyer),对大学生实习、就业中的法律风险,包括劳动、知识产权、数据保护、合同保障等事项开展处置。④

---

① 中欧合作项目工伤保险考察团.法国、西班牙工伤保险制度考察报告(2009.10.23) [EB/OL].[2022-03-23].https://www.docin.com/p-1285957163.html.
② 刘立新.德国职业教育法(BBiG)[J].张凯,译.中国职业技术教育,2020(4):16-42.
③ 王琦琦,胡其清.构建安全校园环境预防学校伤害事件——《美国学生意外伤害和暴力预防工作指南》介绍[J].思想理论教育,2009(6):8-12.
④ 金劲彪,郭人菡.毕业实习大学生劳动权益保护的法理反思:基于各层次利益衡量的视角[J].教育发展研究,2020(3):67-75.

六、普遍构建实习权益的救济制度，途径多样便捷

为了更好地解决学生在实习中可能面临的法律纠纷，西方发达国家创设实施了许多具有较好效果的制度。为了快捷解决劳动纠纷，德国、意大利、法国、瑞典、芬兰、新西兰等国都成立了专门的劳动法庭或劳动法院，这些法庭（院）一般具有机构设置合理、程序快捷、收费低廉、审理不公开等特点。[①] 以德国为例，1926 年德国颁布《劳动法院法》，规定劳动法院第一审为独立法院，第二、三审则附属于联邦法院和帝国法院，其特点是：(1)组织结构遵循"三方原则"，法官由职业法官和劳资双方推荐的法官组成；(2)因为劳资双方都有代表参与，因此，审理过程中尽量遵循风险自愿和协商原则，适用调解程序；(3)程序设置上力求简单、迅速地尽快结案，避免过度迟延导致矛盾激化；(4)收费低廉，比一般的民事诉讼费用更低；(5)审理非公开化。[②] 法国在《新实习生法案(2014)》中对企业招募实习生规模、加强企业劳动监管等亦提出改革意见，确保企业履行好社会义务，承担起社会责任；同时，劳资仲裁法庭考虑加快对滥用实习案的审理程序，将裁决期限缩短为一个月。[③] 日本法网颇为严密，关于实习学生的劳动纠纷处理有行政制度和司法制度两种途径，相关法律包括《劳动关系调整法(1946)》《劳动组合法(1949)》《个别劳动关系纠纷解决促进法(2001)》，设置了综合劳动咨询专柜、省级劳动局等机构，通过斡旋、调停、仲裁、诉讼等多种途径，保障实习学生合法权益[④]；后来又通过了《技能实习恰当化法(2016)》，为外国实习生提供法律保障。

在英美法系国家，实习学生的劳动权益保障也较为完备。在美国，劳动者权益的保障也是雇主阶层与雇员阶层相互妥协的结果。早期，雇员遭受意外伤害时，只能通过民事侵权诉讼，要求有过失的雇主承担赔偿责任。后来，由于相关诉讼日益增多，美国建立了工伤保险制度，对雇员（包括农业雇员、非正式雇员等）的人身权利强制性地予以保护，通过劳动法渠道予以救济。[⑤] 美国的劳动争议处理制度包括调解、仲裁以及法院审理 3 个层次。早

---

① 王全兴.劳动法[M].4 版.北京:法律出版社,2017:472.

② 王全兴.劳动法[M].4 版.北京:法律出版社,2017:473.

③ 黄培,马燕生.法国修订法律维护学生实习权益[J].世界教育信息,2014(6):32-35.

④ ［日］池添弘邦.日本个别劳资纠纷处理系统的现状[J]关西经协 59 卷 6 号(2005 年 6 月):12-13.

⑤ 于欣华.美国工伤保险制度[J].现代就业安全,2010(7):7.

在 1935 年,美国国会通过《国家劳动关系法》,保护工人建立并参与工会活动或不参与工会活动的权利,调整工会与雇主的关系,鼓励通过工会与雇主的集体谈判解决双方的争端。同年,成立国家劳动关系委员会,由雇主界与劳工界 6 名杰出人士组成,作为独立的联邦机构负责执行和实施《国家劳动关系法》。同时,在企业、地区和行业也建立劳动关系委员会,国家对委员会给予必要的拨款。此外,美国还专门成立了联邦调停调解局(FMCS),以第三方的中立身份随时向劳动者和管理层提供调解服务,FMCS 的调解是免费的。据 FMCS 底特律市办公室介绍,95% 的劳动争议案件可以通过调解解决,只有大约 5% 的案件进入仲裁。①

英国是最早建立劳动争议处理制度的国家,劳动争议处理制度不仅对原英属殖民地国家(现在的英联邦国家)有着重要的影响,对包括大陆法系国家在内的其他国家劳动争议处理方式的形成和发展也产生着重要影响。英国处理劳动争议的方式主要有咨询、调解、仲裁和诉讼 4 种方式。与此相对应,英国劳动争议处理机构有 3 个:一是劳动咨询调解仲裁委员会,负责处理个体劳动争议和集体谈判争议;二是中央仲裁委员会,它是负责处理工会合法性确认的机构,仲裁结果不得上诉;三是劳动法庭,包括工业法庭和就业上诉法庭,主要负责处理劳动咨询调解仲裁委员会调解不成、提起诉讼的个体劳资争议案件。前两者属于半民间半官方性质的处理机构,后者属于司法机构。② 根据英国的法律,实习学生如果处于"工作者"状态或"雇员类实习",就按照雇员对待,享有劳动者的基本权利;对于其他学生实习,则按照相应的劳动协议分配彼此的权利义务关系。

综上所述,可以看到,经过几百年市场经济洗礼和高等教育发展的西方发达国家,在大学生实习权益保障方面的确有不少值得借鉴之处,包括健全的大学生实习法律法规,明确且内容详细的实习协议,意外伤害与实习责任保险制度,劳动报酬和休息制度,学校、企业的实习支持制度,以及较强的监管和督察制度,这些都是值得我国好好借鉴的。

---

① 何瑛璐.美国的劳动争议处理制度[EB/OL].[2022-03-23]. https://china. findlaw. cn/info/baozhangfa/Labour/93509.html.

② 侯海军.最早建立劳动争议处理制度的国家:英国[N].人民法院报,2019-04-26.

第六章

构建我国大学生实习权法律保障机制的建议

　　大学生实习是一项复杂的系统工程，量大面广，涉及的社会主体众多，包括政府、高校、企业、学生，以及其他社会中介组织等，且不同的主体其社会属性、社会功能、利益追求、价值取向等方面差异甚大，因此解决大学生实习难、保障大学生实习权益，需要在我国教育法典即将编纂的背景下，明确若干原则，以此来指导我们的相关制度设计。鉴于目前我国大学生实习权保障法律机制理论分歧、制度缺失、机制匮乏的现状，笔者建议，在构建我国大学生实习权保障机制时，需要遵循以下原则，即顶层设计与系统思维、育人为本与激励为先、倾斜保护与风险管控、制度创新与监管并重等；同时，在上述原则的基础上，结合教育法、劳动法、民商法、工伤保险理论，通过深入探讨各主体的责权义等内容，构建起新时期"一核四维"的大学生毕业实习权的法律保障与优化机制。

第一节　大学生实习权保障机制构建的基本原则

　　孟子云："不以规矩，不成方圆。"大学生实习权利的保障机制，是一项牵涉面广、内容复杂的制度框架体系，需要确立一些基本原则作为制度架构的支柱。众所周知，法律的原则对于法律体系而言非常重要，它是集中反映法的一定内容的法律活动的指导原理和准则。在哈特看来，法律是一系列规则体系，由初级规则和次级规则构成①；而德沃金则指出，在规则之上，还有原则存在，原则评价、统领、补充着规则。② 根据法秩序统一性原理，各项规章制度在处理同一事务时，所有的规范秩序不能相互矛盾，这就需要法律原

---

　　① ［美］罗纳德·德沃金.认真对待权利［M］.信春鹰，吴玉章，译.上海：上海三联书店，2008：34-35.
　　② ［英］H.L.A.哈特.法律的概念［M］.许家馨，李冠宜，译.北京：法律出版社，2006：56-56.

则的统率作用。因此,明确大学生实习权益保障构建的基本原则,对于确立、指导、完善具体的制度规范体系,决定规则的基本性质和价值取向,保持规则内部和谐统一有着重要意义。

一、顶层设计与系统思维的原则

顶层设计是近些年党和国家在处理重大事项时经常使用的工作决策方式之一。顶层设计,是指站在战略及全局的高度,在前期调研的基础上,运用系统思维,通盘考虑、统筹兼顾各层次和各要素,追根溯源,统揽全局,在最高层次上寻求问题的解决之道,最终形成一项政策或指导原则。① 系统思维则是指围绕某一个社会建设或改革目标,从全局视角出发,主要从整体性、结构性、立体性、动态性、综合性等方面入手,分析社会发展动力,把握社会运转规律,寻找社会优化路径,确保社会系统结构合理、运行顺畅,最终实现人的全面发展和社会的可持续发展。② 那种"头痛医头,脚痛医脚"、"单兵独进"、封闭割裂的改革发展模式早应革除。

就大学生实习工作而言,就是要站在"人才强国""科教兴国"战略全局的高度,站在教育法典编撰的视角,由政府牵头,统筹高校、实习单位、学生、社会组织等各相关主体,横贯教育法、劳动法、工伤保险法等多个法律门类,系统设计大学生实习相关制度,切实保护各主体利益,充分激发各主体的积极能动性,构建起政府宏观管理、高校有效组织、企业主动合作、学生积极参与、其他社会组织主体配合协同的大学生实习权益保障利益相关者共同治理体系,并形成法律制度完备、法律关系明晰、参与主体尽责、联动机制顺畅、服务体系完善的实习生权益保障体系。

二、育人为本与激励为先的原则

育人为本是教育的生命和灵魂,是教育的本质要求和价值诉求。育人为本的教育思想,要求教育不仅关注人的当前发展,关注人的长远发展,更要关注人的全面发展;不仅要关注被育之人、育人之人,还要关注所服务之对象——国家和人民,为国家服务、为人民服务,不断满足国家和人民群众

① 孙宇伟.中国特色社会主义是当代中国最高层次"顶层设计"——对邓小平"顶层设计"理念的认识[J].科学社会主义,2017(1):55-60.
② 张驰.系统思维视域下思想政治教育的作用机理探究[J].思想教育研究,2022(4):71-77.

的需要。① 激励则是管理学的一个专业术语，是指组织或个人通过设计适当的奖酬形式和工作环境，以及一定的行为规范和惩罚性措施，借助信息沟通，来激发、引导、保持和规范组织及其个人的行为，以有效地实现组织及个人的目标。② 本书认为，激励为先就是指注重激励，注重通过各种制度、规范、信息，激励大学生实习相关主体的积极参与、主动作为。

大学生实习是高等教育实施"校企合作、产教融合"战略的需要，也是促进学生成长成才的重要渠道，对我国建设"人才强国"有着非凡的意义。因此，"育人为本"的理念必须在全社会、在各个主体之中都形成共识，树立实习工作的"育人"价值导向；当然，作为接收实习学生最多、承担风险最大、付出最多、以企业为主力的用人单位，毕竟是一个以营利为根本目的的经济组织，仅仅从承担社会义务和社会责任的角度，要求其为实习工作大量的无偿付出，肯定是不现实的，也是不可持续的。因此，对用人单位等相关主体，必须秉持"激励为先"的原则，出台切实有效的税收、财政、金融、保险等政策，真正让他们在实习工作中"有利可图"、得到实惠，帮助他们在实习工作中发展壮大，这样才能长久地推动大学生实习工作行稳致远。

三、倾斜保护与风险管控的原则

倾斜保护是劳动法制度构建的基础，彰显了劳动法的价值取向；倾斜保护作为社会法的基本原则，是由"倾斜立法"和"保护弱者"两个方面构成的。我国劳动法及劳动合同法中，在调整劳动者与用人单位之间劳动关系的过程中，始终坚持倾斜保护劳动者。其根本原因在于表面上看劳动者与雇主是完全平等的两方主体，但是两者力量上的不均衡使得其法律地位上的平等受到很大的制约，因此法律以形式上的不平等的方式来确立实质上的平等。③ 风险管控则是指风险管理者采取各种措施和方法，减少风险事件发生的各种可能性，或者减少风险事件发生时造成的损失；风险控制的 4 种基本方法是：风险回避、损失控制、风险转移和风险保留。④

在大学生实习工作的各相关主体中，学生相对于政府、高校、企业、其他中介组织等，无疑是最为弱势的群体，其在自我保护和承担责任方面都非常

① 张博玮.育人为本的根本要求与途径[J].中学政治教学参考,2021(9):25-27.
② 顾淼.高校教练员激励机制研究——基于人力资本理论和激励机制理论的视角[J].山西青年,2017(13):56-57.
③ 王全兴.劳动法[M].4 版.北京:法律出版社,2017:362.
④ 舒化鲁.企业经营风险管控体系构建方法[M].上海:立信会计出版社,2015:20.

有限。① 在前文调研中,当问到"权益受到侵害时,实习学生如何维权,是诉诸法律渠道还是忍气吞声",有 4.11％的实习学生选择忍气吞声,有22.14％的同学选择告诉同学或老师,46.04％的实习学生选择向学校或企业领导反映,只有 22.43％的实习学生选择通过法律渠道维权,5.2％的实习学生则选择放弃或其他。这从客观上反映了绝大部分实习学生的法律维权还是比较困难的。因此,在构建实习生权益保障体系的时候,应给大学生以"倾斜保护",从而实现法律权利上的"实质平等"。另外,在大学生实习过程中,风险是难以完全避免的,因此,如何管控好风险就显得尤为重要;正是因为目前的风险管控机制没有设计好,才导致目前大学生实习问题面临重重阻力。因此,在构建大学生实习保护机制时,倾斜保护原则和风险管控原则都是不可或缺的。

四、制度创新与监管并重的原则

创新是近年来一个非常热门的词语,然而,这个词语又是如此之重要,以至于人们总是在各种场合谈论它。制度创新,一般是指社会、政治、经济和管理等制度的革新,是支配人们行为和相互关系的规则的变更,是组织与其外部环境相互关系的变更,其直接结果是激发人们的创造性和积极性,促使不断创造新的知识和社会资源的合理配置及社会财富源源不断的涌现,最终推动社会的进步。② 监管是指注重监督与管理,实施有效监管是政府治理现代化的重要标志,需要运用法治思维和法治方式创新和加强监管;特别是要严格执法,加大对违法违规行为的惩处力度,增强监管执法的威慑力、公信力,使监管对象不敢触碰违法运行的红线,进而保障社会秩序的正常运行。③

解决大学生实习难题,就要秉持制度创新的精神,以教育法典编撰为契机,切实解决困扰大学生实习工作中的各种障碍,破除"身份"标签,打破常规,赋予实习学生在工伤保险中的合法地位;同时,创新税收、财政、金融、保险等制度,促进企业吸纳大学实习生;当然,也需要严格监管,对各类主体的违法违规行为予以严肃处理,确保大学生实习工作稳步发展。

---

① 徐银香,张兄武."责任共担"视角下大学生实习权及其权益保障研究[M].南京:南京大学出版社,2020:148.

② 潘家栋.金融制度创新与中小企业融资困境纾解[M].杭州:浙江大学出版社,2022:15.

③ 魏礼群.实施有效监管是治理现代化的重要标志[N].人民日报.2015-08-30.

第二节　构建"一核四维"大学生实习权保障机制的主要内容

大学生实习权利保障工作是一项系统工程,需要各利益相关者协同合作,充分发挥各相关主体的功能和作用,构建起一套各主体权责明确、互动顺畅、联动协同的制度体系。为此,笔者提出构建以三方协议为"核心",以政府、高校、企业、大学生为"四维"的"一核四维"大学生实习权利保障机制。

一、核心是全面落实实习三方协议

实习三方协议是实习大学生、企业、高校之间的核心法律文件,创制一个好的实习三方协议,才能确保利益共享、责任共担、风险隔离、进退可控。2022年,针对职业学校学生的《职业学校学生岗位实习三方协议(示范文本)》(以下简称《示范文本》)已经发布,但针对普通高校学生的实习三方协议尚未出台,笔者认为,可以《示范文本》为依据,打造全面适用于全部大学生的实习三方协议,具体建议如下。

(一)以《示范文本》为依据,推出普通高校版实习三方协议

实习协议的内容非常重要,它是确定相关权利、义务、责任与风险分担的主要依据。笔者认为,政府应以《示范文本》为模板,尽快出台普通高校版本的格式化实习三方协议文本。实习协议中明确规定学校、实习单位以及实习生各自的权利、义务与责任,但在设定三方权利、义务与责任时,要对实习生进行适当倾斜保护,同时兼顾各方利益。只有这样,才能在不影响学校组织学生实习、用人单位接收学生实习积极性的同时,最大限度地保护实习学生的合法权益,做到兼顾多方利益。实习协议内容应充分体现实习学生的受教育权、劳动权和社会保障权,可以参照劳动法的相关规定,将实习目的与要求、实习内容与工作岗位、实习期限与工作时间、实习场所(地点)、实习报酬、休息权限、劳动保护以及协议的变更、解除与终止等作为必要内容。对于那些在实习过程中可能出现的问题以及纠纷,如工伤、职业病等给予明确的规定,对于救济的方法和途径也应该给予详细的说明。各方还可以根据实习的性质和要求,约定知识产权保密责任、违约责任及争议的解决方式等。

(二)实习协议必须是三方签署

实习协议是确定学校、实习单位和实习学生之间权利与义务关系的具

有约束力的法律文件。虽然说支持和保障大学生实习是全社会的共同责任,但是通过实习协议明确各方主体的法定义务和责任是最直接且最有效的方法。实习活动涉及学校、实习单位和学生三方,为更有效地保障实习学生合法权益,要通过实习协议明确学校、实习单位、学生三方之间的权利义务关系,无论是学校推荐的实习,还是学生自主联系的实习,都应该签订学校、实习单位与实习学生之间的三方协议,不能抛开学校或学生,而由实习单位与学生,或学校与实习单位两方设定权利与义务。作为一种必要的教学环节,抛开作为负有教育、管理和保护职责的学校,将无法对实习内容、实习时间、实习报酬、实习安全等进行监管与保障。另外,即使是学校推荐的实习或在学校实习基地实习,也不能撇开学生而由学校和实习单位为学生设定权利与义务,实习协议必须是实习学生、实习单位与学校三方共同签订,不能由学校代替学生签订实习协议,实习协议必须在三方签字并向劳动保障行政部门备案后方可生效。

(三)实习协议必须强制推行

实习协议如此重要,非强制推行不能发挥真正的作用。必须承认,我国是个有着几千年"人治"传统的大国,民众的法治意识、法治观念仍显不足,部分民众缺乏法律观念、契约精神。有学者指出,我国民众的法律意识、法治观念都亟待增强,不少人并没有深刻理解法律这种社会规范,其行为没有完全做到依法而动;还有一些人虽然具备一定的法律知识,但对法律采取工具主义的态度,法律对自己有利时就利用,不利时就绕开。[①] 在《示范文本》中,已经明示:"1.本协议文本为非强制性使用的示范文本,使用人(当事人)可在符合法律法规、单位规章制度等前提下,遵照《三方协议》订立具体协议,并按照法律法规规定和协议约定承担相应的权利义务。"对此,笔者非常担心,如果是"非强制性使用",那么用人单位、高校很可能会避重就轻,不使用该《示范文本》;或者,使用"阉割版"的《示范文本》,从而使得该《示范文本》的实际效果大打折扣。为此,笔者建议,实习协议应当像"交强险"[②]一

---

① 刘道前.治理之道:不断增强法律意识[N].人民日报,2018-03-26.
② 交强险的全称为"机动车交通事故责任强制保险",它是我国首个由国家法律规定实行的强制保险制度。《机动车交通事故责任强制保险条例》规定:交强险是由保险公司对被保险机动车发生道路交通事故造成受害人(不包括本车人员和被保险人)的人身伤亡、财产损失,在责任限额内予以赔偿的强制性责任保险。不缴纳交强险,按照规定公安机关交通管理部门有权扣留车辆,并处以应缴纳保险费的2倍罚款。李亚兵.什么是交强险[EB/OL].[2022-03-24].https://www.66law.cn/laws//24692.aspx.

样,凡实习就必须签署,并且定期将若干相关实习协议样本交由当地教育主管部门备案审查,以此确保其实施效力。

二、政府要发挥顶层设计的统筹作用

在本书中,政府是指广义上的政府。一般而言,政府是指国家进行统治和社会管理的机关,是国家表示意志、发布命令和处理事务的机关,实际上是国家代理组织和官吏的总称。政府的概念一般有广义和狭义之分,广义的政府是指行使国家权力的所有机关,包括立法、行政和司法机关;狭义的政府是指国家权力的执行机关,即国家行政机关。① 在大学生实习权益保障方面,政府层面大有可为,也应有作为。其原因在于,我国政府是脱胎于计划经济时代的全能型政府②,对整个社会的政治、经济、文化、法律、教育等各个方面均具有强大的掌控能力,即便在强调"服务型政府"改革进程中,仍难以掩盖其巨大的历史惯性。因此,我国政府对大学生实习工作,可以从以下方面着手。

（一）从顶层设计层面,完善大学生实习相关法律制度

我国立法,一直以来是行政主导;有学者指出,在我国的立法实践中,法案主要由全国人大和国务院两个系统提出,而国务院和各部委通过行使法案提案权提交的法案远超全国人大提交的法案。③ 因此,我国政府实际上是真正的政策法律制定者。因此,在大学生实习相关法律制度方面,仍需要发挥政府主导作用,加强顶层设计,制定相关法律制度。

笔者建议一步到位,直接制定《实习法》单行法律。虽然目前教育法典正在启动编撰,估计会有部分学者主张将实习法相关规则纳入教育法典。对此,笔者认为,一则不能过于高估教育法典中纳入实习相关规则的可能性;二则即使有,估计篇幅也会相当有限。毕竟,教育法典偏重教育法律,而实习法的内容横跨教育法、劳动法、社会保险法等多个法律门类,全部纳入教育法典会比较困难,因此,笔者建议可以在教育法典中做一些宏观规定,留下"接口",具体内容还是要由单行的《实习法》来规定。也有学者提出,可以由国务院制定全国性的单行行政法规《中华人民共和国大学生实习条例》,通过该条例,形成关于大学生实习制度与教育法、劳动法等法律之间的

---

① 李鹏.公共管理学[M].北京:中共中央党校出版社,2010:23.

② 石建国.我国全能型政府职能的历史成因与改革方向[J].中国井冈山干部学院学报,2015(3):125-131.

③ 曹海晶.中外立法制度比较[M].北京:商务印书局,2004:40-41.

制度链和规则群。^①对此,笔者认为,制定一部命名为《实习法》的单行法律可能更为妥当。其原因有以下几个方面:

(1)单行法律的法律效力更高,有助于保护学生的实习权利。根据我国的《立法法》相关规定,行政法规是由国务院制定的,其法律效力低于法律。显然,效力偏低的行政法规不利于维护实习学生的权利。一旦与教育法或劳动法等相关法律存在差异或抵触,其实际效力就会大打折扣。

(2)《实习法》的名称比《大学生实习条例》覆盖面更广。因为,《实习法》需要规范的是企业、高校、学生三方的权利和义务,而且重点在企业,包括如何规范企业的权利和义务,如何调动企业的积极性,如何监督企业的管理等。此外,实习不单是大学生的问题,也涉及中职生层次的学生实习问题,中职生严格来讲不算大学生;而且实习问题,既不是单纯的教育问题,也不是单纯的劳动问题或企业培训问题。有学者指出,规范德国实习问题的《德国职业教育法》其实应该翻译为《德国职业教育与培训法》更为恰当。^②注释中,就明确提到德文中的"Berufsbildung"及"berufliche Bildung",是指广义的职业教育,包括各级各类职业相关教育和培训,对应于英语中"vocational education and training",即职业教育与培训(其在论文中,是为简化表述,将其翻译为"职业教育"的)。因此,在法律命名的时候,涵盖面更广的名称显然更有利于法律的实施。

(3)通过《实习法》,可以更好地协调平衡其他相关法律。目前关于大学生实习,涉及《教育法》《高等教育法》《职业教育法》《劳动法》《工伤保险条例》等相关法规,主体众多,法律关系内容错综复杂,需要予以平衡、协调。笔者认为,假如按照行政法规的层级立法,势必难以承担协调、平衡的作用。试想,一部下位法,如何平衡诸多的上位法?

(4)通过单行的《实习法》,可以一步到位,彻底解决学生实习问题。现在不少学者提出制定"条例",其最终的目的还是希望在条件成熟时制定《实

---

① 张勇.大学生实习及其权益保障的法律与政策[M].上海:上海人民出版社,2012:215;徐银香,张兄武.责任共担视角下大学生实习权及其权益保障研究[M].南京:南京大学出版社,2020:109.

② 中国驻德国大使馆教育处的刘立新在其论文《德国职业教育法(BBiG)》注释中,就明确提到德文中的"Berufsbildung"及"berufliche Bildung",是指广义的职业教育,包括各级各类职业相关教育和培训,对应于英语中"vocational education and training",即职业教育与培训(其在论文中,是为简化表述,将其翻译为"职业教育"的)。参见:孟景舟.德国经验:职教立法宜规范企业的"培训行为"而非"强制责任"[J].河南科技学院学报,2013(4):3-4.

习法》。那么，为何不一步到位，直接制定《实习法》？这样更有助于将来的司法实践中直接援用，充分发挥其法律效力。否则，仅仅一部行政法规，很可能会因为其法律效力偏低而难以真正发挥作用，而现实情况是每年我国有上千万大学生实习工作迫切需要法律的规范，迫切需要法律的保护，时不我待了。

(5)其他国家已经有相关先例。西方很多发达国家早就制定了实习相关法律，如德国早在1960年就制定了《青少年劳动保护法》，法国在2014年通过了修订的《实习生法案》，都是这方面的典型代表。作为大陆法系的典型国家，法国、德国的做法值得我们借鉴。

(二)从税收、财政、保险政策等方面，真正调动企业积极性

经过40多年改革开放的努力，我国已经成为世界头号教育大国，但是我国的大学生实习问题却深深陷入了一个尴尬的悖论境地：一方面学生急需各种实习机会；另一方面广大企业却兴趣不高。为此，国家通过"校企合作、产教融合"等政策鼓励企业参与，但是在实际操作过程中，却遇到了"学校热、企业冷"的局面。为了打破这种局面，教育界希望通过立法来强化企业在"工学结合"中的责任的呼声愈来愈响亮。但是，这只是从学校的角度而言的；从企业角度而言，却未必符合其利益。[①] 法律的基本精神是公平。对"工学结合"进行立法，就必须对"学校"和"企业"这两个法律主体的利益给予平等的重视。因此，如何调动企业的积极性就非常值得重视。笔者认为，可以从三方面着手。

1.从税收方面，给予用人单位相关优惠

以德国为例，德国政府出台了许多优惠政策，包括各种税收政策优惠：一是企业用于教育培训的所有费用都计入成本。二是政府向企业提供的职业培训给予一定数额的补贴。一般情况下，企业可获得占其净培训费用50%～80%的培训补助：如果所培训的职业符合发展趋势，企业可获得100%的培训补助。三是政府提供职业培训所需的人员费和物质材料费。四是政府对职业培训机构的建筑投资和设备投资给予补贴。[②] 笔者认为，我国税务部门完全可以参考德国的做法，将企业的所有学生培训实习费用纳入成本，此外，还应当给予其税收优惠，对于招收实习学生的企业，按人头给

---

① 孟景舟.德国经验：职教立法宜规范企业的"培训行为"而非"强制责任"[J].河南科技学院学报,2013(4):3-4.

② 冯旭芳,李海宗.德国企业参与职业教育的动因及对我国的启示[J].教育探索,2009(1):133-134.

予相应的税收减免，这样，必然有助于提升企业的参与积极性。

2.从财政、金融等政策方面，给予企业以激励

以日本为例，对于按照《职业能力开发促进法》的规定实施"实习并用职业训练制度"、招收年轻人进行职业技能培训的企业，可以获得"能力开发助成金"，其额度为企业内部培训费用和职业教育机构培训费用的 1/2，但每一个企业最多不超过 500 万日元；在实施"实习并用职业训练制度"的时候，凡对招收的年轻人予以试用的企业，可以获得"试行雇用奖励金"，额度为每人每月 4 万日元，最多支付 3 个月。[①] 我国财政资金管理部门也可以设置类似的奖励基金，对招收实习学生的企业，按人给予一定数额的奖励金；对这部分资金的来源，笔者认为可以从国家财政资金中本来就应当用于教育的部分中支出，也可以通过科技创新基金或其他科技公益基金中筹集，我国不少区域的科创基金资金实力雄厚[②]，完全能承受相关费用。此外，还可以鼓励金融机构对招收实习学生的企业增加贷款额度，因为，这样的企业社会责任感明显更强。

3.通过完善保险制度，降低企业面临的风险

企业在招收实习学生时，最大的顾虑往往是担心学生万一出现意外伤害，面临巨额赔偿。有学者建议，设立实习责任保险制度，并按照实习单位、学校、政府、学生四方的顺序分担实习保险费用，其中实习单位是第一投保义务人。[③] 对此，笔者认为这个观点有待商榷，让实习单位成为第一投保义务人是不合适的，势必会挫伤其积极性。目前涉及学生实习的主要有实习责任保险、校方责任保险、雇主责任险、学生意外伤害保险和工伤保险，这 5 个险种并不是互相排斥的关系，而是互相补充的关系：(1)实习责任保险[④]是商业保险，属财政出资投保的政策性保险，主要针对职业院校，由学校统一购买。(2)校方责任险是商业保险，但属财政出资投保的政策性保险，是教

① 杨子.日本职业技能培养新模式：实习并用职业训练制[J].职业技术.2007(11)：56.

② 浙江：到 2025 年各类科技创新基金规模将达万亿元以上[EB/OL].[2022-03-24].https://baijiahao.baidu.com/s? id=1724112411386990301&wfr=spider&for=pc.

③ 徐银香，张兄武."责任共担"视角下大学生实习权及其权益保障研究[M].南京：南京大学出版社，2020：87-88.

④ 教育部、财政部、中国保险监督管理委员联合下发《关于在中等职业学校推行学生实习责任保险的通知》(教职成〔2009〕13 号)，随后颁发了《中等职业学校学生实习责任保险实施方案》。

育系统有效化解和转移侵权责任风险的重要手段,由学校统一购买。[①](3)雇主责任险,也是商业保险,主要目的是帮助企业规避用工风险,该保险由用人单位自行购买。(4)学生意外伤害保险则属市场化运作的商业性综合保险,是学生自愿投保缴费的险种。(5)工伤保险则是社会保险制度中的重要组成部分,该保险属于社会保险,由用人单位购买。

显然,这5种保险都与实习学生有关,其中真正强制购买的只有实习责任保险、校方责任保险,显然,这是不够的。鉴于在实习过程中,可能会出现因公致残、致死的情况,笔者认为,完全可以强制要求实习学生办理工伤保险,当然,工伤保险的费用承担可以由学校、实习学生、国家、企业四方按顺序共同承担,其中,学校应该是第一投保义务人,具体分担方式可以由《实习法》予以规定。企业以营利为最高价值追求,如果能确保企业在招纳实习学生整个过程中有利可图且风险被转移,其积极性自然能得到大幅提升。

(三)从监督管理层面,确保高校和企业将相关法律政策落到实处

大学生实习工作是一件"功在当代,利在千秋"的好事情,如何将其真正做好,需要将各项规章制度落到实处,更需要政府做好监管。在笔者看来,在大学生实习这个问题上,政府的职责主要在于制定好政策,然后认真监管,两手抓、两手都要硬。

1.政府首先对高校进行全方位的监管

高校作为人才培养的主体,是大学生实习工作的第一责任人,应该高度重视大学生的实习工作,积极发挥在大学生实习工作中的科学安排、组织协调、经费投入、教育指导、监督管理、风险预防等作用。但是,必须看到,部分高校存在不少问题,包括:思想上不够重视,认为学生实习工作是学生自己的事情;制度上,实习规章制度粗疏简陋,不规范;经费上,投入严重不足,实习基地偏少,导致指导老师难以深入指导;师资力量上,安排指导教师人员偏少,指导老师难以兼顾到全部实习学生;组织上,协调不足,与企业的互动缺乏,导致学生实习处于"放羊"状态;风险防范上,不给学生办理实习责任保险,导致学生处于安全无保障状态。2019年教育部印发了《关于加强和规范普通本科高校实习管理工作的意见》,对进一步加强和规范普通本科高校实习管理工作做出规定。笔者认为,相关意见内容仍显宏观,应该制定类似

---

① 江西省教育厅.关于做好 2021—2022 学年教育保险工作的通知[EB/OL].[2022-03-24].http://jyt.jiangxi.gov.cn/art/2021/8/23/art_25690_3541867.html.

于《普通高等学校本科教育教学审核评估实施方案(2021—2025 年)》^①这样细化的可以操作的实习工作操作与评估指标,才能对高校实习工作进行深入细致的监管。

2.对企业进行全方位的监管

企业是实习的主要场所,享受了国家相关政策红利的实习单位,理应按照国家有关法律规定和实习协议履行保障实习生权益的义务和责任,但是,由于经济利益的原因,部分实习单位尤其是企业很容易成为实习生权益侵权的主体。^② 实习单位的问题主要表现在:经济方面,部分实习单位会以各种名义收取实习生的押金或其他费用,或者不支付或很少支付实习报酬;劳动时间方面,占用实习生的休息时间,或者经常延长工作时间,加班加点但不给加班费;劳动安全方面,部分实习单位对实习生的劳动安全不够重视,让学生从事一些高危高毒、易燃易爆,以及其他存在安全隐患的工作;安全保障方面,实习单位不给实习学生办理工伤保险,置学生于不安全的处境等。诸如此类,显然都需要一个统一的协调机构对企业予以监管。2016 年,教育部会同工信部、财政部、人力资源社会保障部、应急管理部、国资委、市场监管局、银保监会等八部门出台《职业学校学生实习管理规定》^③,为建立跨部门实习管理协调落实机制提供了契机。笔者建议,应当建立由教育部牵头的"实习工作监管委员会",根据部门职责加强日常监管,并结合教育督导、治安管理、安全生产检查、职业卫生监督检查、劳动保障监察、工商执法等,采取"双随机、一公开"(即在监管过程中随机抽取检查对象,随机选派执法检查人员,抽查情况及查处结果及时向社会公开)方式,联合开展监督检查,对支持职业学校实习工作成效显著的实习单位,按照国家有关规定予以奖励和政策支持,对违规行为依法依规严肃处理。

(四)从激励与救济方面,完善大学生实习证书与救济制度

大学生本身也是政府需要关注的对象。作为实习权利主体的学生,人

---

① 教育部关于印发《普通高等学校本科教育教学审核评估实施方案(2021—2025 年)》的通知[EB/OL]. [2022-03-24]. http://www. moe. gov. cn/srcsite/A11/s7057/202102/t20210205_512709. html.

② 张勇. 大学生实习及其权益保障的法律与政策[M]. 上海:上海人民出版社,2012:95-96.

③ 教育部等八部门关于印发《职业学校学生实习管理规定》的通知[EB/OL]. [2022-03-24]. http://www. gov. cn/zhengce/zhengceku/2022-01/21/content_5669670. htm.

数庞大，层次众多，自身能力素养差别巨大，因此，在实习过程中很可能因为自己的原因造成权利受损，为此，政府需要从激励和救济两个方面，对实习学生予以支持。学生存在的问题，主要包括：思想上，对实习认识不够，实习态度不端正，对实习持"无所谓"的态度；学业素养上，理论基础不扎实，在工作中难以胜任工作；敬业精神上，缺乏团结协作和认真工作的精神，自由散漫，不能吃苦耐劳，存在"骄娇"二气；维权意识上，部分学生法律意识淡薄，缺乏自我保护意识，也缺乏以法律维权的能力。这就需要政府从制度方面予以激励。

目前，实习对学生而言，仍是一项学校"强加的任务"；很多学生并未认识到实习的重要意义。为此，笔者认为，在激励方面，政府可以出台相关法律制度，一方面，要维护好实习学生的权利，包括要求订立实习协议、支付实习报酬；另一方面，也应注意对实习学生予以激励，包括建立实习等级证书、实习资格证书等制度。这方面可以参考德国，德国要求教育企业与学徒签订教育合同，按照双元制职业教育模式，接受在资质合格的教育企业这一元的培训，按照联邦统一的《职业教育法》进行实训；到培训结束时，学徒参加行业协会组织的考试，通过结业考试者可获得相应的职业资格证书和学历证书。笔者建议，可以设置相应的职业资格证书，对于实习期满 2 个月以上，获得相应技能通过相应考核的学生，授予相应的职业资格证书，以增强其在将来就业中的竞争力。

此外，针对实习学生维护权益方面的困难，政府也应当予以充分的制度救济，具体包括以下方面。

1. 将学生实习纠纷纳入人事劳动仲裁制度中，适用调解与仲裁

一般情况下，实习生最常遭遇的实习纠纷，主要是延长劳动时间，不给劳动报酬，拒绝加班工资等违约和侵权行为，由于维权成本较高，可能得不偿失等情况，实习生往往选择放弃维权，进而导致实习生利益受到侵害。据笔者调研发现，目前我国各省、市、区/县等都设有人事劳动争议仲裁委员会，但是其受案范围要求是劳动者，因此不受理实习生的劳动争议[1]，这就非常不利于实习学生的权益保障。因此，笔者建议，修改《中华人民共和国劳动争议调解仲裁法》，扩大受案范围，对大学生实习纠纷纳入现有的人事劳动仲裁委员会的受案范围，为实习学生提供咨询、调解和仲裁服务，可以及

---

① 王哲男.实习期间发生的劳动争议属于仲裁范畴吗[EB/OL].[2022-04-15].https://mip.66law.cn/laws/195051.aspx.

时解决实习生碰到的侵权问题,快速解决纠纷。

2.为学生实习提供行政救济

主要是校内申诉和校外申诉。在校内申诉中,要注意校内申诉委员会的机构设置,笔者建议应当确保校内申诉机构能独立、中立进行裁判,在人员比例上(应包含学校管理方、教师、学生、家长等)学校管理方不得超过1/3,实行公开、公正、公平的申诉听证程序,从而真正落实申诉权。校外行政申诉主要是设置在教育行政主管部门中,笔者建议也应当设置教育申诉委员会,在人员比例方面科学安排,包括学生代表、家长代表、学校代表、教育行政人员、专家等,其中任何一方人数比例不超过1/3,确保教育申诉制度能公平、公正。

3.为学生提供诉讼救济

主要包括提供法律援助、公益诉讼等。当大学生在实习过程中遭遇侵权损害后,非司法手段均穷尽而仍不能解决问题时,诉讼也就成为最后的防线了。在这里,笔者认为应当使用实习纠纷举证责任倒置制度,即实习单位承担举证责任,否则承担不利后果。事实上,我国《最高人民法院关于审理劳动争议案件适用法律若干问题的解释一》第十三条已经明确:"因用人单位做出的开除、除名、辞退、解除劳动合同、减少劳动报酬、计算劳动者工作年限等决定而发生的劳动争议,用人单位负举证责任。"①因此,只需将实习生纳入劳动者的范围即可。此外,政府还应当为实习学生提供法律援助,对大量学生的实习维权案件,适用公益诉讼,降低实习生维权成本,保障实习生的合法权益。

三、高校是实习权益保障工作的主体

高校是大学生实习工作的主要推动者、组织者,也是实习工作的主要受益者。通过学生实习,高校与市场联系更加紧密,这提高了高校的人才培养质量,促进了学生能力的提升,提高了学生的就业率,也有利于高校名誉的拓展,因此,高校要对实习工作承担主要责任。2019年《教育部关于加强和规范普通本科高校实习管理工作的意见》中明确指出:"高校是实习管理的主体,学校党政主要负责人是第一责任人,要负责建立实习运行保障体系。"

---

① 王浙男.劳动争议适用举证责任倒置吗［EB/OL］.［2022-04-15］. https://www.66law.cn/laws/171892.aspx.

但是，目前部分高校仍然存在对实习不够重视、实习经费投入不足、实习基地建设不规范、实习组织管理不到位，进行"放羊式实习"，指导服务学生能力不足等情况，亟需通过做实做细实习三方协议，筛选适格的实习企业，完善学生培训机制，推行实习意外伤害保险等一系列措施，确保大学生实习工作稳步推进。

（一）科学制订实习计划，加强教学体系建设

"凡事预则立，不预则废"，高校要确保实习工作的顺利开展，首先要做的是科学制订实习计划。打破理论教学时间的固化安排，根据实习单位生产实际和接收能力，错峰、灵活安排实习时间，合理确定实习流程。根据实习内容，按照就地就近、相对稳定、节省经费的原则，选择专业对口、设施完备、技术先进、管理规范、符合安全生产等法律法规要求的单位进行实习。同时，应当加强实习教学体系建设。根据国家专业建设标准，结合专业特点和人才培养目标，系统设计实习教学体系，制定实习大纲，健全实习质量标准，科学安排实习内容。

（二）建立实习前培训制度，完善实习管理制度

据笔者调研，除了师范、医学类院校外，很多高校基本上没有实习前培训的制度，往往是学生到了毕业前夕，就直接自行去实习了；或者学校简单开个"实习动员大会"，走个过场而已；很多学生对实习目的、实习意义、实习制度、工作要求、安全风险、事故预防、保险事务等事项，基本上处于茫然不知的状态，这就很容易导致"放羊状态"，进而造成各种实习事故的发生。显然，完善的实习管理制度是非常重要的。笔者认为，至少应当建立以下几个制度。

1. 实习前培训制度

该制度是实习前置制度，至少培训安排3天或10个学时，内容包括实习目标和意义、实习单位的选择、实习工作主要内容、安全事故防范、实习保险知识、实习法律常识、实习心理常识。建议安排企业界人员或资深指导老师担任课程主讲教师，为学生外出实习打下扎实的基础。

2. 实习单位申请与审核制度

这其实是实习前的"把关"制度。对实习单位进行源头管理，可以避免很多潜在的风险和隐患。对本校的实习基地，当然可以在审核环节予以豁免；但是，很多学生自行联系的实习单位就应当有一个申请与审核的制度，

高校应当安排专职人员或实习指导老师，对实习单位逐个审核，通过"天眼查""企查查"、电话回访、实地查看等方式，了解实习单位的真实情况；并建立"白名单"和"黑名单"，将那些信誉良好、经营诚信的企业纳入"白名单"，将那些有问题的或存在不良记录的企业纳入"黑名单"，避免学生发生潜在的实习风险。

3. 实习三方协议管理制度

实习协议是确定学校、企业和实习学生三方权利义务关系的具有法律约束力的法律文件，对于明确相关主体的责权利有着非常重要的作用。像德国、美国、法国、英国等发达国家，都以法案的形式，要求大学生实习时必须签订实习协议，并对实习协议的内容进行详细的规定。如德国《联邦职业教育法》就明确规定，实习必须签订教育合同，双方需就实习岗位、实习内容、实习报酬、实习时间等形成完备的教育合同。我国 2022 年新出台了《职业学校学生岗位实习三方协议（示范文本）》，这个三方协议范本很好，内容较为全面，对高校、企业、实习学生的三方权利义务做了明确的规定，即便在其他教育、劳动、工伤保险法律没有修改之前，也可以先在全部高校中予以推广，并强制执行。

4. 实习全过程管理制度

这其实应当包括实习日常信息沟通制度、实习巡查制度、实习总结制度。对于信息沟通，不少高校都建立了相关制度，如《实习信息反馈表》《实习日志》等，还包括与指导老师日常沟通的"微信群""QQ 群"等；此外，还应当扎实推行实习巡查制度，学校应当安排指导老师或者专职人员，对自己的实习学生至少安排 1 次实习期间实地巡查，这也是加强学校与企业、学生沟通的好方式，通过实习巡察，可以及时了解实习的真实情况，进而与企业界建立良好的联系，为教学改革、人才培养、实践模式等的改良提供前提。实习总结制度主要是学生自己和学校层面，都应当有相应的实习总结，回顾整个实习过程中的成败得失、经验教训，以有利于后续工作的完善。

5. 实习意外事故应急处理制度

俗话说，"居安思危，有备无患"。应急处理制度可以科学规范突发事件应对行为，合理配置应对突发事件的各种资源，提高应急决策的科学性和时效性，在关键时刻能最大程度地减少损失。万一发生学生实习伤害事故，应当立即启动实习意外应急处理机制，迅速反应，协调一致，及时有效采取应对措施，包括人员前出、紧急送医、后续处理等，防范次生危害或者出现事故扩大的情况，最大限度保障学生的安全。

6. 实习保险制度

实习保险责任制度，一定要高度重视并予以落实。目前我国只有职业院校普遍建立了学生实习保险责任制度，主要依据的是 2010 年实施的《中等职业学校学生实习责任保险实施方案》①和 2012 年的《教育部办公厅关于实施全国职业院校学生实习责任保险统保示范项目的通知》②，"统保示范项目"是根据职业教育特点为保障学生实习安全量身定做的项目，不是单纯的商业保险，而是具有"市场运作、政策引导、政府推动"性质的公益性保险产品。该项目涵盖了学生实习责任保险和校方责任保险内容，既包括学生实习中工伤事故等常见风险，也包括实习学生对生产规程不熟悉以及往返学校和实习单位途中的特殊风险，最高限额达到 50 万元，并且"学生实习责任保险的经费可从职业学校学费中列支；免除学费的可从免学费补助资金中列支，不得向学生另行收费。如果职业院校与企业达成协议由企业支付的，企业支付的实习责任保险费据实从企业成本（费用）中列支"。

这个保障力度应该说是有了很大的提升，但是和工伤保险仍有差距；此外，该实习保险主要面对的是职业院校，笔者认为该实习保险应面向全体普通高校，使所有需要实习的学生都能参加，真正做到"人人参保，应保尽保"。

（三）加强实习指导教师队伍建设，健全实习辅助人员队伍建设

实习指导教师是保障实习顺利开展的重要人员，理应是实习学生的第一责任人，其作用非常重要。实习指导教师主要在实习前、实习中、实习后开展相关工作：在实习前，做好实习单位的把关工作，协助学生选择合适的实习单位和岗位，做好实习思想动员工作；在实习中，要做好实习日常沟通，了解学生实习进展，对有实习问题的学生开展心理辅导和个案跟踪，防范实习安全，对实习单位的安全隐患提出整改意见，确保实习顺利进行；实习结束后，做好实习生的评价和总结工作，提升学生的实习效果。此外，还应当

---

① 教育部 财政部 中国保险监督管理委员会关于在中等职业学校推行学生实习责任保险的通知［EB/OL］．［2022-04-24］．http://www.moe.gov.cn/srcsite/A07/moe_950/200911/t20091120_79113.html.

② 教育部办公厅关于实施全国职业院校学生实习责任保险统保示范项目的通知［EB/OL］．［2022-04-24］．http://www.moe.gov.cn/srcsite/A07/moe_950/201204/t20120426_135380.html.

配套相应的实习辅助人员,包括实习心理医生、实习法律顾问、实习联络员/组长(可以由学生担任)等,共同完成实习工作。

当然,这样高强度的实习指导和实习协助工作,需要高校对这支队伍进行足够的投入和培养,需要大量的经费投入,也需要相关的制度和配套措施推动。

(四)增加实习经费投入,不断建设校企合作基地

在这里,笔者特意强调,实习经费的投入是重中之重、关键之关键,如果没有充足的实习经费保障,势必导致实习计划无法落实,教师无暇顾及实习指导,实习必然是"放羊"状态。相比于理论教学,实习指导显然对经费的需求更大,包括实习指导教师和实习辅助人员的交通、住宿、工作量的补贴等,都需要大量的经费支持。应该承认,我国高校实习经费仍显不足,为此,教育部2019年特下发文件《关于加强和规范普通本科高校实习管理工作的意见》[①],明确要求:"高校要加大实习经费投入,确保实习基本需求。要积极争取实习单位支持,降低实习成本,确保实习质量。"显然,问题已经找到,关键是看高校如何真正落实。

此外,校企合作基地建设也是一项值得深入持久开展的工作。现实中,不少企业其实是很欢迎大学生实习的,一方面,实习学生文化水平高、理论知识扎实、思维开阔、创新意识较强;另一方面,相比于正式员工,实习生的劳动报酬或补贴是很少的,用工成本大大降低,因此,企业也需要实习生。然而,现在的问题是,由于我国相关法律和各种财政、税收、保险等法规与政策方面的限制,导致企业界对实习生的接纳有很大的"后顾之忧",因此,校企合作推进较为缓慢。为此,教育部文件《关于加强和规范普通本科高校实习管理工作的意见》中也指出,要"加强实习基地建设。高校要不断深化产教融合,大力推动实习基地建设,鼓励建设满足多专业实习需求的综合性、开放共享型实习基地……"显然,关键问题是要切实解决法律制度层面的问题。

四、用人单位是实习生权益保障的重要参与者

以企业为主的用人单位,是接收学生最多的市场主体,虽然营利是其主要的价值指向,但作为社会的一分子,作为一个负责任的企业,培养人才的

---

① 关于加强和规范普通本科高校实习管理工作的意见[EB/OL].[2022-04-24].ht-tp://www.moe.gov.cn/srcsite/A08/s7056/201907/t20190724_392130.html.

社会责任意识还是应该具备的。企业在追求自身利益的同时，还应该考虑企业股东、员工、消费者、债权人、当地政府部门、所在社区等各方面的利益，必须承担起自己应有的社会责任。[①] 因此，用人单位需要进一步增强社会责任意识，健全校企合作制度，完善大学生实习安全保障机制，发挥企业"人才培养重要主体"的作用，通过"实习前、实习中、实习后"等多个环节渗透，保障大学生实习合法权益，为培养社会主义建设人才，实现人才强国战略出力。

(一)增强社会责任意识，积极响应政府和社会相关需求

1. 企业要增强社会责任意识

社会责任是指一个组织对社会应负的责任，任何组织都应以一种有利于社会的方式进行经营和管理，社会责任通常是指组织承担的高于组织自己目标的社会义务。[②] 它超越了法律与经济对组织所要求的义务。社会责任是组织管理道德的要求，完全是组织出于义务的自愿行为。社会责任一般包括企业环境保护、安全生产、社会道德、培养人才以及公共利益等方面，由经济责任、持续发展责任、法律责任、道德责任和慈善责任等构成。[③] 如果一个企业不仅承担了法律上和经济上的义务，还承担了"追求对社会有利的长期目标"的义务，我们就说，该企业是有社会责任意识的。因此，企业应当从承担社会责任、履行法定义务、培养企业后备人才的战略高度，认识和对待接收实习学生的问题，积极为实习学生提供岗位，接纳实习学生。

2. 积极响应政府和社会的相关需求

在调动企业积极性方面，政府有着充足的资源，可以通过出台财政、税收、金融、保险等多种政策，激励企业参与到大学生实习工作中来，这里，政府不仅仅是让企业"不吃亏"，还应该让企业"有收益"，甚至能让实习成为利润的一个来源；因此，应当发布实习补贴政策，让企业每接收一个实习学生，都能获得相应的补贴。如日本政府在实施"实习并用职业训练制度"的时候，凡对招收的年轻人予以试用的企业，可以获得"试行雇用奖励金"，额度

---

① 钱瑜.企业社会责任和企业绩效的典型相关分析——基于利益相关者视角[J].企业经济,2013(3):79-82.

② 钱瑜.企业社会责任和企业绩效的典型相关分析——基于利益相关者视角[J].企业经济,2013(3):79-82.

③ 傅鸿震.企业社会责任与财务绩效关系研究综述[J].商业研究,2011(8):34-38.

为每人每月 4 万日元,最多支付 3 个月。① 如果政府能出台类似政策,企业也应该积极参与,响应政府和社会的需要,依托企业发展和生产需要,设计实习岗位,制订实习生需求计划,定期向社会发布实习岗位信息,从而主动承担其社会责任。

(二)健全校企合作制度,落实实习三方协议

企业作为实习工作的重要环节,是实习的主要场所,在维护自身合法权利的同时,也应当兼顾实习学生的合法权利;在此基础上,实习单位应当健全校企合作制度,落实实习三方协议,确保实习工作在法治的轨道上运作。

1. 实习前的登记与签约制度

包括实习前的登记、审核、实习计划等制度。这些工作主要由公司的人力资源部门执行,具体包括详细审查和登记实习学生的个人信息,了解学生的专业背景和个人爱好,进而尽可能做到"人岗适合";同时,根据政府和高校要求,对即将上岗的符合实习条件的学生,签订实习三方协议,明确企业、高校和学生三方的权利和义务,并认真执行实习协议,切实维护实习学生的权利;此外,对于能办理工伤保险的,尽可能办理工伤保险(当然,如前文所述,保险费用应当由高校、学生、政府、企业等分担)。

2. 实习中的日常管理制度

包括信息沟通、工作培训、报酬发放、安全防范、事故预防、应急处理等制度。在实习过程中,应当建立与高校的信息沟通制度,及时了解实习高校的要求;开展工作内容培训,让学生尽快适应岗位职责;发放劳动报酬,确保按月、足额、不拖欠;并注意防范安全事故,做到培训到位、防范优先;同时还应建立应急处理预案,万一发生实习伤亡事故,能第一时间予以救助。

3. 实习后的总结反馈制度

主要包括实习总结、反馈、留用等制度。企业也应当建立实习总结制度,回顾实习生在企业实习的总体情况,反思经验教训,并上报政府部门或通报对应高校,共同提高人才培养质量;对表现优秀的实习学生,可以优先录用。

(三)完善实习计划安排,建立实习指导队伍

实习效果好不好,实习计划安排和企业指导老师也很关键。企业应当

---

① 杨子.日本职业技能培养新模式:实习并用职业训练制[J].职业技术,2007(11):56-57.

构建完备的实习计划,制定实习的基本要求,明确实习目的,并为每一位实习学生安排实习指导老师。实习指导老师的主要职责包括以下方面。

1.加强思想教育

进一步端正学生实习的动机,明确实习的目的,加强学生思想道德教育,培养学生良好的行为习惯,协助实习企业管理学生,加强学生实习劳动纪律教育,增强学生劳动纪律观念。

2.进行安全教育

安全是实习的基础。指导老师在学生实习过程中,一定要关注安全问题,开展学生日常工作纪律教育和安全教育;对不遵守劳动纪律、不遵守操作规范、不遵守安全要求的学生要提出严肃批评,情节严重者应及时与学校联系,做出处理决定。

3.实习工作指导

经常对学生在实习过程中的行为进行巡视督导,对操作中的疑难问题进行剖析,防范实习风险,确保实习学生能保质保量完成实习任务。

4.沟通协调工作

加强与实习单位、学校的沟通,及时把学生对实习单位、高校的意见反馈给单位和高校,促使企业和高校解决实际问题,密切双方关系;同时,及时向实习企业反映学生中带有普遍性、倾向性的问题,提出解决问题的办法。

(四)构建风险防控机制,保障实习学生合法权利

现代社会是高风险社会,风险无处不在,在大学生实习过程中,尤其要注意防范实习风险,在维护好自身权利的同时,保障学生合法权利,为此,企业应当建立自己的风险防控机制。风险防控机制是指为防范和化解风险而以风险治理条件和治理能力为基础所建立、实施、维持和不断完善发展的治理性规范安排和基本做法。[①] 从风险防控学来看,企业应当完善风险防控机制,建立健全风险研判机制、决策风险评估机制、风险防控协同机制、风险防控责任机制。在笔者看来,实习企业主要是做好保险制度,应当要求高校为实习学生办理实习责任保险,同时,如果法律允许,也为实习学生办理工伤保险,保险费用由高校、学生、政府等共同承担,以此规避实习风险。笔者认为,如此众多的大学生实习,发生风险的概率必然存在,那么,最大限度地控

---

① 邱需恩.提高风险防控能力,健全风险防控机制[N].中国纪检监察报,2019-02-19.

制和转移风险,就是最好的防范之策。

此外,实习单位还应当主动保障实习学生的合法权益,遵循教育法、劳动法、工伤保险法等要求,合理安排实习时间,保障实习学生的休息休假权,适当发放劳动报酬,真正保障实习学生的各项权利。其实,任何付出都是有回报的,对大学生实习权利的良好保护,也是对企业自身的良好保护;企业善待实习学生,其实也是在善待自己,因为这有助于在世人面前树立良好的企业形象,营造企业良好的社会声誉,使得企业焕发勃勃生机,最终实现基业长青。

五、大学生要发挥实习权益保障的主人翁精神

大学生在实习过程中,并不是也不应当完全处于被动的状态;作为实习的主体、最终受益者,也是意外伤害问题的承担者,需要广大学生增强主人翁精神,提高安全意识,增强自我保护和法律观念,敢于捍卫自身合法权益,同时也要切实提升意外伤害的防范能力,在实习实践中全面提升综合素养,真正成长成才。

(一)提高思想认识,端正实习态度

大学生是实习的主体,要保障实习权益,实习生应当充分发挥自身的主观能动性,不能"坐等"学校或用人单位的保护。首先,要提高对实习的思想认识。大学生要充分认识到自己是个即将踏入社会、进入职场的成年人,要对实习有正确的认识,实习是"理论与实际相结合""学以致用"的重要环节,也是为自己就业提供的实地观摩的机会,要高度重视,不能马虎了事。其次,要端正实习态度。要真正转变身份,从"学生"转变为"职场人""工作人",要有敬业精神,虚心接受企业员工、指导老师的指导,遵守企业的工作制度,遵守各项工作纪律,严守企业经营秘密,保护企业知识产权,克服各种随性而为的行为习惯,树立良好的职业道德和责任意识。

(二)提高安全意识,防范实习风险

在实习中,首先,应当提高安全意识。安全是一切工作的底线,要树立安全发展理念、筑牢平安防线、紧绷安全生产这根弦。从学校到工厂、企业,工作、学习、生活环境都有了巨大的改变,上班路上也远比校园的安静环境危险,因此,实习学生应当提高安全意识,防患于未然,主动学习各种安全生产知识,掌握安全操作规范。其次,防范实习风险。实习学生如何防范实习风险呢?笔者认为,一方面,要积极主动要求与用人单位签订实习三方协

议,通过实习协议,明确自己的工作职责、工作内容、工作时间、工作报酬,并了解自己实习保险的办理情况,实习责任险应当要求学校购买,最好能请企业、学校办理工伤保险(在现阶段可通过学校、指导教师等途径要求)等,将实习风险先隔离起来;另一方面,与用人单位、高校的违法违规行为进行坚决斗争,敢于说不,积极维护自己的合法权益。

(三)增强法治观念,提升维权能力

首先,要增强法治观念。当代大学生,普遍具有一定的法律常识,但总体而言法律知识仍然非常贫乏,这也是他们的实习权益经常受到侵犯的一个原因。因此,大学生应当主动学习法律知识,了解与实习相关的法律法规、政策文件,增强权利意识。其次,提升维权能力。通过学习法律知识,了解实习纠纷解决的途径,包括调解、仲裁、诉讼等,善于运用法律手段维护自己的权利,进而提升维护自身合法权益的能力。

当然,其他组织、社会力量也应共同支持大学生实习工作。大学生实习是一项量大面广的工作,需要很多事业单位、中介组织、行业协会、社会力量等共同参与。企业虽然是接收学生实习的主体,但不是全部,有些专业需要到各种特定行业实习,如法律专业学生要去检察院、法院、律师事务所等实习,会计专业学生要到会计师事务所实习,师范生要去中小学实习,医学生要去医院实习,社会工作专业学生要去社区实习,部分政府机构其实也可以开放给学生实习,这些社会组织和政府机构,都应当为实习学生提供各种便利,并保障他们的合法权益。各种中介组织,包括一些招聘网站、职业介绍所等,往往也会发布一些实习招聘信息,因此,这就需要这些中介组织认真负起责任,充当好桥梁和纽带角色,避免成为坑蒙拐骗实习学生的帮凶,政府、高校、媒体等也应当共同参与、共同支持、强化监督,共同营造培养社会主义建设者的良好氛围,共同保障大学生实习工作行稳致远。

第七章
结 论

一、基本结论

在我国高等教育从大众化向普及化跨越的背景下,大学生实习是一项量大面广、牵涉诸多主体、法律关系错综复杂的重要工作,做好这项工作对于深化我国应用型人才培养模式改革,促进产学研结合,推动产教深度融合,最终实现教育强国、人才强国战略都有重要意义。本书从大学生实习权的理论出发,分析了大学生实习期间的法律身份,辨明了大学生实习期间各主体之间的法律关系,通过对大学生实习权利保障现状的调查研究,并深入分析近10年来大学生实习纠纷司法判例,借鉴发达国家大学生实习权保障的经验,发现当前我国大学生实习权保障困难的直接原因既不在高校,也不在学生,而在于企业;而企业不愿意提供大学生实习权益保障的根本原因却不在其自身,而在于当下的法律和政策;而政策法律得不到调整的最终原因又在政府,在于我国政府的立法问题。因此,本书第六章中明确提出,要依据顶层设计与系统思维、育人为本与激励为先、倾斜保护与风险管控、制度创新与监管并重的原则,在教育法典的视野下,构建以三方协议为核心,政府发挥牵头统领作用,高校发挥主力军作用,用人单位积极配合,实习学生自身也发挥主观能动性的"一核四维"的大学生实习权益保障体系。

围绕研究主旨,本书提出了一系列旗帜鲜明的观点,形成了一套大学生实习权益保障的体系架构,对促进我国大学生实习工作有一定的参考意义。

(一)进一步明确了大学生实习权的概念

从历史和发展的眼光看,权利和任何事物一样,都有一个逐渐发展的过程,必然随着时代的发展而慢慢充实起来;受教育权也一样,其内容也必然随着时间的前行而逐步丰富起来。如果说21世纪以前的我国大学生受教育权更注重校园内部层面的话,那么进入21世纪以来,校园外部的大学生受教育权问题逐渐突显出来。大学生的实习权保护问题在20世纪并不突出,但是,随着我国社会经济和教育形势的快速发展,高等教育从精英化迅速跨入大众化乃至普及化阶段,产教融合、校企合作不断推进,应用型人才培养模式改革日益深化,越发彰显实习权独立设置的重要价值。

因此,在我国教育法典即将编纂的当下,认真研究实习权并将其纳入教育法典中,显然具有非常重要的意义。当前,我国教育法典仍在讨论当中,离真正制定还有很大的差距,各方面的研究尚处于开局状态,覆盖面颇为有限,对法典中很多应予以深入研究的问题尚未涉及,这就为全面、系统、规范地保护学生权利,在受教育权中纳入实习权提供了良好的契机。

关于实习与毕业实习。为精准讨论问题,在本书中讨论的实习主要是指毕业前的生产性实习,即高校即将毕业的应届大学生(身份),在毕业前夕进入用人单位(时间),以就业或就业准备为目标(目的)而进行的实习(且只讨论用人单位为企业的情况)。显然,毕业实习一般包括顶岗实习、带薪/无薪实习、跟岗实习等实习类别。在本书中,实习主要指大学生生产性实习,也就是高校为使学生掌握某专业技能、熟悉专业内知识、验证专业理论而在机关、企事业单位进行的真实的工作和劳动。

关于实习权的定义。本书认为实习权是指处于行将毕业时候的大学生,在为就业做准备而参加的实践活动中,所应享有的各种权利之和。鉴于实习的复杂情况,笔者认为它既是一项受教育权,也是一项劳动就业权(尤其在顶岗实习时),它是公民受教育权与公民劳动权的交集,是两项权利的交集衍生出的一项新的"权利束"。大学生实习权来源于两个方面:一方面是公民的受教育权;另一方面是公民的劳动就业权。

本书认为,无须将实习权从实习生权益中独立出来。其原因在于目前实习权与实习生权益的内涵与外延基本一致,使用场景几乎重合,关于实习权的研究也基本上就是关于实习生权益的研究,因此,没有必要将实习权与实习生权益予以区别。

关于实习权的特征。因为它是受教育权与劳动权两者的"交集",应当从两个方面予以探讨。从受教育权看,实习权是法律所确认和保障的大学生所享有的接受实习的利益和权利。实习权是法律所赋予的一种接受实习利益的资格。从劳动权的视角看,实习权是作为劳动权的一种特殊表现形式,也是宪法赋予的基本权利。实习权具有有酬职业劳动的特性。实习权遭受侵害时,具有请求有权国家机关予以保护的可能性。

关于大学生实习权的内容。本书认为,鉴于大学生实习权受教育权与劳动权的"交集"属性,其基于受教育权的学生实习权益,主要包括实习信息知情权、平等实习权、实习自由选择权、获得实习指导权、实习公正评价权等；基于劳动权的实习权益，主要包括获得劳动报酬权、劳动安全卫生权、休息权、劳动伤害保障权、劳动争议申诉告诉权等。

实习生的实习，在客观上表现为劳动，许多学者都认为实习生就是"准劳动者"，笔者也赞同该观点。作为准劳动者，当然可以享有劳动者的相关权利。

（二）界定了大学生毕业实习期间的法律身份

高校大学生实习制度的争议点也是大学生毕业实习劳动权益保障的法理争议点。高校大学生实习制度的争议点在于高校实习生的身份界定，他们到底是学生还是劳动者？学术界有"兼容说"和"不兼容说"两种观点；也有观点划分为学生说、劳动者说、折中说3种。

本书赞同折中说，即认可其在一般情况下的准劳动者身份，在特定情况下的劳动者身份。在一般情况下，毕业实习大学生首先符合我国宪法意义上的劳动者定义，也符合我国劳动法上的"广义劳动者"的界定，不符合社会保险法上的"职工"的界定；但在特殊情况下，如果毕业实习大学生与实习单位构成劳动关系，则其可能符合"狭义上的劳动者"的界定，也可能符合社会保险法上的"职工"的界定。此外，对于劳动者资格的两个条件——劳动权利能力和劳动行为能力，毕业实习大学生显然都具备，因此其在资格方面也可以成为劳动关系的主体。因此，本书认为，毕业实习期间的大学生在一般意义上至少是"准劳动者"身份；在特定情况下，可以被认定为"劳动者"。

关于劳动者身份与学生身份的区别。本书经过比较研究发现，劳动者身份附属了较多的经济利益，而学生身份则较少经济利益，主要是教育利益。教育类权利与经济类权利显然不同，对于大学实习生来说，如果赋予其"劳动者"地位，意味着其将获得很多的经济利益，这对用人单位来说是一种经济负担；如果不给予其"劳动者"地位，也就意味着用人单位不用承担那么多的经济利益，这可以减轻很多用人单位在经济方面的压力。这个不同点，正是学生身份与劳动者身份产生分歧的根本原因。这个问题在新制度经济学看来，就是实习生群体利益、高校群体利益、接收企业群体利益之间的博弈与平衡，政府要从社会整体利益出发予以居中协调。

（三）分析了大学生实习期间的各主体的法律关系

在大学生实习期间，直接涉及的主体主要包括高校、实习单位、大学生，这三者之间的法律关系与大学生的法律身份密切相关。

对于大学生与高校的关系，本书赞同复杂关系说。目前，学术界关于大学生与高校之间的法律关系，众说纷纭。但总体而言，对高校与大学生两者之间法律关系的主要观点可以分为 4 种，即行政法律关系说、民事法律关系说、特别权力关系说和复杂关系说。本书赞成复杂关系说。因为高校与实习大学生之间，无论是认识性实习还是生产性实习，都不是单一的某种法律关系，而一直都是行政法律关系、民事法律关系或特别权力关系的复合体。其根源就在于大学生的双重身份，既是国家的普通公民，理应享有普通公民的权利和义务；也是高校中的学生，依法享有受教育权等权利和义务。因此，这种"叠合式的结构"决定了大学生与高校之间不是一种单一的法律关系。

对于实习学生与实习单位之间的法律关系，本书提出"非固定关系说"。目前学术界对此争议较大，主要有 3 种观点，包括非劳动关系说、劳动关系说和准劳动关系说（其他还有教育管理关系说、事实劳动关系说、附带劳动关系说、劳务关系说等较为小众的观点）。对此，本书认为，上述 3 种观点都存在"以偏概全"的问题，对大学生实习类型的复杂性和多样性缺乏考虑。为此，可以借鉴 2021 年 7 月 16 日人力资源和社会保障部、最高人民法院等八部门联合出台的《关于维护新就业形态劳动者劳动保障权益的指导意见》（人社部发〔2021〕56 号）的相关规定，该规定将平台企业与新就业形态劳动者之间的用工关系规定了 3 种情形：一是符合确立劳动关系情形的；二是符合民事法律关系情形的；三是不完全符合确立劳动关系情形的。新业态劳动者与平台之间的关系完全看具体情况，没有统一的答案。显然，实习学生与高校的关系和实习学生与实习单位的关系具有很大的不同，前者法律关系的类型基本相同，而后者则千差万别。因此，本书认为，大学生与实习单位之间没有固定的法律关系，而是要具体问题具体分析。如果构成劳动法律关系，就认定为劳动法律关系；如果不构成，就认定为非劳动关系或不完全劳动关系。因此，本书的观点可以命名为"非固定关系说"。

对实习单位与高校之间的关系，本书认为也是属于"无固定关系说"。目前学术界主要有两种观点：委托关系说和无关系说。本书认为，实习单位与高校之间的关系，主要还是看两者之间有无委托合作关系，如果有合作协议，则构成委托关系；如果没有合作关系，纯属学生自主寻找实习单位，那实习单位和学校就没有委托法律关系。这一点从相关司法判例中也得到了印证。

(四)调研了大学生实习权利保障的现状

针对大学生实习权利保障的现状,笔者通过自身访谈、问卷调研,并结合其他学者的调研成果,发现我国大学生实习工作在高等教育从大众化迅速迈向普及化的当下,整体上取得了一定的成绩,主要包括:政府高度重视,出台了一系列政策措施;高校多措并举,大力推动实习开展;很多用人单位积极响应,产教融合有所进展;大学生也主动参与,不断投身到实习实践中。

从实习整体情况看,有几个特点,包括实习学生基数庞大,学历层次多,年龄跨度大;实习形式多样,情况复杂;实习环节涉及面广,风险点较多;部分学校管理环节疏漏,部分实习单位对实习管理薄弱等。

在大学生实习环节权益保障方面,仍存在不少问题。部分高校存在的问题主要包括:对实习学生指导管理存在薄弱环节,实习管理制度不完善,实习安排不科学,实习基地数量偏少,建设水平不高,实习信息化建设滞后,实习指导服务不到位。用人单位方面存在的问题主要包括:部分企业对接收学生实习认识不够,部分社会组织积极性不高,部分企业没有建立实习生管理制度。学生方面存在的问题主要包括:部分学生对实习存在认识偏差,实习动力不足,维权意识不强。政府与政策方面存在的问题主要包括:监管职责不清,监管不到位,其他社会保障缺失;政策支持不足主要表现在,教育法、劳动法、社会保险法等缺乏相应规定。此外,还有实习协议落实不好,一是相当多的实习生没有签订实习协议,签订三方协议的则更少;二是已经签订的实习协议本身也存在很多问题。

关于大学生实习权益保障困难的原因,本书发现,主要有以下几个方面:实践上,大学生实习供需矛盾突出,实习岗位少,竞争非常激烈;理论上,学术界对大学生实习身份存在分歧,进而导致在法律制度上,现有的教育法和劳动法都缺乏相关规定;最后在救济程序上,校内救济与校外救济都存在缺失。

(五)大学生实习纠纷的司法判例研究

学术界的理论分析固然重要,但是通过研究司法判例,了解司法实务界对大学生实习纠纷的观点也非常重要。通过对大学生实习纠纷案件的司法裁判文书的分析,我们可以了解法院最终认定的客观事实、审判的理由和最终的判决结果,从而归纳和总结出该类法律纠纷发生的事由及责任承担情况,进而可以为类似行为提出风险防范的建议。本书查阅中国裁判文书网上时间跨度从 2011 年到 2021 年的判例①，并剔除不相关的个案后，共筛选搜集到 45 个有关大学生实习权益保障的司法判例。在这 45 个司法判例中，主要有 3 个特点：一是劳动关系确认之诉为实习涉诉纠纷的主要类型，占比高达 60%；二是涉诉权益保障类型呈现多元化和复杂化，共涉及 11 种纠纷类型，包括"实习期间是否存在（事实）劳动关系""实习期间人身伤害如何赔偿""追索实习期间劳动报酬，不涉及劳动关系认定""实习期间学生意外死亡，学校是否承担侵权责任""实习期间工伤保险待遇如何给付""实习期间学生意外死亡，同伴是否承担侵权责任""实习期间涉嫌泄露商业秘密""实习期间遭遇交通事故，寻求误工费补偿""实习转正后，意外伤害寻求认定为工伤"等；三是判例审理结果各不相同，相似类型的案件判决结果出现差异的现象较为突出。

通过这些判决，可以看到我国司法实务界对大学生实习权利纠纷案件持有的主要观点有：(1)是否构成劳动关系不以签订书面合同为关键；(2)实习协议具有非常重要的证明作用，明确的实习协议可排除劳动关系；(3)就业协议不是认定劳动关系的唯一要件；(4)实习期间的劳动报酬≠工资；(5)实习生意外受伤是否认定"工伤"要根据情况而定；(6)实习期间学生意外死亡的责任分担，高校和实习单位一般按照过错原则承担赔偿责任，具体责任如何分配，因案而异；(7)实习学生具有保守实习单位秘密、知识产权等义务，侵犯实习单位利益要承担责任；(8)顶岗实习学生与实习单位不构成劳动关系。

从司法判例中，可以看到我国大学生在实习过程中，其应有的合法权益离妥善周全保护还是存在不小的差距，主要表现在：很多实习学生没有签订实习协议，权利义务不明确；实习学生意外伤害频发，但得不到充分的补偿；劳动报酬经常被拖欠，用人单位还心安理得；工伤认定非常艰难，很多实习学生没有购买工伤保险，万一受伤，赔偿严重不足；实习过程中的不小心泄密可能会引来牢狱之灾；等等。

那么，大学生实习权益司法保障不足的主要原因在哪里？本书发现，原因是多方面的，主要包括：第一，在教育法律领域，尚未建立统一完善的实习法律制度，实习管理制度粗疏，实践中对实习的管理十分混乱，这对于我国大学生实习工作是非常不利的。第二，从劳动法的角度看，大学生实习并没有被纳入劳动法的调整范围。没有法律上认可的劳动者身份，就无法获得

---

① 据笔者查阅发现，该网上最早的文书就是从 2010 年开始的。

劳动法和劳动合同法的保护,不能享受劳动基准的保障,这样,就导致实习大学生的劳动权益缺乏有效的法律保障。第三,从民法角度分析,实习大学生在实习中受到意外伤害,如果不能按照劳动案件来处理,那么按照民法的原则要求"谁主张谁举证",举证责任分配不合理,使得实习学生在现实中获得充分的救济是非常困难的。第四,从行政法视角看,当前我国教育行政救济机制很不健全,既缺乏违宪审查机制,也未形成稳定的司法救济机制,更缺乏完善的校内救济机制和行政救济机制,如教育行政复议有效性差,绝大多数行政复议案件维持原行政行为;教育行政诉讼的受案范围狭窄,大量的教育纠纷不能进入诉讼渠道;教育仲裁制度未能启动;教育申诉、行政复议、诉讼之间缺乏有效的衔接等等。这些都说明行政法救济之不力。第五,从刑事法律视角看,尽管我国劳动刑事立法从整体上取得了长足的进步,但仍然存在不少缺陷和不足,包括劳动权保护不具独立性,不少劳动罪名构成要件设定也不合理,劳动犯罪的法定刑偏轻且刑种单一等。这些都是未来需要努力改进的方向。

(六)发达国家大学生实习权保障经验借鉴

他山之石,可以攻玉。实习是全球高等教育发展到一定阶段的必然产物,大学生进入企业实习是一个世界性现象。在西方发达国家,如美国、英国、法国、德国、日本等,其高等教育与市场经济经过上百年的发展,在大学生实习权益保障方面已经形成较为完善的制度体系,可以为我国所借鉴。

通过对美、英、法、德、日等发达国家大学生实习保障的深入探讨,可以发现其存在一些共同之处,包括:(1)普遍制定了较为完善的法律法规,保障实习生权益;(2)不拘泥于大学生的学生身份,普遍赋予实习学生以"劳动者"身份;(3)普遍在劳动法律或教育法中明确强制要求企业与学生订立实习协议,且实习协议的内容具体明确,包括休息、报酬、工伤保护等主要权利;(4)注重实习保险制度,普遍设置实习生伤亡及疾病的保护条款,注重人权保护;(5)普遍强化学校、企业等的监督与管理责任,加大保障力度;(6)普遍构建实习权益的救济制度,途径多样、便捷,以免费或收费低廉为特色,能快速解决相关纠纷。

(七)构建"一核四维"的大学生实习权保障体系

鉴于目前我国大学生实习权保障法律机制理论分歧、制度缺失、机制匮乏的现状,笔者建议,在构建我国大学生实习权保障机制时,需要遵循以下原则,即顶层设计与系统思维、育人为本与激励为先、倾斜保护与风险管控、制度创新与监管并重等原则；同时，在上述原则的基础上，结合教育法、劳动法、民商法、工伤保险理论，通过深入探讨各主体的责权利等内容，构建新时期"一核四维"大学生毕业实习权法律保障与优化机制。

"一核"的"核"指的是实习三方协议。实习协议的内容非常重要，它是确定相关权利、义务、责任与风险分担的主要依据，构建法律保障与优化机制的核心是全面落实实习三方协议，具体包括：（1）以《示范文本》为依据，推出普通高校版实习三方协议；（2）实习协议必须是三方签署；（3）实习协议必须强制推行。

"四维"是指政府、高校、企业、学生4个主体。4个维度犹如4个支柱，共同构建起大学生实习权保障机制的大厦。

第一维是政府。政府要发挥顶层设计的统筹作用。本书认为：（1）政府应当从顶层设计层面，完善大学生实习相关法律制度。相比于其他学者制定实习条例的建议，本书建议一步到位，直接制订《实习法》单行法律。其原因在于单行法律的法律效力更高，有助于保护学生的实习权利；《实习法》的名称比《大学生实习条例》覆盖面更广；通过《实习法》，可以更好地协调平衡其他相关法律；通过单行的《实习法》，可以一步到位，彻底解决学生实习问题；在这方面其他国家也已经有相关先例。

（2）政府应从税收、财政、保险政策等方面，真正调动企业积极性。包括从税收方面，给予用人单位相关优惠；从财政、金融等政策方面，给予企业以激励；从保险政策方面，通过完善保险制度，降低企业面临的风险。鉴于在实习过程中可能会出现因公致残、致死的情况，笔者认为，完全可以强制要求实习学生办理工伤保险，当然，工伤保险的费用承担可以由学校、实习学生、国家、企业四方"按顺序"共同承担，其中，学校应该是第一投保义务人，具体分担方式可以由《实习法》予以规定。

（3）在监督管理层面，政府要确保高校和企业将相关法律政策落到实处。政府首先要对高校进行全方位的监管，其次也要注重对企业进行全方位的监管。本书建议，应当建立由教育部牵头的"实习工作监管委员会"，根据部门职责加强日常监管，并结合教育督导、治安管理、安全生产检查、职业卫生监督检查、劳动保障监察、工商执法等，采取"双随机、一公开"（即在监管过程中随机抽取检查对象，随机选派执法检查人员，抽查情况及查处结果及时向社会公开）方式，联合开展监督检查，对支持职业学校实习工作成效显著的实习单位，按照国家有关规定给予奖励和政策支持，对违规行为依法依规严肃处理。

(4)从激励与救济方面,完善大学生实习证书与救济制度。在激励方面,政府可以出台相关法律制度,一方面,要维护好实习学生的权利,包括要求订立实习协议、支付实习报酬;另一方面,也应注意给予实习学生激励,包括建立实习等级证书、实习资格证书等制度。此外,针对实习学生维护权益方面的困难,政府也应当予以充分的制度救济,具体包括:将学生实习纠纷纳入人事劳动仲裁制度中,适用调解与仲裁;为学生实习提供行政救济,主要包括合理设置校内申诉和校外申诉机制;为学生提供诉讼救济,扩大教育类诉讼的受案范围,维护学生的合法权利。

第二维是高校。高校是实习权益保障工作的主体,是大学生实习工作的主要推动者、组织者,也是实习工作的主要受益者。通过学生实习,高校与市场联系更加紧密,这提高了高校的人才培养质量,促进了学生能力的提升,提高了学生的就业率,也有利于高校名誉的拓展,因此,高校要对实习工作承担主要责任。本书认为,各高校应当:(1)科学制订实习计划,加强教学体系建设。(2)建立实习前培训制度,完善实习管理制度。具体包括实习前培训制度、实习单位申请与审核制度、实习三方协议管理制度、实习全过程管理制度、实习意外事故应急处理制度和实习保险制度。(3)加强实习指导教师队伍建设,健全实习辅助人员队伍建设。(4)增加实习经费投入,不断增加和建设校企合作基地,为大学生提供更多安全可靠的实习机会。

第三维是用人单位。用人单位是实习生权益保障的重要参与者,作为社会的一分子,作为一个负责任的企业,培养人才的社会责任意识还是应该具备的。本书认为,用人单位应当:(1)增强社会责任意识,积极响应政府和社会相关需求。(2)健全校企合作制度,具体包括实习前的登记与签约制度、实习中的日常管理制度、实习后的总结反馈制度。此外,还应积极落实实习三方协议。(3)完善实习计划安排,建立实习指导队伍,对实习学生要加强思想教育,进行安全培训与教育,开展实习工作指导,做好与学校、学生家长等的沟通协调工作。(4)构建风险防控机制,保障实习学生合法权利,主要是实施实习保险制度,通过风险转移,既能保护学生,也能保护自己。

第四维是大学生。大学生在实习过程中,并不是也不应当完全处于被动的状态;作为实习的主体、最终受益者之一,也是意外伤害问题的承担者,需要大学生发挥实习权益保障的主人翁精神,提高思想认识,端正实习态度;提高安全意识,防范实习风险;增强法治观念,提升维权能力。

二、不足之处与展望

当然，本书的研究只是一家之言，尚存在不少缺陷与不足。限于笔者的理论水平与时间限制，本书对大学生实习权的内涵与外延分析理论深度仍显不足，对政府、高校、企业、大学生等实习相关主体的法律关系分析也不够透彻；在实证调查方面，受制于新冠疫情的影响，以及资金和人力所限，调研的广度和深度仍显不够，部分数据来自其他学者的文献，对中西部地区的实习情况考察较少；对于司法判例的研究，时间跨度也只限于 2010—2021 年，在 2010 年前应该仍有不少判例，这些判例如果能穷尽，显然研究的结论会更有说服力；关于"一核四维"的大学生实习权利保障机制，也只是个人浅见，到底是否科学合理，也需要进行更深入细致的探讨；另外，其他相关主体如社会中介组织、家长的作用，本书没有进行深入探讨，显然，这些问题都是今后的研究工作需要加以思考的。

应该说，我国在短短几十年时间就建成了世界上规模最大的高等教育体系，并开展了世界上规模最大的实习工作，成绩是非常显著的。俗话说，"鞭打快牛"，本书挖掘了很多问题，提出了很多意见，并没有任何否定的意思，而是希望在教育法典即将制定的当下，我国的大学生实习权益保障工作能"百尺竿头，更进一步"，相关立法能更加完善，高等教育能更快更好地发展，唯愿祖国更加兴旺发达，唯愿每一个大学生都能顺利完成自己的实习工作。

参考文献

1. [德]卡尔·马克思, [德]弗里德里希·恩格斯. 马克思恩格斯选集[M]. 2卷. 北京:人民出版社,2012.

2. [德]卡尔·马克思, [德]弗里德里希·恩格斯. 马克思恩格斯选集[M]. 3卷. 北京:人民出版社,2012.

3. [美]道格拉斯·C.诺斯. 制度、制度变迁与经济绩效[M]. 杭行,译. 上海:格致出版社、上海三联书店、上海人民出版社,2008:3.

4. [美]卡尔·N.卢埃林. 普通法传统[M]. 陈绪纲,等译. 北京:中国政法大学出版社,2002:142-147.

5. [美]罗斯科·庞德. 通过法律的社会控制[M]. 沈宗灵,等译. 北京:商务印书馆,1984:44-45.

6. [日]池添弘邦. 日本个别劳资纠纷处理系统的现状[J]. 关西经协59卷6号(2005年6月):12-13.

7. [日]永井宪一. 宪法的教育基本权[M]. 东京:劲草书房,1985.

8. 《现代汉语词典》[Z]. 7版. 北京:商务印书馆,2016.

9. 曹培东,李文亚. 论大学生法律关系的多重性——以大学生实习期间受到意外伤害展开[J]. 煤炭高等教育,2006(6):93-96.

10. 陈红梅. 对高校实习生法律身份的新认识——兼谈实习生劳动权益的保护[J]. 江淮论坛,2010(2):111-116.

11. 陈仁霞. 关于德国大学生实习情况的调研[J]. 世界教育信息,2009(3):79-80.

12. 陈蕊花,霍丽娟. 发达国家专业实习对我国高职院校顶岗实习的启示[J]. 职教论坛,2018(7):172-176.

13. 陈雪培. 大学生实习权的法律救济[D]. 南宁:广西大学,2015.

14. 程万琛. 大学生实习期间的权益保障研究[EB/OL]. [2013-06-14]. chinacourt.org.

15. 董保华,陆胤. 企业雇用在校大学生相关法律问题探讨[J]. 中国劳动,

2007(6):24-26.

16.董保华.论劳动合同中的服务期违约金[J].法律适用,2008(4):28-33.

17.都基辉,孙丹妮.关于中国"大学章程"拟定存在的问题——高校学生权利的若干思考[J].北京科技大学学报(社会科学版),2014,30(6):109-114.

18.范围.论顶岗实习学生的法律身份及其权益保障[J].探求,2013(3):78-84.

19.方芳.学校治理变革研究——司法判例的视角[M].北京:中国社会科学出版社,2018:3.

20.冯韩美皓.论大学章程对学生权利的保障——基于我国84部大学章程的文本分析[J].现代法治研究,2017(3):35-40.

21.高素清.浅析中小企业财务存在的问题与对策[J].中国乡镇企业会计,2013(9):44-48.

22.高亚春,付韶军.我国职业教育学生实习政策演变及现状调查研究[J].中国职业技术教育,2016(7):53-61.

23.葛建义.大学生实习事故伤害的工伤救济[J].职教通讯,2015(35):67-69.

24.顾明远.教育大辞典[M].上海:上海教育出版社,1998.

25.洪芳芳.实习过程意外伤害谁买单?[J].就业与保障,2005(6):37-38.

26.侯嘉淳,金劲彪.产教融合视阈下大学生实习权益保障的制度构建[J].江苏高教,2021(11):112-117.

27.侯玲玲,王全兴.劳动法上劳动者概念之研究[J].云南大学学报(法学版),2006(1):67-74.

28.胡彩霄.劳动法精要[M].北京:中国政法大学出版社,2007:162.

29.黄东东,任敏杰.高等教育与法律规制——论高等学校与大学生之法律关系[J].重庆三峡学院学报,2005(5):104-105.

30.黄芳.论大学生的实习权[J].高教探索,2011(3):38-42.

31.黄璜.应当建立实习劳动关系制度——宪法视野下的高校实习生权益保护[J].广西政法管理干部学院学报,2009(1):115-118.

32.黄培,马燕生.法国修订法律维护学生实习权益[J].世界教育信息,2014(6):75.

33.黄源盛,施奕.从判例要旨到指导案例——法秩序一致性视野下的判例制度演绎[J].法治现代化研究,2020(6):71-72.

34. 金劲彪,郭人菡.毕业实习大学生劳动权益保护的法理反思:基于各层次利益衡量的视角[J].教育发展研究,2020(3):67-75.

35. 金劲彪,刘斌.大学生实习实践权益保护的困境与实现路径——基于浙江省 60 所高校章程的实证分析[J].江苏高教,2020(1):60-63.

36. 晋浩天.职校生实习伤亡率逐年递增学业未成身先死?[N].光明日报,2014-12-04.

37. 赖地长生,赖晓琴,王建新.实习生权益保护现状调查与分析[J].职业技术教育,2011(14):61-64.

38. 劳凯声.变革社会中的教育权与受教育权:教育法学基本问题研究[M].北京:教育科学出版社,2003.

39. 黎建飞.高校毕业生就业中的法律问题[J].河南政法管理干部学院学报,2007(2):23-28.

40. 李炳安.劳动权论[M].北京:人民法院出版社,2000:89.

41. 李培智.大学生实习劳动关系认定探微[J].法学杂志,2012(6):123.

42. 李世辉,龙思远."五体联动"视角下的大学生实习机制研究[J].现代大学教育,2017(5):44-45.

43. 李斯令,夏理森.行政复议前置——高等教育行政诉讼的制度选择[J].西南政法大学学报,2012(1):97-100.

44. 李文康.高等学校学生实习权探析与立法研究[J].西南农业大学学报(社会科学版),2011(12):59-63.

45. 李振贤.我国成文法体制下判例嵌入司法场域的机理[J].法学,2022(1):98-99.

46. 联合国教科文组织.教育——财富蕴藏其中[M].北京:教育科学出版社,2004:87.

47. 林安民.在校学生"实习"权益保护的法律思考[J].青少年犯罪问题,2013(6):78-84.

48. 林嘉.在《劳动合同法》中设定一般权利义务条款之思考[J].当代法学,2006(6):34-38.

49. 刘斌,金劲彪.教育法学研究热点回望与问题反思[J].浙江树人大学学报,2022(1):81-88.

50. 刘斌,任条娟.应用型本科人才培养模式与机制构建的若干思考[J].中国大学教学,2011(2):20-22.

51. 刘君.高校大学生实习权益保护的法律探讨[J].政法学刊,2014(6):

36-39.

52. 刘立新.德国职业教育法（BBiG）中国职业技术教育[J].张凯,译.中国职业技术教育,2020(4):16-42.

53. 刘淑满.完善我国行政复议制度的思考[J].法制与社会,2011(24):154-155.

54. 刘旭东.教育法法典化:规范意涵、时代诉求及编纂路径[J].湖南师范大学教育科学学报,2020(6):21-29.

55. 陆碧霞.大学生实习期间身份的法律分析[J].中国青年研究,2012(11):97-100.

56. 罗结珍.法国劳动法典[M].北京:国际文化出版公司,1996.

57. 吕琳."劳动者"主体界定之标准[J].法商研究,2005(3):31.

58. 马雷军.论我国教育法的法典化[J].教育研究,2020(6):145-152.

59. 彭海.大学生实习权益及其保障问题研究[J].法制与社会,2014(1):223-224.

60. 邱宝华.建立欠薪保障法律制度促进就业[J].政治与法律,2006(1):24.

61. 全国职业院校学生实习责任保险统保示范项目联合工作小组.全国职业院校学生实习责任保险工作 2013 年度报告[R].

62. 任海涛.论教育法体系化是法典化的前提基础[J].湖南师范大学教育科学学报,2020(6):15-24.

63. 申素平,等.从法制到法治——教育法治建设之路[M].上海:华东师范大学出版社,2018.

64. 沈海燕.莫让实习生成为争议的发源地[J].人力资源,2011(9):60-61.

65. 孙霄兵,刘兰兰.《民法典》背景下我国教育法的法典化[J].复旦教育论坛,2021(1):31-37.

66. 唐政秋.大学生实习伤害事故防范探究——中外大学生实习比较的视角[J].湖南人文科技学院学报,2014(3):11-14.

67. 童云峰,欧阳本祺.我国教育法法典化之提倡[J].国家教育行政学院学报,2021(3):26-34.

68. 王景枝.大学生实习制度的国际比较及启示[J].黑龙江高教研究,2011(2):2-4.

69. 王丽.地方立法利益衡量中的"公共利益"[J].理论月刊,2015(4):107-111.

70. 王丽娟,王莹.高校实习生劳动权益保护的二元法律构造[J].学海,2014

(6):152-156.

71. 王丽娟.论大学生就业权的特殊法律保护[J].江苏高教,2012(3):105-107.

72. 王明月.大学生实习期间权益保护的问题与解决方式[J].法制博览,2012(3):105-107.

73. 王琦琦,胡国清.构建安全校园环境预防学校伤害事件——《美国学生意外伤害和暴力预防工作指南》介绍[J].思想理论教育,2009(6):8-12.

74. 王全兴.劳动法[M].4版.北京:法律出版社,2017:89-90.

75. 王志雄.高校顶岗实习生劳动者主体资格之法理探析[J].中国劳动关系学院学报,2012(2):29-30.

76. 韦嘉燕,乐永兴.实习权的权利价值与保护[J].合肥学院学报,2018(4):9-13.

77. 卫艳霞.实习生因工作受伤可参照工伤标准赔偿[J].人民司法·案例,2009(10):57.

78. 文贝贝.大学生实习中的权利保护[J].法制博览,2021(4):44-47.

79. 肖鹏燕.美英大学生实习的就业权益保护研究[J].中国高教研究,2017(1):77-88.

80. 肖鹏燕.实习生劳动关系的认定——基于美国的实践[J].中国人力资源开发,2016(18):82-86.

81. 肖蔚云,姜明安.北京大学法学百科全书[M].北京:北京大学出版社,1992:627.

82. 徐成.防卫限度判断中的利益衡量[J].法学研究,2019(3):148-160.

83. 徐银香,张兄武."责任共担"视角下大学生实习权及其权益保障研究[M].南京:南京大学出版社,2020.

84. 徐银香."责任共担"视野下大学生实习权益法律保障体系的构建[J].高等工程教育研究,2016(1):91-97.

85. 杨德才.新制度经济学[M].北京:中国人民大学出版社,2015:7.

86. 杨颖秀.教育法学[M].2版.北京:中国人民大学出版社,2012:27-28.

87. 叶必丰.最高人民法院关于无效行政行为的探索[J].法学研究,2013(6):44-60.

88. 尹晓敏.权利救济如何穿越实习之门[J].高教探索,2009(3):32-35.

89. 于静.论实习学生劳动保障的责任人及相关责任[J].中国劳动关系学院学报,2009(2):34-37.

90. 于静.论实习学生劳动保障的责任人及相关责任[J].中国劳动关系学院

学报,2009(2):98-101.

91. 余雅风.法律变迁与教育的公共性实现[J].教育学报,2005(2):51-55.

92. 湛中乐.大学法治与权益保护[M].北京:中国法制出版社,2011.

93. 张勇.大学生的实习权益保障及制度构建[J].教育评论,2017(6):55-58.

94. 张勇.大学生实习及其权益保障的法律与政策[M].上海:上海人民出版社,2012:78.

95. 张之.实习生法律地位探究及其权益保护机制的构建[J].中国职业技术教育,2013(21):51.

96. 赵桂生.以"准劳动者"为视角看我国实习生法律制度的确立和完善[J].中国劳动,2015(3):34.

97. 赵中建.全球教育发展的研究热点——90年代来自联合国教科文组织的报告.[M].北京:教育科学出版社,1999.

98. 周洪宇,方晶.学习习近平法治思想加快编纂教育法典[J].国家教育行政学院学报,2021(3):16-25.

99. 邹欢艳."准劳动关系"的法律修补——基于现代学徒制模式下学生权益保护研究[J].广东技术师范学院学报(社会科学),2016(7):94-100.

100. Curiale J L. America's New Glass Ceiling: Unpaid Internships, the Fair Labor Standards Act, and the Urgent Need for Change[J]. Hastings L J,2009(61):1531.

101. Cameron, C; Freudenberg, B; Giddings J; Klopper Ch. The program risks of work-integrated learning: a study of Australian university lawyers[J]. Journal of Higher Education Policy & Management,2018,40(1):67-80.

102. Odlin D, Benson-Rea M, Sullivan-Taylor B. Student internships and work placements: approaches to risk management in higher education[J]. Springer Netherlands,2021(8):1-21.

103. Timmons. Characteristics and role demands of entrepreneurship[J]. American Journal of Small Business,1978,3(1):5-17.

104. Karen, Butterfield, Naomi. The risks and rewards of internships[J]. New Hampshire Business Review,2013,35(21):37.

2011—2020 年大学生实习法律纠纷司法判例汇总

序号	年份	地区	法院级别	审次	案例/判决书名称	争议要点	判决结果
1	2011	江苏	江苏省宿迁市中级人民法院	二审	王俊诉江苏强维橡塑科技有限公司、徐州工业职业技术学院人身损害赔偿纠纷案	实习期间人身伤害如何赔偿	按民事侵权纠纷处理,学校、企业、学生按比例分担
2	2012	浙江	浙江省杭州市江干区人民法院	一审	高建国与杭州名典家居有限公司劳动争议一审民事判决书	实习期间是否存在劳动关系	判决认定实习期间构成劳动关系
3	2014	湖南	湖南省长沙市芙蓉区人民法院	一审	广东互易科技有限公司、广东互易科技有限公司长沙分公司与陈荣劳动争议纠纷一案的判决书	实习期间是否存在劳动关系	判决认定实习期间不构成劳动关系,但毕业后存在劳动关系
4	2014	内蒙古	内蒙古自治区通辽市中级人民法院	二审	中国平安财产保险股份有限公司通辽中心支公司与通辽碧桂园酒店有限公司意外伤害保险合同纠纷二审民事判决书(工伤保险)	实习期间是否存在劳动关系	判决认定实习期间不构成劳动关系
5	2014	河北	河北省唐山市中级人民法院	二审	唐山市丰南区世嘉筛网厂与马宝山确认劳动关系纠纷二审民事判决书	实习期间是否存在劳动关系	判决认定实习期间构成劳动关系
6	2014	山东	济南市槐荫区人民法院	一审	李国庆与山东锦泽技工学校劳动争议一审民事判决书	实习期间是否存在劳动关系	判决认定实习期间构成劳动关系

续表

序号	年份	地区	法院级别	审次	案例/判决书名称	争议要点	判决结果
7	2014	江苏	江苏省南京市中级人民法院	二审	上诉人薛颖与被上诉人南京三乐电子信息产业集团有限公司劳动合同纠纷一案的民事判决书	实习期间是否存在劳动关系	判决认定实习期间构成劳动关系
8	2015	上海	上海市第二中级人民法院	二审	杨某诉某货运公司案（〔2015〕沪二中民三（民）终字第1517号）	实习期间是否存在劳动关系	判决认定实习期间不构成劳动关系，但毕业后存在劳动关系
9	2015	北京	北京市第三中级人民法院	二审	北京安邦平泰国际货运代理有限公司与李楠劳动争议二审民事案（京〔2015〕三中民终字第07387号）	实习期间是否存在劳动关系	判决认定实习期间构成劳动关系
10	2015	辽宁	辽宁省大连市中级人民法院	二审	赵智威劳动合同纠纷二审民事判决书（劳动关系争议）	实习期间是否存在劳动关系	判决认定实习期间构成劳动关系
11	2015	广东	广东省云浮市中级人民法院	二审	云浮山清水秀信息技术有限公司、广州世锦信息科技有限公司与陈炳志追偿权纠纷二审民事判决书（实习生意外伤害赔偿）	实习期间人身伤害如何赔偿	按民事侵权纠纷处理，由企业承担全部责任
12	2015	广东	广东省深圳前海合作区人民法院	一审	深圳市华璧联合基金有限公司与邢迅之劳动争议一审民事判决书（劳动争议）	实习期间是否存在劳动关系	判决认定实习期间不构成劳动关系
13	2015	江苏	江苏连云港市海州区人民法院	一审	刘松鸽与连云港德翔新材料有限公司、淮海工学院生命权、健康权、身体权纠纷一审民事判决书（实习意外伤害）	实习期间人身伤害如何赔偿	按民事侵权纠纷处理，按学校30%、企业60%、学生10%比例分担
14	2015	重庆	重庆市九龙坡区人民法院	一审	李果与重庆钢运置业代理有限公司劳动争议一审民事判决书	追索实习期间劳动报酬，不涉及劳动关系认定	判决认定应该及时给付实习报酬

序号	年份	地区	法院级别	审次	案例/判决书名称	争议要点	判决结果
15	2015	广东	广东省深圳市中级人民法院	一审	深圳麦思餐饮管理有限公司与李嘉宜申请撤销仲裁裁决民事裁定书	实习期间是否存在劳动关系	裁定认定实习期间构成劳动关系
16	2016	江苏	江苏省宜兴市人民法院	一审	童兵兵与宜兴阳源环境工程有限公司劳动合同纠纷一审民事判决书	实习期间是否存在劳动关系	判决认定实习期间不构成劳动关系,但毕业后存在劳动关系
17	2016	山东	山东省威海市中级人民法院	二审	段洪茹、卢臣侵权责任纠纷二审民事判决书(实习生意外死亡)	实习期间学生意外死亡,学校是否承担侵权责任	判决认定学校已按协议承担较小责任,无须额外承担责任
18	2016	四川	四川省成都市中级人民法院	二审	四川智网实业有限公司、曾东确认劳动关系纠纷二审民事判决书(劳动关系争议)	实习期间是否存在劳动关系	判决认定实习期间构成劳动关系
19	2016	内蒙古	内蒙古赤峰市翁牛特旗人民法院	一审	翁牛特旗皇姑屯铅锌矿产有限责任公司与张某劳动合同纠纷一审民事判决书	实习期间是否存在劳动关系	判决认定实习期间不构成劳动关系,但毕业后存在劳动关系
20	2016	河南	河南省长垣县人民法院	一审	河南新长农业股份有限公司与李颖聪劳动争议一审民事判决书	实习期间是否存在劳动关系	判决认定实习期间构成劳动关系
21	2016	重庆	重庆市九龙坡区人民法院	一审	汪隆凤与重庆钢运置业代理有限公司劳动争议一审民事判决书	追索实习期间劳动报酬,不涉及劳动关系认定	判决认定应该及时给付实习报酬
22	2017	山东	山东省青岛市城阳区人民法院	一审	李某与青岛高测科技股份有限公司、青岛市石化高级技工学校提供劳务者受害责任纠纷一审民事判决书	实习期间人身伤害如何赔偿	按民事侵权纠纷处理,由企业、学校连带负责分担

续表

序号	年份	地区	法院级别	审次	案例/判决书名称	争议要点	判决结果
23	2017	广东	广东省广州市中级人民法院	一审	广州振瑞机电有限公司、吴柳青申请撤销仲裁裁决特别程序民事裁定书	实习期间是否存在劳动关系	裁定认定实习期间构成劳动关系
24	2017	江苏	江苏南京秦淮区人民法院	一审	微医美南京信息技术股份有限公司与陈明庆劳务合同纠纷一审民事裁定书	实习期间涉嫌泄露商业秘密	裁定移交上级法院
25	2017	上海	上海市浦东新区人民法院	一审	李永健与中国太平洋财产保险股份有限公司上海分公司、徐国林机动车交通事故责任纠纷一审民事判决书	实习期间遭遇交通事故，寻求误工费、精神损害等补偿	判决支持由保险公司相关赔偿
26	2017	江苏	江苏省常州市武进区人民法院	一审	赵文强与江苏常发农业装备股份有限公司生命权、健康权、身体权纠纷一审民事判决书	实习期间人身伤害如何赔偿	按民事侵权纠纷处理，由企业承担90%、学生自己承担10%
27	2018	广西	广西壮族自治区南宁市西乡塘区人民法院	一审	黄子弟与广西日润建筑劳务有限公司确认劳动关系纠纷一审民事判决书	实习期间是否存在劳动关系	判决认定实习期间不构成劳动关系
28	2018	广东	广东省珠海横琴新区人民法院	一审	珠海市真心速网络科技有限公司与林岸飞劳动争议一审民事判决书	实习期间是否存在劳动关系	判决认定实习期间构成劳动关系
29	2018	天津	天津市津南区人民法院	一审	天津龙湖睿海置业有限公司与刘凤桐劳务合同纠纷一审民事判决书	实习期间是否存在劳动关系	判决认定实习期间不构成劳动关系
30	2018	湖南	湖南省长沙市中级人民法院	二审	湖南天源体育健身发展有限公司、张炜劳动争议二审民事判决书	实习期间是否存在劳动关系	判决认定实习期间构成劳动关系

序号	年份	地区	法院级别	审次	案例/判决书名称	争议要点	判决结果
31	2018	湖南	湖南省长沙市岳麓区人民法院	一审	湖南天源体育健身发展有限公司与张炜劳动争议一审民事判决书	实习期间是否存在劳动关系	判决认定实习期间构成劳动关系
32	2019	江苏	江苏省镇江市中级人民法院	二审	覃巧飞与太平财产保险有限公司镇江中心支公司劳动争议二审民事判决书	实习期间是否存在劳动关系	判决认定实习期间不构成劳动关系,但毕业后存在劳动关系
33	2019	上海	上海市长宁区人民法院	一审	芦钲洋与上海绿数网络科技有限公司劳动合同纠纷一审民事判决书	实习期间是否存在劳动关系	判决认定实习期间构成劳动关系
34	2019	河南	河南省郑州市二七区人民法院	一审	彭月与郑州纹博士医疗科技有限公司劳动争议一审民事判决书	实习期间是否存在劳动关系	判决认定实习期间构成劳动关系
35	2019	湖北	湖北省武汉市中级人民法院	二审	武汉市新珈体育健身管理有限公司、余婷劳动合同纠纷二审民事判决书	实习期间是否存在劳动关系	判决认定实习期间构成劳动关系
36	2019	湖北	湖北省武汉市武昌区人民法院	一审	吴旭东与瑞达信息安全产业股份有限公司追索劳动报酬纠纷一审民事判决书	追索实习期间劳动报酬,不涉及劳动关系认定	判决认定应该及时给付实习报酬
37	2019	山东	山东省威海市中级人民法院	再审	段洪茹、卢臣与威海职业学院侵权责任纠纷再审审查与审判监督民事裁定书	实习期间学生意外死亡,学校是否承担侵权责任	判决认定学校已按协议承担较小责任,无须额外承担责任
38	2020	湖北	湖北省宜昌市夷陵区人民法院	一审	周同国、李国芬等与左鹏飞等生命权、健康权、身体权纠纷一审民事判决书	实习期间学生意外死亡,同伴是否承担侵权责任	学生自己承担90%的责任,同伴承担10%的责任
39	2020	河南	河南省郑州市中级人民法院	二审	河南弗莱格电子科技有限公司、李宁劳动争议二审民事判决书	实习期间是否存在劳动关系	判决认定实习期间构成劳动关系
40	2020	江苏	江苏省徐州市中级人民法院	二审	张程与华凤伟、中国人民财产保险股份有限公司沛县支公司机动车交通事故责任纠纷二审民事判决书	实习期间遭遇交通事故,寻求误工费补偿	缺乏实习证据,不予支持

续表

序号	年份	地区	法院级别	审次	案例/判决书名称	争议要点	判决结果
41	2020	河北	河北省唐山市中级人民法院	二审	董璇、滦县滦影广告装饰有限公司劳动争议二审民事判决书	实习期间是否存在劳动关系	判决认定实习期间不构成劳动关系
42	2020	贵州	贵州省黔南布依族苗族自治州中级人民法院	二审	韦小林、成都英黎科技有限公司生命权、健康权、身体权纠纷二审民事判决书	实习期间人身伤害如何赔偿	按民事侵权纠纷处理，按学校10%、企业90%、学生0比例分担
43	2020	辽宁	辽宁省沈阳市皇姑区人民法院	一审	原告赵瑞雪诉被告沈阳市沈河区人力资源和社会保障局不予认定工伤一案行政判决书	实习转正后，意外伤害寻求认定为工伤	判决不构成工伤认定
44	2020	广东	广东省深圳市中级人民法院	二审	深圳市科赛德精密工业有限公司与王中达劳动争议纠纷二审民事判决书	实习期间是否存在劳动关系	判决认定实习期间构成劳动关系
45	2021	安徽	安徽省宣城市中级人民法院	二审	安徽省广德第二建设有限责任公司、万洋工伤保险待遇纠纷二审	实习期间，工伤保险待遇如何给付？	按工伤保险处理

注：表中司法判例来自中国裁判文书网，网址：https://wenshu.court.gov.cn/。

关于实习学生权利保障问题的访谈提纲

　　本访谈提纲面向对象较为广泛,主要是实习的大学生、高校教师以及实习管理人员、企业参与实习学生管理的相关人员、教育主管与人社部等相关机构人员、法院法官、律师等。

　　问题:

　　1.您是哪个大学哪个学院什么专业学生? 您有过几次实习经历? 实习机会是怎么获得的? 您对实习效果如何评价? (面向学生)

　　2.您在实习期间有没有遭遇过实习权利被侵害的问题? 如果有,请谈谈您的个人见解? (面向学生)

　　3.您所在的单位有没有接纳实习学生? 近 3 年接纳了多少实习学生? 总体情况如何? 有没有发生相关权利纠纷? (面向企业人员)

　　4.您在贵校哪个部门从事什么岗位? 您所指导的毕业生实习情况如何? (面向高校教师、管理人员)

　　5.您认为贵校的实习学生总体情况如何? 主要存在哪些问题? 有没有发生过典型案例? (面向高校教师、管理人员)

　　6.您在教育主管部门/人社部主管部门从事什么岗位? 您对目前大学生实习权利保障情况如何评价? 您有没有接触过典型案例? (面向教育主管与人社部等相关机构人员)

　　7.您有没有审理过实习生劳动纠纷案件? 您所在的法院有没有审理过实习生劳动纠纷案件? 如果有,能否讲讲具体情况? 如果没有,能否谈谈您的个人观点? (面向法院法官)

　　8.您所在的律师事务所有没有承接过实习大学生的劳动纠纷案件? 您有没有承接过相关案例? 如果有,能否讲讲具体情况? 如果没有,能否谈谈您的个人观点? (面向律师)

　　9.您认为大学生(实习生)应该享有哪些实习权利? 实际上您在实习时有没有充分享受到相关实习权利?

　　10.您认为大学生实习权的内涵本质是什么? 具有哪些权利属性?

　　11.您认为大学生实习时,要不要签订实习三方协议? 您签了吗? 您对实习三方协议的内容有什么建议？

12.您认为实习期间大学生的法律身份是否发生了变化，是否构成劳动者？你认为应该怎么认定？

13.当前大学生实习权利受损情况严重，您认为主要原因有哪些？

14.针对大学生实习权利受损情况和主要原因，请您谈谈如何更好地保障实习生正当权利？

15.您认为贵校实习基地建设情况怎样？您有没有在实习基地实习？您对建设实习基地有什么建议？

16.您认为贵校在保障实习生权益方面有哪些好的措施？还存在什么问题？

17.您认为大学生实习的利益相关者有哪些？不同利益相关者在保障大学生实习中应该承担哪些责任？

18.您认为实习学生是否也应承担一些法律义务？主要有哪些法律义务？

19.您认为实习单位是否应当保障实习学生的权利？应当如何保障实习学生的合法权利？

20.谈谈您对当前实习学生权利保障的相关政策与法律的了解情况？您对法律与政策方面有什么建议？

大学生实习期间权利保障研究调查问卷

亲爱的同学：

　　您好！感谢您百忙之中参与本问卷调查。本问卷调查是全国教育科学"十四五"规划 2021 年度教育部重点课题"大学生毕业实习意外伤害法律保障研究"（DIA210358）的重要组成部分，目的是全面了解当前大学生实习权利保障情况，您的如实填写对我们系统掌握大学生实习权利保障状况非常重要。所有的选项无对错之分，问卷以匿名形式填写，调查结果仅以统计数字的形式呈现，不会出现任何泄露个人信息的问题。

　　再次感谢您的热情参与！

一、个人简要信息

1. 您所在的学校名称：_____

2. 您所在的学院：_____；所在的专业：_____

3. 性别：A. 男　B. 女

4. 您的学历：A. 高中　B. 中专　C. 技校　D. 高职　E. 中技　F. 大专

　　G. 本科　H. 研究生

5. 您的年级：A. 一年级　B. 二年级　C. 三年级　D. 四年级

6. 您的年龄：A. 16～17 岁　B. 18～20 岁　C. 21～25 岁　D. 26～28 岁

二、实习总体情况

7. 您是否有过实习经历？（　　　　）

　　A. 有　　　　　　　　B. 没有

8. 您是通过什么途径得到这个实习的机会的？（　　　　）

　　A. 学校分配　　　　　　　　B. 亲戚介绍

　　C. 熟人介绍　　　　　　　　D. 中介及网络机构

　　E. 自行寻找　　　　　　　　F. 其他途径

9. 您认为实习机会是否很难获得？（　　　　）

　　A. 很难　　　B. 比较难　　　C. 容易　　　　D. 比较容易

10. 实习前您对实习单位是否了解？（　　　）

A. 很了解　　　　B. 了解　　　　　　C. 了解一点　　　D. 不了解

11. 您对实习效果如何评价？（　　　）

A. 很满意　　　　B. 满意　　　　　　C. 一般　　　　　D. 不满意

E. 很不满意

12. 您参与实习的时间长度（　　　）

A. 1～3 个月　　B. 4～6 个月　　　C. 7～9 个月　　D. 10～12 个月

E. 12 个月以上

13. 您参与实习的岗位与专业对口程度如何？（　　　）

A. 完全对口　　B. 不完全对口　　C. 有部分关联　　D. 完全不对口

14. 实习期间您需要向谁请假？（　　　）

A. 实习单位　　B. 学校　　　　　C. 实习单位和学校

15. 实习期间谁支付伙食费？（　　　）

A. 企业　　　　B. 学校　　　　　C. 自己　　　　　D. 从实习报酬中扣除

16. 您对实习的满意情况（　　　）

A. 非常满意　　B. 比较满意　　　C. 一般　　　　　D. 不满意

E. 非常不满意

17. 您参加实习的动机是什么？（　　　）

A. 一定的经济报酬　　　　　B. 满足学校的毕业环节要求

C. 理论联系实际　　　　　　D. 积累工作经验

E. 受周围其他同学影响　　　F. 兴趣爱好

G. 其他

18. 您认为学校对实习工作重视吗？（　　　）

A. 很重视　　　　B. 重视　　　　　C. 一般　　　　　D. 不重视

19. 您所在的实习单位对实习生工作重视吗？（　　　）

A. 很重视　　　　B. 重视　　　　　C. 一般　　　　　D. 不重视

20. 您学校有没有开展实习前相关的培训？（　　　）

A. 没有　　　　　　　　　　B. 有个动员会

C. 有简单的培训　　　　　　D. 有深入系统的培训

21. 您所在的学校有没有安排实习指导教师？（　　　）

A. 有　　　　　　B. 没有

22. 学校安排的实习指导教师指导情况如何？（　　　）

A. 经常指导　　　B. 偶尔指导　　　C. 从未指导

23. 您所在的实习单位有没有安排实习指导教师？（　　）

    A. 有　　　　　　B. 没有

24. 实习单位指导人员指导情况如何？（　　）

    A. 经常指导　　B. 偶尔指导　　C. 从未指导

25. 您所在的实习单位是什么性质？（　　）

    A. 国家机构　　B. 事业单位　　C. 大中企业

    D. 小型企业　　E. 社会团体

26. 您的实习单位接收实习学生的形式如何？（　　）

    A. 教学安排，无报酬　　　　B. 教学安排，有报酬

    C. 个人实习有报酬　　　　　D. 个人兼职打工赚钱

    E. 政府安排的就业见习　　　F. 其他

三、实习权利保障情况

27. 您实习期间工作时间长度（　　）

    A. 8 小时以内　　　　　　B. 8～9 小时

    C. 9～10 小时　　　　　　D. 10～11 小时

    E. 11～12 小时　　　　　　F. 12 小时以上

28. 您实习期间有加班工资吗？（　　）

    A. 有　　　　　　B. 没有

29. 您实习期间加班工资是多少？（　　）

    A. 0～20 元/小时　　　　　B. 21～40 元/小时

    C. 40～60 元/小时　　　　　D. 60～80 元/小时

    E. 80 元/小时以上

30. 实习报酬拖欠情况（　　）

    A. 从来没有拖欠或克扣过　　B. 偶尔被拖欠或克扣

    C. 经常被拖欠或克扣　　　　D. 每次都被拖欠或克扣

31. 你实习工作的环境如何？（　　）

    A. 噪声大　　　　　　　　　B. 接触有毒有害物质

    C. 高空作业　　　　　　　　D. 粉尘

    E. 接触易燃易爆物　　　　　F. 接触刀具、冲床

    G. 高温作业　　　　　　　　H. 没有工作伤害风险　　　I. 其他

32. 受上述影响项目数（　　）

    A. 1 项　　　B. 2 项　　　C. 3 项

D. 4 项   E. 5 项   F. 6 项

G. 7 项   H. 8 项

33. 您对实习工作环境满意程度（　　　）

     A. 非常满意   B. 比较满意   C. 一般

     D. 不满意   E. 非常不满意

34. 您是否接受了实习单位的职业安全培训？（　　　）

     A. 有   B. 无

35 您在实习期间劳动保护用品发放情况（　　　）

     A. 没有   B. 有

36. 您在实习期间是否与实习单位签订了实习协议？（　　　）

     A. 有   B. 没有

37. 您认为实习单位与实习学生之间是什么关系（　　　）

     A. 教育管理关系   B. 劳动关系

     C. 劳务关系   D. 说不清楚

38. 您认为实习单位与学校之间是什么关系（　　　）

     A. 委托管理关系   B. 民事合同关系

     C. 没有关系   D. 说不清楚

39. 您在实习期间为什么没有签订书面实习协议？（　　　）

     A. 实习单位不提供   B. 我不想签

     C. 学校没有要求   D. 其他原因

40. 您和实习单位签订的是什么实习协议？（　　　）

     A. 学校、企业、学生三方协议   B. 学校、企业两方协议

     C. 学校、学生两方协议   D. 企业、学生两方协议

41. 您认为应当签订哪一种实习协议（　　　）

     A. 学校、企业、学生三方协议   B. 学校、企业两方协议

     C. 学校、学生两方协议   D. 企业、学生两方协议

42. 您在实习期间实习单位是否有为您购买保险？（　　　）

     A. 有   B. 没有

43. 您认为大学生实习应不应该买保险？（　　　）

     A. 应该   B. 没必要   C. 不应该

44. 您认为实习期间的保险应该自行购买、学校购买还是实习单位购买？（　　　）

     A. 自行购买   B. 学校购买   C. 实习单位购买

D. 政府购买　　　　　　　E. 三者或四者联合购买

45. 是否考虑在实习单位没有为您买保险的情况下自己购买保险？（　　　）

A. 考虑过　　　B. 没必要　　　C. 没考虑到

45. 有没有在实习期间因工作受到人身权益损害（受伤等）？（　　　）

A. 有　　　　　B. 没有

47. 您打算如何处理在实习期间可能受到的人身权益损害？（　　　）

A. 忍气吞声　　　　　　　B. 告诉同学或老师

C. 向学校领导反映　　　　D. 向企业领导反映

E. 放弃　　　　　　　　　F. 法律渠道维权

G. 其他

48. 当您实习期间受到人身权利损害的时候,您是如何处理的?（　　　）

A. 忍气吞声　　　　　　　B. 告诉同学或老师

C. 向学校领导反映　　　　D. 向企业领导反映

E. 放弃　　　　　　　　　F. 法律渠道维权

G. 其他

49. 通过劳动部门投诉或与单位协商解决是否有结果？（　　　）

A. 投诉或协商成功,得到实习单位赔偿

B. 投诉或协商不成功,只能自行解决

50. 您认为实习学生的权利受到侵害的主要原因是什么？（　　　）

A. 社会上黑心企业太多　　　B. 政府监管不力

C. 学校指导或管理不到位　　D. 大学生自己维权意识与能力不够

51. 您在实习中掌握了用人单位的商业秘密怎么办？（　　　）

A. 遵守协议和信用,保守商业秘密

B. 虽然没有协议,我也保守秘密

C. 反正也不在那儿工作,泄密无所谓

D. 拿去卖出获利

52. 您对实习政策法律了解情况如何（　　　）

A. 非常了解　　B. 一般了解　　C. 不了解　　　D. 很不了解

53. 您认为是否有必要立法规范实习情况（　　　）

A. 非常有必要　B. 有必要　　　C. 一般　　　　D. 没必要

54. 您在实习期间的困惑是什么？（　　　）

A. 太辛苦,压力大,休息时间少

B. 人际关系紧张

C. 难以适应岗位要求,常感觉无法坚持

D. 遇到纠纷,投诉无门

E. 工作环境差,缺乏劳动保护措施

F. 无法理解企业制度和文化

G. 其他

55. 您对实习期间大学生的权利保障还有什么想法和建议吗?

_____

后　记

　　行文至此,终告结束。本书是全国教育科学"十四五"规划 2021 年度教育部重点课题"大学生毕业实习意外伤害法律保障研究"(DIA210358)的主要研究成果,是课题组全体成员的辛勤劳动、集体智慧的结晶。

　　回想起本书的写作过程,可谓艰辛非常,记不清有多少次挑灯夜战,记不清多少次小组会议,记不清有多少次争执讨论,写作过程虽然历时 1 年有余,但前期课题的积累时间却颇长,从金劲彪教授 2018 年的全国教育规划课题"社会治理视角下大学生实习权益保护体系的构建研究"(DIA180402)算起,至今已有 5 个年头了。本课题的研究组团队实力是不俗的,对大学生实习权问题的关注可谓时间长、积累深厚,如课题组成员尹晓敏教授早在 2009 年就发表过相关文章《权利救济如何穿越实习之门》(2009 年发表于《高教探索》),探讨大学生实习权利保障问题。

　　本课题由负责人刘斌牵头,成员包括金劲彪教授、尹晓敏教授、刘练军教授、郭人菡副教授、高飞副教授、林华治博士、金峰博士、田欣讲师、周洁讲师等,各位同仁在写作过程中,有的负责全程指导,有的负责审阅修改,有的负责素材资料数据的统计等,在这里,再次感谢各位课题组成员的辛勤付出。此外,还要感谢浙江大学出版社蔡圆圆编辑的悉心帮助、认真校对,正是她的辛勤付出才使得本书顺利出版。

　　本书有幸纳入了浙江树人学院学术专著系列,由浙江树人学院专著出版基金资助出版;在写作和出版过程中,本书得到了浙江树人学院校领导、科研与社会合作处、经济与民生福祉学院、公共事业管理学科的各级领导和同事们的大力支持,在此,笔者要向所有关心和帮助过我们的各位师长、同事、同学表示衷心的感谢!

　　当然,本书作为大学生实习权利保障的研究专著,仅是一家之言,时间匆忙,水平有限,必然存在诸多不足和缺陷,还请读者给予批评指正。

刘　斌　金劲彪

2022 年 5 月于运河之滨